GEORG LANGENHORST

„Ich gönne mir das Wort Gott"

Georg Langenhorst

„Ich gönne mir das Wort Gott"

Annäherungen an Gott in der Gegenwartsliteratur

HERDER

FREIBURG · BASEL · WIEN

MIX
Papier aus verantwor-
tungsvollen Quellen
FSC® C083411

© 2., aktualisierte und völlig überarbeitete Auflage 2014
Alle Rechte vorbehalten
www.herder.de
Umschlaggestaltung: Verlag Herder
Umschlagmotiv: © vector _ victor, Fotolia
Satz: dtp studio mainz, Jörg Eckart
Herstellung: CPI books gmbH, Leck
Printed in Germany

ISBN 978-3-451-32808-4

Inhalt

5

Inhalt

Inhalt

"Gott, welche Eigenschaften werden ihm [...] zugetragen?"
„Einsamkeit, umfassende Wirksamkeit, verstörende Unwirksamkeit"
Sibylle Lewitscharoff, Consummatus (2006)

Vorwort zur Neuauflage

Die Kulturwissenschaften sprechen seit einigen Jahren von einem bemerkenswerten *religious turn*. Religion wird in den unterschiedlichsten Erscheinungsformen unserer Kultur – und entsprechend dann auch in den sich damit befassenden Wissenschaften – neu, vielfältig und kreativ aufgegriffen, gestaltet, verfremdet, produktiv umgesetzt. Gerade in der Gegenwartsliteratur lässt sich ein signifikanter Trend feststellen: Religion, Konfession und Gottesfrage werden zum literarischen Thema, mal direkt und zentral, mal als ein Themenstrang unter vielen. Vor allem in Romanen und Gedichten, aber auch in Essays und auf der Theaterbühne hat sich das Religiöse aus der Tabuzone befreit, in die es jahrzehntelang gedrängt worden war.

Die Rede vom ‚turn' weist darauf hin, dass es sich dabei nicht nur um eine reine Mode handelt, weder um einen kurzen vorübergehenden Trend noch einfach um die Entdeckung eines neuen Gegenstandsgebietes: Vielmehr geht es um eine markante Verschiebung innerhalb der Kultur und des wissenschaftlichen Diskurses. Diese Verschiebung erfolgt weniger durch das Aufkommen einer großen allgemeinen Theorie als durch das Wahrnehmen und Auffüllen einer Lücke, eines blinden Flecks der bisherigen kulturellen Aktivitäten, Leistungen und Wissensordnungen.

Als im Frühjahr 2009 die erste Auflage dieses Buches „Ich gönne mir das Wort Gott" erschien, war die ausgeführte Beobachtung und ihre Deutung noch umstritten. Inzwischen hat sie sich sowohl in literaturwissenschaftlichen als auch theologisch-literarischen Kreisen weitgehend durchgesetzt. Kaum zufällig, dass die letzten drei TrägerInnen des Georg Büchner-Preises drei AutorInnen sind, bei denen das Religiöse – auf ganz unterschiedliche Weise – eine zentrale Rolle spielt: *Friedrich Christian Delius* (2011), *Felicitas Hoppe* (2012), *Sibylle Lewitscharoff* (2013). Und ebenfalls kaum zufällig, dass sie in dem 2009 erschienenen Buch bereits ausführlich vorgestellt worden waren.

In den fünfeinhalb Jahren seit der Erstpublikation des Buches ist im Blick auf die literarische Gestaltung von Religion und Gottesfrage genauso viel passiert wie in der akademischen Forschungsdisziplin von Theologie und Literatur.

– Etablierte AutorInnen haben weitere grundlegende Werke veröffentlicht, in denen Religion eine besondere Rolle spielt.

– Bislang kaum beachtete SchriftstellerInnen haben Romane oder Gedichte vorgelegt, die eine eigene Erwähnung und Deutung verdienen.

– In der deutsch-jüdischen Literatur hat sich eine ‚dritte Generation‘ nach der Shoah herausgebildet, die in ihrem Schreiben gerade auch unmittelbar religiöse Themen produktiv werden lässt.

– Zudem werden erste Konturen einer deutsch-muslimischen Literatur sichtbar, eine grundlegend neue Entwicklung.

– Im Bereich der Forschungsdisziplin von ‚Theologie und Literatur‘ sind zahlreiche weitere Studien erschienen, die das Feld differenziert und durchaus kontrovers weiter ausleuchten.

– Nach langer Verzögerung nimmt auch die Literaturwissenschaft eine neue Präsenz von Religion wahr. Für 2015 plant der Metzler-Verlag (Berlin) ein von *Daniel Weidner* betreutes „Handbuch Literatur und Religion".

Diese Tendenzen bestätigen nachdrücklich die Rede vom *religious turn*. Und sie stellen deutlich vor Augen, warum es nicht sinnvoll erschien, die Buchfassung von „Ich gönne mir das Wort Gott" unverändert in eine zweite Auflage zu geben. Gleichwohl wurden die dortigen Grundlinien durch die Entwicklungen bestätigt. Die nun vorliegende zweite Auflage wurde deshalb völlig überarbeitet und aktualisiert. Gestrichen wurden Kapitel oder Ausführungen, bei denen nicht viel Neues zu sagen gewesen wäre. Andere Teile wurden ergänzt, erweitert, auf den aktuellen Stand gebracht. Einige Kapitel kommen ganz neu hinzu, um dem aktuellen Befund gerecht zu werden. Autoren, zu denen neue umfassende Monographien (zu *Adolf Muschg* vgl. *Gellner* 2010) oder Sammelbände (zu *Peter Handke* vgl. *Tück/Bieringer* 2014; zu *Martin Walser* vgl. *Felder* 2012, *Tück* 2013) aus theologisch-literarischer Sicht vorliegen, werden hier nicht zusätzlich oder bloß wiederholend porträtiert. Wie ist das Phänomen des *religious turn* in der deutschsprachigen Gegenwartsliteratur zu erklären? Wird damit tatsächlich eine grundsätzliche Entwicklung sichtbar oder handelt es sich doch eher um vorübergehende Trends und zufällige Einzelbeobachtungen? Und spezifisch literarisch gefragt: Schreiben die GegenwartsautorInnen eine vorgegebene Traditionslinie weiter oder gehen sie sprachlich neu und *anders* an ihr Thema heran? Unter diesen Leitfragen stehen die folgenden Ausführungen. Denn erstaunlich: Diese neue literarische Gottesrede wurde bislang kaum systematisch dokumentiert und untersucht. Selbst im Blick auf das in den letzten Jahrzehnten so fruchtbare theologisch-literarische Forschungsfeld gilt bis heute ein Befund, den *Karl-Josef Kuschel* schon 1985 erhob: „Eine umfassende monographische Darstellung der Gottesthematik in der Literatur nach 1945 fehlt immer noch" (*Kuschel* 1985, 94). Neuere Einzelstudien (*Ostermann* 2010, *Garhammer* 2011, *Fuchs* 2011) beziehen sich auf wenige subjektiv gewählte Beispiele und kommen so – transparent angegeben – nicht zu validen grundsätzlichen Einschätzungen.

Eine wirklich „umfassende" Darstellung wird auch hier nicht angestrebt. Der Fokus dieser Untersuchung liegt vielmehr auf der Situation der Gegenwart, der Zeit nach 1990. In zwei ganz unterschiedlichen Zugängen werden die breiten Strömungen *gegenwärtiger* literarischer Gottesrede dokumentiert, vorgestellt und analysiert. Zunächst fällt bei der Sichtung auf, wie sehr die literarische Gottesrede heute um die Frage von Identität kreist: Welchen Anteil hat Religion an Subjektwerdung? Wie positioniert man sich zu der ererbten oder selbstgewählten Konfession, zur konkreten religiösen Prägung? Die literarischen Ausdeutungen und Darstellungen decken dabei ein weites Panorama ab: von affirmativer Bestätigung von eben auch konfessioneller Beheimatung auf der einen bis zu heftiger Ablehnung auf der anderen Seite, von der versuchten Überwindung religiöser Fixierungen bis hin zur neuen Suche nach einer tragfähigen Spiritualität und Praxis. Vier ungleich gewichtete Perspektiven strukturieren diesen ersten Zugang:

– Als außerordentlich literarisch produktiv erweist sich im Blick auf den untersuchten Zeitraum das Umfeld des Katholizismus. Hier zeigen sich zahlreiche, ganz unterschiedliche Spiegelungen, Anregungen und Fortschreibungen. Dementsprechend kommt diesem Bereich in den Nachzeichnungen ein breiter Raum zu.

– Die seltener zu findenden Beiträge aus explizit evangelisch geprägter Sicht zeichnen sich durch extreme Gegensätze aus: Von Versuchen der Fortschreibung traditioneller christlicher Literatur bis hin zu scharfen Abrechnungen mit dehumanisierender, vorgeblich ‚christlicher' Erziehung und fundamentalistischer Lebensführung.

– Die Beiträge der gegenwärtigen deutsch-jüdischen Literatur sind gekennzeichnet durch den Versuch, eine neue Sichtbarkeit und Selbstverständlichkeit für diese Tradition zu schaffen. Mehr und mehr rücken dabei die Dimensionen von explizit entfalteter religiöser Praxis und reflektierter Gottesrede mit in den Blick.

– Die ersten Werke der sich erstmals entfaltenden deutsch-muslimischen Literatur sind im Gegensatz dazu im Blick auf religiöse Elemente deutlich zurückhaltender. Ganz offensichtlich wollen muslimische AutorInnen nicht primär als religiöse, sondern als literarische ZeitgenossInnen wahrgenommen werden. Gleichwohl spielt Religion in ihren Werken in untrennbarer Mischung mit Kultur eine wichtige Rolle.

– Trotz des immer deutlicher werdenden multireligiösen Profils unserer Gesellschaft bleiben literarische Auseinandersetzungen mit anderen Weltreligionen eher die Ausnahme. Die literarisch gespiegelte religiöse Fremdbesinnung im Blick auf asiatische Religionen befindet sich noch – oder immerhin – in einem Anfangsstadium.

Liegt im damit skizzierten ersten Teil des Buches der Fokus der Aufmerksamkeit also vor allem auf dem Aspekt der literarisch gespiegelten religiösen Identität, so tritt im zweiten Teil eine ganz andere Perspektive in den Vordergrund, auch wenn sich beide Dimensionen mischen und keine trennscharfe Unterteilung möglich oder intendiert ist. Es geht eher um einen Blickwechsel des Zugangs, nicht um eine ‚andere Art von Literatur'. Die literarische Annäherung an mögliche Formen der Gottesrede und an die Integration von Religion in den schriftstellerischen Kosmos erweist sich immer auch als Suche nach einer angemessenen *Sprache*. Diese Perspektive rückt hier in das Zentrum: In welcher Form und mit welchen Mitteln kann man heute über diese Dimensionen schreiben? Im Zugang zur Gegenwartsliteratur unter dieser Fragestellung legt sich eine Orientierung an den klassischen literarischen Gattungen nahe:

- Zunächst fällt der Blick auf die *erzählende* Literatur. Ganz unterschiedlich nähert sie sich religiösen Themen an: durch die Vision, wie sich Leben verändert, wenn es Gott nicht gibt; durch eindeutig atheistische, aber eben explizit ausgeführte Absage; durch die Anknüpfung an Bibel und Mythologie; durch eine phantastische und transrealistische Erzählweise.
- Neben den Bereich der Epik tritt das Feld der *Poesie*. Die religiöse Dimension ist ein zentraler Grundbestandteil gegenwärtiger Lyrik. Bei LyrikerInnen verschiedener Generationen werden inhaltliche wie formale Auseinandersetzungen mit Religion stilbildend.
- Auch im *Theater* der Gegenwart findet sich eine deutliche Hinwendung zu religiösen Themen und Stoffen. Sie tritt aber deutlich hinter die Spuren in Prosa und Lyrik zurück, zeigt in den letzten Jahren auch nur wenige substantielle Neubeiträge. Deshalb wird das diesem Bereich gewidmete Kapitel aus der Erstauflage hier nicht wieder aufgenommen, behält aber seine Gültigkeit.

Am Ende des Buches wird der Versuch unternommen, das Phänomen des *religious turn* in der deutschsprachigen Gegenwartsliteratur zu deuten, aber auch noch einmal kritisch zu hinterfragen, um dann mögliche Herausforderungen für literarisches und theologisches Reden von Gott zu formulieren.

Eine derartige Spurensuche nach literarischen Annäherungen an Gott steht immer in der Gefahr, in ihrer einseitigen Frageperspektive Dichtung zu funktionalisieren. Warnungen vor theologischer oder religionspädagogischer Vereinnahmung (vgl. *Schwens-Harrant/Seip* 2012) weisen auf grundsätzliche Gefahren eines solchen Zugangs hin. Vor allem ein Nachgeben der Neigung dazu, „Literatur auf religiös relevante Stellen hin abzusuchen" (*Tück/Bieringer* 2014, 11) ohne Rücksicht auf Kontexte und Beachtung der Form, könnte den berechtigten Ansprüchen an einen verantwortungsvollen Umgang mit Literatur nicht genügen. Eine bloße Reduktion auf inhaltliche Befunde würde in der Tat den ‚Mehrwert des Ästhetischen' unterschlagen. Deshalb treten als weitere Dimensionen dieser Untersuchung die gleichberechtigten Fragen hinzu, *wie* Literatur die Annäherung an Gott betreibt, und – vorsichtig formuliert – welche Konsequenzen aus einer derartigen *Poetologie der literarischen Gottesrede* für eine theologische Gottesrede erwachsen können.

Zwei grundlegende Entscheidungen prägen dabei das Vorgehen.
– Zunächst im Blick auf die Reichweite der Untersuchung: Da es um die Fragestellung geht, ob und ggfs. wie sich in *unserer* Gesellschaft so etwas wie eine ‚Renaissance des Religiösen' zeigt, ist eine Konzentration auf *deutschsprachige* SchriftstellerInnen unvermeidlich. Die Entwicklungen der literarischen Auseinandersetzung mit Gott sind schon binneneuropäisch von Kultur zu Kultur sehr verschieden; eine Verschiedenheit, die sich im Blick auf außereuropäische Kulturräume noch potenziert. Eine Gesamtdeutung internationaler Tendenzen ist deshalb innerhalb einer Monographie kaum möglich.
– Dann hinsichtlich der chronologischen Grenzen: Untersucht wird vor allem Literatur, die seit etwa 1990 erschienen ist. Der Begriff der ‚*Re*-Naissance' der Religion verweist jedoch auf eine geschichtliche Dimension: *Wieder*geburt suggeriert, dass es eine Zeit gegeben habe, in der das Religiöse in unserer Gesellschaft – folglich auch in der Literatur – präsenter war, selbstverständlicher, prägend. Der Blick in die Gegenwart erhält somit nur dann sein Profil, wenn er mit gezielten exemplarischen Vergleichsblicken in die Vergangenheit korreliert wird.

Zur besseren Lesbarkeit unterbleibt hinsichtlich der Zitation aus Feuilletons, Radiogesprächen, Interviews und Internetquellen eine exakte Dokumentation. Genaue Belege können beim Autor angefragt werden.

Hinführung

Kann man im Blick auf die deutschsprachigen SchriftstellerInnen unserer Zeit mit guten Gründen von einer ‚Renaissance des Religiösen' sprechen? Wird die Literatur der Gegenwart zu einem Feld, auf dem sich die gesamtkulturelle Tendenz eines *religious turn* nachweisen lässt? Und genauer: Spiegelt sich in zeitgenössischer Lyrik und Prosa ein neuer, ein anderer Umgang mit der *Gottesfrage*? Nicht primär um ‚Religion allgemein' soll es ja in dieser Untersuchung gehen, sondern konkret um die Frage, wie sich die Literaten mit Gott auseinandersetzen. Wird er verschwiegen, ignoriert oder ausgeblendet? Verabschiedet, als Projektion durchschaut, für eigene Zwecke missbraucht, zur literarischen Vokabel ausgehöhlt? Umschrieben, ersehnt, in Ehrfurcht metaphorisch umkreist?

Gewiss, ein möglicher erster Befund von religiös-literarischer Spurensuche legt sich nahe: „Gott liebt es, sich zu verstecken" (vgl. *Kuschel* 2007). Dann müssten wir die Verstecke aufsuchen, auflösen, durchleuchten. Interessanter ist jedoch die Antwort auf die Fragen: Ist Gott in der Gegenwartsliteratur tatsächlich vor allem verborgen? Wo wird er *sichtbar*? Wie also war sie denn im Rückblick auf das 20. Jahrhundert, die Präsenz von Gottesfrage und Gottesrede in der deutschsprachigen Literatur?

1. Gott – „schlechtes Stilprinzip"?

Für einige Jahrzehnte des zurückliegenden Jahrhunderts schien eines in der deutschsprachigen Literatur festzustehen: Religion war nach Säkularisierung und Aufklärung kein ernsthaftes Thema mehr. Kein geringerer als *Gottfried Benn* hatte den Abgesang auf Religion im Raum von Literatur schon 1934 in seiner autobiographischen Schrift „Lebensweg eines Intellektualisten" messerscharf und wirkmächtig formuliert: „Die Götter tot, die Kreuz- und die Weingötter, mehr als tot: schlechtes Stilprinzip, wenn man religiös wird, erweicht der Ausdruck." (*Benn* 1934, 175). Was für eine Absage an literarische Annäherungen an Gott, ja: grundsätzlich an alle in Sprache gegossenen Gottesvorstellungen! Was für eine Rückweisung von jeglichen Versuchen, religiöse Dichtung zu verfassen, gilt Religion doch nur als ein schlechtes Stilprinzip, das den Ausdruck – Ziel aller ernsthaften Sprachsuche – „erweicht"! Ob bewusst oder unbewusst: Die Hauptströme der deutschsprachigen Literatur der Folgezeiten hielten sich an dieses Verdikt. Nur wenige, klar benennbare Ausnahmen von der Tabuisierung von Religion und Gottesrede im Raum der ‚ernsthaften' Literatur lassen sich erkennen. Identifizierbar und jeweils mit exemplarischen Namen zu verdeutlichen sind drei derartige Ausnahmebereiche:

– Religion behielt zum einen ihren literarischen Platz als Milieufaktor, um eine bestimmte Region und Epoche zu charakterisieren. Vor allem das Danzig von *Günter Grass*, das Köln von *Heinrich Böll*, später die katholische Schweiz in der „Freiamts-Trilogie" von *Silvio Blatter* aus den 1980er Jahren, und noch einmal später das katholische Oberschwaben in den Romanen und Erzählungen von *Arnold Stadler* sind die herausragenden Beispiele für solche soziokulturellen Milieus, in denen das Religiöse in einer genau kalkulierten Gleichzeitigkeit von Nähe und Distanz literarisch fruchtbar wurde. Die Gottesfrage tritt dabei angesichts des vorherrschenden Interesses für Alltag, Ritual und Milieu in den Hintergrund.

– Religion behielt zum zweiten ihren literarischen Platz als Nährboden von Satire, als Chiffre für traditionsverhaftete Rückständigkeit und provinzielle Bürgerlichkeit, etwa bei *Friedrich Dürrenmatt, Günter Kunert, Robert Gernhardt* oder *Hans Magnus Enzensberger*. Religiöse Traditionen wurden und werden hier – in einer Erblinie von *Heinrich Heine* oder *Bertolt Brecht* – bestenfalls noch als Sprachfundus produktiv. Über Gott und Gottgläubige kann man literarisch spotten, ihre Sprachformen jedoch transformieren zu eigenen poetischen Zwecken.

– Eine ernsthafte, im weitesten Sinne religiöse Auseinandersetzung fand so vor allem bei deutsch*jüdischen* SchriftstellerInnen wie *Paul Celan, Nelly Sachs, Rose Ausländer* oder *Hilde Domin* im Kontext ihrer Selbst-, Volks- und Zeitdeutung statt. Von dem öffentlichen Verdikt der vorgeblichen ästhetischen

Minderwertigkeit religiöser Sprachsuche wurde diese Gruppe weitgehend ausgenommen. Das literarische Ringen um Gott steht hier vor allem im Zeichen der Auseinandersetzung mit der Shoah und der Theodizee.

Entscheidend jedoch: Eine im weitesten Sinne affirmative literarische Annäherung an Gott, die klassisch im Bereich der ‚christliche Literatur' beheimatet war, trug tatsächlich im Gefolge des Verdikts von Gottfried Benn den Verdacht der ästhetischen Minderwertigkeit. Wirklichkeitsdeutungen aus dem Geist des Christentums wurden von den Wortführern des öffentlichen Kulturbetriebs bei einem *Johannes Bobrowski* oder einer *Marie Luise Kaschnitz* noch hingenommen; bei *Gabriele Wohmann, Luise Rinser, Kurt Marti* oder *Eva Zeller* – um nur einige Namen aus der folgenden Generation zu nennen – führten sie zu einer zunehmenden Marginalisierung und Geringschätzung. Die Rezeption dieser AutorInnen und ihrer Werke, aber auch die Wahrnehmung von Annäherungen an die literarische Gestaltung der Gottesfrage verschob sich so mehr und mehr in den christlichen Binnenraum.

Unabhängig von der nur in äußerst sorgsamer Differenziertheit zu beantwortenden Frage nach der literarischen Qualität der Werke dieser AutorInnen steht der Befund fest: Die ernsthaften literarischen Auseinandersetzungen um die Gottesfrage waren über Jahrzehnte in der Literatur selbst, aber vor allem in den Feuilletons und – von wenigen Ausnahmen abgesehen (vgl. *Pittrof* 2002) – in den Abteilungen der Literaturwissenschaften weitgehend verstummt. Dort begnügte man sich vielfach mit fragwürdigen Verallgemeinerungen, repräsentativ zusammengefasst in einem Beitrag zu dem 1998 an der Universität Fribourg abgehaltenen Symposion „Gott und Götze in der Literatur der Moderne": „Die Poetik der literarischen Moderne ist im Großen und Ganzen eine Poetik des Atheismus. Götzen mögen darin noch eine Rolle spielen, Götter schwerlich, und Gott eigentlich überhaupt nicht." (in: *Sorg/Würffel* 1999, 152) Der Germanist *Helmuth Kiesel* geht noch im Jahr 2012 davon aus, dass „Gott oder die Rede von Gott [...] in der Literatur der letzten Jahrzehnte eine [...] geringe Rolle spielt und kaum mehr in einem als gläubig indizierten Sinn verwendet wird" (*Kiesel* 2012, 290).

Bis in die theologisch-literarische Rezeption hinein hielt sich dieses pauschalisierende Vorurteil. „Dem Religiösen" fehle es „zunehmend an kulturell produktiven Ausdrucksmöglichkeiten", schreibt 2004 der Salzburger Theologe *Gregor Maria Hoff* in einer Untersuchung über „Gotteskritik heute". Es scheine „keine Sprache mehr zu geben, die nicht lächerlich wirkt, wenn der Name Gott fällt" (*Hoff* 2004, 42). Studien über die literarische Gottesrede pflegen geradezu ein Spiel mit der Hermeneutik des Verlusts: Da ist neben den Beschwörungen des ‚nicht mehr' immer wieder die Rede vom „verschwiegenen Gott" (so schon *Baden* 1963), da wird die „Sehnsucht nach dem verlorenen Gott" (*Imbach* 1992) aufgerufen, da begibt man sich auf die „Suche nach dem verlorenen Gott" (*Motté* 1996, auch noch: *Lezzi* 2014) oder nach „verborgener Religiosität" (*Motté* 2004). Und *Karl-Josef Kuschels* bereits zitierte neuere theologisch-literarische Spurensuche findet unter der im Titel festgehaltenen Vorgabe statt „Gott liebt es, sich zu verstecken". Verschwiegen, verborgen, verloren, versteckt...

2. Zum *religious turn* in der Gegenwartsliteratur

Entscheidend für unsere Fragestellung: Der hier nur in einem Schattenriss präsentierte Befund einer zunehmenden Marginalisierung von Religion und Gottesfrage *trifft heute nicht mehr zu,* und zwar weder im Blick auf die deutschsprachige Literatur noch auf die Literaturwissenschaft oder die theologisch-literarischen Forschungen. Seit Beginn der 1990er Jahre hat sich das kulturelle Klima im deutschsprachigen Bereich durch unterschiedlichste historische und soziologische Prozesse verändert. Einbezogen in diese Veränderungsprozesse ist die Darstellung Gottes in der Literatur. Die Frage nach der Annäherung an Gott in der Literatur unserer Zeit wird geradezu zu einem Schlüssel, um derartige Veränderungen hin zu einem *religious turn* wahrnehmen und belegen zu können. *Gegenprobe* also: Die Götter tot? Religion ein schlechtes Stilprinzip? Ernsthafte Annäherungen an Gott im Raum von Literatur ein Tabu? Keine literarische Sprache mehr für Gott? Überprüfen wir diese Fragen zunächst anhand von fünf Blitzlichtern aus dem noch jungen 21. Jahrhundert:

Erstes Blitzlicht: Im Herbst 2001 veröffentlicht die Lyrikzeitschrift „Das Gedicht" einen Sonderband unter dem Titel „Himmel und Hölle", in der sie eine breite Spanne religiös motivierter Lyrik quer durch die deutschsprachige Literaturszene präsentiert. Diese Zeitschrift erscheint autonom, ist weltanschaulich ungebunden, orientiert sich einzig an ästhetischer Qualität. Der Herausgeber *Anton G. Leitner* schreibt in der Einführung zur oben benannten Ausgabe: „Der moderne Mensch verliert seine Scheu vor ‚Gott' und dem ‚Heiligen'" (*Leitner* 2001, 4f.). In einem programmatischen Aufsatz kann es ohne jegliche Scheu heißen, „moderne Lyrik" sei „ein Echolot für Religion", sie könne als ‚religiös' bezeichnet werden, „weil sie sich der Erfahrung eines Unbedingten, der Transzendenz, stellt und dabei die letzten Fragen und Widersprüche unseres Daseins erhellt" (*Ziebritzki* 2001, 89). So könne sie als ein „Ausdrucksmedium religiöser Erfahrung" (ebd., 93) dienen. 2005 lässt Leitner eine Buchanthologie folgen, die unter dem Titel „Zum Teufel, wo geht's in den Himmel" erneut die Verbindungen von Gebet und Gedicht auslotet. Schließlich seien „Dichtung und Religion" aus „demselben Holz geschnitzt" (*Leitner* 2005, 5). Gedichte könnten sogar – so die mutige Vision – „die eigentlichen Gebete des 21. Jahrhunderts werden", weil sie „einerseits Sprache neu ordnen, auf den Punkt bringen, verdichten", und andererseits „präzise Diagnosen über eine Wirklichkeit liefern, die als ‚ungeheure Verwirrung' [...] wahrgenommen wird" (ebd., 7).

Zweites Blitzlicht: Der Frankfurter Suhrkamp-Verlag galt als der führende deutsche Literaturverlag in der zweiten Hälfte des 20. Jahrhunderts. Er war eher den vielfältigen Traditionen der Religionskritik und der Philosophie der „Frankfurter Schule" verpflichtet als im Ruf zu stehen, religionsfreundliche Konzeptionen zu fördern. Doch gerade bei Suhrkamp erschien eine „Christus-Trilogie", mit welcher *Patrick Roth* (*1953) die Leseöffentlichkeit in den 1990er Jahren überraschte. Eine Folge von drei Christusnovellen, die gerade nicht aufklärerisch analysiert, sondern mystisch in die Kernthemen des Christentums hineinführt! 2012 lässt Roth ein ähnlich konzipiertes Werk folgen: „Sunset. Das Buch Joseph", einen Monumentalroman über den (Adoptiv-)Vater Jesu. Über diese Werke Roths drängen die Auseinandersetzungen um

21

Jesus und die Fragen nach Gott in unserer Gesellschaft in die Feuilletons aller großen Tageszeitungen. Und erstaunlich: Roths Werke werden überrascht diskutiert, erstaunt gewürdigt, überwiegend positiv rezipiert.

Drittes Blitzlicht: *Andreas Maier* (*1968) gehört zu den wichtigsten Autoren der mittleren Schriftstellergeneration. In der Frühjahrsliteraturbeilage 2005 der Wochenzeitschrift „Die ZEIT" erscheint ein Interview unter der Überschrift „Ich gönne mir das Wort Gott" – jenes Zitat also, das diesem Buch seinen Titel verleiht. Im Interview erklärt Maier: „Irgendwann habe ich damit angefangen, mir die Verwendung des Wortes Gott zu gönnen. Wenn man sich dieses Wort verbietet, hat man extreme Schwierigkeiten, bestimmte Dinge zu sagen." Gegen alle falschen Vereinnahmungen betont er: „Es darf nicht sein, dass wir das Wort Gott nur verwenden, um uns gegenseitig zu versichern, dass wir alle schon irgendwie gut und richtig seien. [...] Wenn ich von Gott spreche, weiß jeder, dass etwas gemeint ist, das außerhalb von uns liegt." (*Maier* 2005) In seinen 2006 gehaltenen Frankfurter Poetikvorlesungen präzisiert Maier diese Gedanken: Er entdecke immer wieder „dieselbe Logik", nämlich „das Ich, die Welt und Gott, die Wahrheit einerseits und die Menschen andererseits, das Ich in der Mitte, die Menschen drumherum, und um alles Gott. Man könnte diese Grundstruktur vielleicht auch genauso gut in nichtreligiöser Sprache ausdrücken, aber das wäre komplizierter". Deshalb die kaum zu erwartende Volte: „Der liebe Gott macht es mir da einfacher, dafür danke ich ihm" (*Maier* 2006, 149). Von Gott ist denn auch in Maiers Romanwerk immer wieder die Rede. Erst als junger Erwachsener habe er die Evangelien „für mich entdeckt" (*Maier* 2014, 95), erklärte er unlängst. Ihre Wirkkraft entfaltet sich seitdem rasant. Seit 2010 schreibt er an einem elfteiligen erzählerischen Großprojekt unter dem Arbeitstitel „Ortsumgehung", das sich vom Zimmer zum Haus, zur Straße, zum Dorf, zum Land seiner Kindheit immer stärker ausweiten soll bis hin zum anvisierten Schlussband unter dem Titel „Der liebe Gott".

Viertes Blitzlicht: Pfarrer-Romane? Dieses Genre schien der Vergangenheit anzugehören. Umso überraschender war der Erfolg, den *Petra Morsbach* (*1956) 2004 mit ihrem Roman „Gottesdiener" erzielte, dem warmherzigen literarischen Porträt eines katholischen Landpfarrers in Bayern. Einige Jahre später erschienen gleich zwei vielbeachtete Romane, in deren Mittelpunkt evangelische Pfarrer stehen: Dieter Wellershoffs (*1925) „Der Himmel ist kein Ort" (2009) sowie Ulrike Draesners (*1962) „Vorliebe" (2010). Pfarrer, ihr Lebensumfeld, ihr Glaube, ihr Alltag werden zu spannenden Spiegelfolien der postmodernen Lebenswelt.

Fünftes und letztes Blitzlicht: „Gott ist nicht tot. Er fehlt. [...] Wenn nicht einzelne sein Fehlen zur Sprache bringen, verschwindet vielleicht seine Dimension aus der Welt" (Walser 1986, 51), hatte Martin Walser (*1927) bereits 1986 festgehalten. Immer schon hatte das Schreiben Walsers eine theologische Tiefenströmung, die freilich kaum beachtet worden war (vgl. Gellner 2013, 66–86). Erst in seinem Spätwerk, in der sogenannten ‚Trilogie der Sehnsucht' von dem Roman „Muttersohn" (2011) über den Essay „Über Rechtfertigung" (2012) bis hin zu dem Roman „Das dreizehnte Kapitel" (2012) drängte die religiöse Dimension so stark in den Vordergrund, dass in Feuilletons und Talkshows über die vermeintliche Bekehrung Walsers heftig diskutiert wurde. „Egal ob es Gott gibt oder nicht, ich brauche ihn" (Walser 2010, 67), lässt Walser eine seiner Figuren aus „Mein Jenseits" sagen, und andernorts: „Wenn es Gott nicht gäbe, könnte man nicht sagen, dass es ihn nicht gibt. Wer sagt, es gebe ihn nicht, hat doch schon von ihm gesprochen. Eine Verneinung vermag nichts gegen ein Hauptwort." (ebd., 112) Gott wird hier nicht als Kategorie des Glaubens benannt, sehr wohl aber als notwendige Kategorie von Sprache und Sehnsucht.

Fünf Blitzlichter, fünf Momentaufnahmen aus der aktuellen Gegenwartsliteratur. Eines haben sie gemeinsam: Hier ist keine Rede mehr davon, Religion müsse ein „schlechtes Stilprinzip" sein; hier wird der Gedanke verabschiedet, „alle Götter" seien tot – zumindest ‚literarisch tot'; hier sind die Sprachversuche der Annäherung an Gott alles andere als „lächerlich". Das Gegenteil gilt: Im Wissen um die hochkomplexe Tradition der theologischen und literarischen Gottesrede und dennoch ohne Scheu schreiben die genannten AutorInnen über Religion und die Gottesfrage. Hier zeigt sich die Rede von Gott eindrucksvoll, und

zwar einerseits – wie bereits zuvor – als „Weise von Selbstausle-
gung, Selbstaufklärung, Selbstdeutung des Menschen" (*Kuschel*
1985, 52), aber andererseits vor allem als Versuch des über sich
selbst Hinausweisens auf eine andere, das Empirische übersteigende Wirklichkeit.

Dieser Trend spiegelt sich in einer Reihe von ganz unterschiedlichen Begleitphänomenen. Nach Jahrzehnten der Distanz zu Kirche, Glaube und Gottesfrage trauen sich SchriftstellerInnen zu
öffentlichen Bekenntnissen in Sachen Religion. „wir sind christen, ein wort, das man heute wieder aussprechen darf" (*Jandl*
1997, 51), bekennt der Österreicher *Ernst Jandl* in seiner „rede an
friederike mayröcker". „Ich *glaube* ja schließlich, ja doch, minu-
tiös habe ich mir in den vergangenen Stunden vorgeführt, dass
und wie ich glaube und ab jetzt werde ich es auch laut tun und
dazu stehen" (*Ortheil* 2001, 183), schreibt *Hanns-Josef Ortheil* in
Figurenrede in seinem Roman „Lo und Lu". Ganz offensichtlich
spüren viele AutorInnen jene Veränderung, die *Michael Krüger* in
seinem Gedicht „Hotel Wandl, Wien" aus dem 1998 erschienenen
Band „Wettervorhersage" wie folgt benannt hat: „Wir müssen
uns nicht mehr der Religion/erwehren, sie greift uns nicht an"
(*Krüger* 1998, 29).

Zwei Erkenntnisse lassen sich jetzt schon formulieren:
– Erstens: Im kulturellen Klima der Gegenwart hat man es offensichtlich „nicht mehr" nötig, auf Distanz zu Religion zu gehen.
– Aber entscheidender zweitens: Es ist zugleich möglich, Religion positiv aufzugreifen und künstlerisch fruchtbar zu machen, ohne sie dabei zu destruieren oder lächerlich zu machen.

Sehr deutlich zeigt sich diese Präsenz religiöser Themen aber
nicht nur im Bereich der erzählenden Literatur oder in der Lyrik,
sondern gleichmaßen auf der Theaterbühne. Es gibt eine „neue
Offenheit des Theaters der Theologie gegenüber, immer mehr
Theatermacher greifen religiöse Fragen auf und machen sie zum
Thema ihrer Inszenierungen" (*Dermutz* 2005, 530). Auffällig ist
zudem, dass sich auch im Bereich der Kinder- und Jugendliteratur
eine deutliche Hinwendung zu religiösen Themen findet. Lange
Zeit schien es so, als habe gerade die Kinder- und Jugendliteratur
einen „wichtigen Themenbereich verloren: den religiösen" (*Mat-*

tenklott 1989, 242). Spätestens seit den 1990er Jahren hat sich jedoch auch hier der Trend umgekehrt, kann man im Gegenteil von einem regelrechten „Boom der Religion in der Kinder- und Jugendliteratur" (*Mattenklott* 1998, 298) sprechen. Zu der hier vorliegenden Studie ließe sich ein parallel strukturierter Vergleichsüberblick über das kinder- und jugendliterarische Feld schreiben. (vgl. *Langenhorst* 2011)

Kaum überraschend, dass auch das Feuilleton diese vielen Signale einer Tendenzwende hinsichtlich religiöser Fragestellungen in der Literatur wahrgenommen und thematisiert hat. Im September 2002 erscheint das Heft 149 des legendären „Kursbuch" unter dem Titel „Gott ist tot und lebt". Die Zeitschrift „Literaturen" stellt ihr Heft 12/2005 unter das Gesamtthema „Wie gewaltig ist der Glaube?" Die Literaturbeilage der „Süddeutschen Zeitung" zur Leipziger Buchmesse 2006 steht unter dem Motto „Das Heilige". Eine Ausgabe der von der Deutschen Akademie für Sprache und Dichtung herausgegebenen Heftreihe „Valerio" widmet sich dem Themenkomplex von „Schreiben/Glauben – Miszellen zu Literatur und Religion" (vgl. *Kalka* 2008). Und damit sind nur wenige Beispiele einer breiten Strömung aufgerufen. Schließlich wird das Themenfeld von Religion und Literatur auf breiter Basis im akademischen Diskurs aufgegriffen. Davon zeugen zahlreiche aktuelle Symposien, Fachkongresse, Vorlesungsreihen, Aufsätze, Monographien und Sammelbände (vgl. *Langenhorst* 2013), sei es in interdisziplinärer Ausrichtung, sei es in rein theologischen oder binnenliteraturwissenschaftlichen Kontexten.

Genug Belege: Der *religious turn* in der Gegenwartsliteratur zeigt sich in einer Vielzahl von Phänomenen. Um ihn aber näher durchleuchten zu können, um zu verstehen, warum und wie Religion und Gottesfrage literarisch neu thematisiert werden, bedarf es einer Rück-Versicherung. In der deutschsprachigen Literatur des 20. Jahrhunderts gab es zwei deutliche Entwicklungsschübe der literarischen Gottesrede, deren Grundstrukturen Hintergrundfolien bilden, gegen die die neuen Entwicklungen erst ihr besonderes Profil entfalten. In der Fassung dieses Buches aus dem Jahr 2009 wurden sie mit Beispielen und ausführlichen, dort nachzulesenden Entfaltungen und Deutungen erläutert. Hier beschränken wir uns auf eine knappe Sichtung der Befunde, die zwangsläufig nur holzschnittartig präsentiert werden können.

3. Gottesrede in der christlichen Literatur

Gegen die Ausblendung in Teilen der Literaturwissenschaft bleibt festzuhalten: Die Poetik der literarischen Moderne zeichnete sich zumindest in einem Teilsegment dadurch aus, dass Gott eben doch ein Thema blieb, dass die literarische Verwendung religiöser Sprache sehr wohl ein Stilelement war. Mindestens bis in die 1950er Jahre hinein gehörte die ‚christliche Literatur' in das Spektrum der Hochliteratur, viel gelesen, breit diskutiert, preisgekrönt. Vor allem zwei Namen repräsentieren im deutschen Sprachraum die „christliche Literatur" – ein immer umstrittener, dennoch sinnvoller und kaum verzichtbarer Begriff (vgl. *Langenhorst* 2007): einerseits *Gertrud von le Fort*, die in gleich bleibendem Stil und Geist noch bis in die 1970er Jahre hinein weiter schrieb, andererseits *Reinhold Schneider*, der zentrale Texte zu dieser Tradition beisteuerte, gleichzeitig jedoch deren Grenzen erkannte und benannte.

Sie stehen für eine Generation von AutorInnen wie *Jochen Klepper, Werner Bergengruen, Rudolf Alexander Schröder, Ruth Schaumann, Edzard Schaper, Stefan Andres* und andere, die bei aller Eigenständigkeit zentrale ästhetische wie theologische Optionen teilten. Die – zahlenmäßig deutlich geringeren – evangelischen AutorInnen dieser Generation fühlten sich der binnenkonfessionellen Bewegung der ‚Dichtung für die Gemeinde' verpflichtet, während die meisten katholischen AutorInnen der ebenfalls konfessionell geprägten Bewegung des *renouveau catholique* zugerechnet werden, also jener internationalen Autorenbewegung, die sich explizit auf eine katholische Weltsicht und Ästhetik rückberief. Schon die Bezeichnung ‚re-nouveau' verdeutlicht dabei ein grundlegend konservatives Element. Bei aller erneut notwendigen Binnendifferenzierung im Blick auf sehr unterschiedliche Autoren, Stile und Werke: Diese Bewegung verweigerte sich bewusst der Moderne. Sie setzte ihr Entwürfe entgegen, die eher „der Antimoderne in Gestalt neuer integraler Sinnstiftungen und

Leitbilder" (*Kühlmann/Luckscheiter* 2008, 11) verpflichtet waren. Als Reaktion auf die Herausforderungen, Krisen und Erschütterungen der Moderne wurde fast stets die Rückkehr zu den traditionellen Weltbildern einer geschlossenen Wirklichkeitssicht propagiert: religiös, christlich, konfessionell, literarisch-ästhetisch. Als Gattungen dominieren die Lyrik und der (historische) Roman.

Wie schrieben diese AutorInnen der christlichen Literatur über Gott? In welcher Form und Sprache, mit welchem Interesse und mit welcher Programmatik? Folgende Grundzüge der *literarischen Rede von Gott* lassen sich herausstellen:

- Die lyrische Gottesrede in der christlichen Literatur orientiert sich inhaltlich wie formal an den Vorgaben der Tradition. In klassisch vorgegebenen literarischen Gattungen (Sonett, Lied), in klaren Vorgaben von Reim, Rhythmus, Metrum und Strophik werden seit Jahrhunderten feststehende theologische Aussagen wiederholt. Die Autoren dieser Tradition sahen sich in einer Art ‚literarischem Apostolat', das jede Form von Originalität gerade ausschloss: „Denn für Lyrik ist dies keine Zeit. Aber die Stunde für [...] geistige Dichtung ist da" (*Klepper* 1956, 312) schrieb *Jochen Klepper* 1937 in sein Tagebuch. Orientierung an Tradition statt Innovation!

- Angesichts der Betonung der ewigen Wahrheiten treten Schilderungen aktueller politisch-gesellschaftlicher Realität zurück. Sie wird bestenfalls parabolisch gespiegelt. Die bevorzugte Zeitebene dieser narrativen Parabeln liegt jedoch nicht in der Gegenwart, sondern im weiten Raum der (Kirchen-) Geschichte, vor allem des Mittelalters und der beginnenden Neuzeit. In dieser Rückspiegelung scheint der Zugriff auf ein damalig vorherrschendes und breithin akzeptiertes Gottesbild leichter möglich.

- Neben die Hinwendung zur Geschichte tritt die bevorzugte Ausgestaltung biblischer Stoffe. Da diese bereits vorgeprägte literarische Gestaltungen der Beziehung von Gott und Mensch sind, lässt sich an ihnen theologisches Denken und religiöses Ringen ideal veranschaulichen. Selten geht es dabei um eine Aufsprengung der theologischen Vorgaben der Bibel, eher um

Aktualisierung, Ausmalung, Dramatisierung, Psychologisierung und Vertiefung des biblischen Gottesbildes, das gleichwohl selektiv aufgegriffen wird.

– Gott wird in diesen Erzählungen vor allem dargestellt als eine archaische Macht, die Opfer fordert, Gericht hält, drohend die Weltgeschicke leitet. Gleichzeitig erhofft man von ihm Verschonung, Gnade, Schicksalswende und Trost.

– Nur selten wird der Rahmen klassischer Gottesdarstellungen erweitert oder gesprengt. Gleichwohl finden sich bei genauem Blick verborgene Spuren derartigen Vordenkens, die vor einer allzu eindeutigen Etikettierung dieser SchriftstellerInnen, einer allzu engen Kategorisierung ihres Werks warnen.

In diesem letzten Punkt wird schon deutlich, dass nicht alle AutorInnen der christlichen Literatur bei dem damit skizzierten Programm stehen bleiben. Gerade im Werk Reinhold Schneiders (vgl. *Langenhorst* 2008; 2011) finden sich inhaltlich wie formal Aufbrüche, Entwicklungen, Veränderungen. An die Stelle von Affirmation tritt der Zweifel; an die Stelle der Sehnsucht die Distanz; an die Stelle der an andere gerichteten Zusage der Rückzug auf das eigene Ringen um Sinn; an die Stelle der Orientierung an klassischen Gattungen treten zerbrechende Formen und Fragmente. Damit wies Schneider den Weg in die Zukunft der Hauptströme literarischer Gottesrede, auf Texttraditionen, die in den 1950er und 1960er Jahren vorherrschend werden sollten.

4. Literarische Gottesrede in der Krise

Die literarische Rede von Gott im deutschsprachigen Raum stand in diesen Jahrzehnten ganz im Zeichen der im Spätwerk Schneiders deutlich werdenden Vorgaben. Vor allem angesichts der nun öffentlich bezeugten und reflektierten Katastrophen von Shoah, atomarer Zerstörung und drohendem Ökozid ging es nun primär um die „Entlarvung der Rede von Gott als barer Illusion" oder „kruder Ideologie" (*Kuschel* 1985, 52). „Die Sprache, die einmal ausschwang, dich zu loben / Zieht sich zusammen, singt nicht mehr, / In unserem Essigmund" (*Kaschnitz* 1985, 245f.) – so die viel zitierten Verse aus dem 1957 veröffentlichten „Tutzinger Gedichtkreis" von *Marie Luise Kaschnitz*, der den Abbruch der sprachlich artikulierbaren Gottesbeziehung wirkmächtig markiert. *Hans Jürgen Baden* veröffentlicht 1963 seine Studie zu Literatur und Glaube unter dem aussagekräftigen Titel „Der verschwiegene Gott". Wenn die Gottesdimension nicht völlig verschwiegen wurde, standen die Klage und die Anklage Gottes angesichts der nun in aller Drastik gestellten Theodizeefrage im Vordergrund.

Diese Krise der literarischen Gottesrede ist in den germanistischen oder theologisch-literarischen Untersuchungen der letzten 30 Jahre intensiv beleuchtet und dargestellt worden. In aller Differenziertheit zeichnen zahlreiche Studien diese Problematik im Werk von zentralen deutschsprachigen SchriftstellerInnen dieser Zeit nach:

– sei es bei Friedrich Dürrenmatt (*Kolvenbach* 2009; *Meier* 2012) oder eben bei Marie Luise Kaschnitz (vgl. *Kuschel* 1997, 194–227);
– sei es im Werk von Christine Lavant, Günter Grass oder bei Günter Kunert (vgl. *Gellner* 2004);
– sei es in den „Psalmen" oder im Prosawerk von Thomas Bernhard (vgl. *Hepler* 1997, *Gillmayr-Bucher* 2002) oder im Werk von Ingeborg Bachmann (vgl. *Habbel* 1992, *Peters* 2009);
– sei es bei Nelly Sachs (vgl. *Kranz-Löber* 2001, *Schweizer* 2005), Paul Celan (vgl. *Koelle* 1997, *Tück* 2000) oder Hilde Domin (*Loretan-Saladin* 2008; *Winkler* 2009);
– sei es bei Johannes Bobrowski (vgl. *Stock* 1991), Kurt Marti (vgl. *Mauch* 1992) oder Peter Bichsel (*Mauz* 2009);
– sei es bei Erich Fried (vgl. *Gojny* 2004) oder Else Lasker-Schüler (vgl. *Henneke-Weischer* 2003);
– sei es bei Heinrich Böll (vgl. *Garske* 1998; *Helm* 2005; *Stolz* 2009; *Litz* 2011) oder Rose Ausländer (vgl. *Beil* 1991, *Bongartz* 2004, 137–164);
– sei es bei Martin Walser (vgl. *Felder* 2012, *Tück* 2013) oder Peter Handke (vgl. *Bieringer/Tück* 2014);
– sei es schließlich im Werk von Walter Kempowski (*Leber* 2011), Adolf Muschg (*Gellner* 2010) oder Ulla Hahn (*Nottbohm* 2010).

Die einzelnen, detailliert ausgearbeiteten Ergebnisse all dieser Studien können und sollen hier weder referiert noch zusammengefasst werden. Das Phänomen der literarisch bezeugten religiösen Sprachkrise soll vielmehr auch hier in bündelnder Zusammenfassung charakterisiert werden, im Wissen, dass dabei erneut nur ein holzschnittartiges Bild entstehen kann. Denn wiederum bedarf es der Differenzierung. Zwei hier nicht näher betrachtete, gleichwohl wirkmächtige Entwicklungslinien sollen zumindest benannt werden, um das Gesamtbild nicht zu verfälschen. Die eine ist der breite Strom jener Literatur, in der Religion und die Gottesfrage völlig ausgeblendet waren und bleiben, meistens ohne programmatische Absicht, sondern eher deshalb, weil diese Dimensionen in der Wirklichkeitswahrnehmung der jeweiligen AutorInnen schlicht keine Rolle spielen. Die andere Entwicklungslinie umfasst das Werk jener SchriftstellerInnen, die bei allem Ringen und Zweifeln oft genug trotzig an einem Gottesglauben, an einer religiösen Existenz festgehalten und das auch zum literarischen Thema ausgestaltet haben.

Neben diesen beiden Linien einer einmal grundsätzlich areligiösen Literatur und einer kritisch-affirmativen Beerbung christlicher Dichtung zeichnet sich ein breiter Strom der literarischen Gottesrede von den 1950er bis in die 1970er Jahre hinein durch die folgenden Strukturmerkmale aus:

- *Zerfall der Form.* Die Gottesrede erfolgt in Texten, die sich von der Bindung an die klassischen Gattungen verabschiedet haben. An die Stelle von Reim, klarem Metrum und vorgegebenem Rhythmus treten Fragment, aphoristische Assoziation, chiffrenhafte Andeutung und Pause.
- *Auflösung jeglicher Affirmation klassischer Gottesrede.* In Vokabular und Aussage finden sich keine direkte Anknüpfungen mehr an den Inhalt der Theologie, der Liturgie, der Glaubenssprache.
- *Abschied von alten Vorstellungen.* In vielen Texten wird der Abschied von Denk- und Sprachbildern direkt markiert, die früher, noch in den Jugendjahren dieser Generation, als weithin akzeptiert und orientierungsgebend galten. Die Krise der traditionellen Gottesrede wird jedoch explizit benannt und selbst zum Thema.
- *Zentrierung auf das haltlose Ich.* Durch den Wegfall des Glau-

bens an ewige Ordnungen rückt das Ich in den Mittelpunkt
– haltlos, suchend, (ver-)zweifelnd, gebrochen, ungetröstet,
allein.

– *Verzicht auf atheistische Beschwörung.* So wenig die alte Gottesrede weitergeführt wird, so wenig findet sich auch – zumindest
bei den meisten VertreterInnen dieser Generation – eine dezidiert atheistische Absage an die Möglichkeit einer Existenz
Gottes. Auch der ,Glaube' an die Nichtexistenz Gottes wird in
die Fraglichkeit, den Zweifel, die Gebrochenheit hineingenom-
men.

Von hier aus stellen sich die folgenden erkenntnisleitenden Fragen:
Sind damit paradigmatische Vorgaben der literarischen Gottesrede benannt, die bis heute gelten? Oder hat sich die „Sehnsucht"
(vgl. *Imbach* 1992, *Motté* 1996) nach ganz neuen literarischen Aufbrüchen und Zugängen zur Gottesfrage erfüllt, die in mehreren
theologisch-literarischen Darstellungen zum Thema als mögliche
Vision beschworen wurde?

31

ERSTER TEIL:

Literarische Gottesrede heute
Religiöse Identität zwischen Besinnung und Abgrenzung

Schon 1985 kann *Karl-Josef Kuschel* einen Gegenzug zu den aufgezeigten Tendenzen markieren. Man könne von einer „erstaunlichen Rückkehr der Gottesproblematik in der allerneuesten Literatur im deutschsprachigen Raum" (*Kuschel* 1985, 40) sprechen. Was sich damals bestenfalls in ersten Rinnsalen andeutete, sollte mit Beginn der 1990er Jahre in einem Kontext kulturell-gesellschaftlich-politischen Wandels zu einem breiten Strom anwachsen. Nach den Phasen von Krise, Abbruch und Distanz öffneten sich Wege einer nachkritischen Suche, eines Anknüpfens nach dem Abbruch, einer neuen Nähe, die um die Distanzierungsgeschichte weiß. Die Moderne entpuppte sich als ein Zeitalter, das letztlich mit der Überwindung der Religionen rechnete, weil sich – so die Grundüberzeugung – die Bedingungen ihrer Notwendigkeit auflösen würden. Ganz anders die Postmoderne, so umstritten der Begriff zur Kennzeichnung unseres gegenwärtigen Zeitalters auch sein mag: Sie zeigt sich als eine Epoche, in der Religion in der Pluralität der Möglichkeiten vielfältig vorkommen kann, als eine Sphäre, die geradezu religionsproduktive Kräfte in sich birgt. Genau in die damit angedeuteten Tendenzen weist der literarische Umgang mit Gottesfrage und Religion.

Diese neue Offenheit im Umgang mit Religion und Gottesrede soll im Folgenden auf unterschiedlichen Ebenen nachgewiesen werden. Dabei fällt eine Tendenz ins Auge: Angesichts einer zunehmend weiter ausdifferenzierten Gesellschaft stellen sich die Fragen nach Identität, nach Selbstvergewisserung über das Ich und seine Prägungen, aber auch nach kollektiver Zugehörigkeit in aktueller Dringlichkeit. Ganz deutlich spiegelt sich dieser Zug in einer ganzen Reihe von Romanen, die in autobiographischer Reflexion und gleichzeitiger fiktionaler Gestaltung Zeitgeschichte und Lebensgeschichte gerinnen lassen. Im Rahmen dieser literarischen Gattung kommt der Reflexion auf die eigene religiöse Prägung eine tragende Rolle zu. Dabei geht es nicht mehr – wie zuvor in ähnlichen Werken – um eine Abrechnung mit den zerstörerischen Kräften religiöser Erziehung, sondern um eine reflektierte und ästhetisch ausgestaltete Nachzeichnung, die häufig zu vielschichtigen, auch positiven Darstellungen und Wertungen kommt. Nach einer Phase der erwarteten Verabschiedung von konfessionellen Prägungen in der Literatur tritt im Rahmen der Besinnung auf religiöse Identität der Faktor ‚Konfession' neu in den Mittelpunkt.

I. Heimat im Ritual?
Suchwege im Umfeld des Katholizismus

1. „Katholisch"? – Literarische Momentaufnahmen

Ein erstes erstaunliches Ergebnis der aktuellen Literatursichtung wurde bereits genannt: Der Katholizismus entfaltet in der Literatur unserer Zeit eine deutlich stärkere Wirkkraft als die evangelische Tradition, die für die Ausbildung der deutschsprachigen Hochliteratur im 18. und 19. Jahrhundert maßgeblich verantwortlich war. Dazu lassen sich zunächst gleich mehrere Momentaufnahmen aneinanderreihen, Blitzlichter auf das Werk von AutorInnen, bei denen dieser Aspekt keine zentrale Bedeutung erhält, gleichwohl aber auftaucht.

Robert Schneider (*1961) – seit „Schlafes Bruder" (1992) ein populärer, wenn auch stets umstrittener Gegenwartsschriftsteller – bestätigt in einem Interview seine religiöse Prägung: „Das Katholische war für mich [...] Heimat", bekennt er offen, „sozial wie auch ästhetisch". Deshalb habe er bei allem Blick für die institutionellen Schwächen nie „mit der Kirche gebrochen", schließlich sei sie „ein ungeheurer Schatz an Erfahrungen, guten wie schlechten" (*Schneider* 2008, 60f.). Diese abwägende Position gilt für eine ganze Reihe weiterer Zeugen und vor allem Zeugnisse, die zunächst in einem kleinen Panoramablick aufgerufen werden.

Christoph Meckel: Von der „Weltmusik Gottes"

Christoph Meckel (*1935) wurde bekannt als künstlerisches Multitalent, mehrfach preisgekrönt als Lyriker, Erzähler und Graphiker. War das Buch über seine Vater-Sohn-Beziehung „Suchbild" von 1979 ein Zeugnis sensibler Suche nach Eigenidentität und der ringenden Annäherung an den schwierigen Repräsentanten der Kriegsteilnehmergeneration, so entpuppt sich das 2002 unter gleichem Titel veröffentlichte Mutterbuch als rigorose Abrechnung mit ihrer Person. Wie schon im ersten Buch dient auch dieser Roman einem Prozess des Sich-Frei-Schreibens, doch dieses Mal wird das Thema Religion explizit benannt. Der Vater, Katholik, überließ der Mutter, Protestantin, die religiöse Erziehung des evangelisch getauften Kindes. Und in die Abrechnung mit der Mutter wird die Abrechnung mit der Welt des von ihr vertretenen Protestantismus in aller Härte verbalisiert. Provokativ gekleidet wird dies etwa in ‚Liebeserklärungen' an den Katholizismus, zurückgespiegelt in die Erinnerungen an die in Freiburg verlebte Kindheit:

> Von Kindheit an, mit Neugier und heller Erwartung, liebte ich alles, was katholisch war. Die Münstermesse, den Weihrauch, die Prozessionen, die Herrlichkeit goldner Altäre, die sichtbare Pracht. Der Katholizismus schien ein Festspiel zu sein, der alles im Land Vorhandene leben ließ: den Wind, die Musik, das Brot und die alten Platanen; die Jahresfeste, die Butter, das Obst und den Wein; der Schwarzwald war katholisch, die Märkte und Brunnen, die Gasthöfe und die Dörfer, die Plätze und Namen. Katholisch waren die Engel, ein Land voller Engel, sie hingen an Gräbern, Altären, Gewölben und Toren, mit nackten, gelackten Bäuchen, mit Locken und Flügeln; sie standen hoch am Turm mit schweren Posaunen und bliesen die Weltmusik Gottes in den Wind. – Der Gott, der mir zustand, musste katholisch sein. (*Meckel* 2002, 61)

Was für ein stilisierter Rückblick! Die Kindheitserinnerung an die Dimensionen von Schönheit wird eng verzahnt mit den Erfahrungen kirchlich-sinnlicher Lebensgestaltung. Gott war, so die spätere literarische Ästhetisierung Meckels, nur „katholisch" denkbar. Diese Stilisierung ist freilich eingebettet in eine Auseinandersetzung mit der Mutter, gegen deren protestantische Lebensart er vehement anschreibt. Deutlich wird, dass der überschwängliche Lobpreis des Katholischen als rhetorische Figur im Befreiungskampf gegen die Mutter fungiert. Denn wie folgt führt Meckel den Textduktus weiter:

> Ich war nicht katholisch, also was war ich sonst. Warum evangelisch, warum nicht katholisch sein. Warum vom einen alles, vom anderen nichts. Mein Vater war katholisch, dies war meine Stadt, mit dem Münsterturm, dem schönsten der Christenheit. Ich wollte um jeden Preis katholisch sein. Mein Vater freute sich, meine Mutter schwieg. Der Entschluss war ernst und beherrschte ein halbes Jahr. Der Machtkampf meiner Eltern bewegte mich nicht. Ich verschwand aus den Religionen ohne Konflikt. Meine Mutter war enttäuscht und schwieg. Der verspätete Kirchenaustritt erschütterte sie. (ebd.)

Eine erstaunliche autobiographische Verdichtung zum Thema Religion auf einer Buchseite: die aus Rebellion erwachsende ‚Liebeserklärung zum Katholizismus'; der Wunsch zur Konversion; der Kirchenaustritt. All das eingebettet in das hoch komplizierte Spannungsgefüge einer zerstrittenen Familie. Auf den Folgeseiten wird deutlich, wie verletzt die Mutter über diesen Affront war. Sie, die sich „der Aufgabe" widmete „christlich zu leben" (ebd., 68), musste das Gefühl haben: „Ihr Gott wurde angespuckt" (ebd., 66). Für Christoph Meckel aber hatte sich die existentielle Auseinandersetzung mit Religion erledigt.

Markus Orths: „keine innere Stimme"

Der erste Roman des gebürtigen Niederrheiners *Markus Orths* (*1969) – „Corpus" (2002) – ist ein Priesterroman, gehört also einer Gattung an, von der wir noch ausführlicher hören werden. Er wird durch Elemente des katholischen Gottesdienstes strukturiert, trägt doch jedes der 23 Kapitel den auf Latein und Deutsch wiedergegebenen Titel der in stimmiger Abfolge präsentierten Einzelelemente der Liturgie von „Introitus/Einzug" bis zum „Ite, missa est/Entlassung".

Die Handlung: Nach Jahren treffen sich Paul, der Erzähler, und Christof wieder und erschließen sich und den Lesenden durch Rückblicke ihr Leben. Christof, der katholische Pfarrer, habe schon als 13-Jähriger spielerisch seine erste Messe zelebriert, so erinnert sich Paul, „damals, hinterm Haus seiner Eltern, im Schuppen" (*Orths* 2002, 9). Er als Zelebrant, „ich ihm gegenüber, als Messdiener und Gemeinde zugleich" (ebd., 11). Durch ein Versehen tötete Christof damals unabsichtlich den eigenen Vater. Tief erschüttert von seiner Schuld war er dann „ins Internat des Nikolausklosters" eingetreten, mit der Absicht „Priester zu werden" (ebd., 23). Obwohl das erhoffte Berufungserlebnis ausblieb, wurde er tatsächlich Pfarrer, denn: „Er habe kein klares Nein gehört, sagte er sich, also nehme er das Schweigen als Ja." (ebd., 35) Schicht um Schicht wird die Geschichte der beiden Protagonisten abgetragen, eine Geschichte von behutsam erzählter homoerotischer Faszination, von verdrängter Erinnerung und verspäteter

Aufarbeitung. Die Kapitelüberschriften erinnern dabei nicht nur an den Aufbau der Messfeier, sie werden auch leitmotivisch für die inhaltliche Ausgestaltung: Im Kapitel „Confiteor/Schuldbekenntnis" wird die Schuld am Tod des Vaters erzählt; das Kapitel „Homilie/Predigt" schildert die Mühen, die Christof als Kaplan mit der Vorbereitung einer Predigt in der Weihnachtsmette hat, etc. Diese fast durchgängig zu findenden symbolischen Verweise werden jedoch so geschickt umgesetzt, dass sie den Lesefluss nicht hindern, sondern eine zusätzliche Dimension eröffnen.

Und Gott? Bei all den einfühlsamen Schilderungen von den als Kind gespielten, als Erwachsener gehaltenen Gottesdiensten, bei all den Szenen aus seiner Tätigkeit als Pfarrer, bei all den Verweisen auf biblische Erzählungen: die Frage nach Gott selbst bleibt weitgehend außen vor. Christof habe, so der Erzähler, immer auf den Ruf Gottes, auf eine direkte Gotteserfahrung gewartet und gehofft, ohne ihrer jedoch jemals teilhaftig geworden zu sein. „Nichts von dem" sei ihm widerfahren. „Keine innere Stimme, kein Blitz, kein Leuchten, keine warme, den Körper durchflutende Gewissheit." (ebd., 35) Er habe sich seinen Zustand als „Gelassenheit oder Demut" (ebd., 36) schöngeredet, und damit sei er in Studium und Kaplansjahren gut zurechtgekommen. Ausgelöst durch die Begegnung mit zwei ungewöhnlichen jungen Leuten, Kai und Ina, stellt er sich erst jetzt seiner Lebensgeschichte, seiner spirituellen Leere und der abgebrochenen homoerotischen Beziehung zu Paul. Ob er sein Priesteramt am Ende aufgibt und sich zu Paul bekennt, bleibt letztlich offen.

Markus Orths hat in „Corpus" ein feinfühliges Priesterporträt entworfen, doch geht es ihm weniger um ein zeitgeschichtliches Milieubild, als um die Geschichte einer von Schuld, Selbstverleugnung und verzögerter Aufarbeitung geprägten Beziehung. Nur am Rande benennt er die schmerzhafte Erfahrung der Abwesenheit Gottes und die nie erfüllte religiöse Sehnsucht. Da der Gottesbeziehung im Leben der beteiligten Charaktere kein wesentlicher Platz zukommt, wird Gott auch im Roman selbst kaum erwähnt. So wird das Buch zu einem Bespiel dafür, wie Religion, Konfession und katholisches Ritual zu zentralen Strukturelementen werden können, ohne dass die Gottesfrage selbst dabei direkt thematisiert wird. Kaum überraschend, dass Religion in den seitdem erschienenen Erzählungen, Novellen und Romanen Orths nur eine geringe Rolle spielt.

Paul Ingendaay: Warum du mich verlassen hast

Paul Ingendaay (*1961), lange Jahre FAZ-Korrespondent in Madrid und renommierter Literaturkritiker, schrieb seinen ersten Roman als Internatsroman – ein eigentlich auserzähltes Genre. In seinem coming-of-age-Roman, der das Leben eines Jungen in einem solchen Internat vom zehnten bis zum sechzehnten Lebensjahr schildert, folgt er damit einer Überfülle von Vorgängern. Und dann noch die Verbindung mit einer Kirchenkritik, wird doch das Internat von katholischen Mönchen geleitet – all das ist doch in den 1950er und 1960er Jahren wiederholt aufgearbeitet worden! Dass „Warum du mich verlassen hast" (2006) trotzdem ein lesenswerter Roman geworden ist, verdankt sich mehreren Faktoren. Zum einen der Milieubindung: Wir tauchen ein in den Raum des (nieder-)rheinischen Katholizismus, in ein Sprach- und Weltgefühl der späten 1970er Jahre. Zum zweiten in der Spiegelung der Bedeutung von Religion in dieser Welt. Erzählt wird die autobiographisch entlehnte Lebensgeschichte des Scheidungskindes und Internatszöglings Marko Theunissen, der zum Zeuge des Zugrundegehens und schließlich des Selbstmordes eines von ihm verehrten Priesters und Erziehers wird. Marko, widerspenstig, wenig bereit sich einzufügen, verlässt am Ende das Internat, um sich mit neuem Mut der Welt zu stellen.

Dabei war ihm sein Aufenthalt in einem katholischen Internat immer schon unpassend vorgekommen: „Ich fühlte mich ganz schön verlogen. Ich wusste nämlich selber nicht mehr, warum ich da war, und ich glaubte auch nicht an Gott. Ich war Nihilist, könnte man sagen." (*Ingendaay* 2006, 25f.) Sicher war er sich seiner Weltdeutung freilich nicht, im Gegenteil: Die Gottesfrage trieb ihn um. „Die schwierigste Frage, die ich mir auf dem Collegium stellte, war: Gibt es Gott? [...] ich war mir der Sache einfach nicht sicher" (ebd., 37f.). Dennoch, so der Ich-Erzähler in stilisierter Jugendsprache im Rückblick, habe er sich an die Welt des Internats, auch an die Rhythmisierung durch Gebetszeiten und Gottesdienste gewöhnt. So erinnert er sich: „Das Gotteslob. Oh, Boy. [...] Diese Songs waren meine Musik, da konnte ich gar nichts machen." (ebd., 29f.) „Mann, war ich müde in diesen Frühmessen. [...] Aber ich versuchte es, ich versuchte es wirklich. Ich suchte Gott. Es war nur so verdammt früh am Morgen." (ebd., 31)

Letztlich zeichnet Ingendaay ein Bild von Kirche und Ordensleben, das eher in den Kontext der Abrechnungsromane früherer Jahrzehnte passt. Gelassenheit und perspektivische Brechung sind Ingendaays Sache nicht. Er konzentriert sich auf eine Bloßstellung der menschenverachtenden Erziehungspraxis des Internats, auf das Heuchlerische der Repräsentanten des Systems Kirche, das für ihn letztlich ein System von Gewalt und Unterdrückung ist: „Gewalt gehört zur katholischen Kirche wie Hostie und Weihrauch", liest Marko in einem „Buch der Ordnungen", privaten Aufzeichnungen eines früheren Internatszöglings. „Nehmen Sie der Kirche die Gewalt, und sie stirbt an Langeweile" (ebd., 277). Konsequent, dass der 2011 erschienene autobiographische Fortsetzungsroman „Die romantischen Jahre" kaum noch von jener Kirche handelt, aus welcher der als Mittdreißiger charakterisierte Erzähler „vor mehr als zehn Jahren" (*Ingendaay* 2011, 433) ausgetreten war.

In der Darstellung dieser zumindest bis in die Gegenwart der 1970er Jahre hinein wirksamen enthumanisierenden Erziehungspraxis des Katholizismus ist Ingendaay dabei nicht allein. *Josef Hoben* (*1954) hatte 1998 einen ganz ähnlichen Roman unter dem Titel „Lossprechung" publiziert, in dem er sich mit dem rigiden Erziehungsstil in den katholischen Konvikten Oberschwabens auseinandersetzte. Der in Altötting aufgewachsene Autor *Andreas Altmann* (*1949) veröffentlichte 2011 eine – wie schon am Titel ablesbare – harte Abrechnung mit dem Aufwachsen im bayerischen Milieukatholizismus der 1950er Jahre: „Das Scheißleben meines Vaters, das Scheißleben meiner Mutter und meine eigene Scheißjugend". *Andreas Maier* (*1967) schildert in „Das Haus" (2011) die Zwangsgefühle beim kindlichen Kirchgang, bei dem der – autobiographisch motivierte – Erzähler „von einer so quälenden, nervösen Unruhe" ergriffen wurde, „als sei ich in einer Zelle gefangen und könne mich nicht bewegen" (*Maier* 2011, 52). Diese „Stunde des Herrn [...] war die Zeit meiner kompletten Hilflosigkeit" (ebd.), war die Urerfahrung von Fremdheit, Zwang, dem Gefühl von Ausgestoßensein aus einer Gemeinschaft, die sich offensichtlich in jenen Prozessen auskannte, die ihn selbst völlig überforderten. Schließlich können weite Teile des Romanwerks des Österreichers *Josef Winkler* (*1953) – Georg Büchner-Preisträger des Jahres 2008 – als ein sich Abarbeiten an katholischer Enge und ihrer quälerisch-identitätszerstörender Sexualmoral gelesen werden. Im Rahmen der konfessionellen Selbstbesinnung in der Gegenwartsliteratur gelten solche Romane allerdings eher als Ausnahme. Ohne sie wäre das Gesamtbild aber unvollständig und einseitig.

Veronika Peters: „Was in zwei Koffer passt"

Im Jahr 2007 wurde ein Buch zum Bestseller, das von seiner Anlage her nur wenig dazu geeignet schien. Die bis dahin schriftstellerisch noch nicht hervorgetretene *Veronika Peters* (*1966) schildert in „Was in zwei Koffer passt. Klosterjahre" in autobiographisch verankerter, jedoch fiktional ausgestalteter Form ihren Lebensweg: Stationen von einer lose evangelischen Prägung zur Konversion, zum Eintritt in ein Kloster, ihren zwölf Jahren als Benediktinerin, schließlich ihrer Abwendung vom Ordensleben und die Wiedereingliederung in ein bürgerliches Leben. Wer bei einer derartigen Handlungslinie eine Skandalgeschichte oder sensationelle Enthüllungen erwartet, liegt jedoch völlig falsch. Mit Einfühlungsvermögen, mit klarer Sprache und Respekt vor den religiösen Traditionen schildert Peters ihren Weg.

Da das Buch mehrere Jahre nach dem Austritt aus dem Kloster (1999) verfasst ist, trägt es die Perspektive der Distanz in den Schilderungen immer schon in sich. Klar wird, dass der beschriebene Lebensweg von Anfang an nicht der einer ‚normalen Ordensberufung' ist. „Vor drei Jahren bin ich erstmals in einen katholischen Gottesdienst geraten", heißt es früh im Buch. „Mir gefiel die farbenfrohe, sinnliche Feier, die sich sehr von den Gottesdiensten, die ich bisher besucht hatte, unterschied, und ich ging von da an öfter hin." (*Peters* 2007, 44) Doch anders als bei Christoph Meckel handelt es sich nun um eine erwachsene Frau, die mit zunehmender Zeit immer stärker den Wunsch zur Konversion verspürt: „Nach einem weiteren Jahr bat ich" darum, „mich in die katholische Kirche aufzunehmen." Ein befreundeter Pfarrer gewährt ihren Wunsch, weil er davon überzeugt ist: „Sehnsucht nach Gott genügt, um Christin zu sein." (ebd.)

Nach dem für alle überraschenden Entschluss, in den Orden einzutreten, gewöhnt sich die Ich-Erzählerin langsam dort ein. In den Schilderungen überwiegt jedoch die Nachzeichnung der menschlichen Begegnungen und Spannungen, der Eifersüchteleien, des Ringens um Macht, Einfluss und Freiräume. Den Rahmen setzen dabei der normale Alltag sowie die Rhythmisierung des Jahres durch die kirchlichen Feste. Theologische Reflexionen fehlen fast vollständig. Wenn „Gott" thematisiert wird, dann im biblischen oder liturgischen Zitat. Immer wieder fließen Fragmente der Psalmen ein, denn vom „ersten Tag an mochte ich diese alten Psalmtexte, denen ist nichts fremd: Es wird geflucht, gezürnt, verwünscht, geliebt, angeklagt und gejubelt." (ebd., 72) Kurz vor der endgültigen Aufnahme ins Kloster wird die Erzählerin von einer Mitschwester gefragt: „Suchen Sie Gott?", doch diese Frage stürzt sie in Verlegenheit: „Gottsuche? Ich bin oft ratlos." (ebd. 149) Nein, sie suche „das Gegenteil vom Rückzug in eine private kleine Religiosität, die allein um das persönliche Seelenheil besorgt ist. Ich möchte mit meiner Existenz ein Zeichen setzen gegen eine Innerlichkeit, die nur mit sich selbst befasst ist." Aber: „Ist das Gottsuche?" (ebd., 150)

Die Zweifel bleiben. Immer wieder wird ihr bewusst, dass ihre Existenzform zwar durchaus zu ihr passt, aber: „Gottesliebe, sich von Gott geliebt fühlen, das soll mit tiefem Glück erfüllen, ist jedoch an manchen Tagen etwas zu abstrakt, wenn es kalt ist und man sich nach der Wärme eines menschlichen Körpers sehnt" (ebd., 166). Am Ende führt der Weg aus dem Kloster hinaus, ohne dass die Zeit eine vergebliche gewesen wäre. „Ich habe diesen Ort geliebt" (ebd., 250), gibt sie zu, und das Buch schließt mit den Worten: „Gescheitert? Nein, weitergegangen." (ebd., 251)

Michael Köhlmeier: „ich weiß, dass es ihn gibt"

Der Vorarlberger Erzähler *Michael Köhlmeier* (*1949) hat sich immer wieder intensiv und auf ganz unterschiedliche Weise mit Religion befasst, mal hintergründig, mal unmittelbar. Im Jahr 2007 erschien mit „Abendland" ein monumentaler Zeitroman, die Lebensgeschichte eines Mannes, der glaubte, den ersten „Schritt zu einem tatsächlich schlagenden, nämlich unschlagbar logischen Gottesbeweis" (*Köhlmeier* 2007, 709) gefunden zu haben, ohne dass dieses Thema wirklich bestimmend würde. Anders in dem skurril-pikaresken Schelmenroman „Die Abenteuer des Joel Spazierers" aus dem Jahr 2013. Der in der Nachkriegszeit in Budapest geborene, später durch die Welt reisende österreichische Protagonist ist ein Meister der Verkleidung, der multiplen Identitäten, des Täuschens und Tricksens, zugleich ein vielfacher Mörder wie ein religiöser Sinnsucher. Um Schuld und Sinn kreisen denn auch die grundlegenden thematischen Linien des Romans.

Die Welt des Hochstaplers Joel Spazierer ist in der Tat religiös durchtränkt, verbringt er doch längere Zeit in einem – detailliert geschilderten – Priesterseminar der 1970er Jahre. Biblische Erzählungen werden aus seiner Sicht gedeutet, angefangen von seiner Obsession mit der Erzählung von Mk 5,1–20, in der Jesus zwar einen Menschen von einem unreinen Geist befreit (*Köhlmeier* 2013, 33), stattdessen aber zweitausend Schweine in den Abgrund stürzen lässt, bis hin zu einer von ihm kommentierten jüdischen Auslegung der (nicht vollzogenen) Opferung Isaaks (Gen 22) als Paradebeispiel des Nachdenkens über „die Thematik von Mord und Mitleid" (ebd., 523). So finden sich in dem Roman auch theologische Reflexionen: etwa über das Wesen der Gnade, dem noch jugendlichen Protagonisten vorgestellt als „Taufname des Zufalls", so dass er auch nach weiteren Erklärungen das Wort einsortierte in jene Reihung von Worten, „die ich hochschätzte, obwohl ich sie nicht verstand, und von denen ich mir nicht vorstellen konnte, sie jemals in ehrlicher Absicht zu gebrauchen", gleich neben „Liebe, Treue, Wahrheit, Mut, Weisheit" (ebd., 198).

Zahlreiche Pfarrer werden porträtiert, etwa jener Pater Präfekt, bei dem der noch jugendliche, aber bereits schwer mit Schuld

beladene Joel eine erste Beichte ablegt, auch wenn er zu diesem
Zeitpunkt „überhaupt keine Ahnung von Religion" (ebd., 200)
hatte. Obwohl ihm der Pater versichert, die Beichte werde bei ihm
auf absolute Verschwiegenheit stoßen, wird Joel später klar, dass
dieser das Versprechen, und damit „das strengste Gebot, das ihm
von seinem Gott auferlegt worden war" (ebd., 227), gebrochen hatte. Oder „Rudi Jungwirth", der eine John-Lennon-artige Brille aus
Fensterglas trug und am liebsten mit Jeans, T-Shirt und Freunden
durch Österreich fuhr, aussehend wie „bolivianische Revolutionä-
re" (ebd., 365). Er passte zu jenen Theologen, die „in ihren Zimmern
Landkarten von Lateinamerika und Porträts von Che Guevara an
den Wänden hängen hatten und *Der Kleine Prinz* von Saint-Exupé-
ry und Gedichte von Ernesto Cardenal lasen" (ebd., 367). Dass diese kirchlichen Vertreter Joel kaum dabei helfen, mit seiner ständig
wachsenden Schuld umgehen zu lernen, liegt auf der Hand.

Und Gott? Köhlmeier unterlegt den Roman mit einer außergewöhnlichen Gottesrede, die nur in der Gesamtkonzeption des
phantasiestrotzenden und skurrilen Romans verständlich wird.
Das Kind Joel wuchs zunächst gottlos auf, so wird erzählt. Sein
Großvater schaut ihn einmal nachdenklich an: „Ich mache mir
manchmal Vorwürfe, dass wir dich nie mit dem lieben Gott bekannt gemacht haben", sinniert er. „Dann bin ich wieder froh darüber. Einmal so, einmal so." (ebd., 89) Später, als Erwachsener,
trifft er immer wieder auf Menschen mit einer besonderen Got-
tesgeschichte:

- auf einen 40-jährigen Tierarzt, der plötzlich mitten in einem
  Sonntagsgottesdienst im Wiener Dom ganz sicher war, „Gott
  habe soeben zu ihm gesprochen" (ebd., 192);
- auf den US-amerikanischen Sergeant Winship, der ihm zu verstehen gibt: „Überall auf der Welt habe ich den Gott getroffen,
  [...] es gibt nichts auf der Welt, worüber man sich mehr wundern müsste als über einen Menschen, der nicht an den Gott
  glaubt" (ebd., 263);
- auf den Junkie und Dealer Cookie, der ihm erklärt, dass er angesichts einer wundersamen Rettung aus Lebensgefahr „ab
  heute 23 Uhr 37" an Gott glaube, da dieser „die Hand über uns"
  (ebd., 392) halte;

– auf jenen „Dogmatiker" genannten Theologiestudenten, der ohne jeden Zweifel doziert: „Die Existenz Gottes ist natürlich längst bewiesen, [...] *a priori*, und damit schlicht und einfach: Gott *ist*, wie eins und eins zwei *ist*" (ebd., 398f.).

Und er selbst, Joel Spazierer? Für ihn steht fest, dass er Gott höchstpersönlich an einem Abend unter einer Laterne in Vaduz begegnet sei. Insofern lautet sein Credo, wieder und wieder seinen verdutzten Zuhörern vorgetragen: „Ich glaube nicht, aber ich weiß, dass es ihn gibt." (ebd., 394) Das sei vergleichbar mit der Urknalltheorie. Gewiss, wir kennen sie, wissen, dass sie die Entstehung des Weltalls angemessen erklärt. In unserem Gefühl, in unserer tiefen Daseinswahrnehmung aber hinterlässt dieses Wissen keine gewissmachende Bedeutung. Später, längst unter wieder einmal falsch angenommener Identität zum Dozenten im Forschungskollektiv wissenschaftlicher Atheismus im Ostberlin der DDR aufgestiegen, wiederholt er seine Erkenntnis, als er befragt wird, ob er an Gott glaube: „ich glaube nicht, ich weiß" (ebd., 596). Eine Vorlesung über das Thema „Gott ist nicht und deshalb ist er" (ebd., 625) wird ausführlich protokolliert und mit zahlreichen Argumenten für und wider belegt.

Die Geschichte des Aufschneiders, Mörders und Gottfinders Joel Spazierer endet offen. Im Blick auf den Schriftsteller Michael Köhlmeier ist klar, dass ihm gerade die Gattung des Schelmenromans den Raum bot, Religion literarisch fruchtbar zu machen. In der Tonlage zwischen Ernst und Ironie, in der Mischform von Satire und Zeitroman, in der erzählerischen Opulenz eines 650-Seitenromans lassen sich Geschichten und Reflexionen über Kirche, Christentum und Gott einspeisen, die sich nicht auf Bekenntnis- oder Nichtgläubigkeitsaussagen reduzieren lassen. Hier wird eine zugleich spielerische wie explizit literarische Gottesrede par excellence vorgeführt, die sich nicht funktionalisieren lässt.

Thomas Meineke: Postmodernes Katholizismus-Konglomerat

Das gilt auch für den Roman „Jungfrau" (2008) des Pop-Literaten *Thomas Meineke* (*1955). Der Held des Romans, der zölibatär lebende Theologiestudent Lothar Lothar, erforscht das – mehrfach zu Wort kommende – Werk des Schweizer Theologen Hans Urs von Balthasar und seiner Gefährtin, der Mystikerin Adrienne von Speyr. Durch Anspielungen auf Werke der Theologie- und Musikgeschichte, aus Filmzitaten und literarischen Verweisen entsteht ein fiktionales Fadengewirr, das zwar tief eingefärbt ist mit spezifisch katholischen Pigmenten, aber keine Botschaft enthüllt, sondern sich im postmodernen Spiel erschöpft. Entsprechend verwirrt reagierte die Literaturkritik.

Da schmückt das Buchcover eine stilisierte Mariendarstellung, um den Buchtitel „Jungfrau" in die angezielte Verweisrichtung zu rücken; da begegnen wir Büchern von Kardinal Ratzinger/Papst Benedikt XVI.; da wird Thérèse von Lisieux eingespielt; da wird Pasolinis Verfilmung des Matthäus-Evangeliums kommentiert; da werden wir Zeugen dessen, wie der Philosoph Slavo Žižek das Buch Hiob auslegt; da lesen wir, wie der Protagonist sich überlegt, „sich zum Anwärter auf das katholische Priesteramt überhaupt aufzuschwingen" (*Meineke* 2008, 58). Als „postmodernes Katholizismus-Konglomerat" hat man diesen Roman bezeichnet, als konfessionell gefärbtes „Diskurstheater auf der Romanbühne". Das literarische, sich selbst genügende postmoderne Spiel-Material bei Meineke ist prinzipiell austauschbar. Dass er sich in diesem Roman der ästhetisch reizvollen Welt des Katholizismus bedient, ist gleichwohl kein Zufall, sondern entspricht einem – zunächst aussagefreien – *catholic turn* in der Gegenwartsliteratur.

Thomas Glavinic: Auf dem Weg nach Medjugorje

Davon zeugt ein weiteres Beispiel aus der neueren Literatur. Der Österreicher *Thomas Glavinic* (*1972) hat sich mit einigen Romanen in den Kreis der am meisten beachteten deutschsprachigen jüngeren Schriftsteller hineingeschrieben. In dem 2011 erschienenen Buch „Unterwegs im Namen des Herrn" – es verzichtet auf die durchaus mögliche Gattungsbezeichnung „Roman" – greift er das Thema des blühenden Pilgerwesens auf. Ein mit dem Autor gleichnamiger Protagonist schließt sich zusammen mit seinem Freund, dem Fotografen Ingo, einer Pilgergesellschaft an, die als Ziel Medjugorje in Bosnien-Herzegowina ansteuert. Seitdem hier im Jahr 1981 von Marienerscheinungen berichtet wurde, gehört der Ort zu den beliebtesten Pilgerzielen wundergläubiger Katholiken. Erzählt werden die skurrilen Ereignisse auf dieser Pilgerreise, wahrgenommen aus der Perspektive der sich selbst als Atheisten einschätzenden Beobachter.

Was als satirischer, parodistischer Reisebericht beginnt, entwickelt sich zu einem Thriller. In Split geraten die Beobachter in eine lebensgefährliche Situation, der sie nur mit Glück entkommen. Wo sie vorher mit erstaunter Sympathie die Pilger in ihrer Alltäglichkeit und rührenden Glaubenszuversicht schilderten, wo der kommerzielle Betrieb des Pilgerwesens mit scharfem Blick durchschaut wurde, werden sie nun doch in ihrem bisher so sicher scheinenden Atheismus angefragt. Die Zweifler zweifeln, die Ungläubigen kommen ob ihres Unglaubens ins Grübeln, die Agnostiker lassen zumindest den in zahlreichen Zitaten aus Broschüren immer wieder direkt zitierten Gedanken an Bekehrung zu – wenn auch stets in ironischer Brechung. Im Fieberwahn – nur hier! – geht dem Erzähler durch den Kopf: „Ja, tief in mir lebt die Sehnsucht nach dem Göttlichen, das mich nicht alleine lässt, und genau das wird mir hier bewusst: die Existenz einer stillen Übereinkunft mit mir selbst, dass ich nicht alle Türen zugeschlagen habe." (*Glavinic* 2011, 148) Am Ende bleibt der innere Kampf zwischen Glaube und Unglaube unentschieden. So sehr das ganz real geschilderte Pilgerwesen hier in all seiner Vieldimensionalität mit Witz und Ironie entlarvt wird, so sehr verweigert Glavinic am Ende einen summierenden Schlussstrich.

Albert Ostermeier: Abgründe eines Abtes

Albert Ostermaier (*1967) hat sich vor allem als Lyriker und Theaterautor einen Namen gemacht. In seinem zweiten, viel beachteten Roman „Schwarze Sonne scheine" (2011) erzählt er von einem abgründigen Spiel. Der Ich-Erzähler, der 24-jährige Dichter Sebastian, ehemaliger Schüler eines Klosterinternats, wird vom dortigen Abt gezwungen, sich mit dem eigenen Tod auseinanderzusetzen. Der Abt konfrontiert ihn mit der Diagnose, dass er angesichts einer unheilbaren Krankheit nur noch ein halbes Jahr zu leben habe. Dieser Abt, sein ‚Lebensabschnittsvater' und geistlicher Mentor, stellt für ihn eine absolute Vertrauensfigur dar. Er sieht keinerlei Grund, an dem ihm mitgeteilten Befund zu zweifeln. Am Ende stellt sich die Diagnose als absichtliche Täuschung heraus, ohne dass deren Motive klar würden.

In diesem sprach- und bildmächtigen Roman voller Rückblenden, Erinnerungen und Gedankenströmen, am Ende erkennbar als Niederschrift eines Narkosetraums, taucht auch Ostermaier tief in die Welt des Katholizismus ein. Die erzählte Geschichte löste Spekulationen über autobiographische Erfahrungen aus, die nie ganz geklärt wurden. Abschließend bleibt das Bild eines – nach außen so glanzvollen und weltaufgeschlossenen – Abtes voller Abgründe und Widersprüche, bleibt die tiefe Verunsicherung des Dichters Sebastian sowie ein Blick auf den Katholizismus in seiner ganzen Ambivalenz und institutionellen Fragwürdigkeit.

So finden sich eindrückliche Schilderungen von Gottesdienstbesuchen, der Erfahrung von lebenserleichternder Beichte, von liturgischer Faszination: „Ich hatte die Osternächte geliebt, den Einzug der Mönche im uns umgebenden Dunkel, sie brachten das Licht, die Kerzen, die Hoffnung" (*Ostermaier* 2011, 73). Ästhetik und Botschaft durchdringen einander. „Die Poesie berührte mich in einer dieser Nächte, wie noch nie zuvor mich etwas berührt hatte, sie weckte mich, gab der unbestimmten Sehnsucht ein Ziel, und ich gab ein Versprechen, das auf meiner Zunge lag, ohne dass ich es gewusst hätte." (ebd.) Doch das waren Kindheitserfahrungen, abgelöst von äußerer Distanz bei gleichzeitiger innerer Verbundenheit. „Ich war seit meiner frühen Jugend fast nie mehr in die Kirche gegangen", erinnert sich der Erzähler, „doch der Glaube hatte mich nie verlassen, genauso wenig wie ich ihn. Ich hatte immer geglaubt, an Gott als ein Wort, an die Liebe, war harmoniegläubig, glücksgläubig, gerechtigkeitsgläubig, glaubwasduwillstgläubig, abergläubig, trotzdemgläubig" (ebd. 79f.). Aber wie soll er nun die Aussicht auf den baldigen Tod mit diesem Glauben zusammenbringen? Wie glauben angesichts dessen, „was mir geschah, was Gott mir antat" (ebd., 78)?

Er reflektiert, dass er „nie gläubig, so wie die um mich gläubig waren, nie gehorsam, hatte nie gehorsam geglaubt und nie an

Gehorsam geglaubt, nie an die Institution, nie an die Kirche als unfehlbar, immer jedoch an die Erlösung, aber jetzt, im Jetzt, sofort, nur ein Wort, ein Wort genügt, um Wirklichkeit zu werden, um gesund zu werden." (ebd., 78f.) „Ja, ich glaube an Gott" (ebd., 79), gibt er fast widerwillig zu, um später zu konkretisieren: „Ich habe nie Gott gefürchtet, mir nie einen strafenden Gott vorgestellt, nie an Gott in den Priestern geglaubt. [...] Ich hatte den Glauben und Gott in mir gespürt, ich brauchte niemanden, der das für mich verwaltete, niemanden, der seine Stelle vor und in mir vertrat." (ebd., 149) Die Ambivalenz des Abtes wird am Ende so wenig aufgelöst wie die des Katholizismus und des trotzig behaupteten Gottesglaubens, der auf institutionelle Repräsentanz verzichten kann.

Daniel Kehlmann: „Fatum. Das große F"

Der meistdiskutierte Roman des Jahres 2013 stammt von *Daniel Kehlmann* (*1975), seit dem Welterfolg des Romans „Die Vermessung der Welt" (2005) der herausragende deutschsprachige Autor seiner Generation. In dem Roman „F" – das unter anderem für „Fatum. Das große F." (*Kehlmann* 2013, 364), steht – erzählt er die Geschichte dreier (Halb-)Brüder, die auf je eigene Weise Fälscher, Betrüger und Heuchler sind. Angeregt durch Motive aus klassischen russischen Romanen wie Bulgakows „Der Meister und Margarita" durchzieht eine Spur satanischer Abgründigkeit den Roman. Kehlmann, dessen Großeltern während der Nazi-Diktatur vom Judentum zum Katholizismus übertraten, hatte bis dahin nur vereinzelt explizit religiöse Motive in seine Werke einfließen lassen. Anders hier! Vor allem über einen der Brüder kommt die religiöse Dimension zu Wort: über Martin Friedland, katholischer Pfarrer, übergewichtig, der Esslust verfallen, sich nach Glauben sehnend, aber glaubenslos. Aus seiner Sicht werden die Abläufe der Liturgie geschildert, Gottesdienste, Beichten (eindrucksvoll: ebd., 93–100), Taufgespräche, theologische Dispute.

„Gott gibt es nicht. [...] Das ist der Fehler" (ebd., 9), hatte der satanische, sich seiner Familie entziehende Vater seinen Söhnen gleich in der Anfangsszene des Romans mit auf den Lebensweg gegeben. Martin wird sich nicht an diese Mahnung halten. Unsicher über seinen Lebensweg erkennt er:

> Ich aber fühlte mich wohl in halbdunklen Räumen, ich hörte gern Musik von Monteverdi, und mir gefiel Weihrauchduft. Ich mochte die Fenster alter Kirchen, ich mochte das Netz aus Schatten in gotischen Gewölben, ich mochte die Darstellung von Christus Pantokrator, dem goldumfassten Heiland als Herrscher der Welt, ich mochte Holzschnitte des Mittelalters, ich mochte auch die sanfte Menschlichkeit der Madonnen Raffaels. Ich war beeindruckt von den Bekenntnissen des Augustinus, ich fühlte mich belehrt von den Haarspaltereien des heiligen Thomas, ich empfand eine warme Zuneigung zur Menschengattung an sich [...]. (ebd., 75)

Sollte diese Faszination für die ästhetische Welt des Katholizismus, für die Theologie in Verbindung mit seiner grundsätzlichen Menschenliebe nicht reichen, um sich zum Priester weihen zu lassen, so fragt sich Martin als Student und Priesterseminarist. Aber ist er auch ein gläubiger Mensch? Nun, die „Sache mit Gott würde ich auch noch hinbekommen. Das dachte ich. So schwer konnte es doch nicht sein. Wenn man sich nur ein wenig Mühe gab, musste es zu schaffen sein" (ebd., 76), reflektiert Martin später. Da weiß er längst, dass es ihm nicht gelungen ist. So gut er die Handgriffe, Verhaltensmuster und Sprachspiele eines Pfarrers beherrscht, er glaubt nicht an Gott. „Gott spürte ich nicht. Ich wartete, betete, wartete und betete. Aber ich spürte ihn nicht. " (ebd., 104)

Einer der Brüder ein glaubensloser Pfarrer, ein weiterer ein Kunstexperte und Kunstfälscher, der dritte ein zunächst überaus erfolgreicher, dann ruinierter Finanzberater: Lüge und Wahrheit, Schein und Realität, Selbstbild und Täuschung – um diese Dimensionen dreht sich der vielschichtige Roman, der nun auch Kehlmann tief in religiöse und theologische Welten vordringen lässt. Martin, dem glaubenslosen Glaubenssucher bleiben die letzten Worte vorbehalten, gesprochen bei der Zeremonie zur Totenfeier für einen der beiden anderen, seit Jahren vermissten Brüder: „Und jetzt [...] das Bekenntnis des Glaubens." (ebd., 380)

Markus Feldenkirchen: „Keine Experimente"

Dass sich literarische Spiegelungen des Katholizismus auch bei
jüngeren SchriftstellerInnen zeigen, belegt schließlich ein Blick
auf Kehlmanns Jahrgangskollegen *Markus Feldenkirchen* (*1975).
In seinem zweiten Roman „Keine Experimente" (2013) blickt er
auf das Leben des katholischen sauerländischen Bundestagsabge-
ordneten Frederik Kallenberg. Ganz und gar erfüllt von der Vision
eines aufrichtigen, an den Prinzipien des Glaubens ausgerichteten Lebensentwurfs bringt ihn die Begegnung mit einer selbstbewussten jungen Berlinerin aus dem Gleichgewicht. War seine ganze Welt, seine Ehe, sein Glaube an ein Politikerdasein jenseits von
Korruption und Fremdbestimmung nur Illusion? Als „tief katholisch" (*Feldenkirchen* 2013, 35) wird der Politiker charakterisiert,
an „jedem Sonntag" sei er als Kind ganz selbstverständlich, wie
die meisten Menschen in seinem Dorf auch, „in die Messe gegangen" (ebd., 39). Schilderungen dieser konfessionell getränkten Lebenswelt, Gottesdienstbesuche, Beichtgespräche, der Austausch
mit dem eng befreundeten, verständnisvollen, positiv gezeichneten Pfarrer – all diese Bestandteile werden so in großer Selbstverständlichkeit als Illustration des geschilderten Milieus in den
Roman hineingeschrieben. Diese Welt wird auch nicht grundsätzlich in Frage gestellt. Gleichwohl wird deutlich, dass der Politiker
Kallenberg letztlich allein die Veranwortung dafür trägt, welchen
Weg er für sich einschlägt. Die katholischen Prägungen, die Mischungen religiöser und politischer Lebensfelder, der priesterli-
che Freund – sie bestimmen seinen Hintergrund. Dass er diesen
am Ende verlässt und mutig den eigenen, noch offenen Weg geht,
ist seine ureigene Entscheidung.

Von Meckel, Orths, Ingendaay, Peters und Köhlmeier zu Meineke, Glavinic, Ostermaier, Kehlmann und Feldenkirchen – hier
eröffnet sich ein bunter Reigen ganz unterschiedlicher gegenwärtiger literarischer Spiegelungen des Katholizismus und innerhalb
dieses Zugangs der Gottesfrage! Nun ist konfessionell geprägte Literatur nichts Neues. Sehr wohl neu ist jedoch ein vorurteilsfreier
wissenschaftlicher Umgang mit dieser Tradition, die sich nicht
zuletzt in einem großen Forschungsprojekt zum „literarischen

Katholizismus" unter der Federführung des Eichstätter Germanisten Thomas Pittrof zeigt (vgl. *Pittrof* 2007; *Kühlmann/Luckscheiter* 2008; *Pittrof/Schmitz* 2010; *Hömberg/Pittrof* 2014). Zudem haben sich Ton, Rahmen und gesellschaftliche Kontexte verändert. Um diese Veränderungen zu erfassen, bedarf es einer Vergewisserung in der Tradition. Der ‚Urvater' sämtlicher konfessionellen Stilisierungen im Rahmen aktueller Literatur ist fraglos Heinrich Böll. Deshalb in knappen Strichen eine eng auf unsere Fragestellung konzentrierte Rückbesinnung.

2. HEINRICH BÖLL:
„das Wort Gott für eine Weile aus dem Verkehr ziehen"

Die Ausgabe des „Zeitmagazin Leben" vom zweiten August 2007 ist Heinrich Böll (1917–1985) gewidmet. Unter der Überschrift „Wo ist Böll?" begeben sich die Verfasser *Christiane Grefre* und *Adam Soboczynski* auf eine kreative Spurensuche in Köln, stellen aber lapidar fest: „Die Deutschen haben ihren Nobelpreisträger vergessen". Tatsächlich: Trotz der von 2002 bis 2010 erschienenen, 27-bändigen epochalen „Kölner Ausgabe" der kommentierten Werke Bölls im Verlag Kiepenheuer & Witsch ist es im Feuilletonbetrieb, in den Abteilungen der Literaturwissenschaft und auf dem Buchmarkt still geworden um Heinrich Böll. Nicht einmal mehr zum Spott taugt der Verweis auf Böll, der jahrzehntelang als satirisch gezeichneter ‚Gutmensch', als Repräsentant des ‚anderen Deutschen', als ‚ehrenwerter Mann' oder ‚Gewissen der Nation' herhalten musste. Selbst der sprichwörtliche „Böll-Spott" ist „abgeklungen wie ein angefaultes Klischee", so die beiden Journalisten. Die Vernichtung beträchtlicher Teile seines Nachlasses beim Einsturz des Kölner Stadtarchivs im Frühjahr 2009 hatte letztlich kaum mehr als ein öffentliches Schulterzucken zur Folge.

Fast scheint es, als sei sein Werk heute für Theologen interessanter als für Literaturwissenschaftler. Im Grenzgebiet von Religion und Literatur untersuchen gleich mehrere Dissertationen die Bedeutung seines Werkes, sei dies zur Funktion und Darstellung Jesu (*Garske* 1998), zu Bölls Kirchenbild (*Helm* 2005), über seine literarischen Spiegelungen des Phänomens Schuld (*Stolz* 2009) oder über religiöse und kirchliche Motive im Frühwerk (*Litz* 2011). Mehr als vier Jahrzehnte nach der 1972 erfolgten Auszeichnung mit dem Literaturnobelpreis (vgl. *Langenhorst* 2002) – als erstem deutschsprachiger Schriftsteller katholischer Provenienz – steht sein Werk heute doppelt auf dem Prüfstand: Gehört das Werk Heinrich Bölls bleibend zur Weltliteratur, oder war es nur in seinem Zeit- und Gesellschaftskontext bedeutsam? Und für unsere Fragestellung besonders relevant: Wie geht Böll um mit Religion, Konfession, Gott?

Ein Leben zwischen Frömmigkeit und Rebellion

Bei keinem anderen deutschsprachigen Autor des 20. Jahrhunderts spielt die Auseinandersetzung mit Religion, konkret mit dem Katholizismus als Idee und Milieu, als geistesgeschichtlicher Vision und historischer Realität von Anfang bis Ende eine so entscheidende Rolle wie bei Heinrich Böll. Am 21. Dezember 1917 wurde er in Bornheim bei Köln geboren, jener Stadt, die den Hintergrund, den Spielraum und die Atmosphäre seiner literarischen Werke maßgeblich bestimmen sollte. Prägend für Bölls Lebensweg wurde die Familie, vor allem der in ihr selbstverständlich gelebte rheinische Volkskatholizismus mit seiner Doppelgesichtigkeit von orientierender Eindeutigkeit und unterdrückender Eingrenzung. Katholisch die Familie, katholisch die Schule, katholisch das im Alltag erfahrene Gesicht des Christentums. Wie gern er die romanischen Kirchen der Stadt besichtigte, davon erzählte Böll später in Interviews über sein Aufwachsen, aber „die Pflicht-Gottesdienste, der Katechismus-Unterricht"? „Dieser ganze fürchterliche Wahnsinn des 19. Jahrhunderts wurde über einem abgerollt" (*Böll* W 25, 329), schreibt Böll in „Eine deutsche Erinnerung" (1976). Und doch: „natürlich trotz allem katholisch, katholisch, katholisch" (*Böll* W 21, 434) sei die Welt seines Aufwachsens gewesen, so im autobiographischen Rückblick „Was soll aus dem Jungen bloß werden?" (1981).

Dass sein Leben dabei wirklich bestimmt war von echter Spiritualität, haben in ungekannter Tiefe die erst 2001 veröffentlichten Briefe des jungen Soldaten aus dem Krieg nachdrücklich bewiesen: „Wenn ich nicht an Christus glaubte, an die Wahrheit, die Wirklichkeit und das Wesen des Kreuzes, dann lebte ich einfach nicht, dann litte ich nicht, dann wäre ich einfach NICHTS" (*Böll* 2001, 403), schreibt der Vierundzwanzigjährige etwa am 24. Juli 1942 an seine Frau Annemarie. Und am 17. August desselben Jahres: „mein Leben soll keinen anderen Sinn haben, als für Christus, für das Kreuz zu leben und zu arbeiten" (ebd., 440). Was für ein weiter Weg von hier über die ungezählten literarischen Auseinandersetzungen mit der Institution Kirche, ihren Repräsentanten, ihren Dogmen und Moralvorstellungen, ihren gesellschaftlichen und politischen Verflechtungen bis hin zum offiziellen Austritt aus der Kirche im Januar des Jahres 1976! Böll wurde dabei nicht müde immer wieder zu betonen, dass sein Austritt sich nur auf die römische Amtskirche bezog, die in seinen Augen zunehmend unglaubwürdige und korrumpierte Institution. Ein Christ, ein praktizierender Katholik, ist er bis zu seinem Tod geblieben.

Wie alle großen Schriftsteller war Böll zu Lebzeiten umstritten, umso mehr, da er sich immer wieder in das tages- und kirchenpolitische Geschehen einschaltete. Seine Provokationen trafen auf heftigste Gegenwehr. Offizielle Vertreter der Kirche, der Stadt Köln, der Bundesregierung, der Presse diffamierten ihn, um ihn erst lange nach seinem Tod stillschweigend zu rehabilitieren und vereinnahmend für sich zu reklamieren. Heinrich Böll als vorzeigbarer kritisch-frommer Katholik; als gefeierter Köln-Repräsentant; als in seinem solidarisch-humanen Engagement modellhafter Bundesbürger? Im Leben des Schriftstellers selbst wären solche Etikettierungen undenkbar gewesen. Seine Werkgeschichte spiegelt das in seinem öffentlichen Vollzug einzigartige Ringen um die Umsetzung großer Utopien: um die Vision einer wahrhaft demokratischen und menschlichen Gesellschaft auf der einen, die Vision einer frommen, christusförmigen Kirche auf der anderen Seite. Beide Utopien blieben unerfüllt, an beiden zusehend zerbröckelnden Visionen arbeitete er sich ab, ohne Kompromiss, ohne Resignation.

Wie bewertete er es selbst, das Schicksal seiner Vision von Kirche? Zwar in Figurenrede, aber sicherlich im Sinne ihres Autors sprechen zwei Akteure in Bölls letztem Roman „Frauen vor Flusslandschaft" (1985) unzweideutige Absagen aus: Die „Pfaffen"? „Natürlich brauchten wir die Pfaffen, als Dekoration und auch als Dekorateure [...], aber wir haben sie auch derart abgenutzt, aufgebraucht, dass wir sie nicht mehr nötig haben und sie uns bald lästig werden könnten." (*Böll* W 23, 419) Und wenig später: „Die Kirche hat ausgedient – hierzulande." (ebd., 425) Provokation bis zuletzt! Unterschwellig spürt man freilich, wie sehr diese Aussagen von dem Wunsch leben, widerlegt zu werden; wie sehr Böll sich bis zum Tod eine andere, in seinen Augen authentischere Kirche wünschte.

Doch inwieweit ist Böll 30 Jahre nach seinem Tod noch präsent im deutschsprachigen Kulturraum? Werden seine Bücher noch gelesen? Was bleibt von den ersten Kurzgeschichten, was von den Satiren, was von dem berühmten „Irischen Tagebuch" von 1957 und den großen Romanen wie „Ansichten eines Clowns" (1963), „Gruppenbild mit Dame" (1971), „Die verlorene Ehre der Katharina Blum" (1974) bis zu „Frauen vor Flusslandschaft" (1985)? Umfragen bei jüngeren LeserInnen führen meistens zu ernüchternden Ergebnissen: Böll wird einerseits *nicht mehr* oder *kaum noch* als Gegenwartsautor gelesen, andererseits *noch nicht* als lesenswerter Meilenstein der deutschen Literaturgeschichte betrachtet wie Thomas Mann oder Hermann Hesse. Das mag zum Teil daran liegen, dass die Generation der von Böll geprägten LeserInnen – darunter KritikerInnen, WissenschaftlerInnen und LehrerInnen – noch ganz im Sinne einer Zeitgenossenschaft zu ihm und seinem Werk geprägt ist, die zwar für sie selbst stimmig ist, nicht aber für die jüngeren Generationen. Kriegserfahrung, 1968er Generation, RAF, Friedensbewegung – all das sind nicht mehr zeitgenössische Phänomene, sondern als schon historische Ereignisse erklärungsbedüftig.

Das Besondere des böllschen Werkes liegt in der engen Verschränkung von Regionalismus und konfessioneller Religiosität. Böll beschreibt eine Region, die entscheidend vom Katholizismus geprägt ist. Und so wie die eben benannten Elemente der politischen Zeitgeschichte erklärungs- und übersetzungsbedürftig sind, so sind es inzwischen auch die Rahmendaten der von Böll vorausgesetzten Kirchlichkeit. Das Gottes- und Menschenbild, das

Sündenverständnis, die Sicht auf Liturgie und Sakramente, Angst vor Hölle und Fegefeuer, die Einstellung zur Sexualität – all diese Elemente, gegen die Böll ankämpft, von denen er sich produktiv frei schreibt, sind heute für die meisten ZeitgenossInnen bestenfalls noch als Erinnerung präsent. Konsequenz: Da die Folie seiner Werke zunehmend unbekannt wird, werden auch die kreativen Gegenbewegungen immer weniger deutlich.

Böll, Religion und die literarische Gottesrede

In der wissenschaftlichen Sekundärliteratur hat das Thema ‚Böll und Religion' schon früh Beachtung gefunden. Dabei wurde ausgerechnet die Frage nach seinem literarischen Umgang mit Gott weitgehend ausgespart. So unverzichtbar bei Böll der Katholizismus als Milieu seiner Erzählungen ist, so sehr er mit der Institution Kirche ringt, so intensiv er auch eine andere Form von Sakramentalität beschreibt, ja: so wichtig ihm Jesus Christus und Maria als Deutefiguren sind, so wenig zentral ist für ihn die direkte Rede von Gott selbst. Als „Wort der menschlichen Sprache" – resümiert *Heinrich Jürgenbehring* in einer fachbezogenen Untersuchung – ist „Gott" eher „selten ein Wort der Sprache Bölls" (*Jürgenbehring* 1994, 78). Das Wort selbst finde er schrecklich, so Böll einmal in einem Interview.

Böll stellte sich deshalb bewusst gegen die inflationäre missbräuchliche Nennung Gottes. Am deutlichsten wird dies in der bis heute überzeugenden Satire „Dr. Murkes gesammeltes Schweigen" (1955). Bur-Malottke, eine weithin anerkannte Koryphäe auf dem Gebiet von Kunst und Kultur und „in der religiösen Begeisterung des Jahres 1945 konvertiert" (*Böll*, W 9, 304), hatte zwei Radiovorträge über das Wesen der Kunst gehalten. Vor der Ausstrahlung überkommen ihn Zweifel: Habe er nicht allzu oft von „Gott" gesprochen? Er richtet die Bitte an das Funkhaus, dieses Wort aus den Reden herauszuschneiden und „durch eine Formulierung zu ersetzen, die mehr der Mentalität entsprach, zu der er sich vor 1945 bekannt hatte": nämlich „jenes höhere Wesen, das wir verehren" (ebd.). Dr. Murke, aufstrebender Redakteur der Abteilung Kulturwort, erhält den Auftrag, die dazu notwendigen 27

Ersetzungen entsprechend vorzunehmen. Angewidert von den Usancen des Radiobetriebs auf der einen, der Scheinheiligkeit und dem Opportunismus von Gestalten wie Bur-Malottke auf der anderen Seite pflegt Dr. Murke ein seltsames, kompensatorisch wirkendes Hobby: „Ich sammle eine bestimmte Art von Resten", gesteht er, angefragt in Bezug auf den Inhalt einer Dose mit Bandschnipseln. „Schweigen [...] ich sammle Schweigen." (ebd., 322)

Gleich drei mögliche Arten der Gottesrede werden in dieser Hörspiel-Satire deutlich: Die inflationär-unbedachte Verwendung der Vokabel „Gott"; das die Vokabel selbst vermeidende, letztlich ähnlich oberflächlich unreflektierte Ausweichen auf Nicht-Festlegungsfloskeln wie „jenes höhere Wesen, das wir verehren"; schließlich das Schweigen, das ein aktiver Prozess ist, ein Vorgang, der Platz lässt für der Sprache Entzogenes. Deutlich wird hier ein Grundzug des religiösen Sprachgebrauchs bei Heinrich Böll: Wenn er das Wort „Gott" direkt verwendet, dann verfremdend, ironisierend, entlarvend. Eigentlich zieht er selbst das bewusste Schweigen vor. In einem 1983 geführten Interview mit *Karl-Josef Kuschel* bezieht er klar Stellung: „Ich glaube [....], dass man das Wort ‚Gott' *für eine Weile aus dem Verkehr ziehen sollte; nicht Gott selbst, nicht das, was mit diesem Wort gemeint ist." Warum? Es sei nur noch „ein* Füllwort", denn wenn „einem gar nichts anderes mehr einfällt, dann sagt man ‚Gott'. Gott ist dann oft ein Abladeplatz für viele Probleme, die wir Menschen lösen könnten." (in: *Kuschel* 1985, 68) Zu viel und zu oberflächlich, zu stark funktionalisierend wird ihm von Gott geredet – darin spiegeln sich noch einmal Erfahrungen aus den 1950er bis 1970er Jahren. Auf seine Art ist auch Heinrich Böll somit als ein Zeuge der Krise der literarischen Gottesrede zu verstehen.

„Das Wort Gott für eine Weile aus dem Verkehr ziehen" – diesem Impuls sind, wie gesehen, viele SchriftstellerInnen bewusst oder unbewusst gefolgt. Was Böll nicht ahnen konnte, was zudem gegen eine seiner Grundüberzeugungen verstoßen hätte, war die Folgeentwicklung, dass mit dem Verstummen der literarischen Benennung des Wortes „Gott" dann tatsächlich oft genug auch ein Verstummen der Sache verbunden sein sollte. Die Welt Bölls, das Milieu, die ständig und noch durch Opposition betonte Bedeutung von Kirche, Pfarrern und Bischöfen, das Verständnis von Sakramentalität – all das versank in eine Welt, die heute tatsächlich für viele ‚vergessen' ist, verloren, vergangen, fremd.

Es brauchte den Abstand einiger Jahrzehnte, es brauchte kirchliche und gesellschaftliche Veränderungen paradigmatischen Ausmaßes, bis ein Anknüpfen an die literarische Welt Bölls möglich *wurde:* unter ganz anderen Vorzeichen und im Modus der Transformation. In den 1990er Jahren begann die damals mittlere AutorInnengeneration über ihre eigenen Wurzeln und Prägungen nachzudenken und diese Prozesse literarisch zu gestalten. Eine literarisch-religiöse Verankerung wie bei Böll, ein immer wieder neues Kreisen um ein zutiefst konfessionell geprägtes Milieu wird es dabei nicht mehr geben. So gesehen hat Böll bis heute keine direkten literarischen Erben gefunden. Erb*spuren* gibt es freilich, wenn man berücksichtigt, dass Religion gegenwärtig in einzelnen Werken durchaus thematisiert wird, wenn auch nicht mehr als alles bestimmendes Thema der jeweiligen AutorInnen. Kaum zufällig, dass ein breiter Strom der nun entstehenden Werke in den rheinischen Raum zurückverweist und zwar zunächst direkt nach Köln.

3. Hanns-Josef Ortheil:
„immer heimlich an Gott geglaubt"

„Langsam wird er wieder katholisch." Eine überraschende Passage konnte man 1996 in den tagebuchartigen Aufzeichnungen „Blauer Weg" lesen. Da bekannte ein 45-jähriger Schriftsteller offen, sich seiner Kindheitsreligion wieder anzunähern, nachdem er sich gedanklich „von seiner Kindheitsreligion seit Jahrzehnten entfernt" (*Ortheil* 1996, 146) hatte. *Hanns-Josef Ortheil* – 1951 in Köln geboren, aufgewachsen in Mainz und Wuppertal, promovierter Germanist und gleichzeitig hochrangiger Konzertpianist – lebt seit vielen Jahren als freier Schriftsteller in Stuttgart. Seit 2003 hat er zudem die in ihrer Art deutschlandweit erste Professur für Kreatives Schreiben und Kulturjournalismus an der Universität Hildesheim inne.

Ortheil ist vor allem als äußerst produktiver Romancier hervorgetreten. Sein umfangreiches Werk widmet sich zum einen der Annäherung an große Künstler in historischen Romanen. Neben diese Tradition traten schon früh Versuche der Aufarbeitung der eigenen Lebensgeschichte, die zum Spiegelbild der gesellschaft-lich-politischen Entwicklung der Bundesrepublik Deutschland wird: „Hecke" (1979), „Schwerenöter" (1987), „Abschied von den Kriegsteilnehmern" (1992). Sehr erfolgreich wurden seine jüngst veröffentlichten Unterhaltungsromane, „Die große Liebe" (2003), „Die geheimen Stunden der Nacht" (2005), „Das Verlangen nach Liebe" (2007) und „Liebesnähe" (2011). Und damit sind nur Teile seiner umfangreichen publizistischen Tätigkeiten benannt. Trotz vieler Auszeichnungen und Preise bleiben die Reaktionen auf sein Werk gespalten. Ortheil widersetzt sich den Moden und Vor-schriften des Literaturbetriebs, provoziert in der Durchbrechung ungeschriebener Regeln.

Die Frage nach dem Glauben an Gott – längst beantwortet!

Zwei solche Regeln: Kinder und Religion sind literarisch tabu. In „Lo und Lu" – dem 2001 veröffentlichten, laut Untertitel „Roman eines Vaters" – durchbricht er beide. Schon im zitierten Skizzen-buch „Blauer Weg" schildert Ortheil die Veränderungen all seiner bisherigen Lebensvorgaben durch die Geburt des ersten Kindes. Und in Sachen Religion lässt sich dort die auf das Jahr 1991 da-tierte literarisch stilisierte Selbstbesinnung zum Stichwort „Ka-tholisch" lesen: „Im Grunde, dachte er plötzlich, sehnt er sich nach der puristischen Schönheit des Glaubens, nach dem Zusammen-spiel von Gebäuden, Gesängen und Worten, nach einem tridenti-nischen Dreiklang aus früher Romanik, Gregorianik und lateini-scher Demut." (*Ortheil* 1996, 148f.)

Diese Erinnerung in der Lebensmitte, diese selbstkritisch als möglicherweise doch nur „phantastisch zusammengesetzte Äs-thetik" (ebd. 148) durchschaute Sehnsucht ändert ihren Grund-charakter noch einmal, als Ortheil das Aufwachsen zweier Kinder im Kontext der deutschen Gegenwartsgesellschaft zum literari-schen Thema ausgestaltet. In „Lo und Lu" (2001) schildert er in liebevoll erzählten und selbstironisierenden Einblicken sein Leben mit den Kindern Lotte und Lukas. Wie ist es, das Aufwachsen mit Kindern in unserer Zeit? Was verändert sich, was verliert sich, was kommt neu zum Lebensalltag hinzu? Episode um Episode entfaltet er humorvoll seine Erfahrungen. In allem Streit und Ärger, in Ermüdung und Verschleiß betont er dabei zentral „die Weite des Lebens, markiert von der Freude und dem täglichen Glück" (*Ortheil* 2001, 228).

Im Rahmen dieser Erzählungen und Reflexionen wird sie nun wieder aktuell, die Frage nach Religion. Im Zentrum des Buches findet sich das Kapitel „Der Glaube an Gott" (ebd., 173–184): Soll er, der Erzähler, seinen nun schon einige Jahre alten Sohn Lu taufen lassen? Geschickt positioniert Ortheil die Szenerie: Er sitzt in einer Kneipe im Schatten des Kölner Domes, lässt ein Kölsch nach dem anderen auftragen, unterbricht sich, springt von Erinnerung zu Beobachtungen der Gegenwart, bietet also schon formal bewusst nicht authentische Schilderung, sondern fiktive Stilisierung. Taufe – ja oder nein? Erste Erkenntnis:

> Die Frage nach dem Glauben an Gott ist zunächst nämlich etwas sehr Einfaches, weil Lo und Lu sie längst beantwortet haben. Sie können sich die Erde und den Himmel ohne ein großes, übergeordnetes Wesen, das all das erschaffen hat, gar nicht vorstellen. So wie sie noch an viele Zauber auf dieser Erde glauben, so glauben sie auch noch ganz selbstverständlich an Gott, von dem sie annehmen, dass er weit oben, in den fernsten Himmeln, lebt und auf seine Schöpfung herab blickt. ‚Gott' ist also so etwas wie ihre Zauberer-Idee für den Anfang und für das Ende, er ist der Name dessen, der immer schon vor ihnen da war und der da sein wird, wenn von uns Lebenden niemand mehr die Erde bewohnt.

Es bleibt jedoch nicht bei der Wiedergabe der Grundzüge dieses Kinderglaubens. Ortheil wagt den Sprung von gedeuteter Beobachtung zu stilisierter und aus heutiger Sicht reflektierter Erinnerung an die *eigenen* religiösen Prägungen:

> Auch ich habe doch ganz selbstverständlich damals an Gott geglaubt, der Glaube an Gott hatte sogar etwas sehr Beruhigendes, ich erinnere mich noch daran, wie einfach und beruhigend es zum Beispiel war, Gott von sich zu erzählen, davon, was einen bedrückte, wovor man Angst hatte und wie man sich die Lösung eines Problems mit Gottes Hilfe vorstellte. [...]

Mein kindlicher Glaube war, wenn ich es richtig betrachte, ein Glaube an Gott, den einen und unteilbaren, es war eine strenge und einfache Form des Monotheismus, in der es für Jesus Christus, den Sohn, zunächst keinen Platz gab. Das ‚Vater unser im Himmel' war das erste längere Gebet, das ich lernte, und es entsprach bis in seine letzte Wendung hinein genau dem, was ich glaubte und mir selbst ausgedacht hätte, wenn ich so begabt gewesen wäre, mir so etwas auszudenken. [...]

Fast war mir als Kind, denke ich weiter und zögere etwas, ob ich so etwas Ketzerisches wohl denken darf, fast war mir die Jungfrau Maria sogar näher als der eingeborene Sohn, denn neben Gott Vater musste es im Himmel ja unbedingt auch eine Frau geben, eine sehr schöne und gütige [...]

Das ‚Vater unser im Himmel' und das ‚Gegrüßet seist Du, Maria' waren also die Ur-Gebete der Kindheit, die im Grunde schon den ganzen magischen Kinderglauben enthielten, mehr Text braucht es eigentlich nicht, der Kinderglaube ist vielmehr im Text dieser beiden Gebete vollkommen einleuchtend zusammengefasst.

So weit die Rückbesinnung auf den eigenen, noch ganz und gar monotheistischen Kinderglauben, der ein marianisches Element enthielt, dem aber alles explizit Christologische oder Trinitarische fremd war. Doch auch damit nicht genug: Nach dem ersten Sprung von der Beobachtung des Glaubens seiner Kinder hin zur Besinnung auf den eigenen Kinderglauben folgt ein zweiter Sprung hin zu der Frage, was denn aus diesem Kinderglauben geworden sei. Stimmt die aus „Blauer Weg" zitierte Selbstwahrnehmung, er habe sich „von seiner Kindheitsreligion seit Jahrzehnten entfernt"? Plötzlich liest sich die Einschätzung anders:

Manchmal kommt es mir vor als hätte ich den magischen Kinderglauben in Wahrheit gar nicht verloren, sondern nur für einige Zeit in mir versteckt, jedenfalls habe ich doch nie angenommen, es gebe gar keinen Gott, nein, das nicht. Eher könnte man sagen, dass ich aufgehört habe, an Gott zu denken und mich bei jeder Gelegenheit an ihn zu wenden, obwohl, so ganz stimmt das nicht, denn manchmal brach immer wieder etwas in mir auf und dann habe ich eben doch, aber heimlich, an Gott gedacht und mich an ihn gewendet [...] Im Grunde habe ich also mein Leben lang an Gott geglaubt.

„Heimlich an Gott gedacht"/„Im Grunde habe ich also mein Leben lang an Gott geglaubt" – erstaunliche Sätze in einem Roman des 21. Jahrhunderts. Nur konsequent, dass die Szene vor dem Kölner Dom mit dem Entschluss endet, Lu tatsächlich taufen zu lassen. Wo? Nun, wenn die Tochter Lo Jahre zuvor in der Lateran-Basilika in Rom getauft worden war, dann kann es nun für den Sohn Lu nur einen Taufort geben: „nebenan, im Kölner Dom, wo auch ich getauft wurde, gleich nebenan."

Doch ein allerletzter Schritt steht noch aus: Wenn er seine Kinder schon taufen lässt, so wird dem Erzähler klar, dann braucht es dazu ein zeugnishaftes Vorleben des Glaubens seinerseits. Und ihm reicht dazu als Orientierung eine „Kurzfassung" des Glaubens. Ortheils augenzwinkernd-ernsthaft präsentierte ‚Elementartheologie':

> Gott Vater, Gott Sohn, Maria und die Gemeinschaft der Heiligen – das genügt. Vor allem aber sollte ich mich auf die Reste meines eigenen Glaubens verlassen, denn wie sollte ich Lo und Lu die überzeugende Kurzfassung des Glaubens nahebringen, ohne selbst daran zu glauben? Nein, damit Lo und Lu glauben, was ich sage, muss ich selbst glauben, und ich *glaube* ja schließlich, ja doch, minutiös habe ich mir in den vergangenen Stunden vorgeführt, dass und wie ich glaube und ab jetzt werde ich es auch laut tun und dazu stehen, so soll es sein, Credo, Alleluja und Amen.

Zwischen seinem „elften und fünfzehnten Lebensjahr" habe das Thema Glauben „eine sehr dominante Rolle gespielt", verriet Ortheil unlängst in einem Gespräch. Zahlreiche Überlegungen dazu habe er angestellt und niedergeschrieben, eine regelrechte ‚Jugendtheologie' entworfen, und er spiele mit dem Gedanken „diese Texte bald einmal zu veröffentlichen" (*Ortheil* 2014, 290). Schon jetzt steht fest: Das wird spannend!

„Eine Kerze anzünden?" – „Warum nicht?"

In „Lo und Lu" findet sich also ein literarisches Credo in ironischer Brechung, hineingeschrieben in einen Roman des 21. Jahrhunderts! Ortheils öffentlich-fiktive Konfession verdeutlicht exemplarisch die neue Unbefangenheit von Schriftstellern mit

Religion. Was für ein weiter Weg von den Kirchenkämpfen eines
Heinrich Böll, vom Rat, sich „eine Weile" des Wortes Gott zu enthalten, bis hin zu diesem Text! Die „Weile" ist offensichtlich vorbei. Böll, dessen von einer heutigen CD abgelauschte Stimme Ortheil „so vertraut und bekannt" vorkommt, „als kennte ich sie seit
der frühesten Kindheit" (*Ortheil* 2004, 175), dient diesem gleichwohl nicht als unmittelbares literarisches Vorbild. Zwar habe er
wie „wir" alle nach dem Kriege „seine Kurzgeschichten und die
dickeren Romane gelesen" – so Ortheil in einer Besprechung der
2001 erschienenen Kriegstagebücher Bölls – doch habe man dabei immer das Gefühl gehabt, als „vermengte er in seinen Büchern
etwas, das nicht vermengt gehört" (ebd., 202). Wie sehr er selbst
zumindest auch in der Erbspur Bölls schreibt, ist Ortheil also wohl
nur zum Teil bewusst.

Die alles bestimmende Bedeutung haben Religion und Konfession, katholisches Milieu und kirchliche Realität freilich verloren.
In der literarischen Welt Ortheils spielen sie nur eine Nebenrol-
le, die freilich immer mehr Raum einnimmt. So kann er auch in
den in Köln spielenden Roman „Die geheimen Stunden der Nacht"
(2005) Versatzstücke einer katholischen Lebensart einspielen,
ohne dass sie zentrale Bedeutung für das Handlungsgeschehen
einnehmen: Hinweise auf Taufe und Tischgebet, Stoßgebete in
Notlagen, Anspielungen von Marienerscheinungen. Am Ende des
Romans begibt sich der Protagonist von Heuken, angehender Erbe
eines großen Kölner Literaturverlags, eher zufällig in den Dom.
Fasziniert von dem Raum und seiner Atmosphäre kommt er zur
Ruhe, denkt nach über sich selbst und die Zeit, in der er lebt:

Zweitausend Jahre Kultur und Religion sind verbraucht, wie nicht gewesen, heutzutage strömen sie mit McDonald's-Tüten hinein und fut-
tern Pommes frites, während sie in ihren Nike-Turnschuhen eine Welt
betreten, die ihnen fremd ist. Aber was regt er sich auf, auch er selbst
betet seit langem schon nicht mehr regelmäßig wie noch als Kind, und
Gottesdienste besucht er höchstens noch an hohen Festtagen. Früher
jedoch ist er mit den Eltern und den Geschwistern beinahe jeden Sonntag im Dom gewesen, er erinnert sich gut an das alte, schwere Latein
und an das ewige Auf und Ab, Stehen und Knien, Knien und Stehen. Als
Kind hatte er Angst, in der Weite des Doms und zwischen den vielen
Menschen verlorenzugehen, deshalb hielt er sich eng an die Eltern, Vater ging immer zielstrebig auf die vorderen Reihen zu und nahm dann

dort Platz, und nach dem Gottesdienst gingen alle hinüber in die Marienkapelle, um vor Stefan Lochners großem Altarbild mit den Kölner Stadtpatronen ein paar Kerzen zu entzünden. (*Ortheil* 2005, 365f.)

Die Erinnerung an die liturgische Routine der Kinderheitsreligion ist jedoch auch hier mehr als bloße Nostalgie. „Soll er eine Kerze anzünden?", fragt sich von Heuken, um sich selbst die Antwort zu geben: „Ja, warum nicht" (ebd., 367). Staunend über die „Gleichmut und Ruhe und absolute Gefasstheit" des Dominneren verlässt er das Gotteshaus, um angesichts des Lärms, des Treibens und der Hektik draußen festzustellen, dass man das „Innere des Doms und die Welt um ihn herum" nicht „mehr zusammen" (ebd., 368) bekomme. Die Welt hat sich verändert, aber eine tief eingefleischte liturgische Handlung gibt Halt. Die Rückkehr in ein die Gottesbeziehung wortlos gestaltendes Ritual der Kindheit ist mehr als bloße Pose.

„Das tragende Fundament dieses Lebens war der christliche Glaube, über dessen starken Einfluss auf meine eigene Geschichte ich in den letzten Jahren immer häufiger nachdenke", schrieb Ortheil in einem bemerkenswerten autopoetologischen Essay unter der Überschrift „Die Schönheit des Glaubens" (*Ortheil* 2011, 285) im Jahr 2011. Er beschreibt hier Glauben als „eine Urerfahrung" (ebd.), den Glauben an Gott als „eine Art von Ur-Vertrauen darauf, dass ich in diesem gewaltigen Universum in einem elementaren Sinn geborgen und trotz aller Fremdheit staunend, bejahend zu Hause bin." (ebd., 286)

Dieses Nachdenken hinterließ in den neueren Werken Ortheils nachdrückliche Spuren. Immer wieder geht er dabei erzählerisch zurück in die eigene Kindheit und in die Prozesse eines Aufwachsens unter schwierigsten Bedingungen. Geboren als fünftes Kind wuchs er in einer engen Symbiose mit den Eltern auf. Seine vier älteren Brüder waren im Krieg und kurz darauf verstorben. Die Mutter war angesichts dieser Todesfälle immer schweigsamer geworden, schließlich verstummt. Diese Stummheit übertrug sich auf das introvertierte Kind, das ganz ohne eigene Sprache aufwuchs, erst mit sieben Jahren sprechen lernte. Von diesem Prozess um Stummheit und Sprache, von den ausgiebigen Reisen des älteren Kindes mit dem Vater, vom letztlich scheiternden Versuch des jungen Mannes sich auf Dauer als Konzertpianist zu etablieren, davon, wie sich all dies in einer explizit katholisch geprägten Welt abspielte, handeln zwei große Romane, die breite Aufmerksamkeit fanden: „Die Erfindung des Lebens" (2009) und „Das Kind, das nicht fragte" (2012). Sie sind Paradebeispiele für das Prinzip des „autofiktionalen Erzählens" (vgl. *Kartenbeck* 2012) Ortheils, bei dem autobiographische Erfahrungen sich in fiktional-eigenständige Literatur verwandeln.

Die „Hypnose der Stille"

„Die Erfindung des Lebens" erzählt in Rückblenden die Lebensgeschichte von Johannes Catt, die zumindest in Grundstrukturen den Ausgangsbedingungen des Autors entspricht. Das Leben der schwer belasteten Kleinfamilie ist – wie bei Böll – noch ganz im rheinischen Milieukatholizimus und seinen Selbstverständlichkeiten beheimatet. Da findet sich in Wohnnähe jene „Kirche, in die wir an fast jedem Sonntag zu dritt in den Gottesdienst gingen" (*Ortheil* 2009, 31), da wird der „alle paar Sonntage" besuchte Kölner Dom als „eine Kirche, die alle anderen Kirchen überragte", gepriesen, dessen Besuche „eines der Erlebnisse" waren, die ihn „gewiss am meisten geprägt haben" (ebd., 56); da ist die Rede von selbstverständlichem regelmäßigem Gebet; da bestimmt Marienfrömmigkeit den Jahreskreis und das Seelenleben. Gott war, so erinnert sich der Erzähler, „die höchste und strahlendste Instanz, vor der das kleine Leben zusammenschnurrte und sich in ein weites, offenes Leben verwandelte" (ebd., 56).

Kirchgänge unternahm das Kind zusammen mit der inniglich geliebten Mutter, die ihr unerträgliches Schicksal nur durch diese Kirchenbesuche und langes Verweilen in der Nähe der Marienbilder aushielt. Später wird ihm ein Onkel, der Pfarrer ist, erklären, dass wohl allein „der Anblick dieses Bildes" der Gottesmutter Maria, die ebenfalls ihren toten Sohn beweint, ihr die Kraft gegeben habe „weiter am Leben zu bleiben" (ebd., 436). Für ihn, das Kind, haben diese Momente eine andere Bedeutung:

Wenn wir uns zum Gebet vor dieses Bild knieten, ereignete sich jedes Mal etwas Merkwürdiges. Schaute ich nämlich konzentriert auf das Bild, wurde die Kirchenstille ringsum um einige Grade stiller, nur noch die feinsten Geräusche waren zu hören, das leise Knistern der brennenden Kerzen oder ein Holzknarren, irgendjemand hatte den Finger auf den Mund gelegt und allem Lebendigen befohlen stiller und immer stiller zu werden.

Je stiller es wurde, umso deutlicher aber strahlte das Marienbild auf, so dass ich schließlich sehr ruhig wurde und nur noch in das Gesicht der schönen Maria starrte, als würde ich von ihm in eine Hypnose der Stille versetzt. In dieser Hypnose begann ich zu beten, aber nicht so, dass ich mir bestimmte Worte ausgedacht hätte, sondern eher, indem ich zunächst zuhörte, wie das Beten in mir von selbst begann. (ebd., 54)

Wohl selten zuvor ist eine derartige Stimmung so feinfühlig erschrieben, ist die „Hypnose der Stille" als spirituelle Bedingung eines Gebetes, das aus sich selbst kommt, in Worte gefasst worden. Das gesamte Schreiben Ortheils „ist grundiert von dieser Stille" (*Garhammer* 2014, 50).

Kirchenbesuche werden in diesem Roman aber nicht nur im Blick auf das private Gebet erzählt. In ausführlichen Passagen werden die Erinnerungen an Gottesdienste beschrieben. „Singen und Beten, beides mochte ich sehr" (ebd., 60), besinnt sich der Erzähler, die einzige, schwer erträgliche Störung „war die Predigt" (ebd., 61). Ergreifend war für das stumme, sonst immer aus Gemeinschaften ausgeschlossene ‚arme' Kind das Gefühl dazuzugehören: „Im Dom gehörte ich vielmehr dazu [...], denn im Dom gab es überhaupt keine armen Kinder, sondern nur Gotteskinder, jedenfalls nannte der Erzbischof die Gläubigen so". (ebd., 60) Im Dom also lernte Johannes Cast „das eigentliche Sehen und Hören, ein Sehen von schönen Gebärden und kunstvollen Gestalten, ein Hören der reinsten Musik [...] es war, als gösse der gewaltige Gott diese Musik in einen hinein, damit man allen Kummer und alle Sorgen zumindest für die Dauer des Gottesdienst vergaß." (ebd., 62) Dass diese ästhetische Ergriffenheit und kindliche Frömmigkeit eng verbunden war mit der besonderen Geschichte der Familie wird an einer anderen Stelle deutlich. Der erwachsene Erzähler erkennt im Rückblick:

So war ich ein idealer Kirchgänger geworden: Ein Kind, das sich selbst während der längsten Hochämter und Gottesdienste kaum regte, das geduldig kniete, aufstand und wieder hinkniete, das auf jedes Wort und jeden Klang lauschte und all diesen Gehorsam aus *Liebe zu Gott* leicht ertrug, weil die Liebe zu Gott ja nur eine höhere Stufe der Liebe zur eigenen Mutter war. (ebd., 198)

Später entdeckt der inzwischen zum elfjährigen Internatsschüler herangereifte Johannes Cast einen anderen spirituellen Heimatraum, „die Klosterkirche, in der das Sprechen verboten war und in der es genaue Regeln für das Verweilen gab" (ebd., 344). Die Stille des immer wieder aufgesuchten Raums fasziniert und ergreift ihn, aber auch der reine gregorianische Gesang, die „Einfachheit der Worte" verbunden mit der „Wiederholung eines einzigen Tons" (ebd., 345). Doch weniger die religiöse als die musikalische Ergriffenheit sollte den künftigen Weg des Jungen bestimmen, hin zum erträumten Leben als Pianist. Nein, auch wenn man einmal vermutet habe, dass aus ihm „ein Priester oder sogar Mönch werden könnte", liege für ihn – offenbar eine Zeitlang selbst mit diesem Gedanken beschäftigt – „diese Versuchung hinter mir" (ebd., 459). Eine kurze biographische Einblendung: In der 2010 veröffentlichten Reise-Collage Ortheils „Die Moselreise", zurückgehend auf authentische Aufzeichnungen des Elfjährigen, findet sich ein Katalog mit neun Gründen dafür, „warum ich kein Theologe oder Priester sein möchte". Ein Grund: „Weil ich nicht immerzu vom lieben Gott sprechen möchte." (*Ortheil* 2010, 161) Zumindest eine gedankliche Option war dieser Weg für Ortheil also durchaus, schon angesichts des „Lieblingsonkels, der katholischer Pfarrer im Ruhrgebiet war" (*Ortheil* 2011, 287).

Aber zurück zum fiktionalen Protagonisten von „Die Erfindung des Lebens" Johannes Cast: Seine Ausbildung führt ihn und uns Lesende nach Rom, wo er sich ganz Zuhause fühlt. Der junge Mann findet in den Kirchen der ‚Ewigen Stadt' erneut Zuflucht und Geborgenheit und sinniert: „Die Kirchen werden mir ein gutes Zuhause sein, ja, das ahnte ich schon. Immer, wenn ich für einen Augenblick ein gutes Zuhause brauche, werde ich in eine der vielen Kirchen gehen." (*Ortheil* 2009, 458)

Eine „Sprache vor Gott"

Der Roman „Das Kind, das nicht fragte" (2012) löst sich viel weiter ab von autobiographischen Vorgaben, übernimmt aber einige Grundelemente, etwa das Erzählen in Rückblenden, in Zeit- und Szenenwechseln sowie inneren reflexiven Monologen. Auch der aus der Ich-Perspektive erzählende Protagonist dieses Romans, Benjamin März, hat vier ältere Brüder, die aber noch leben. Unter ihrer rigiden Herrschaft in der Familie hatte der Jüngste zu leiden, blieb in ihrem Schatten, fand nicht zu eigener Sprache und eigenem Weg. Nun, als renommierter Ethnologe, zeigen sich ihm auf Sizilien sein eigener Weg und seine Bestimmung. Der – wie alle jüngsten Romane Ortheils abgesehen von „Die Erfindung des Lebens " – stark konstruierte und so nur bedingt überzeugende Roman nimmt erneut zahlreiche bei Ortheil nun schon bekannte religiöse Elemente auf, ohne dass sie hier die gleiche erzählerische Kraft und stilbildende Dynamik entfalten. Wieder blenden viele Szenen in den Besuch eines – dieses Mal sizilianischen – Doms, die dem zunächst Fremden das Gefühl von Zugehörigkeit geben.

> Großer Gott! Wie oft bin ich in eine Kirche gegangen, wenn es mir schlecht ging und ich nicht wusste, wie ich mich von meinen Lähmungen befreien sollte. Der Gang in eine Kirche half mir beinahe immer [...] Kirchen sind Räume, die nicht für die Starken, sondern für die Hilflosen gebaut wurden. Niederknien, den Kopf senken, ein Gebet sprechen – unabhängig davon, ob ich alles glaube und teile, was von den Priestern in einer Kirche gepredigt wird, haben solche Gesten der Hilflosigkeit zunächst einmal etwas Beruhigendes. [...] Ich reihe mich ein in den Chor, ich spreche und murmle das mit, was die anderen ebenfalls sprechen und murmeln – und jedes Mal erstaunt es mich, wie heilsam so etwas ist. Das gemeinsame Sprechen und Singen hebt die bittere Erfahrung der Vereinsamung auf und gibt mir das Gefühl, dazuzugehören. (*Ortheil* 2012, 108f.)

Aussagen, die in vorherigen Werken autobiographisch fundiert vor allem in die – eigene und literarische – Kindheit zurückgespiegelt wurden, werden nun zu fiktionalen Erfahrungen des Erwachsenen. Deshalb erweitert sich ihr Reflexionsraum. Seine Brüder, so sinniert Merz, seien durchaus auch Katholiken, gehen aus Pflichtgefühl in den Gottesdienst, könnten aber in einer leeren Kirche nichts mit sich anfangen, abgesehen von der Aktivierung kunstgeschichtlicher Kenntnisse. Ganz anders bei ihm. So sehr er die Liturgie, die Sprache, die Rituale und Gebete der offiziellen Gottesdienste schätzt, so sehr dienen sie ihm vor allem dazu, im stillen, verlassenen Kirchenraum etwas anderes zu finden: die „Sprache der Gottesdienste und offiziellen Gebete sollte lediglich eine Vorgabe dafür sein, dass man zu einer eigenen Sprache findet. Zu einer Glaubenssprache. Zu einer Sprache vor Gott." (ebd., 111)

Dass *diese* Sprache sich literarischer Darstellung entzieht, ist dabei nur folgerichtig. In den Schutzraum der innersten Spiritualität kann Dichtung nicht vordringen, schon weil sie sich eindeutiger sprachlicher Fixierung verweigert. Deutlich wird aber, dass es eine eigene Glaubenssprache geben kann, dass sie aus der „Hypnose der Stille" erwächst, und dass sie angeregt wird durch die formalisierte Sprache der liturgischen Tradition. Wie wichtig diese Sprache ist, wird dabei klar benannt. Benjamin Merz erkennt, dass „ich dem Sprechen und Reden in der Kirche einen Großteil meines Lebens verdanke. Ohne dieses Sprechen und Reden wäre ich nicht der, der ich bin" (ebd.).

In einer ausführlichen Szene wird eine Kindheitserinnerung an die erste Beichte eingespielt, ein Ereignis, das für dieses Kind – anders als für so viele andere in dieser Zeit – keineswegs bedrückend, angstbesetzt, einengend war, sondern eine „Rettung" (ebd.). Er „habe diesen Moment als einen der schönsten meines Lebens in Erinnerung" (ebd., 116). Endlich kommt der ständig unterdrückte und übersehene Junge dazu, von sich zu reden, und jemand hört ihm bedingungslos zu. Angeregt von den nur zu gern im Fernsehen geschauten humorvollen Don Camillo-Filmen, kommt es ihm vor, als ob der Herr Jesus auch ihm mit jener leisen Stimme antworte, wie es in diesen Filmen dem italienischen Priester widerfährt. Dass es weder „die Stimme des wahren Herr Jesus" (ebd., 121) ist, noch die aus dem Film erinnerte, ist dem Jungen klar. In diesem Beichtgespräch mit dem Pfarrer, in dieser „Geburtsstunde meiner Frage-Antwortspiele" (ebd., 124), findet er jedoch zu einer eigenen Sprache, die auch das imaginäre Gespräch mit Jesus (vgl. ebd., 387ff.) einschließt.

Ein derartiges Gespräch beendet das Buch. Nachdem sich alles perfekt für Benjamin Merz gefügt hat, betritt er ein letztes Mal den so oft aufgesuchten sizilianischen Dom. Das Gespräch mit Jesus – „er weiß ja eh, was vor sich geht" (ebd., 425) – zeigt dem Protagonisten und uns Lesenden, wie es weitergehen wird mit dem erzählten Leben. Ein Dankgebet schließt das Buch ab: „Ich danke Dir, Herr. Gelobt und bedankt sei der Herr!" (ebd., 426)

Ortheil und Religion

Verblüffend zu sehen, wie konsequent Ortheil die katholischen Prägungen literarisch produktiv werden lässt, nachdem er sich einmal bewusst geworden ist, ‚langsam wieder katholisch' zu werden! Erstaunlich, wie ungeschützt affirmativ und einseitig positiv er die Erfahrungen des Katholizismus ausgestaltet, auch wenn sich einzelne nicht literarische Randbemerkungen durchaus kritisch von der Kirche als Institution abgrenzen: „Kirche als Institution und damit als Zentrale von Geboten, Verweisen und Zurechtweisungen" sei ihm „fremd geblieben." (*Ortheil* 2011, 287f.) „Immer ungeduldiger" sei er, der „relativ konstante Kirchgänger", vor allem in Hinblick auf „die Sprache und damit die Art und Weise, wie von und über Gott gesprochen wird" (*Ortheil* 2014, 288), bekannte er erst vor Kurzem in einem Gespräch über Religion und Literatur. „Große Schwierigkeiten" habe er mit Predigern und Theologen, die immer schon „wissen, was und wie Gott antwortet" (ebd.).

Trotzdem: Die tiefgreifende Ambivalenz des Katholischen, die bei Heinrich Böll stilbildend wird, fehlt bei seinem literarischen Erben Ortheil. Literarisch stilisierte Kindheitserinnerungen stehen dabei neben Schilderungen der bleibenden oder wiedergefundenen Bedeutung dieser Religion für die erwachsenen Protagonisten. Aus zögerlichen Ersterwähnungen religiöser Elemente in Ortheils Werk wird dabei mehr und mehr ein prägender Grundzug, der Ton, Stil und Thematik mitbestimmt. Zu den sich durchziehenden Grundmotiven zählen, zunächst abgrenzend:
– die Skepsis gegenüber konkret ausbuchstabierten theologischen Glaubenssätzen und deren Auslegung in der Predigt;

- die Distanz zur Institution Kirche und ihrer Machtstruktur; dann jedoch grundlegend positiv:
- die Faszination für Liturgie und Gebet;
- die tief erspürte Mystik des stillen Kirchenraums;
- die gemeinschaftsstiftende, Ausgrenzungen auflösende Erfahrung des Gottesdienstbesuchs;
- das Finden einer eigenen, von innen kommenden religiösen Sprache;
- die befreiende, erlösende und lebensstiftende Kraft von Religion.

In keinem anderen Werk der deutschsprachigen Gegenwartsliteratur findet sich eine derart klare Positionierung, eine so breit entfaltete produktive Nutzbarmachung der speziell katholischen Welterfahrung. Dabei handelt es sich keineswegs nur kurzschlüssig um eine selbstbestätigende Faszination für katholische Liturgie oder um die bloße Affirmation eines katholischen Weltempfindens, durch die sich die katholische Kirche genüßlich bestätigt finden könnte. Bei aller klar konfessionellen Positionierung geht es Ortheil vor allem – wie *Christoph Gellner* mit Recht hervorhebt – um eine „bewusste Inszenierung der ästhetischen Dimension des Religiös-Spirituellen" (*Gellner* 2013, 232). Ortheil schreibt an einem Großprojekt der Darstellung von gelingender ‚Lebenskunst'. In diesem Projekt kommt Religion, dem Katholizismus, der Suche nach einer stimmigen eigenen Form der Gottesrede ein zentraler Ort zu.

4. Ulla Hahn: „die Seelenstimme des Menschengeschlechts"

Wir bleiben im Rheinland, wir bleiben bei der fiktiv ausgestalteten Reflexion des eigenen Aufwachsens und der Rolle von Religion innerhalb dieses Prozesses. Wir bleiben bei der provokativ positiven Schilderung von Prägungen durch den Katholizismus und bei den produktiven literarischen Wirkkräften, die aus ihm herauswachsen. Und betreten doch eine andere literarische Welt. Kaum ein Buch wurde im Jahre 2001 so kontrovers und heftig diskutiert wie *Ulla Hahns* Roman „Das verborgene Wort". Im Folgejahr wurde es mit dem Deutschen Bücherpreis ausgezeichnet. 2008 erschien eine feinfühlig und eindrucksvoll umgesetzte dreistündige Filmversion unter dem Titel „Der Teufelsbraten", 2009 der Folgeroman „Aufbruch", mit dem die Autorin, Jahrgang 1946, ihr autobiographisch-fiktionales Großprojekt weiterschreibt bis in die Studienzeit. In „Das verborgene Wort" schildert sie in kunstvoller fiktionaler Verkleidung ihre Kindheit und frühe Jugend im rheinischen Monheim. Eindrücklich wie in kaum einem Werk wird hier das Aufwachsen im Nachkriegsdeutschland im kleinbürgerlichen Milieu einer rheinisch-katholischen Provinz beschrieben.

„Es waren die Sätze": Von der Magie biblischer Sprache

Zwei zentrale Momente kennzeichnen das Aufwachsen von „Hildegard Palm" – so der Name des Mädchens im Buch. Zum einen die besondere Rolle der Sprache: Über Sprache beginnt sich Hildegard aus ihrem Milieu zu lösen; Literatur wird ihr zur Entdeckung von Individualität; mit dem Lesen und Schreiben formt sich die Persönlichkeit. Selten zuvor hat ein Roman in so sensibler Schilderung diesen Prozess nachgezeichnet.

Doch Sprache ist eng geknüpft an Religion. Im Bereich der – sehr wohl kritisch betrachteten, alles andere als idealisierten, in aller Differenziertheit ausgeleuchteten – Kirche findet Hildegard Anregungen, Stütze, Förderung. Gerade die Sprachformen der Liturgie, der Bibel, des religiösen Alltagslebens fördern den benannten Wachstumsprozess. Der aus Büchermangel geklaute „Schott" erweist sich als wirkmächtige Spruchsammlung gegen die Strafen der Eltern. Das Gesangbuch wird zur Fundgrube liturgischer und biblischer Sprachschätze. So etwa schildert Ulla Hahn die fast sinnlich wahrnehmbare Begeisterung ihrer Heldin für die Gegensprache der Kirche, die ihr aus dem Mief und Stumpfsinn ihrer Lebenswelt heraushilft.

Mein Heft füllte sich mit schönen Wörtern und Sätzen, ‚süßer als Honig und tropfende Waben', ‚Lasset uns also ablegen die Werke der Finsternis und anziehen die Waffen des Lichts.' ‚Ich liebe, Herr, die Zierde deines Hauses, die hehre Wohnung deiner Herrlichkeit, Hosanna in der Höhe'. Dagegen kam kein ‚heute back' ich/Morgen brau' ich' an, kein

,O du Fallada, der du hangest'. Ich berauschte mich an den großen Worten, ihrer Melodie, den Bögen der Sätze, schlug sie um mich wie kostbare Gewänder, legte mir Wörter wie ,Seelenspeise' zu, ,Manna Himmelsbrot', ,Meerstern', ,Herzblut', ,Hoffnungsstern', ,Liebesmahl', ,Herzensblüten lilienweiß', Wörter, die sich auf mir niederließen wie Verbandsmull, weich, leicht, schmerzstillend. (*Hahn* 2001, 88f)

Religion gehört hier nicht nur selbstverständlich zur geschilderten Lebenswelt hinzu, sie zeichnet sich durch lebensverändernde Schönheit, durch performative Kraft aus. Gerade die Sprache der Bibel fördert den benannten Wachstumsprozess. Wie folgt schildert die Erzählerin den speziellen Reiz der Bibellektüre. Was war das Besondere der Bibel im Vergleich mit den anderen faszinierenden Lesestoffen der Kindheit? Zunächst nichts:

Es waren nicht die Geschichten, die Hexer, Holmes und Märchen den Rang abliefen. Erkannte Jesus, dass die Tochter des trauernden Vaters nur schlief, lag der Fall wie bei Schneewittchen. Scheintot. Jesus verwandelte Wasser in Wein, mit fünf Broten und zwei Fischen machte er fünftausend Menschen satt; ,Tischlein, deck dich', sagte das Schneiderlein; Sterntaler regnete es Geld ins Hemd, und die Müllerstochter spann Stroh zu Geld. (ebd., 88)

Nein, nicht der Inhalt macht das Besondere aus, sondern die Form, die Magie der hier eben einzigartigen Sprache. Hahn fährt fort:

Die Geschichten waren es nicht. Es waren die Sätze. ,Ich bin das Brot der Welt', sagte Jesus. , Ich bin der Weinstock, ihr seid die Reben'. ,Ich bin der Weg, die Wahrheit und das Leben'. Wo immer ich das Buch aufschlug, seine Wörter und Sätze waren schön und geheimnisvoll, voller Zauber und Kraft. (ebd.)

Dieser Zauber, diese Kraft, diese „schiere Magie" waren Elemente eines Aufwachsens, in dem Kirchgang, Katechese, Sakramentenempfang, Bibellektüre und Gottesglaube selbstverständlich waren. Aus der Distanz werden sie nun mit warmer Sympathie und in zum Teil erstaunlicher Ähnlichkeit zu den Schilderungen Ortheils festgehalten. Nur ein Beispiel, die Rückblende zu einem Pontifikalamt in der nach dem Krieg wiederaufgebauten Gemeindekirche: „In vollen Zügen sog ich den Weihrauch ein, jeder Atemzug Verheißung einer Welt, wo Milch und Honig fließen und der Wolf bei den Lämmern liegt." (ebd., 90) Die Musik, der Duft, der geschmückte Raum – auch hier ist das religiöse Erlebnis vor allem ästhetisch bestimmt. Anders als bei ihrem Schriftsteller-Kollegen wird Hahn aber die zeitgeschichtliche und politische Einbettung wichtig, die für Ortheil angesichts seines ästhetischen Programms fast völlig aus dem Blick gerät. Am deutlichsten in der folgenden Szene, rückgespiegelt in die 1950er Jahre.

Eine rheinische Großfamilie sitzt um den nachmittäglich-feierlichen Kaffeetisch anlässlich der Wiedereinweihung der im Krieg zerstörten Pfarrkirche. Das im breiten rheinischen Dialekt wiedergegebene Gespräch wendet sich bald hierhin, bald dorthin. Dann seufzt die Tante: „Wenn dat der Böhm noch erläv hätt". Schon ist man mitten im Gespräch über Pfarrer Böhm, einem aufrechten Widerstandskämpfer gegen die Nazis. Alle tragen Erinnerungen zusammen. Doch wo die eine meint, „dar wor eine Hellije", da erinnert sich der andere missbilligend daran: „ävver mit de Pollake hät dä et jehale". Wo einer sich an dessen aufrechte Predigten erinnert: „Wenn se alle so jewese wöre", erzählen andere von einem jetzigen Kirchenvorstandsmitglied, damals erbitterter Gegner des Pfarrers, verantwortlich für dessen Auslieferung an die Nazis. Mitten im Gottesdienst hätten sie den Pfarrer ob seines unerschrockenen Eintretens für Freiheit und Recht abholen wollen, schwer misshandelt habe er ihnen jedoch die Tür gewiesen: „Meine Herren, hät he jesät, Sie werden dieses Haus wohl respektieren, wenn Sie schon meine Person nicht respektieren." (ebd., 90) So die einander ergänzenden, korrigierenden, collageartig zusammengefügten Berichte. Zwischen all dem das Mädchen Hildegard, staunend zuhörend, halbverstehend, immer wieder mit Fragen unterbrechend. Was hier noch nicht erzählt, im Folgeroman „Aufbruch" jedoch erwähnt (*Hahn* 2009, 250) wird: Aus dem deutschen Martyrologium des 20. Jahrhunderts ist überliefert, dass der Monheimer Pfarrer Hans Böhm in das Konzentrationslager Dachau eingeliefert und dort ermordet wurde. Ulla Hahn hat ihm ein kleines literarische Denkmal gesetzt.

Katholizismus als miefig-wärmendes Milieu, als Hallraum eigener persönlicher Prägung, als identitätsstiftender Entdeckungsbereich von über sich selbst hinaus verweisender Ästhetik, als politisches Feld von Anpassung und Widerstand: In aller Vielfalt und Ambivalenz schildert Ulla Hahn ihre Kindheitserinnerungen an die katholische Lebenswelt. Biographisch folgte bei ihr eine Phase der Abwendung von Kirchlichkeit und Gottesglaube. In der Pubertät, so die Schriftstellerin in einem Gespräch mit Karl-Josef Kuschel aus dem Jahre 1986, „habe ich die Kirche immer stärker aus dem Blick verloren", ja, sie „wurde für mich immer unwichtiger. An den Platz, den Religion hätte einnehmen können, ist ganz schnell die Literatur getreten." (*Kuschel* 1992, 17) „Das verborgene Wort" endet, als die Protagonistin 16 Jahre alt ist.

Autobiographisch-fiktive Rückblicke ähnlicher Anlage hätten früher fast stets eine scharfe Abrechnung mit pathologischen katholischen Kindheitszwängen enthalten. Anders als Ortheil schildert Ulla Hahn durchaus *auch* Enge, Zwänge, Versteinerungen, sexuelle Verklemmtheit, politische Irrwege – betont jedoch vor allem die lebensermöglichenden, blicköffnenden, auch politischen Widerstand umfassenden Aspekte von Kirche. „Ohne Zorn und mit einer gewissen Gelassenheit" habe sie beim Verfassen des Buches auf ihr Aufwachsen zurückschauen können, gibt sie an. Genau darin zeigt sich die ,neue Unbefangenheit' vieler SchriftstellerInnen im Umgang mit Religion, genau dies mag jedoch auch der Grund für die Ablehnung des Romans durch manche KritikerInnen sein. In einem Interview mit der Zeitschrift „DER SPIEGEL" wird Ulla Hahn kritisch befragt, ob denn eine solche Schilderung nicht „eher untypisch" sei? Antwort: „Nein. Die Kirche war in so einer armseligen Dorfgemeinschaft der Kulturträger. Wo habe ich zum ersten Mal einen schönen Raum gesehen, Überfluss, schöne Gewänder, Kerzen? Wo zum ersten Mal Musik gehört? Worte, die nicht nur zum Schimpfen da waren? In der Kirche. Das war ungeheuer wichtig." Ungewohnte Sätze dieser Schriftstellerin: „Ich verdanke zweifellos der katholischen Kirche sehr viel", so schon in dem Interview mit *Kuschel*. Für Ulla Hahns Schreiben blieb diese Prägung produktiv und wirkmächtig. Immer wieder greift sie auf religiöses Sprachmaterial zurück. „Zweifellos bin ich stark geprägt von dieser christlichen Bilderwelt", räumt sie ein. „Dieses Denken in Bildern, wie es uns die Bibel vormacht – das ist eine wunderbare Sprache, die mich immer wieder fasziniert." (ebd., 18)

Literatur ersetzt Religion

„Aufbruch", die 2009 veröffentlichte Fortsetzung von „Das verborgene Wort", erzählt die Lebensgeschichte von Hildegard Palm weiter von der 16-Jährigen bis zur Studentin, ohne dabei die Dichte und Qualität des ersten Bandes zu erreichen. Da die Bedeutung von Religion für die Protagonistin in dieser Lebensspanne abnimmt, kommt ihr auch im Buch weniger Raum zu. Gleich zu Anfang wird deutlich, dass die Geschichte mit Gott für die junge Frau zerbrochen war, verändert, belastet: „Mit drei Kerzen in der Kirche und einem Gebet vor allen Worten, inbrünstig wie in Kindertagen, als ich noch an Wunder glaubte, hatte ich draußen bei der Großvaterweide für meine Erlösung aus dem Lehrlingsdasein gedankt. Danach beließ ich es wieder beim Besuch der Sonntagsmesse bewenden, und Er schien damit zufrieden." (*Hahn* 2009, 30)

Immer deutlicher wird ihr bewusst, dass die Literatur den Ort der Religion einnimmt, das Lesen den Ort von Kirchgang und Gebet. Lesen war für sie das, „was für die Großmutter und alle, die glauben konnten wie sie, das Beten war" (ebd., 81). Später wird eine weitere Kunst als Religionsersatz hinzukommen, die Musik. Wo habe sie die tiefste Hingabe und Verzückung empfunden, die sie nun als junge Frau beim Hören von Musik empfindet? „In der Kirche war das gewesen, zur ersten heiligen Kommunion. Und dann noch mal zur Firmung." Schon diese Erfahrungen waren aber vor allem ästhetisch bestimmt. Was empfindet sie nun? „Annäherung daran, wie Gott die Welt gewollt hat. So dicht wie möglich. Wenn die Musik der Seele Nahrung ist." Nicht mehr das Sakrament, Literatur und Musik bringen „in eine andere, bessere Welt, nahe der Vollkommenheit" (ebd., 223). Noch einmal später, als Studentin, tritt ein weiterer Religionsersatz hinzu: die Wissenschaft. „Ich hatte wieder etwas, woran ich glauben konnte", sinniert Hildegard Palm, „nicht Gottes aber doch des Geistes Wort, nicht die Kirche wollte ich hören, sondern die Wissenschaft" (ebd., 426f.).

Aus dem religiösen Kind ist eine von der Religion enttäuschte Zweiflerin geworden, die ihr Heil ersatzweise in der Literatur, der Musik, der Wissenschaft sucht. Und Gott? Neben all die Zweifel und geistigen Aufbrüche tritt die alles verändernde Erfahrung,

Opfer einer sexuellen Nötigung geworden zu sein, in der ihr Gott nicht helfen konnte. Nun bleibt der jungen Frau nur die Absage und der abgebrochene Versuch der Anknüpfung an alte Gebetssprache: „Was sollte ich anfangen mit einem Gott ohne Worte, Gott ohne Worte war Gott ohne Schutz, er hatte mich alleingelassen, allein ohne Schutz, allein mit Scham und Schuld, Gegrüßetseistdu Maria" (ebd., 316). Zuvor war „Gott noch bei mir gewesen, hatte ich ihn noch gehört, wenn auch aus weiter Ferne, kaum verständlich, keine Wörter mehr, nur die Stimme, nur noch *dass*, nicht mehr *was* Gott sprach, war gewiss gewesen – doch vernommen hatte ich ihn, war, gleichgültig oder bockig, doch sein Kind geblieben –, bis zu jener Nacht. [...] Vorbei." (ebd., 358) Für die junge Frau steht fest: „Nicht ich hatte Gott, Gott hatte mir den Rücken zugekehrt." (ebd., 363) Ihr bitteres Urteil: „Gott war einer von denen, die wegschauten, wenn es darauf ankam. [...] Vater unser, da konnte ich doch nur lachen" (ebd., 385). Ein enttäuschtes, abgründiges Lachen über den Verlust des Gottesglaubens angesichts des selbst erlittenen Leids, aber auch angesichts des nun geschärften Blicks auf die unerträglichen Leidens- und Schreckensgeschichten der Welt- und Zeitgeschichte! Mit Gott „hatte ich nichts zu schaffen" (ebd., 547). Was bleibt, ist ein letzter Reflex katholischer Routine: Sie tat, „was getan werden musste, sobald man Kölner Boden betrat: eine Kerze anzünden im Dom" (ebd., 384).

Kaum verwunderlich, dass diese junge Frau sich für die Umwälzungen in der katholischen Kirche durch das Zweite Vatikanische Konzil kaum noch interessiert. Das für den Schulaufsatz kurz vor dem Abitur angebotene Auswahlthema „Die Neuerungen des Vaticanum II" kommentiert sie lapidar: „für mich kein Thema" (ebd., 363). Für die Autorin Ulla Hahn, die in biographisch-fiktiver Lebensgeschichte eben auch Zeitgeschichte beschreiben will, bietet das Konzil gleichwohl Anlass zur literarischen Ausgestaltung. In einem kleinen Kapitel erzählt sie davon, wie das Konzil das Leben im Dorf ergreift. Die Veränderungen werden mal als Verlust, mal als Gewinn und Befreiung erzählt. An Handkommunion und die veränderte Liturgie, an den neuen Volksaltar und die durchgängige Einführung der Liturgiesprache Deutsch kann man sich nur allmählich gewöhnen. „Gott die Sprache Gottes zu nehmen: Das war ein Unglück" (ebd., 358), heißt es über die Abschaffung des Lateinischen. Überhaupt: Der ästhetische Reiz, der mit der alten Liturgie maßgeblich verbunden war, schwindet. „Es war einmal" (ebd., 363), resümiert die Erzählerin, um dann jedoch noch erneut zu bekräftigen, dass es sie selbst, die nicht mehr Gläubige, eigentlich gar nichts mehr anging.

Aus der Biographie Ulla Hahns weiß man, dass damit das letzte Wort in Sachen Religion und Wiederannäherung an den Katholizismus noch nicht gesprochen ist. Das autobiographisch-fiktive Schreibprojekt wird im Herbst 2014 mit dem dritten Band „Spiel der Zeit" fortgeführt. Die dort erzählte Lebenszeit der jungen Erwachsenen in den Umbrüchen der 1968er Bewegung wird Religion wohl vorübergehend völlig aus den Augen verlieren. Eine eher in Richtung produktiver Anknüpfung weisende Spur der religiösen Prägung zeigt sich in den Gedichten, in jenem Bereich also, mit dem Ulla Hahn ursprünglich bekannt geworden war. 2013 wurden die bis dato erschienenen Gedichte in einem umfassenden Sammelband publiziert.

„Geprägt von der christlichen Bilderwelt" – Lyrische Transformationen

Religiöse Dimensionen werden in der Lyrik Ulla Hahns gewiss nicht nur „durch speziell religiöse Wörter wie ‚Heil' oder ‚Erlösung' entfaltet, sondern kraft Konstellationen von Alltagswörtern wie Nähe/Distanz oder Reden/Schweigen" (*Nottbohm* 2010, 165), wie eine neuere Dissertation zu den religiösen Bilderwelten der Schriftstellerin überzeugend nachweist. Gleichwohl findet sich auch immer wieder der direkte Einfluss und das unmittelbar poetische Vorbild biblischer und liturgischer Sprache: in der Bildwelt, im Sprachgestus („Danklied", „Hymne", ...), in der Formgestalt. Häufig greift Ulla Hahn zu Transformationen und ironischen Brechungen, die den von Kritikern gelegentlich geäußerten Verdacht einer traditionalistischen Schreibweise zurückweisen. Schauen wir auf zwei Beispiele. Im Band „Galileo zwischen zwei Frauen" (1997) erschien das Gedicht „Pfingsten" (*Hahn* 2013, 518):

Ulla Hahn

Pfingsten

Niemand hat Lust mehr
die Türe zu öffnen
niemand klappert mehr

mit den goldenen Geräten
zündet Maria zu lieben
die Bienenwachskerzen an

Alte Frauen und Kinder
versuchen mitunter durch die
Ritzen ins Innere zu sehen

verstreun fromme Liedchen
wie Krumen als lockten sie damit
das große Magnifikat wieder zurück

Das lakonisch seine Bilder setzende Gedicht schaut zurück auf
den Verlust religiösen Lebens. Konfessionelles Brauchtum im Zu-
sammenhang mit Pfingsten (Öffnen der Türen, Anzünden der
Kerzen, etc.) liegt brach. „Niemand mehr", der alte Rituale pflegt.
Nur noch „alte Frauen und Kinder" versuchen selten genug in ver-
sperrte Räume religiöser Praxis (eine Kapelle?) zu spähen. Der
Versuch, damit den großen, stürmischen, Grenzen sprengenden
Lobgesang der Maria neu zu beleben, scheint jedoch vergeblich.
Das Pfingstwunder, das Finden einer neuen Sprache und unerwar-
tetet Kraft, bleibt aus. Der damit angeschlagene Ton des traurigen
Heraufbeschwörens vergangener und vergessener Bräuche ist allerdings nur *ein* Klang im lyrischen Melodienreigen Ulla Hahns,
keineswegs der einzige. Bleiben wir beim Thema „Pfingsten",
schauen wir auf ein ganz anderes Gedicht, einen Text, der den Gedichtband „So offen die Welt" (2004) abschließt (ebd., 698):

Dichtung

Du hörst
den Introitus, die Invocationen
das Kaddisch, die Schahada
pfingstliches Ohrenglück Zungengeheimnis

Du hörst
die Seelenstimme des Menschengeschlechts
wo die Namen Gottes aufgehen
in Schall und Rauch

I. Heimat im Ritual?

vielleicht auch
der Glaube an DEN
vor allen Namen
und im Grunde
– wie vor allem Anfang –
sogar das Wort

Pfingsten ist für SchriftstellerInnen grundsätzlich ein reizvolles Fest. Es ist das Fest der Sprache, der Verständigung, des Verstehens, die Gegengeschichte zur Sprachverwirrung des Turmbaus zu Babel. Ulla Hahns „Dichtung" erweist sich als grundlegende poetologische Reflexion im Kontext dieses religiös-biblischen Rahmens. In ganz anderer Form als in „Das verborgene Wort" spürt das Gedicht dem Verhältnis von Sprache und Religion nach.

Religion realisiert sich in Sprache, das macht die erste Versgruppe deutlich: ob Introitus (der Eingangsgesang zur katholischen Messe oder zum evangelischen Gottesdienst) oder Invocation (die Anrufung Gottes oder der Heiligen), ob Kaddisch (das zentrale Heiligungsgebet des Judentums) oder Schahada (das islamische Glaubensbekenntnis) – in ihnen hören Glaubende der jeweiligen Religion etwas vom pfingstlich bildgewordenen Grundgeheimnis Gottes, so die ersten Verse dieses Gedichts. Die zweite Versgruppe relativiert diese Aussage jedoch noch einmal. Was die verschiedenen Gläubigen der prophetischen Religionen Judentum, Christentum und Islam wirklich hören in diesen sprachgewordenen Urtexten ist die „Seelenstimme des Menschengeschlechts". In ihr lösen sich all die verschiedenen Namen und Vorstellungen auf, die Menschen dem Göttlichen geben. Mehr noch: „vielleicht" löst sich darin selbst der Glaube an den Schöpfer aller Schöpfung auf, auf den hier in den Majuskeln ehrfurchtsvoll verwiesen wird. Und wenn – laut Prolog des Johannesevangeliums – im Anfang „das Wort" war, dann geht im Hören der heiligen Texte letztlich sogar dieses selbst auf „in Schall und Rauch". Wird hier das (verborgene) Wort, die Dichtung über alle Religion gesetzt? Wird der Prozess des Hörens heilig verdichteter religiöser Urtexte als mystisches Erlebnis gefeiert, in dem eine befreiende Einheitserfahrung alle stets nur tastenden, stets nur hindeutenden Worte und Bilder auflöst, dahinter zurückgeht oder nach einem ‚Dahinter' strebt? Ulla Hahns Gedichte entziehen sich gerade in religiöser Hinsicht eindeutigen Festlegungen.

„Mein Gott" – Ein widerwörtliches Bekenntnis

Umso überraschender wirkt ein Gedicht, das 2011 im Band „Wi(e) derworte" erschien. Dieser Band entsprang einer reizvollen Idee. Was passiert, wenn man sich alte eigene Gedichte vornimmt und aus heutiger Sicht Gegengedichte, Ergänzungsgedichte, Kommentargedichte schreibt? Wenn man so *wieder* Worte zu ähnlichen Themen findet, aber eben auch *Wider*worte? So ist der Band von Ulla Hahn konzipiert: Altes Gedicht steht neben neuem Gedicht, beide kommentieren sich gegenseitig.

Im Band „Liebesgedichte" (1993) hatte Ulla Hahn einen ergreifenden Text unter dem Titel „Mein Vater" veröffentlicht. Aus den autobiographischen Bänden ist bekannt, wie schwer sich Vater und Tochter miteinander taten: hier der einfache Arbeiter, dort das intellektuell und kulturell interessierte Mädchen; hier der müde, abgeschaffte, vor allem seine Ruhe suchende Familienmensch, dort die junge Frau, die so schnell wie möglich fort wollte aus der Herkunftswelt und den engen Verhältnissen ihres Zuhauses. Unterschiedlicher geht es kaum. Keine leichte Beziehung. Das Langgedicht erweist sich nun als Zeugnis einer nachgetragenen Liebe, durch alle Belastungen hindurch. Das Bild des toten Vaters auf dem Schreibtisch wird zum Anlass, der Beziehung zu ihm nachzusinnen. „Den hab ich gehasst" (ebd., 372), heißt es im Rückblick auf die erlebten Kinder- und Jugendtage, aus heutiger Sicht geschrieben im nachträglichen Wissen um die so ganz anderen Perspektiven eines Mannes, aufgewachsen unter harten Bedingungen. „Den will ich lieben" (ebd.) heißt es dann, lieben gegen all jene, die ihm ein solch entfremdetes Leben zugemutet haben, am Ende nur noch getragen von der Hoffnung auf eine neue sozialistische Umgestaltung der Welt. Schatten von Versöhnung am Ende des Gedichtes:

I. Heimat im Ritual?

Wer ist das?
fragen meine Freunde
und ich sag:
Einer von uns.
Nur der Fotograf
hat vergessen,
dass er mich anschaut
und lacht.

Soweit das Vater-Gedicht von 1993. Nun, beim Wiederlesen, fällt Ulla Hahn auf, dass es da noch ein zweites Bild über ihrem Schreibtisch gibt, genauso rätselhaft, genauso wenig lächelnd. Das Gedicht „Mein Vater" steht nun überraschenderweise neben „Mein Gott" (ebd., 750–752), auch dieses zu lang zum Gesamtabdruck. Für Verblüffung sorgt das Bild Jesu – denn um den allein geht es in diesem Gedicht. Knapp, lakonisch kreativ werden Fragmente seines Lebens heraufbeschworen:

Einzelkind (was den Vater angeht)
reichlich Halbgeschwister
Machte sich aber nicht viel
aus Familie (kleine Verhältnisse
Adoptivvater Zimmemann aufm Dorf)
Kehrte ihr bald den Rücken (säte nicht
erntete nicht und sein himmlischer Vater
ernährte ihn doch) schlug sich
als Wunderheiler durch
mit einem großen Herzen für
die kleinen Leute und einer forschen
Lippe gegen die da oben [...]

Und dann – gesetzt gegen die Dynamik von ‚Hass' und ‚Liebe' im Vater-Gedicht – die Aussage: „Den hab ich geliebt". Doch dabei – wir wissen es erneut aus den Prosabänden – blieb es nicht. „So viele Vaterunser der Reue und Buße / Vergebene Liebesmüh". Der Kinderglaube schwand, zunächst ohne Anknüpfung: „Mein Kinderheld fuhr / in den Himmel auf / Ich blieb unten // Da bin ich noch." Nun aber wird eine Wiederannäherung möglich. Das gelegentliche Lesen in der Bibel, Gottesdienstbesuche – all das führt zu der Frage nach dem Sinn von Leben, Leiden und Sterben: „Wofür das alles?"

Ulla Hahn

Für den
        der fragt
sagt er und lächelt
befreit
von seinem Kreuz
nimmt mich
in seine Arme
flüstert mir ins Ohr:
Irgendwann
stell ich dich meinem Vater vor.
Lass dir Zeit. Ich kann warten.

Mit einem interreligiös geöffneten Ausblick darauf, dass sie dann auch ihre – anderen Religionen zugehörigen – Freunde mitbringen darf (denn: „In meines Vaters Haus/sind viele Wohnungen") endet das Gedicht. Ein erstaunliches, poetisch gestaltetes, ironisch gebrochenes, gerade so aber sagbares Credo, in welchem dem eigenen Vater nicht Gottvater, sondern Jesus gegenübergestellt wird. Zwei lyrisch verknappte Geschichten von Nähe und Distanz, von Hass und Liebe, die in Versöhnung enden.

Die Verbindungen Ulla Hahns zur literarisch-religiösen Welt Hanns-Josef Ortheils sind genauso deutlich wie die Wegtrennungen. Beide beschreiben ein rheinisches katholisches Milieu, beide sind als Kind fasziniert von der Sinnenvielfalt und den Ritualen des Katholizismus; beide beschreiben Befreiungs- und Selbstwerdungserfahrungen gerade durch diese Welt; für beide geht es im Zentrum der Religion um die Möglichkeit einer persönlichen Gottesbeziehung; beide lassen sich von Sprache, Ästhetik und Sakramentalität des Katholizismus anregen zur eigenen Sprachgestaltung. Doch damit trennen sich die Wege. Wo sich Ortheil von seiner religiösen Prägung einige Jahre lang offenbar eher innerlich verschließt, ohne sie abzulehnen oder sich kritisch damit auseinanderzusetzen – so zumindest lassen es die literarischen Zeugnisse erahnen – gibt es bei Ulla Hahn eine Geschichte harten Zweifels, klarer Ablehnung und späterer tastender Wiederannäherung. Wo Ortheil Religion in sein ästhetisches Kunstprogramm der Darstellung eines letztlich zeitlos gelingenden Lebens integriert, nimmt Hahn Seitenblicke und Einordnungen in Zeit- und Sozialgeschichte vor. Wo Ortheil eine weitgehend ungebrochene

Affirmation zum Katholizismus ästhetisch fruchtbar macht, tritt uns bei Ulla Hahn diese Konfession gerade in ihrer Gebrochenheit, Zeitbedingtheit und Ambivalenz entgegen. Deshalb bei ihr die spielerisch-verfremdenden Umgänge gerade in der Lyrik, deshalb die vorsichtige Öffnung hin auf interreligiöse Perspektiven.

5. CHRISTOPH PETERS:
„Gottes letzte Nervenzuckungen"

Wir bleiben ein weiteres Mal im Katholizismus des Rheinlands, springen aber eine ganze Generation näher heran an unsere Gegenwart. Wir bleiben bei einem im Katholizismus tief beheimateten Autor, der sich gleichwohl interreligiösen Fragestellungen öffnet, werden hier aber auf eine viel tiefere, differenziertere und gründlichere Auseinandersetzung auch mit anderen Religionen stoßen. Kein anderer Gegenwartsautor mit christlichen Wurzeln ist in interreligiöser Perspektive so spannend, in der Breite seines literarischen Zugangs so herausfordernd wie der 1966 im niederrheinischen Kalkar geborene, seit dem Jahr 2000 in Berlin lebende *Christoph Peters*. Wir werden in diesem Buch an mehreren Stellen auf ihn zurückkommen.

Aufgewachsen ist Peters in einem traditionellen, noch ganz volksreligiös bestimmten rheinischen Katholizismus. Geradezu ein „katholischer Fundamentalist" sei er als Jugendlicher gewesen, wird er später berichten. Wie sehr Peters von diesen Erbspuren geprägt ist, zeigt sich auf unterschiedlichen Ebenen. So war er Schüler am bischöflichen Jungeninternat Collegium Augustinianum Gaesdonck – eine Lebenswelt, die er später (wie schon der fünf Jahre ältere dortige Internatszögling Paul Ingendaay) in einem Roman thematisieren wird. Seinen Zivildienst leistete er von 1986 bis 1988 in der Katholischen Hochschulgemeinde Mainz ab. In zweiter Ehe ist er mit der ehemaligen Benediktinerin *Veronika Peters* verheiratet, deren Buch „Was in zwei Koffer passt" bereits vorgestellt wurde. All dies fließt zusammen in eine bleibende Verwurzelung im Denken und Fühlen, aber auch in der liturgischen und spirituellen Praxis eines Christentums mit katholischem Antlitz. Er könne sich – so Christoph Peters in einem Interview aus dem Jahre 2006 –

„an keine Zeit meines Lebens erinnern, in der mich die Frage nach Gott nicht intensiv beschäftigt hätte".

Diese Beschäftigung blieb aber gerade nicht der binnenchristlichen Perspektive verhaftet. „Mit siebzehn" – so berichtet er im Gespräch – sei er „endgültig aus der Selbstgewissheit des katholischen Christentums herausgefallen", nur um wenig später auch eine zweite ‚Gewissheit' zu verlieren: „Danach ist mir auch der Glaube an die universale Gültigkeit der Aufklärung, auf die ich kurzzeitig gesetzt hatte, abhanden gekommen." Jenseits einer unhinterfragten Beheimatung im Katholizismus auf der einen und einer Scheinsicherheit in der Religionsüberwindung der Aufklärung auf der anderen Seite bleibt er religiös auf der Suche.

Faszinierend sind für ihn – ausgehend vom Christentum als Mitte – in gleicher Weise zwei religiöse Gegenpole. In einem im Januar 2011 geführten Radiogespräch führt Peters aus: „Japan und der Orient sind, abgesehen vom Christentum, die beiden Kulturkreise, mit denen ich mich inzwischen seit über 20 Jahren intensiv beschäftige – auf die eine oder andere Weise, mal praktisch, mal theoretisch, mal ästhetisch, mal spirituell". Und das heißt unter spezifisch religiöser Perspektive: „das buddhistisch-zenbuddhistische Japan auf der einen Seite und die monotheistische islamische Welt auf der anderen Seite" reizen ihn als „ganz grundsätzlich unterschiedliche Herangehensweisen an die Religionskonzepte". Von all dem, von Spiegelungen des Katholizismus, von Erkundungen des Islam, von Annäherungen an den Buddhismus ist in Christoph Peters' literarischem Werk immer wieder die Rede. Bleiben wir hier zunächst bei der Verwurzelung im Katholizismus und deren literarischen Spiegelungen.

Vom Bild zum Text – poetologische Annäherungen

Den wohl nachhaltigsten Einfluss auf den Internatsschüler Christoph Peters hatte ein Kunsterzieher am Collegium Augustinianum Gaesdonck, der den Lebensweg zahlreicher seiner Schüler entscheidend prägen konnte: *Franz Joseph van der Grinten* (*1933). Angeregt von diesem charismatischen Lehrer und Künstler wendet sich Christoph Peters nach Abitur und Zivildienst zunächst der Malerei zu. 1988 bis 1994 studiert er an der Staatlichen Akademie der Bildenden Künste in Karlsruhe, zuletzt als Meisterschüler. Die Beschäftigung mit der Malerei – selbst als Künstler, aber auch im Zugang zu Künstlern und ihren Werken – prägt ihn bis heute. Bekannt wird er jedoch als Schriftsteller. Schon als Siebenjähriger habe er Geschichten geschrieben, „und diese Geschichten habe ich illustriert", gibt er zu Protokoll. Im Jugendalter habe sich dann aber das Bildnerische vom Sprachlichen völlig abgelöst, um erst viel später auf der Metaebene erneut fruchtbar zusammen zu kommen.

1996 erschien eine erste Erzählung von Christoph Peters, „Heinrich Grewents Arbeit und Liebe". Sie kreist um den inneren Zusammenbruch eines zwanghaft-manisch gezeichneten Protagonisten, fand jedoch kaum Beachtung. Ganz anders der als Debüt präsentierte Roman „Stadt Land Fluss" aus dem Jahre 1999, gleich mit großem Medienecho begrüßt und unter anderem mit dem „aspekte-Literaturpreis" ausgezeichnet. Peters nimmt hier Erfahrungen aus seiner Beschäftigung mit Kunst auf: Der Protagonist, der 33-jährige arbeitslose Kunsthistoriker Thomas Walkenbach – genannt „nach dem Apostel, dem Zweifler" (*Peters* 2005, 28) – arbeitet gleichzeitig an zwei wissenschaftlichen Projekten: an einer ‚Philosophie der Zentralperspektive' sowie an einem Werk über den niederrheinischen Holzschnitzer Henrick Douwerman, insbesondere im Blick auf einen von diesem gestalteten Altar in der St. Nicolai-Kirche in Kalkar. In beiden Frühwerken verbleibt Peters in der meisterhaft von ihm als Hintergrund eingespeisten niederrheinischen Heimat, deren Wandlungen auf dem Weg aus der geschlossenen Vormoderne hinein in eine pluralistische Moderne er feinfühlig nachzeichnet. Mit „Wir in Kahlenberg" wird er 2012 noch einmal in diese Erzählwelt eintauchen.

„Stadt Land Fluss" zeichnet untergründig die Veränderungen einer katholisch geprägten Lebenswelt nach. Während die Altäre und Kunstbilder in den Kirchen das christliche Traditionsgut in aller Pracht darstellen und im Buch detailreich geschildert werden – biblische Szenen, Episoden aus der Kirchengeschichte, Legenden – verändert sich das jahrhundertelang fast gleich gebliebene Alltagsleben der Menschen innerhalb einer Generation. In einem Katalog dessen, was in diesem Prozess alles „vernichtet" wurde, tauchen unter anderem auf: „der Angelus, die Sonntagsvesper, der Herzjesufreitag, die Rosenkranzandacht", aber auch ästhetische Spiegelungen von Volksreligiosität: „die nazarenischen Lithographien: Flucht nach Ägypten, Anna Selbdritt, Maria lactans, Antonius predigt dem Vieh" (ebd., 54f.). Der Rhythmus des kirchlichen Jahreskreises – angereichert mit wie selbstverständlich integrierten profanen Festanlässen – bestimmte unhinterfragt das Zeitgefühl: „Nach Weihnachten kam Fastnacht, dann Ostern, Himmelfahrt, Pfingsten, die Fronleichnamsprozession, im Herbst das Königschießen, die Kirmes. Mit dem 1. Advent begann alles von vorn." (ebd., 132)

Ob er katholisch sei, wird der Protagonist gefragt und antwortet lakonisch: „In der Gegend, aus der ich stamme, hat es keine Alternative gegeben." Aber jetzt, glaube er denn immer noch? Über diese Rückfrage muss er länger nachdenken, um offen zu antworten: „Jedenfalls sitze ich oft in Kirchen." (ebd., 79) Am Ende erkennt Walkenbach, dass sein Projekt über die Zentralperspektive und die Veränderungen der religiösen Landschaft zusammenhängen:

> Die Zentralperspektive macht das Individuum zum Dreh- und Angelpunkt der Welt. Sie behauptet das nicht nur, sie zeigt es. Man kann es sehen. Und was man sehen kann, wird geglaubt. Das ist der Sprung ins kalte Wasser der Neuzeit, das tödliche Messer in Gottes Rücken, auch wenn bis heute heldenmütig auf ihn eingestochen wird, weil man letzte Nervenzuckungen für Leben hält. (ebd., 189)

Was sich in der Neuzeit den Weg gebahnt hat, der Abschied von Gott, wird erst im 20. Jahrhundert allgemein sichtbar. Gottes ‚letzte Nervenzuckungen' prägen unsere Zeit, so der fiktive Kunsthistoriker in diesem Roman.

Damit wird schon deutlich: Nicht nur in seinen Stoffen, auch in der Poetologie richtet sich Peters an der bildenden Kunst aus. „Stadt Land Fluss", in dessen Zentrum ein dreiflügeliger spätgotischer Hochaltar steht, ist selbst wie ein Triptychon aufgebaut. Und auch das zweite inhaltlich entfaltete Thema, die Zentralperspektive, wird zum formalen Erzählprinzip, wird doch ausschließlich aus der Perspektive des Protagonisten erzählt. Diese Übereinstimmung von inhaltlichem *Thema und erzählerischer Form* ist kein Zufall: Seine Bücher haben immer einen sehr langen Entstehungsprozess, erläutert Peters. „Die Romane schleppe ich zehn und mehr Jahre mit mir herum". Dabei orientiere er sich vor allem an der Malerei: „Meine Kompositionsvorstellungen stammen im Wesentlichen aus der bildenden Kunst: Ich habe eine visuelle Vorstellung davon, wie mein Buch aussehen soll, lange bevor ich einen Verlaufsplan schreibe [...] Dieses Bild enthält als Farbklang und Struktur alles, was das Buch ausmachen soll". Bis hin in die konkreten Schritte des Niederschreibens entfaltet sich dieses Prinzip vom Bild zum Text: „Wenn ich an einzelnen Passagen bastele, gibt es neben nachvollziehbaren Gründen für einen bestimmten Satzbau, Duktus und Ton immer diese Überprüfungsinstanz, die nicht in Worte zu fassen ist, aber trotzdem präzise funktioniert" als „Abgleich zwischen dem Ausdruck des inneren Bildes und dem Ausdruck, den der Text annimmt".

Den heimatlichen Kulturraum verlässt Christoph Peters literarisch erstmals in der im Jahre 2001 veröffentlichten Erzählsammlung „Kommen und gehen, manchmal bleiben". Die meisten der insgesamt 14 Erzählungen spielen noch in deutschen Regionen – am Niederrhein, in Frankfurt und in Karlsruhe. Andere Geschichten aber greifen weiter aus: nach Israel, Ägypten, Ghana und in den Senegal. Damit ist der Weg gebahnt für seine literarische Auseinandersetzung mit dem Islam und den östlichen Religionen, auf die wir an anderer Stelle eingehen werden. 2012 erst wird er wieder literarisch in den heimischen Kulturraum zurückkehren und sich nun aus Distanz und Nähe zugleich mit den katholischen Prägungen auseinandersetzen.

Wir in Kahlenberg

Peters Roman „Wir in Kahlenberg" (2012) greift in fiktionaler Verkleidung und Ausgestaltung die jahrelangen Erfahrungen als Schüler am bischöflichen Jungeninternatsgymnasium Collegium Augustinianum Gaesdonck auf, ohne dabei eine platte „Abrechnung mit katholischer Kirche" vornehmen zu wollen, sehr wohl aber um die Spielarten von „religiösem Wahn aus katholischer

Perspektive" in aller Ernsthaftigkeit zu thematisieren, so Peters im Radiogespräch.

Carl Pacher, das literarische *alter ego* des Autors, erlebt als 14- bis 16-Jähriger im „Collegiumn Gregorium Kahlenbeck" alle Mühen der Pubertät, gleichzeitig aber auch den verspäteten Übergang eines vorkonziliaren Volkskatholizimus in die Auflösungen der Postmoderne. Erotische Verwirrungen gehen Hand in Hand mit religiösen Zweifeln, Aufbrüchen, Anfechtungen. Am Ende – nach dem Abschied von einem älteren Freund, der versuchte, ihn nicht nur in eine homoerotische Beziehung, sondern auch in ultrakonservative Kreise der katholischen Kirche hineinzuziehen – steht das eine Wort, das den Neuaufbruch kennzeichnet: „Erleichterung" (*Peters* 2012, 507).

Mosaikartig führt uns Peters in einzelne Gespräche, Begegnungen und Gedanken seines jugendlichen Protagonisten, dessen Perspektive nie verlassen wird. Der Roman ist voller religiöser Motive. Wir begegnen Pfarrern, Mönchen, biblischen Anspielungen, Schilderungen liturgischer Abläufe und theologischen Reflexionen. Anders als bei Ortheil und Hahn mischen sich hier jedoch nicht die jugendliche Erlebnis- und die erzählerische Erwachsenenperspektive. So liest man einen eindrücklichen literarischen Tauchgang in die versunkene Welt des Milieukatholizimus, deren Erbspuren die Gegenwart weiter prägen. Kaum zufällig ist der Roman – aufgenommen auf die Longlist für den Deutschen Literaturpreis 2012 – im Präsens erzählt.

Gleich die erste Szene blendet mitten hinein in einen Adventsgottesdienst. Die Orgel spielt, der Weihrauch duftet, liturgische Texte und Kirchenlieder klingen an, in den Glasfenstern spiegeln sich die Abbildungen von Liniennetzen, „die keine Szene werden. Gerade noch zu erahnen, wenn man weiß, dass sie dort sind: Vater, Sohn und Geist." (ebd., 7) Doch während Carl – auf der Grenze von Kindheit und Jugend – in aller Ernsthaftigkeit versucht, dem Geschehen mit innerer Beteiligung zu folgen, fletzen sich seine Kameraden auf den Kirchenbänken, erzählen sich unanständige Witze, machen freche Gesten und Geräusche, verteilen Kaugummis, haben gar nicht vor, den Gottesdienst wirklich ernst zu nehmen. Carl würde sie gern zur Rechenschaft rufen, wäre da nicht sein eigener Makel. Alles wäre gut, „wenn er ohne Zweifel wäre. Aber er zweifelt. Der Zweifel hockt in seinem Herzenswinkel" (ebd., 16).

Von dieser Ausgangssituation aus entfaltet sich der Roman: Ein mit den pubertären Nöten kämpfender Jugendlicher wird zusätzlich hin- und hergerissen zwischen dem Wunsch nach Beheimatung im Glauben und tiefen Zweifeln darüber, ob den Glaubensaussagen überhaupt etwas entspricht. Im Internat versucht er zunächst, sich durch besondere Frömmigkeit auszuzeichnen: Gebete zu Maria, Teilnahme an Wallfahrten, Gottesdienstbesuche über das Pflichtprogramm der Zöglinge hinaus – all das mit der Hauptsorge, dass seine Mitschüler finden könnten, „dass er es übertreibt mit der Frömmigkeit" (ebd., 43). Sein Ehrgeiz bleibt nicht unbemerkt. Als ihn der Präses des Internats zu sich ruft, ahnt er schon, was dieser ihm mit auf den Weg geben wird: „Dennoch solltest du dein Herz gründlich prüfen, ob die Vorsehung dich nicht zum priesterlichen Dienst in die Nachfolge Christi berufen hat." (ebd., 75) Ein Gedanke, der Carl zwar auch schon gekommen war, nur weiß er nur zu gut um die Anziehung, die das andere Geschlecht auf ihn ausübt. Neben philosophisch-theologischen Gesprächen mit zwei anderen Zöglingen wird denn auch das Kennenlernen von Mädchen die Hauptaufmerksamkeit Carls auf sich ziehen.

Am Ende, kurz vor den Schlussprüfungen und damit der Entlassung aus dem Internat, versucht Carl eine Lebensbeichte abzulegen. Doch nicht seine Abenteuer mit Mädchen, seine Lügen, Boshaftigkeiten und Lieblosigkeiten plagen seine Seele, sondern etwas ganz Grundsätzliches. Aber kann man das beichten?

> Er muss es sagen, sonst ist die Beichte ungültig und er exkommuniziert sich selbst. Vielleicht kann er es aber auf eine Weise formulieren, dass nur Gott weiß, wovon er spricht, ohne dass er im eigentlichen Sinne lügt oder etwas verschweigt: „Es lässt sich gar nicht so konkret an einer bestimmten Handlung festmachen, deshalb meinte ich ja auch das mit der *Sünde wider den heiligen Geist*, es ist eher eine grundsätzlich innere Verweigerung Gott gegenüber, glaube ich, und daraus erwächst dann all das andere, was ich vorher genannt habe, die Brutalität gegenüber Schwächeren, der Missbrauch des eigenen Körpers. – Ich liebe nicht. Niemanden. Keinen Menschen und auch nicht Gott. Mein Herz ist kalt." (ebd., 499)

Zwar erteilt ihm der Priester die Absolution, Carl aber weiß, dass ihm – dem Lieblosen, dem Zweifler – damit nicht geholfen ist. „Es ist alles noch aussichtsloser." (ebd., 501) Carl Pacher lässt die Welt des Internats, die Welt des Katholizismus, die Welt seiner Jugend letztlich erleichtert hinter sich auf dem Weg zu neuen Herausforderungen, die das Buch nicht mehr schildert. Christoph Peters, den Autor, werden seine Aufbrüche in die Welten anderer Hochreligionen führen, ohne dass er seine eigene katholische Beheimatung aufgeben wird. Seine Romane gehen – vielleicht ein letztes Mal in der deutschsprachigen Gegenwartsliteratur –zurück in die noch weitgehend geschlossene Welt eines rheinischen Milieukatholizimus, den es heute nicht mehr gibt. Dessen Erschütterungen und Aufbrüche bilden den Untergrund dieses – letztlich zu konventionell erzählten, in sprachlichem Zugang, Figurenzeichnung und Handlungslinie zu wenig wirklich kreativen – Romans. Den Zugang zu anderen Religionen kann Peters literarisch eindrucksvoller umsetzen. Dazu später mehr.

Ein geographischer Katzensprung – vom dreimal als Region literarisch intensiv beleuchteten Rhein an die Ruhr:

6. RALF ROTHMANN:
„mehr als nur neue, aufgeschreckte Religiosität"

„Sollte der Freund auf seine alten Tage religiös geworden sein?" (*Rothmann* 2009, 249) Süffisant fordert Richard Sander, etablierter Dichter und Maler, seinen Gesprächspartner heraus. Für diesen, den knapp 50-jährigen Wolf, inzwischen ebenfalls als Schriftsteller etabliert, gilt Sander als der große Förderer, eine Vaterfigur, ein Türenöffner hinein in den literarischen Betrieb. Religion ist Sander, dem Älteren, verdächtig, überholt, ein Zeichen von intellektueller Schwäche. Andererseits geht es unterschwellig um einen Rangstreit zwischen künstlerischem Vater und Ziehsohn. Was und wie der Jüngere schreiben darf oder nicht, das will der Mentor und Förderer immer noch selbst maßgeblich bestimmen oder zumindest bewerten dürfen. Religion wird zum stellvertretenden Konfliktfeld. Sander bohrt weiter. Irgendwo, ob nun „in einer überregionalen" Zeitung oder „in einem Allgäuer

Käsblatt" (ebd.), habe „irgendein Naseweiser" geschrieben, „dass neuerdings so etwas wie eine spirituelle Unterströmung in deinen Arbeiten auszumachen sei und man hier und da Bezüge zur Bibel herstellen könne" (ebd.).

„Natürlich bin ich nicht religiös" – „wie jeder Engel"

Die Provokation ist gesetzt: In einem früheren Gespräch hatte Sander schon einmal seine Meinung überdeutlich formuliert: „Religiös, wenn ich so einen Scheiß schon höre! Als ob du nicht wüsstest, was Religionen angerichtet haben in der Welt! Dieser ganze Psycho-Nebel" (ebd., 175)! Wolf, müde, wenig streitlustig, hatte dem entgegengehalten: „du hast schon recht, am Ende ist man religiöser, als man ahnt" (ebd., 173). Die Folge: ein empörter Ausbruch des Älteren: „Sei wie ich!" (ebd.), hatte er dem Ziehsohn vorgegeben, und nun das! „Du bist ein bisschen doof, oder?" (ebd., 174) hatte er ihm entgegengeschleudert.

Hier ein über Siebzigjähriger, der die Religion für überwunden hält, der mit Religion abgerechnet, der Glaube als Illusion, Vertröstung und Opiat durchschaut hat; dort sein ehemaliger Schützling, 20 Jahre jünger, einer anderen Generation zugehörig, der diese endgültigen Urteile und Verabschiedungen nicht mitmacht. Wolf, getragen von der „Einsicht, dass die Welt endgültig verloren wäre ohne den Glauben an das Wunderbare" (ebd., 250), biegt die Provokation ab, ohne sich festzulegen. Eine „spirituelle Unterströmung" in seinem Werk? „Bezüge zur Bibel"? „Lass sie doch schreiben, was sie wollen. Natürlich bin ich nicht religiös", so seine zunächst eindeutig wirkende Entgegnung an den Freund. Doch dann die Fortführung, eine Auflösung in bewusst rätselhafte Bildworte: „wie jeder Engel. Nur Gottlose beten." (ebd.)

Richard Sander bleibt verwirrt zurück. Er wird seine versuchte Manipulation mit dem Tod bezahlen, so zumindest will es der Autor dieser Szenen, *Ralf Rothmann*, (*1953) in seinem bis dato letzten Roman „Feuer brennt nicht" (2009). Religion und die Frage nach Religiosität als Teil von Literatur aber wird hier direkt thematisiert. Dass hinter dem jüngeren Schriftsteller Wolf vieles von seinem Verfasser Ralf Rothmann steckt, wird nicht nur an der bewusst gesetzten Namensähnlichkeit deutlich. Auch zahlreiche weitere Lebensumstände sind autobiographisch grundiert, ohne dass mit diesem Buch eine Autobiographie vorläge.

„Für mein Schreiben gilt, dass es autobiographisch ist", gibt Rothmann in einem schon 1995 geführten Gespräch ganz offen an, fügt aber klärend hinzu: „Ich würde allerdings die Formulierung ‚autobiographisch getönt' gebrauchen. Ich kann nur wenig erfinden. Was ich beschreibe, muss ich annähernd erlebt und erfahren haben. Nur dann bekommt meine Sprache eine gewisse Schwerkraft." Auch im Roman selbst wird diese Problematik zum Thema: „Von sich zu schreiben in der ersten Person geht selten ohne Verstellung", lesen wir dort. „So bleibt nur die dritte Person, eine dürftige Tarnung, womöglich mit sprechendem Namen." So schreibt Rothmann in einer Mischung aus Scham und Demut: „Die dritte Person ist ein Senken der Lider." (ebd., 14)

Der geschilderte Disput über Religion, selbstverständlich eine fiktional entworfene Szene, mag angesichts dieser vom Autor selbst gegebenen Hinweise davon zeugen, dass Rothmann seinerseits überrascht ist. Und das gleich doppelt: Überrascht darüber, dass sein Werk mit zunehmendem Lebensalter des Autors tatsächlich immer häufiger religiöse Themen, religiöse Dimensionen, religiöse Sprachmuster aufnimmt. Überrascht dann aber auch darüber, dass sein Werk nicht nur Aufmerksamkeit bei einer auch kirchlich gebundenen Leserschaft findet, sondern sogar kirchliche Preise erhalten sollte. Wer hätte schon zu Anfang der literarischen Karriere von Ralf Rothmann gedacht, dass er etwa im Jahre 2003 mit dem „evangelischen Literaturpreis" ausgezeichnet werden sollte, explizit verliehen laut Ausschreibungstext nur für „Bücher, für die Christen sich einsetzen können"? Gründe genug also, um genau diesem Motivkomplex intensiv nachzuspüren, auch wenn man sich damit auf die Spuren jener begibt, denen im Roman „Feuer brennt nicht" wie zitiert entgegengehalten wird: „Sollen sie doch schreiben, was sie wollen." Welche Rolle spielt Religion, Konfession und Spiritualität im Werk Rothmanns? Wie gestaltet er religiöse Sprachquellen, Motive und Stoffe? Welche literarisch-religiösen Impulse speist er selbst ein in das geistig-kulturelle Klima der Gegenwart?

Die 1960er/1970er Jahre als Prägezeit

„Jesus im Ruhrpott" – unter dieser Überschrift erschien im Herbst 2004 in der ZEIT eine Besprechung des Romans „Junges Licht" von Ralf Rothmann, die das Buch als „einen schönen und bedeutsamen, einen intelligenten und menschlichen Roman" preist. Rothmann, vielfach preisgekrönt, zählt inzwischen zu den wichtigsten deutschsprachigen Schriftstellern seiner Generation. Dass Religion, dass speziell die Auseinandersetzung mit dem Katholizimus zu einem prägenden Zug seines Werkes würde, war im ersten Jahrzehnt seiner schriftstellerischen Tätigkeit nicht vorhersehbar.

Das erste große Themenfeld, bis heute bei Rothmann immer wieder literarisch produktiv, ist ein Nachzeichnen des Hineinwachsens in die Erwachsenengesellschaft in den 1960er und 1970er Jahren. Wie schon im Blick auf „Feuer brennt nicht" gezeigt: Von Anfang seines Schreibens an werden autobiographische Erfahrungen aufgegriffen, dann aber zu frei fiktiven Erzählungen und Romanen ausgestaltet. 1953 in Schleswig geboren, verbrachte Rothmann die ihn prägende Jugend in Oberhausen. Der Vater war im Bergbau tätig, Rothmann selbst schloss nach der Volksschule eine Maurerlehre ab, versuchte sich danach in mehreren Berufen, etwa als Koch, Krankenpfleger oder Drucker. Seit 1976 lebt er eher zurückgezogen als freier Schriftsteller in Berlin, bleibt dem Trubel des Literaturbetriebs möglichst fern.

Bekannt wurde Rothmann zunächst vor allem als Erzähler, der eben dieses Aufwachsen im kleinbürgerlichen oder proletarischen Milieu des Ruhrgebiets der 1960er Jahre schildert. Präsentiert werden seine Romane fast durchgängig von einer distanzierten Außenperspektive, von jemandem, der alles konkret miterlebt, ohne doch je tatsächlich ganz dazuzugehören: „Das Beiseitestehen und Beobachten ist meine Haltung schon seit der Kindheit", so Rothmann dazu im Interview. Dass er religiöse Motive verwenden würde, war zunächst kaum denkbar. In den Beschreibungen der Ruhrgebietsjugend tauchten zwar selten auch Anspielungen auf die Kirche auf, aber wenn, dann eher in Form von Karikatur und satirischer Bloßstellung. So kann in „Wäldernacht" (1994) zwar ein katholischer Pfarrer auftreten, aber wie? Der Erzähler schildert einen Gottesdienst mit Behinderten, dem er zufällig beiwohnt:

> Pastor Maaßen, mit erhobenen Armen, predigte weniger zu seinen Schäfchen hinunter; die knotigen Finger krumm, Mundwinkel krummer, sprach er ins Unendliche hinauf. [...] Übel klang das schöne Wort in Maaßens Mund. Dieser Stimme zufolge war das Paradies ein Militärgelände, und der anklagende oder gar drohende Unterton seiner Rede hatte mich stets an innere Verließe denken lassen, hallende Folterkeller, in denen ich gequält wurde. (*Rothmann* 1994, 167)

Die Kirche und ihre Repräsentanten reihen sich so ein in jene halb realistisch, halb karikierend geschilderten Institutionen, Personen und Rahmenbedingungen, die das Aufwachsen in dieser Zeit erschwerten, gegen die man sich emanzipieren, von denen man sich befreien musste.

Dass diese Vorgabe jedoch nur eine von mehreren Figurenperspektiven darstellt, wird bei einem sorgsamen Wiederlesen der Frühwerke Rothmanns deutlich. 1988 war – als zweite Erzählung nach „Messers Schneide" (1986) – „Der Windfisch" erschienen, abermals ein Einblick in das Leben eines jungen Mannes im zeitgenössischen Kontext. Hier aber werden ganz andere Erfahrungen und Assoziationen mit Kirche und Religion aufgerufen. Lohser, der Protagonist, gelangt zufällig in eine Kirche und erinnert sich an die Automatismen aus seiner Kindheit. Eine Szene, die an vergleichbare Passagen bei Ortheil und Hahn erinnert: „Er zündete eine Kerze an, bekreuzigte sich flüchtig und staunte; es war eine Wohltat. Er bekreuzigte sich noch mal. Es blieb eine Wohltat." Das ist mehr als die Schilderung einer überraschenden Heimkehr in ein wohltuendes katholisches Ritual. Rothmann lässt seinen Helden in Figurenrede reflektieren:

> Wenn es ihm, dem Liebhaber und Geliebten des Augenscheins, tatsächlich einmal gelang, seine automatische und wohl darum schon fragwürdige Skepsis zum Schweigen zu bringen, wenn er in einem Gottglauben mehr als nur neue, aufgeschreckte Religiosität und panische Besinnung von Verseuchten auf dem Sterbebett sehen konnte, empfand er ihn als gewaltigen Trost, als Kraft, mit der sich alles, selbst das eigene Ende, bestehen ließ. (*Rothmann* 1988, 19)

Bei aller Skepsis, bei aller stilistischen Distanzierung wird eine überraschende ‚neue Religiosität‘ beschrieben, die am Kinderglauben anknüpft, ihn verändert und mit der Hoffnung auf Trost und Kraft zur Lebens- und Sterbensbewältigung verbunden wird. Gewiss, auch das ist Figurenperspektive, auch das ist nur ein Randmotiv in einer ansonsten ganz eigenständigen Erzählung, aber hier wird ein Motiv angedeutet, das später reiche Entfaltung erfahren sollte.

Gebet in Ruinen

Die benannten Spuren blieben in der Wahrnehmung des rothmannschen Werks weitgehend unbeachtet. Das änderte sich, als im Jahre 2000 völlig überraschend der Gedichtband „Gebet in Ruinen" erschien. Eine doppelte Überraschung: Zunächst die Formwahl, war Rothmann doch zuvor fast ausschließlich als Romancier bekannt, trotz seines Debüts als Lyriker mit dem Gedichtband „Kratzer" (1984). Vor allem aber in der Hinwendung zu explizit religiösen Motiven, die sich in den seitdem folgenden Publikationen fortsetzt.

Fromm-erbauliche Verse darf man nicht erwarten, wenn man zu Rothmanns Gedichtband greift. Ganz unterschiedliche Texte finden sich hier: formal – von frei-rhythmischen Versen bis zu fast liedhaft Gereimtem; inhaltlich – von Gedichten, die das Scheitern von Liebe umkreisen, zu direkt an Gott oder den „Herrn" gerichteten Klage- oder Bittgebeten; von eindrücklichen Texten, die das Sterben des Vaters reflektieren, zu obszön-drastisch-satirischen Schilderungen eines immer wieder neu angefragten Großstadtalltags. Nicht alle Texte, nicht alle Stil-Lagen überzeugen. Auch der Titel des Bandes erweist sich nur für einen Teil der Gedichte als stimmig. Gleichwohl finden sich mehrfach Anspielungen auf die Bibel sowie Versatzstücke aus religiösen und kirchlichen Traditionen. Rothmann beerbt dabei auch explizit religiöse Sprachformen: Psalm, Klage, Segnung, Bitte. Auch nichtchristliche Traditionen (chinesische Religionen, Buddhismus) werden gelegentlich zitiert oder aufgerufen. In „Psalm Meier" (ebd., 53) werden derartige Bezüge am deutlichsten gestaltet.

Ralf Rothmann

Lobe ihn, meine Seele, preise ihn mit aller Kraft,
mit der Faust in der Tasche und dem
Totenschein in der Faust. In deinem kranken Schmuck,
dem Kleid aus Grind und Karzinomen,
lobe den Herrn, bis du am Boden liegst
und nichts mehr tragen kannst. Bis du erfährst,
was uns trägt. [...]

Rothmanns zeitgenössischer Psalm nimmt schon in der Anrede eine biblische Form auf. Psalm 103 oder 104 etwa beginnen ebenfalls mit den Worten „Lobe Gott, meine Seele". Doch im Gegensatz zu den nicht an bestimmte Sprechpersonen gebundenen biblischen Vorbildern ist dieser Text – wie schon im Titel erkennbar – in Figurenrede verfasst. „Karl Meier" betet denn auch den Psalm nicht an Gott als personales Gegenüber, sondern als inneres Zwiegespräch mit seiner Seele. Ist das Ironie? Sarkasmus „mit der Faust in der Tasche"? Ist das „Lobe ihn, meine Seele" Protestrede gegen „den Herrn", der ein Leben sinnlos zugrunde quält, bis es am Boden liegt? Gegen die nicht unmögliche Antwort, hier gehe es tatsächlich um eine sarkastische Abrechnung mit „dem Herrn", hier werde die Rede von der Unsterblichkeit der Seele ad absurdum geführt, sprechen zahlreiche Hinweise. Ein ungewöhnlicher, unerwarteter Lob-Text! Die Haltung des Protest-Atheismus ist hier genauso überwunden wie die Haltung der Gottesanklage angesichts von Leid. Hier wird nicht der – dann eben auch für die Krankheit mitverantwortliche – Schöpfer allen Seins angerufen, sondern allein ein Gott der Erlösung, in dessen Angesicht die Unsterblichkeit der Seele erhofft wird.

Spuren katholischer Prägung

Wahrgenommen wird Rothmann freilich nach wie vor allem als Erzähler. Aber seit „Gebet in Ruinen" kommt dem Nachspüren einer religiösen Tiefendimension ein neue Bedeutung in seinem Werk zu, die auch mehr und mehr wahrgenommen wird. In der Verleihungsurkunde zum Wilhelm Raabe-Literaturpreis etwa wird Rothmann bescheinigt, seine „brillante soziale Feinzeichnung" sei „einmalig in der deutschsprachigen Gegenwartsliteratur". Einmalig gerade dadurch, dass sie sich „meist untergründig, manchmal auch ins Symbolische gesteigert", mit religiösen Motiven „berühre und durchdringe", so dass noch „das kleinste Detail [...] eine nahezu sakrale Würde" (in: *Winkels* 2005, 163) gewinne. Das Religiöse wird also bei Rothmann nicht nur zum Themenfeld, sondern – wenn man diesen Ausführungen folgt – geradezu zu einem literarischen Stilprinzip. Gott, so der Literaturkritiker Hubert Winkels über Rothmanns Werk, „leuchtet fortan in den sozialen Beziehungen und in der objektiven Dingwelt selbst". Gott ist aus der „vage attraktiven Ferne" ins „Allernächste geraten", ja er „ist geradezu der Name für die stille Aufmerksamkeitsbeziehung zum Unscheinbaren" (ebd., 8f.).

Vor allem in dieser religiös motivierten Poetologie kann Rothmann als wohl kreativster aller literarischen Erben Heinrich Bölls gelten. 2005 wurde er mit dem Heinrich-Böll-Preis der Stadt Köln ausgezeichnet. Kaum zufällig, dass in „Feuer brennt nicht" der Protagonist Wolf an einer Stelle sein übervolles Bücherregal betrachtet. Man „mauert sich ein mit Papierziegeln", sinniert er, geht die Regalmeter durch, „auch Heinrich Böll unter Dach und Fach, eine kompakte Mahnung, ihn sich noch einmal zu Herzen zu nehmen" (*Rothmann* 2009, 141). Rothmann selbst beschreibt den von ihm verspürten Auftrag des Schriftstellerdaseins unter der Vorgabe: „Man muss das Vollkommene wollen", so in der Preisrede zur Entgegennahme des Max-Frisch-Preises 2006, die er programmatisch „Vollkommene Stille" nannte. Er schränkt dort freilich ein, dass ihm zur „Verwirklichung dieses Numinosen" nur ein „denkbar unvollkommenes Material zur Verfügung" (*Rothmann* 2006, 29) stehe, die Sprache, die immer menschlich bleibt. Programmatisch setzt er ihr die mystische Idee einer Vollkommenheit der absoluten Stille entgegen.

Im Schreiben dieses „denkbar unvollkommenen Materials" folgt Rothmann in den letzten Jahren zwei Hauptlinien. Einerseits wendet er sich in den viel gelobten Bänden „Winter unter Hirschen" (2001), „Rehe am Meer" (2006) und „Shakespeares Hühner" (2012) der Form der kürzeren Erzählung zu, in der das Numinose mitten in den Alltag hineinbricht, so dass Realität und Transzendenz ineinander verschwimmen. Wendungen ins Unvorhersehbare heben die Erzählungen aus dem Bereich rein realistischer Schilderungen heraus und bleiben so angesiedelt in dem literarisch so reiz- wie anspruchsvollen Grenzgebiet zwischen dem Profanen und dem Numinosen.

Andererseits kehrt Rothmann erneut in die Schilderung der Jugendzeit zurück, um gerade dem Religiösen dort nun mehr Profil zu geben. Er beschreibt in literarischer Verkleidung unbefangen und mit kritisch-positiven Wertungen seine religiöse Sozialisation: die Zeit als Messdiener, den Umgang mit Pfarrern, das Erlebnis von Gottesdienst und Beichte. „Ich bin ja brachial katholisch erzogen worden und war letztlich bis zur Pubertät inbrünstig katholisch", so Rothmann in einem Gespräch. Auf abwertende Distanzierungen wartet man aber auch hier vergeblich. Im Gegenteil: „Schon in der katholischen Kirche mit all dem Gold und dem Glitter und dem Weihrauch-Pomp drängte sich bei mir die Ahnung auf, das Schöne und das Göttliche – irgendwie sind die eins. Für mich gab es da immer eine klare Affinität."

Der Roman „Milch und Kohle" (2000) nimmt zunächst nur wenige solche Motive auf. Erzählt wird die Rückkehr des Schriftstellers Simon in seine Ruhrgebietsheimat angesichts der Beerdigung der Mutter. Erinnerungen an das Leben dieser Frau, ihre Mühsal, ihre kleinen Ausbruchsversuche prägen die Handlung. In einer Szene wird beschrieben, wie der jugendliche Ich-Erzähler Simon bei der abendlichen Heimkehr die Mutter zu seiner Überraschung lesend vorfindet: „Du *liest*?" Ihre Antwort: „Nur die Bibel." Sie liest ihm eine Passage aus dem Buch Jesaja vor, die von Heilung aus tiefstem Leid erzählt. Die Szene schließt mit der Frage: „Ist das wahr, Simon? Sind wir geheilt?" Darauf seine Reaktion: „Ich schüttelte den Kopf." (*Rothmann* 2000, 186f.) Eine andere Szene: Wieder ein Gespräch mit der Mutter, sie erinnert ihn: „Früher, so mit zehn oder elf, wolltest du ins Kloster, zur Priesterausbildung, weißt du noch? Weil dir der Kaplan so gefiel. Immer in Schwarz, immer allein" (ebd., 150). Zumindest nicht auszuschließen, dass sich hinter auch dieser Passage ein autobiographischer Reflex verbirgt. Das gilt schließlich ebenfalls für den Schluss des Romans, die den Erzähler nach Japan führt und seine Faszination für den Buddhismus deutlich werden lässt, die auch schon in einigen Gedichten Rothmanns aus den ‚Gebeten in Ruinen' erkennbar war. Das im Raum der Fiktion vom Erzähler Simon verfasste Buch „Das Studium der Stille" schlägt Brücken zu jener „Vollkommenen Stille," der Rothmann in der Dankrede zur Verleihung des Max-Frisch-Preises sehnsuchtsvoll gedenkt.

„Junges Licht" – 2004 erschienen und als „Jesus im Ruhrpott" etikettiert – ist vielleicht *der* Schlüsselroman zum Werk Ralf Rothmanns, dessen Bücher man als „weiterführendes Gesamtwerk" lesen kann, so die Literaturkritikerin Verena Auffermann, als „fortlaufendes Drama", das „von Buch zu Buch" (in *Winkels* 2005, 152) tiefer vordringt. Wieder schildert der Ich-Erzähler Julian eine Phase seines Aufwachsens, hier auf der Grenze von Kindheit zu Jugend. Messdiener zu sein war für den katholischen Bub eine Selbstverständlichkeit. Wie folgt schildert er seine erste Beauftragung zum Vorleser im Gottesdienst:

> Am nächsten Tag kam ich zu spät in die Sakristei. [...] Pfarrer Stürwald sah mich an. Er humpelte, hatte einen richtigen Klumpfuß, der in einem schwarzen Spezialschuh steckte, und im Religionsunterricht schlug er schon mal zu. Wir nannten ihn Pastek. Er streckte einen Finger vor. „Kannst du lesen?" Cremefarben die Robe, und er trug eine Schärpe aus Silberbrokat; doch die Brillengläser waren schmutzig, man konnte Fingerabdrücke und Haarschuppen sehen. [...] Dann schlug er ein ledergebundenes Buch auf, eines der großen, und hielt es mir hin. Sein Daumen war gelb. „Lies mal die Stelle hier. Schön laut."
>
> Ein Text in Fraktur. Die ausgemalte Initiale war so fett gedruckt, dass ich die Motive, Blattgirlanden und kleine Vögel, unter meinen Fingern fühlte. „Die Väter haben saure Trauben gegessen, aber den Kindern sind die Zähne davon stumpf geworden. Denn siehe, alle Menschen gehören mir; die Väter gehören mir so gut wie die Söhne; jeder, der sündigt, soll sterben." „Na prima." Stürwald hustete; sein Atem roch nach Rauch. „Klingt doch gut. Du machst den Lektor. Gib acht, dass du nicht zwei Seiten auf einmal umblätterst; der Goldrand klebt. Und los jetzt, stellt euch auf!" (*Rothmann* 2004, 111)

Im Vergleich mit der Schilderung von „Pastor Maaßen" aus „Wäldernacht" wird ein anderer Ton deutlich, welcher der satirischen Distanz, der nachträglichen Abwertung nicht mehr bedarf. Diese neue Darstellung mag einerseits auf eine veränderte Einschätzung des Schriftstellers Rothmann zu Religion und Konfession zurückzuführen sein. Vor allem aber ist sie literarisch begründet, wird doch von ganz verschiedenen Perspektiven aus erzählt. Hier geht es um Erfahrungen aus der Sicht des Zwölfjährigen, die als solche bestehen dürfen. In „Wäldernacht" hingegen bestimmte der kritisch beobachtende und kommentierende junge Erwachsene den Ton. Die inhaltliche Ausrichtung passt so zu der jeweiligen biographischen Phase.

Diese veränderte Perspektive wird erneut deutlich in einer Szene des Romans, die zu den eindrücklichsten des Buches gehört. Das soeben biblisch zitierte Motiv der über Generationen hinweg wirksamen Verflechtung von Sünde und Sühne wird nun konkret: Julian, der Ich-Erzähler, will stellvertretend für seinen Vater beichten, um eine von dessen sexuellen Verfehlungen zu sühnen. Eine wunderbar erzählte, literarisch gebrochene, aus Erinnerung nacherzählte Beicht-Szene, die hier nur in wenigen Auszügen dokumentiert werden kann:

> Pfarrer Stürwald sah auf die Uhr, als ich in die Kirche kam. Das Kreuz aus Glas, das an zwei Drahtseilen von der Kuppel hing, gleißte regenbogenfarben in dem frühen Licht. „Was ist denn mit dir los?" Er faltete seine Schärpe zusammen. „Kein Zuhause? Es ist zehn vor sieben. Außerdem hast du gar keinen Dienst, oder?" „Nein. Erst Sonntag wieder. Aber ich möchte beichten." „Heute? Gebeichtet wird am Samstag, Junge." „Aber vor der Frühmesse doch auch!" „Manchmal. Wenn Leute da sind. Doch du siehst ja: alles leer." „Wieso? Ich bin da!" Er schloss einmal kurz die Augen, seufzte. Dann öffnete er die Tür des halbrunden Beichtstuhls; die Gummidichtung machte ein saugendes Geräusch, als wäre ein Vakuum dahinter. „Also gut, dann komm. Mach schnell." (ebd., 206)

Eher pflichtschuldig und routiniert werden die üblichen Fragen und potentiellen Versündigungsgebiete beleuchtet, bis Julian zum eigentlichen Anlass seiner Beichtbitte kommt:

> Ich räusperte mich. „Herr Stürwald?" „Ich höre, Junge. Ich höre." „Ich hätte eine Frage. Oder eher eine Bitte. Ich meine, wo ich doch jetzt meine Sünden bekannt habe – könnte ich nicht auch noch für jemand anderen beichten?" „Du willst was? Für wen?" „Das kann ich nicht sagen." „Wieso willst du für jemanden beichten? Das tut er doch am besten selbst, oder?" „Er geht aber nicht in die Kirche. Nie." Der Pfarrer schüttelte den Kopf. „Und du meinst, du kannst so einfach ... Was hat er denn getan? Kennst du seine Sünden?" „Ja. Ich glaube." „Und die wä-

ren?" Ich holte Atem. „Na ja … Eigentlich ist er ein guter Mensch. Er schlägt einen nie und gibt einem Geld für Sprudel und so. Aber er war auch unkeusch." „Woher willst du das wissen? Warst du dabei?" „Ich? Um Gottes willen!"

Er zupfte sich am Ohr. „Also, hör mal zu, mein Junge. Um es kurz zu machen: Kein Mensch kann für einen anderen beichten. Das muss er schon selbst tun. Denn zum Beichten gehört die Reue, wie du weißt. Sonst wäre es ja sinnlos. Und du kannst nicht die Verfehlungen eines anderen bereuen. […] Nein, Junge. Ganz entschieden: nein. Du kannst für den Betreffenden beten, dass Gott ihm vergibt, ihn auf den rechten Weg führt und so weiter. Aber du kannst nicht seine Sünden bekennen und bereuen. Und ich kann ihm nicht die Absolution erteilen, indem ich dir eine Buße auferlege. Das ist doch absurd! Verstehst du das nicht?" Ich überlegte kurz. Dann schüttelte ich den Kopf. Er fuhr sich mit beiden Händen durch die Haare. […] „Julian, hör auf jetzt! Ich *darf* es nicht!" Ein Speicheltröpfchen flog von seiner Lippe, und ich sah das Blitzen der Brille hinter den Maschen. „Du kannst hier doch nicht den ganzen Betrieb aufhalten!" Er hob zwei Finger, machte das Kreuzzeichen. „Ego te absolvo. Zwei Vaterunser und ein Ave-Maria." „Dank sei Gott!" flüsterte ich und stand auf. […] Dann ging ich hinaus. (ebd., 208–211)

In dieser Szene wird ein Zeitgefühl, eine biographische Phase geschildert, in der die konfessionelle Glaubenspraxis selbstverständliches Element des Alltagslebens ist. Die Beschreibung kommt ohne nachträgliche (Ab-)Wertung aus, lebt aus ihrer Anschaulichkeit und Unmittelbarkeit.

Auch das Ende der von ihm beschriebenen ‚katholischen Kindheit' wird benannt. Hart geht Rothmann dabei mit der Haltung der Kirche zu Sexualität und Sexualerziehung ins Gericht. In „Feuer brennt nicht" führt der Erzähler Wolf die eigene starke Sexualfixierung auf genau diesen Aspekt seiner Erziehung zurück. „Dank der katholischen Kirche und ihrer verlogenen Erziehung in der Schule und im Jugendheim ist er aufs herrlichste versaut und für beinahe alles bereit" (*Rothmann* 2009, 38), so Wolf. Später beschreibt er direkt das „Ende seiner katholischen Kindheit, in der die Wörter keusch oder unkeusch immer öfter zu hören waren". Er entdeckt versteckte „Pornofotos im Nachtschrank seines Vaters", ist nicht angewidert, sondern im Gegenteil beglückt von dieser „Verheißung" und „ließ sich fortan nicht mehr in der Kirche sehen" (ebd., 234f.). Die Spuren der Prägung durch die katholische

Kirche ziehen sich so quer durch das Werk Ralf Rothmanns. Bei aller Neigung zu einer positiveren Darstellung mit zunehmendem Lebensalter des Autors bleiben sie ambivalent.

Biblische Spuren – „Von Mond zu Mond"

Neben den immer wieder eingestreuten Erinnerungspassagen an eine katholisch geprägte Kindheit fällt in der Tat im Werk Rothmanns jene Dimension auf, die Richard Sander in „Feuer brennt nicht" in den Mund gelegt wird, wie anfangs zitiert: dass man „hier und da Bezüge zur Bibel herstellen könne" (ebd., 249). Für Rothmanns Werk gilt das gewiss. Drei derartige Dimensionen sind bereits implizit oder explizit benannt worden. Zum einen wird mehrfach von in der Bibel lesenden Frauen erzählt. Zum anderen wird die Form biblischer Gattungen stilbildend, etwa im Hinblick auf die eigenen Psalm-Gedichte. Zum dritten finden sich immer wieder einzelne biblische Sprachspuren und Sprachbilder, die wie selbstverständlich in den Textfluss integriert werden.

Am deutlichsten wird Rothmanns überraschender Umgang mit der Bibel in einer Erzählung, die den Rahmen seines Prosawerkes sprengt. In „Ein Winter unter Hirschen" findet sich die Erzählung „Von Mond zu Mond", die als einzige den autobiographischen und zeitgenössischen Kontext des Autors verlässt. Entsprechend irritiert reagierte ein Teil der Literaturkritik, umso mehr, als dass uns diese Erzählung direkt in die Zeit Jesu führt. Ausgerechnet eine Wundererzählung nimmt er sich vor, genauer gesagt die fiktionale Neuschreibung einer der schwierigsten Wundererzählungen des Neuen Testaments überhaupt: die Auferweckung der Tochter des Jairus (Mk 5,21–43). Noch einmal mag man an Wolf, den Protagonisten aus „Feuer brennt nicht" denken, der ja über seine „Einsicht" sinniert, „dass die Welt endgültig verloren wäre ohne den Glauben an das Wunderbare" (*Rothmann* 2009, 250).

Dass „Von Mond zu Mond" eine Jesus-Geschichte ist, ahnt man als Lesender erst allmählich. Rothmann folgt dem Zugang, das Jesus-Geschehen über einen erfundenen Zeitzeugen zu erschließen, ein in der Tradition der Jesus-Literatur oft gewähltes Verfahren. Erzählt wird die Geschichte des Hirten Enosch, ein bewusst gewählter und symbolischer Name. „Enosch" heißt auf Hebräisch „Der Mensch" und ist nach Gen 5,6 der dritte Mensch in der Geschlechterfolge nach Adam, taucht als solcher auch im neutestamentlich genannten Stammbaum Jesu auf (Lk 3,38). Enosch führt im Auftrag des mächtigen Gemeindevorstehers Jairus seinen Esel mit einer Ladung Käse von den Weidegründen zum Gutshof. Seine Sorge gilt einem kleinen Hund, der von einer Schlange gebissen wurde. Rothmann schreibt so, dass man vor allem den Sinneseindrücken des Hirten folgt. „Er sah schlecht in letzter Zeit, besonders nachts, aber er hatte Ohren wie ein alter Fuchs und kannte die Schattierungen der Stille." (*Rothmann* 2001, 90) So wird der Weg durch die Nacht vor allem zu einem sinnlichen Erlebnis: das Knacken der Zweige, die Rufe der Vögel, der Klang der Stille, all das wird konkret nachvollziehbar.

In diese Situation hinein werden erste indirekte Hinweise darauf eingestreut, dass wir es mit einer Jesus-Erzählung zu tun haben, die stets aus der Perspektive des Hirten Enosch erzählt wird. Über Jairus – der Name lässt bibelkundige Lesende bereits aufhorchen – wird gesagt, dass er ein „Mädchen, zwölf Jahre" habe, das schwer krank sei, und „es wird ihm doch nicht wieder gesund. Da hilft kein Gott, kein gefiederter Geist" (ebd., 89). Enosch, lebenserfahren und weise, glaubt nicht an Wunder. Dass man gerade etwa von einem „Besessenen aus den Grabhöhlen" erzähle, von „seinem bösen Geist, und wie der in die Schweine gefahren sei" (ebd.), stimmt ihn eher skeptisch. Derlei hat er schon oft gehört: „Und dann ist es wieder der böse Geist gewesen, den irgendein Prophet in die Säue getrieben hat." (ebd., 90) „Irgendein Prophet" – so wird erstmals auf Jesus angespielt. Dass man dem nicht trauen dürfe, dass das nichts Besonderes sein könne, wird vorausgesetzt.

Bei Tagesanbruch im Dorf angekommen, findet er alle Bewohner in Aufruhr vor. Alle drängen zum Dorfplatz: Geschrei, Lärm, der harte Klang von Knochenflöten! Enosch belauscht zwei Feldarbeiter: „Was für ein fauler Zauber!" meint der eine. „Berührt sein Gewand und ist geheilt." Und der andere „Blutfluss! Von wegen!" (ebd., 96f.) Bibelkundige, aber auch nur diese, werden den Zusammenhang erahnen, stellt doch Markus in seinem Evangelium das Wunder von der Auferweckung der Tochter des Jairus in einen direkten Textzusammenhang mit der Heilung der blutflüssigen Frau. Rothmann rechnet offenbar mit Lesenden, die diese Zusammenhänge kennen oder herstellen können.

Enosch erfährt, dass die zwölfjährige Tochter des Ortsvorstehers gestorben ist. Auf der Suche nach seinem Auftraggeber gelangt er genau in dem Moment in dessen Wohnraum, in dem Jesus sich über das Kind beugt, das auf einem Lager, einer „Tür auf Böcken" liegt, „noch blasser als sonst" (ebd., 99). Das Mädchen erhebt sich. Der Mann aber – an seiner Sprache erkannt als ein „Nazarener" mit „dem knochigen Gesicht", „Mitte der Dreißig" (ebd., 100), stets aber namenlos bleibend – blickte „sie an, ohne auch nur ein Lid zu rühren. Als könnte ein Wimpernschlag etwas zerreißen." (ebd.)

Um das Wunder zu bezeugen, endet die Erzählung im Markusevangelium mit der Aufforderung Jesu, „man solle dem Mädchen etwas zu essen geben" (Mk 5,43). So auch hier, denn Rothmann kennt die biblische Wundererzählung sehr genau und setzt sie konkret Punkt für Punkt um. Hier freilich zeigt er auf Enosch, der mit seinem Käse die Szenerie betritt. Er wird derjenige, der dem Mädchen die erste Speise nach der Aufweckung reichen wird. „Ein Wunder" (ebd., 101), murmeln die Menschen, bevor ein ungezügeltes Freudenfest ausbricht. Von dem biblisch berichteten „Entsetzen" (Mk 5,42) ist hier nicht die Rede. Enosch jedoch bleibt der Skeptiker, der er war: „Ein Wunder! Natürlich hatte sie geschlafen, tief, vielleicht sogar der Ohnmacht nahe, und dieser Fremde hatte sie geweckt!" (ebd., 102) Enosch ist es recht. So wie „der Nazarener" aus dem Trubel entweicht, so zieht auch der Hirte weiter – satt, reich belohnt für seine Arbeit, innerlich unberührt. Der Gang der Welt hat sich nicht geändert. Der kleine Hund, sein Augapfel, ist gestorben – keine Wunderheilung hier. Er wirft ihn „den Schweinen in den Trog" (ebd., 103).

Während Rothmann mehrere Strukturmomente der biblischen Wundererzählung aufgreift, dramatisiert, psychologisiert und im Rahmen des vorgegebenen Erzählschemas auffüllt (drei gängige Verfahren literarischer Bibelrezeption), weicht er an einer Stelle signifikant von der Vorlage ab. „Talita kum" (Mk 5,41), so werden im Neuen Testament die Worte wiedergegeben, mit denen Jesus das Mädchen auferweckt, übersetzt dort als „ich sage dir, steh auf". Möglich, dass Jesus diese Worte auch gebraucht hatte, bevor die von uns durch Enosch bezeugte Szene einsetzte, dann jedoch hat er ihr etwas zugeflüstert, das nur er – und dadurch wir – gehört haben. „Jedem mochte das entgangen sein – ihm nicht." (ebd,. 102) Enosch, der ja „hörte wie ein alter Fuchs" (ebd.), vernahm die Worte „vergib mir" (ebd.).

Rothmann erzählt diese Wundergeschichte der Bibel von außen kommend nach, aus skeptischer Perspektive, ohne ihr dadurch die Plausibilität zu rauben. Die in den Worten „vergib mir" angedeutete, weit über die Bibel hinausgreifende Frage, ob ein Leben nach einer solchen Auferweckung sinnvoll, lebenswert, menschlich sein könne, wird nicht beantwortet. Enosch bleibt ein ungläubiger Zweifler. Den Lesenden aber öffnet sich außerhalb der Figurenperspektive die Möglichkeit einer eigenen Deutung. Ein spezifisch erzählerischer Kniff taucht die Erzählung in den Bereich des Numinosen. Mögen aus der Perspektive des Enosch Zweifel und Skepsis vorherrschen; mag der Sinn einer Auferweckung vom Tod zurück ins Leben auch neu angefragt werden – der Ton und die Sinnlichkeit des Erzählens öffnet einen Raum, der über die reine Handlung hinausführt.

Im Titel „Von Mond zu Mond" wird ein das Geschehen begleitendes Symbol aufgerufen. Die Schilderung wird von Farben bestimmt, die den Hintergrund bilden und dadurch das vordergründige Geschehen deuten. Die Nacht, wird anfangs erzählt, war „sternklar und hell wie ein Tag, durch blaues Tuch betrachtet. Dabei war der Mond noch gar nicht aufgegangen." (ebd., 89) Später dann: „Der Mond ging auf, ein riesiges orangerotes Rund, das schnell über die Zypressen stieg." (ebd.) Wenig darauf: „Der Mond war jetzt gelb und blass, aber immer noch sehr groß" (ebd., 90). Als Enosch an der Quelle einen von Dämonen Geheilten trifft, wird beschrieben wie der „Glanz der Nacht ins Becken fiel" (ebd.). Die Hand des Fremden fuhr „langsam durch das Wasser", als „wollte sie etwas von dem Licht herausschöpfen" (ebd., 91). Und als der Fremde aufbricht, „betrachtete Enosch das Mondlicht auf dem Wasser, als hätte der dort es vergessen" (ebd., 92).

Die Beschreibungen des Mondes erschaffen so eine Atmosphäre, die sich der Greifbarkeit entzieht, öffnen einen Raum jenseits des Erzählten. Kaum zufällig wird auf genau die zuletzt genannte Szene angespielt, als sich Enoschs Blick mit dem des „Nazareners" ein einziges Mal trifft, als dieser ihn auffordert, der Erweckten zu essen zu geben. „In seinem Lächeln, so schien es, war etwas von dem Mondlicht der vergangenen Nacht" (ebd., 100). „Der Nazarener" und das Numinose des Mondlichts verschmelzen zu einem nicht aufgelösten Hinweis. Als Enosch am Ende der Erzählung in der nächsten Nacht wieder aufbricht, zurück zu seinen Herden, tönt wieder der Ruf eines Nachtvogels in „sehnsuchtsvollen, unsagbar zarten" (ebd., 103) Tönen, bald von einem anderen erwidert, und es „klang wie ein Ruf von Mond zu Mond" (ebd.).

Mit „Von Mond zu Mond" ist Rothmann ein literarisches Kabinettstück zeitgenössischer Jesusprosa gelungen, dem nur die Christusnovellen von Patrick Roth an die Seite gestellt werden können. Die Erzählung zeigt, dass die literarische Produktivität dieses Autors auch außerhalb der selbst erlebten Zeiten und Räume funktioniert. Er setzt dabei bibelkundige Lesende voraus, gegen deren vertraute Lesart er seine eigene Version setzt, die vorsichtig, kritisch, skeptisch das Wunder nicht dekonstruiert, sondern in den Schwebezustand von Sehnsucht und Möglichkeit versetzt. Religion – in diesem konkreten Fall der direkte Rückgriff auf die Bibel – ist dabei zugleich Erzählgegenstand, Erfahrungsbereich und Stilprinzip.

Das Numinose als Stilprinzip

„Am Ende ist man religiöser, als man ahnt"... Im Werk Rothmanns finden sich zahlreiche Spuren, die dem Ausspruch der Romanfigur Wolf eine weit größere Reichweite öffnen, als es die fiktional entworfene Einzelszene erahnen lässt. Dabei darf nicht übersehen werden: Den expliziten Antworten der Religion gegenüber bleibt Ralf Rothmann skeptisch. Platte Affirmation oder Unterordnung unter institutionelle Vorgaben sind nicht seine Sache, vielmehr setzt sich auch hier die von ihm fast durchgängig gewählte Spannung von Nähe und Distanz durch. „Als Christ bezeichnen" würde er sich durchaus, so Rothmann in einem Gespräch mit der Zeitschrift „Der Westen" vom 22. Mai 2012. Vor allem Jesus Christus sei „eine Figur, die mir umso näher geht, je älter ich werde" (ebd.). Dennoch: Festlegbar in Sachen Religion ist er nicht. Schließlich sind die aufgezeigten Motivstränge, Stoffgestaltungen, Stilmittel und Erzähldimensionen nur einige der viel umfassenderen Elemente des literarischen Werks Rothmanns. Zudem verbinden sich bei ihm im Kontext Religion die unterschiedlichen Traditionsstränge christlicher, buddhistischer und esoterischer Herkunft. Gerade diese Mischung macht jedoch den Reiz einer spezifisch theologisch-literarischen Lektüre seines Werks aus.

Ortheil, Hahn, Peters und Rothmann – mit diesen vier Namen sind die wichtigsten VertreterInnen der gegenwärtig schreibenden literarischen Erben Heinrich Bölls aus dem Gebiet Rhein/Ruhr genannt (auch wenn sie jetzt in Stuttgart, Hamburg oder Berlin leben), in deren Werken Religion, Konfession und Gottesglaube zum Thema wird. Eine vergleichbare Fokussierung findet sich freilich auch außerhalb dieser Region.

7. Arnold Stadler:
„leichter an Gott zu glauben als an gar nichts"

Er ist ein Generationskollege von Ortheil und Rothmann, auch er Katholik, doch noch nachhaltiger von dieser Tradition geprägt. Seine Lebenswelt und damit auch der von ihm erschriebene Kosmos aber sind ganz andere: Nicht die großstädtische Welt des rheinischen Köln, auch nicht die anonymen Stadtwüsten des Ruhrgebiets der 1960er Jahre, und noch einmal ganz anders als die dörflich-rheinische Welt eines Monheim. Dörflich ist auch seine Welt, aber die beschauliche Ländlichkeit Oberschwabens funktioniert nach anderen Gesetzen. Die gesellschaftlichen Veränderungen der zweiten Hälfte des 20. Jahrhunderts trafen erst mit Verzögerung ein. Hier hielten sich über Jahrhunderte gewachsene gesellschaftliche Milieus länger, zum Teil bis heute. Hier war Industrialisierung nie das beherrschende Thema, sondern eher die Rückständigkeit von Ökonomie und Sozialstruktur. Im katholischen Oberschwaben ticken die Uhren anders. Auch literarisch.

Arnold Stadler

„Schwackenreuter Passion"

Oberschwaben: Das ist seine Welt. Die Sehnsucht nach dieser Heimat und überhaupt einer Heimat in dieser Welt – in unaufheb-
barer Ambivalenz stehend mit der ständig brennenden Fernsucht
nach dem ganz Anderen – prägt sein Schreiben. Die beschriebene
dörfliche Heimat freilich, die Welt von „Schwackenreute", ist geprägt von Enge, Borniertheit, Verklemmung, Repression, Gehäs-
sigkeit und Verlogenheit. Das Schildern dieser Welt ist eher Qual
als Freude, weit eher therapeutische Befreiungsarbeit als har-
monisierende Verklärung. „Die kleine Schwackenreuter Passion
würde ich das Ganze nennen", schreibt er im Rückblick in bitterer
Selbstironie. „Warum lachte ich nicht?", fragt sich der nur schwach
literarisch verkleidete autobiographische Ich-Erzähler einmal.
Zwei Gründe: „Niemals hatte die Madonna gelacht, wo immer sie
erschien. Und Jesus selbst [...] hatte man nie lachen sehen." (*Stadler* 2009, 216) Nein, nicht viel zu lachen hat man in dieser Welt,
stattdessen ist von Selbstzweifel, Schuldgefühlen, Wertlosigkeit,
Depression und Gedanken an Selbsttötung die Rede. Ein trüber
Kosmos entfaltet sich literarisch, aus dem es letztlich – anders als
bei den anderen bislang genannten AutorInnen – auch kein Herauswachsen, keine Befreiung gibt.

Die Rede ist von dem Georg Büchner-Preisträger des Jahres
1999, von *Arnold Stadler*, der von sich berichtet, als Kind den Be-
rufswunsch „Papst werden" (ebd., 23) geäußert zu haben. Sein
erzählerisches Gesamtwerk wird zentral durch die fiktionale
Ausgestaltung eigener Erfahrungen bestimmt. 1954 im ländlich-
katholisch geprägten Meßkirch (Baden) geboren, studierte er zunächst Theologie in München und Rom mit dem Ziel Priester zu
werden. Warum? In Selbststilisierung verweist er darauf, dass die
kindliche Erfahrung des Todes dreier Lieblingstiere ein entscheidender Auslöser war: „dieser gehäufte Tod war wohl auch der
Grund für mein späteres Theologiestudium, das mich in die ewige
Stadt führte" (ebd., 38); „eigentlich war ich das ganze Leben schon
in die Theologie hineingetrieben worden" (ebd., 311).

Da er letztlich zum Priesteramt nicht zugelassen wurde – eigenen literarischen Schilderungen zufolge wegen fehldiagnosti-

zierter „Epilepsie" (ebd., 355) –, wandte er sich der Literatur zu. Gleichwohl hinterließen die Welt des im Alltag verwurzelten Katholizismus, die Erfahrungen im Priesterseminar und in Rom, aber auch die theologische Ausbildung tiefe bleibende Spuren, persönlich, wissenschaftlich, literarisch. Nicht nur, dass sich sein literarisches Werk immer wieder durch „das grotesk überzeichnete Spiel mit katholischem Inventar und Traditionsgut" (*Schmitt* 2013, 141) auszeichnet. Auf ganz anderer Ebene widmete er sich in seiner 1989 erschienen germanistischen Dissertation der literarischen Rezeption der biblischen Psalmen. Eine Auswahl dieser Psalmen veröffentlichte er im Jahr 2000 in eigener, viel gelobter Übersetzung – Anlass für die Verleihung des Literaturpreises der ökumenischen Stiftung „Bibel und Kultur" im Jahre 2003. Warum der Versuch einer Neuübersetzung? Nun, diese einzigartigen „Zeugnisse der Weltliteratur" seien viel zu oft „zu Tode übersetzt" worden in Versuchen der philologischen Präzision. Auf der Strecke bleibe dabei die Lebendigkeit, die Erfahrungstiefe, die lebensnahe Wucht der Originaltexte. Stadler: „Darin wollte ich diesen Texten möglichst treu sein, indem ich versucht habe, die Psalmen als Gedichte wiederzugeben." (*Stadler* 1999, 111f.)

Literarische Transformationen von Erinnerung

Roman reiht sich an Roman: „Ich war einmal" (1989), „Feuerland" (1992), „Mein Hund, meine Sau, mein Leben" (1994), „Der Tod und ich, wir zwei" (1996), dann „Ein hinreißender Schrotthändler" (1999), „Komm, gehen wir" (2007) und „Einmal auf der Welt. Und dann so" (2009) – eine gebündelte Neufassung seiner ersten drei Romane – bis hin zu seinen nachgelieferten „Geschichten aus dem Zweistromland" unter dem Titel „New York machen wir das nächste Mal" (2011), in denen bestens bekannte Motive noch einmal in kurzen Blitzlichtern erzählerisch beleuchtet werden. In ihnen wird immer wieder ein Leben beschrieben, in dem Religion einen selbstverständlichen Platz einnimmt. Sie fügen sich zusammen zu einem einzigen ‚Ich-Roman', wie Stadler selbst erklärt. Seine Romane seien „eine einzige Passionsgeschichte [...], so sehr, dass man die einzelnen Bücher gar nicht voneinander trennen kann" (*Stadler* 2000, 189). Sie sind dabei nicht als autobiographische Erinnerungen misszuverstehen, sondern als literarisch-kreative Fiktionen zu lesen, die – ähnlich wie in Ulla Hahns „Das verborgene Wort", Ortheils „Die Erfindung des Lebens", Peters' „Wir in Kahlenbeck" oder Rothmanns „Junges Licht" – autobiographische Erfahrungen aufnehmen und kreativ transformieren.

Hinweise auf katholische Kindheitsprägung, Umgang mit Kirche in all ihren Erscheinungsformen, eingestreute Reflexionen über die Gottesfrage – all diese Elemente gehören zur literarischen Welt Stadlers hinzu, ohne dass er dadurch zu einem religiösen, geschweige denn einem ‚katholischen Autor' würde. Wie bei so vielen anderen: Nein, er sei keineswegs „ein katholischer Schriftsteller" (*Stadler* 2012, 148), betont er in einem Vorwort zu einem neueren Buch. Religion ist bei ihm weniger ein Phänomen des Bekenntnisses als ein selbstverständliches Phänomen der beschriebenen Lebenswelt. Erinnerung ruft automatisch das „dazugehörige Herrgott-, Heimat- und Familienvokabular" (*Stadler* 1994, 63) mit auf, wie es in „Mein Hund, meine Sau, mein Leben" einmal heißt. Und wie zur Bestätigung liest man an anderer Stelle: „*Der Herrgott strafe mich!* war der Satz, mit dem Schwackenreuter Lügen eingeleitet zu werden pflegten" (ebd., 26)

Die literarische Leistung Stadlers beruht dabei vor allem auf der Vergegenwärtigung und Durchleuchtung der aus melancholischer Erinnerung archivierten Welt. Nicht etwa die „explizite Thematisierung Gottes" macht das Werk Stadlers deshalb aus religiöser Perspektive besonders interessant, sondern – so *Stefan Heil* – das Konstruktionsprinzip „Vergegenwärtigung durch klingende Symbolik". Gerade von diesem literarischen Prinzip aus sei Stadlers Epik besonders „geeignet, strukturelle Impulse auf dem Weg zu einer religio- und theopoetischen Rede von Gott zu liefern" (*Heil* 1999, 261). Stadler selbst, befragt, ob ihm „das Thema Gott auch ein wichtiges Anliegen sei", antwortete 1999: „Ich thematisiere ganz vorsichtig, aber es ist doch grundsätzlich. Es ist durchaus ungewöhnlich, dass ein Schriftsteller, der so schreibt, wie man 1999 schreibt, Verbindungen hat zur Kirche." Und er fährt fort: „Ich kenne keinen außer mir. Leider." (*Stadler* 2000, 182).

Dass Arnold Stadler sowohl einige grundlegende religiöse Prägungen und Erfahrungen als auch deren literarische Verarbeitung mit anderen SchriftstellerInnen unserer Zeit teilt, entgeht ihm. Dabei gibt es zahlreiche Verbindungslinien. So etwa beschreibt Stadler in Gestalt des Protagonisten des Romans „Sehnsucht" (2002) den Priester, dessen Foto an der Wand in seinem Arbeitszimmer hängt, ein Photo „von diesem Menschen in einem merkwürdigen Gewand, dem Talar eines römisch-katholischen Priesters vor dem Vatikanischen Konzil". Gefragt, wer denn das sei, geht ihm durch den Sinn, dies sei „das Foto des Menschen, über den ich zur Sprache kam" (*Stadler* 2002, 104f.). *Ulla Hahn* schildert in „Das verborgene Wort" genau dieses zur-Sprache-Kommen im Raum der Kirche. Ein anderes Motiv findet sich bei Roland, dem Protagonisten aus Stadlers Roman „Komm, gehen wir" aus dem Jahre 2007. Über ihn – einen in erotischen Verstrickungen gefangenen jungen Erwachsenen – finden sich die Bemerkungen: „Das Katholische war ihm nun wieder sehr lieb." (*Stadler* 2007, 201) Und später: „Seltsam", nun sei er „bereits zum zweiten Mal wieder irgendwie katholisch geworden" (ebd., 377). Diese Wiederannäherung an das Katholische hat *Hanns-Josef Ortheil* in ganz anderem Kontext aber genauso wie Stadler mit Humor und Ironie beschrieben.

Gott – ein nicht gesellschaftsfähiges Wort

Nur indirekt also nähert sich Stadler über die Milieuschilderungen der Gottesfrage. Deshalb ist hier die Nachzeichnung und perspektivische Deutung der einzelnen Erzählwerke nicht sinnvoll. Stattdessen seien verschiedene Splitter seiner literarischen Gottesrede genannt. Im dörflichen Milieu „Schwackenreutes" waren nicht nur die alltäglichen Formen eines vorkonziliar geprägten Lebens selbstverständlich – Gottesdienstbesuche, Marienverehrung, Prozessionen, die Präsenz von Heiligen wie „Sebastian [...] jenem Heiligen der Passivität" (*Stadler* 2011, 20), biblische Geschichten wie die von „Gott im Krieg" (*Stadler* 2009, 224), Gebete („dann meine Gebete"-, ebd., 35), Beichte („ich beichtete" – ebd., 30), sondern in einer zumindest in der Kindheit unhinterfragten

Selbstverständlichkeit eben auch der darin mitvermittelte Gottesglaube: „es war leichter, an Gott zu glauben, als an gar nichts" (ebd., 145). Der Tod der drei geliebten Tiere freilich führte schon in der Kindheit zu einer radikalen Infragestellung und Abbruchserfahrung: Durch ihren Tod „habe ich den Glauben verloren", allerdings war dies ja „nur ein Kinderglaube" (ebd., 353). Seitdem ringt Stadler – abgelesen aus seinen literarischen Werken – mit der Möglichkeit eines nicht-kindlichen, für ihn als Erwachsenen tragfähigen Gottesglaubens.

Ein immer wieder auftauchender Topos im Erzählwerk Stadlers ist der Protest gegen die gesellschaftliche Tabuisierung von Religion, speziell: der Rede von Gott. „Gott scheint, schien sozusagen vom Tisch wie das Tischgebet selbst. In die Tabuzone abgerutscht, peinlich in Gesellschaft wie der Tod oder die Frage nach dem Bankkonto oder der gewählten Partei" (*Stadler* 2002, 29), heißt es in einem Essay. Stadler, der sich einmal als „fromm und ungläubig" (*Stadler* 2000, 12) bezeichnet hat, kann an anderer Stelle den Protagonisten eines Romans davon reden lassen, dass er schon immer „eine Verbindung zum Meer gesucht" habe, „von dem ich wusste wie von Gott, den ich eines Tages oder Nachts sehen werde" (*Stadler* 2002, 321). In „Mein Hund, meine Sau, mein Leben" schildert der Erzähler die quälenden Phantasien, mit denen sich ein Priesterzögling die Strafen des göttlichen Gerichts ausmalt. Angesichts dieser sadistischen Phantasmagorien erfolgt eine der seltenen direkten Nennungen „Gottes": „Hatte sich das Gott ausgedacht? Hatte sich das wirklich ein Gott ausgedacht?" (*Stadler* 1994, 90)

In „Ein hinreißender Schrotthändler" (1999) zieht sich ein Motivstrang quer durch die Handlung. Stadler schildert in der für ihn typisch-ironischen Erzählweise, wie peinlich die gesellschaftliche Erwähnung des Wortes „Gott" sein kann. „Tabus gibt es keine mehr, außer Gott" (*Stadler* 2002), so überschreibt Stadler seinen Beitrag zu einer Ausgabe der Fachzeitschrift „Literaturen", die dem Thema Religion und Gegenwartsliteratur gewidmet ist. „Gott ist ein neues Tabu, wohl das letzte Tabu unserer Zeit" (in *Reinacher* 2009, 182), sagt Stadler 1999 in einem Interview im „SPIEGEL". Hier im Roman spricht der namenlose Protagonist und Ich-Erzäh-

ler, ein an Dystonie leidender frühpensionierter Geschichtsleh-
rer, mit Gabi, seiner Frau. Diese fürchtet, durch die von anderen
mitgehörten, zwischen ihnen beiden üblichen Gesprächsthemen
öffentlich bloßgestellt zu werden. Schon die Erinnerung an einen
„Kirchenchorausflug" war peinlich, „schon schlimm genug", aber

> zum Glück habe ich nicht begonnen, von Gott selbst zu sprechen. Da
> wäre sie mir davongelaufen. Sie zitterte schon, dass ich, nur einen auf
> immer verwehrten Katzensprung von ihm entfernt, nun auch noch mit
> Gott kommen, (mit Gott anfangen würde), was ich ganz und gar nicht
> gemacht hätte, weil ich dies für unmöglich hielt. Aber Gabi hielt es für
> möglich, dass ich sie nun auch noch mit Gott quälen wollte. Aus Angst
> vor den Menschen, die dies alles hören konnten, beschwor sie mich,
> nun nicht auch noch mit Gott daherzukommen. [...] Von Ficken hätte ich
> sprechen können, das war nun möglich, ein gesellschaftsfähig geworde-
> nes Wort, aber nicht von Gott. (*Stadler* 1999, 36)

Gott, ein nicht mehr gesellschaftsfähiges Wort? Der Erzähler, nur
einen für immer verwehrten Katzensprung von diesem Gott entfernt? Als sein Leiden nicht besser wird, schickt Gabi ihren Ehemann zu einem atheistischen Psychiater mit dem sprechenden
Namen Nillius. Wird er ihm helfen können?

> Was ist aber, wenn es nun doch Gott gibt, der mich für mein Leben be-
> straft? fragte ich den gottlosen Psychiater. – Ich weiß, Nillius wollte mir
> Gott ausreden, ja, er setzte für die Analyse voraus, dass es ihn nicht gab.
> ,Gott' war seine schärfste Konkurrenz. ,Gott lassen wir aus dem Spiel!'
> meinte er von hinten. (ebd., 95)

Gott „aus dem Spiel lassen" – genau das können und wollen Protagonist wie Schriftsteller nicht. Am Ende des Romans findet sich
die Reflexion: „Ich sehnte mich nach einem Menschen, mit dem
ich über alles hätte reden können, selbst über Gott, ohne ausge-
lacht zu werden. Ihn, der mir ,näher als meine Halsschlagader'
war, suchte ich auch noch." (ebd., 224)

Sehnsucht nach Gott

Ein Teil des literarischen Schaffens Arnold Stadlers besteht darin,
gegen diese kulturelle Tabuisierung Gottes anzuschreiben. Das
wird noch einmal deutlich in seinem 2008 erschienenen Roman
„Salvatore", konzipiert als Annäherung an das Matthäus-Evan-

gelium, ausgelöst durch die Kinofassung von *Pier Paolo Pasolinis* großartigem Jesusfilm „Il Vangelio secondo Matteo". Außergewöhnlich: Ein Buch (das Evangelium) wurde Film und wird nun wieder neu und anders zum Buch! Der von der Literaturkritik sehr unterschiedlich aufgenommene, tatsächlich insgesamt ästhetisch kaum überzeugende Roman besteht aus drei völlig eigenständigen, nur lose miteinander verbundenen Teilen. Die ersten Kapitel erzählen von Salvatore, einem grüblerischen, gescheiterten, von väterlicher Seite italienisch-stämmigen Theologen, der über sein eigenes Leben und das seiner Familie nachdenkt: „Salvatore war ein Theologe, der an der Theologie und den Theologen, und ein Mensch, der an den Menschen gescheitert war." (*Stadler* 2008, 11)

Als Salvatore ziellos umherstreifend an einem Himmelfahrtstag ein Plakat entdeckt, auf dem die Ausstrahlung von Pier Paolo Pasolinis „Il Vangelo secondo Matteo" angekündigt wird, entscheidet er sich spontan zu einem Kinobesuch. Der Film hat für ihn eine große Bedeutung, nicht nur, weil er seit seiner Erstausstrahlung bei ihm, Salvatore, tiefsten Eindruck hinterlassen hat. Nein, ausschließlich mit Laiendarstellern besetzt, wurde er in unmittelbarer Nähe von jenem kalabrischen Dorf gedreht, aus dem seine väterliche Familie stammt und wo sie zum Teil immer noch lebt. „Im Film hatte seine halbe Verwandtschaft mitgespielt." (ebd., 69) So erfahren wir, welchen Lebensweg einige der Darsteller genommen haben und wie das Mitspielen in diesem Film ihr Leben verändert hat – oder auch nicht.

Dabei wird deutlich, dass auch der gescheiterte Theologe Salvatore – trotz starker literarischer Eigenständigkeit – ein Sprachrohr seines Verfassers ist. Gott? „Gott war ihm mit der Zeit irgendwie abhandengekommen" (ebd., 29). Getrieben von der Sehnsucht „nach einem Menschen, der ‚du' sagte zu ihm. Ihn meinte" (ebd., 55), überträgt er diese Sehnsucht auf Gott, den er selbst wiederum nicht ‚du' nennen kann. Wie denn auch? „Salvatore war Gott bisher nicht begegnet und konnte nicht du sagen zu jemandem, den er überhaupt nicht kannte, wenn er sich auch nach ihm sehnte wie nach niemandem sonst" (ebd. 55f.) Wenn Gott sich aber schon nicht zeigte, dann blieb ihm wenigstens eine letzte, bislang freilich ebenfalls enttäuschte Hoffnung: „Wie er sich wenigstens nach einem Menschen sehnte, der mit Gott per du war! An Gott selbst mochte er gar nicht denken. Es hätte ihm genügt, nur einen Menschen zu haben, der, ohne verrückt zu sein, an etwas glaubte, was gar nicht zu sehen war, ja vielleicht sogar mit ihm sprach." (ebd., 57) Nicht einmal ein solcher Mensch, der für etwas steht und bürgt, das für ihn selbst nie erreichbar wäre oder sein müsste, ist sichtbar.

Ein letzter religiös-literarischer Grundzug im Werk Arnold Stadlers: Bei aller Besessenheit vom Wort Gott, bei aller Sehnsucht nach einem Gott, der ihn wahrnehmen und annehmen würde, bei allem „Verlangen nach dem ganz Anderen, als wäre dies der neue Name für Gott" (ebd., 43) – die Theologie als Wissenschaft ist ihm dabei keine Hilfe. Im Gegenteil. Stadlers Werk wird von einem theologieskeptischen Zug geprägt, der sich primär gegen die „Anmaßungen der sogenannten historisch-kritischen" (ebd., 158) Exegese richtet, sich wohl auf eigene Erfahrungen im Studium stützt und sich jegliche Auseinandersetzung mit zeitgenössischer Theologie erspart. So etwa heißt es über Salvatore: Er „hatte Ende des zwanzigsten Jahrhunderts Theologie studiert. Was unweigerlich zum Ende des Glaubens geführt hatte." (ebd., 22) Nein, sie kommen nicht gut weg, die Theologen, wie erneut Salvatore – in literarischer Figurenrede, und trotzdem auch im Sinne des Autors – reflektiert: „Er wusste, dass unter Theologen praktisch nichts peinlicher war als Gott, zu dem ihnen so viele Bücher eingefallen waren, der ihr Objekt und Lieblingsspielzeug und ihre diesseitige Lebensversicherung war, der Fetttrog, aus dem sie wunderbar lebten" (ebd., 56).

In „Salvatore" findet sich eine wüste – und in ihrer Undifferenziertheit äußerst platte – Theologenschelte, die letztlich vor allem die Sehnsucht nach einer ungebrochen-kindlich-naiven Einheit von Wort und Sinn heraufbeschwört. Jan-Heiner Tück kritisiert diese Tendenz „einer infantilen Regression das Wort [zu] reden und die heile Welt der Kindheit literarisch [zu] verklären" (*Tück* 2012, 314). Im Blick auf die Aufnahme philologischer Forschungen in die Theologie schreibt Stadler: „Das Goldene Zeitalter der historisch-kritischen Exegese und Theologie, eigentlich ein gigantisches Schrottgewerbe, begann. Ich möchte es so sagen: Sie haben das Tor zu einem Keller voller Leichen geöffnet." (*Stadler* 2008, 159) Für ihn – so in einem programmatischen Aufsatz aus dem Jahr 2012 – sollte die Aufgabe einer zeitgenössischen Theologie auf keinen Fall darin bestehen, „all diese schönen Sätze wegerklären" (in *Felder* 2012, 234) zu wollen. Vielmehr sollte es ihr darum gehen, einen naiven und wundergläubigen Glauben gerade erst zu ermöglichen – wenn auch unter Abschaltung sämtlicher rationaler Überprüfungsprozesse.

Harsche Worte, in welchen sich der Schmerz über die Zerstörung einer geistigen Heimat, der Verlust einer tiefen Einheitserfahrung spiegelt. Denn das gab es durchaus für ihn, die Erfahrung, dass „Glaube, Sprache, Wahrheit und Schönheit in einer Engführung derart" zusammenfielen, „dass sie fast eins waren" (*Stadler* 2011, 266), so Stadler in einem Essay über das Jesusbuch von Papst Benedikt XVI. Das gab es durchaus für ihn, ein Buch, „das die Fragen, die das Leben aufwirft, eigentlich schon beantwortet hatte, nämlich die Heilige Schrift" (in *Reinacher* 2009, 191), so Stadler in einem Gespräch aus dem Jahr 2004. Der philologische, textkritische Zugang aber hatte eine solche Lesart zerstört: Er „war verwirrt" (ebd.). Aus dieser Verwirrung freilich wächst die Produktivität des eigenen Schreibens. 2012, in einem Beitrag zum 85. Geburtstag seines Förderers Martin Walsers, finden sich versöhnlichere Töne. Immerhin: „Ich verdanke als Schriftsteller der Theologie unendlich viel" (in: *Felder* 2012, 229). Unabhängig von den persönlichen Enttäuschungen hebt er hier die literarische Produktivitätskraft der Theologie hervor. Er verdanke ihr „manch erheiternde Einzelheit in meinen Büchern, die Romane sind. Vor allem aber die Art und Weise, wie ich mit ihnen umzugehen habe, den Menschen. [...] Fast möchte ich sagen, ich habe mich ihrer erbarmt." (ebd.)

Stadlers Werke kreisen um unmöglich gewordene Heimat, spiralförmig wiederkehrende Erinnerung, Suche nach (sexueller) Identität, Sehnsucht als nie einlösbare „Hoffnung minus Erfahrung" (*Stadler* 2002, 322) und Tod als Grundbestimmung des Menschen. Bezogen sind sie auf den stets präsenten Fluchtpunkt Gott, getrieben von dem tiefen Wunsch, dass es den nur als abwesend Erfahrenen doch geben könnte. Roland, als Anagramm von „Arnold" erkennbar gezeichnet als das *alter ego* Stadlers in „Komm, gehen wir", lässt diese Ausrichtung noch einmal deutlich werden. Der ganze Roman, eine Erinnerung an eine tragische amouröse Dreiecksgeschichte im Sommer des kurzen Pontifikats von Johannes Paul I. im Jahr 1978, ist „tief von ‚Katholizität' durchdrungen, von Gewissensbissen und Sündenbewusstsein, von der tätigen Sünde und der Reue, von Verdammnisangst und Erlösungshoffnung, auch vom lebensprägenden Mitvollzug katholischer Riten, bis tief hinein in die Sprachmelodie" (*Frühwald* 2008, 290). Am Ende dieses derart katholisch geprägten Romans kehrt Roland allein, desillusioniert und doch seltsam erleichtert in seine Heimatstadt zurück.

> Er verstand sich immer mehr als der reinste Zufall, so sehr, dass er gar kein Zufall mehr sein konnte. Die Möglichkeit, dass es Gott oder das Schicksal war, blieb ihm schließlich als einzige Möglichkeit oder Erklärung übrig. [...] Als er auf die Panzerglastür zuging, packte ihn mit einem Male ein Gefühl der Dankbarkeit. Er dankte für den schönen Flug, für die Reise [...] dankte für alles und sagte *ja*. Und weil er nicht wusste, wem er sonst für alles hätte danken sollen, war es Gott selbst, dem er für alles dankte. (*Stadler* 2007, 381)

„Gott selbst, dem er für alles dankte"... In Leben und Schreiben Arnold Stadlers spielen Konfession und das Ringen um die Möglichkeit des Gottesglaubens eine zentrale Rolle. „Sehnsucht nach dem Glauben von einst" (*Stadler* 2008, 65) hat Salvatore, nach dem von der Theologie und harten Lebenserfahrungen noch unzerstörten Gottesglauben, ohne doch an die Möglichkeit einer Rückkehr in diese Vertrautheit und Sicherheit zu glauben. „Es wäre schön, wenn es diesen Gott Abrahams gäbe" (in *Reinacher* 2009, 182), räumt Stadler in einem Interview mit dem SPIEGEL aus dem Jahre 1999 ein. Und sein Schreiben? Er vergleicht es mit einer „Theologie des Erbarmens, die mit dem Menschen nicht abrechnet, ihn nicht zur Strecke bringen will, sondern ihn sein lässt" (in *Felder* 2012, 232). Wie kein anderer verbindet der studierte Theologe und promovierte Germanist die Sphären von Religion und Literatur(-wissenschaft). Diese Verbindung ist auch im öffentlichen Kulturbetrieb mehrfach hervorgehoben worden. Im Jahr 2006 etwa wurde Arnold Stadler – von Thomas Hürlimann als „Vatikanologe, Psalmensänger, Büchnerpreisträger" (*Hürlimann* 2008, 61) charakterisiert – mit einem Ehrendoktorat des Seminars für Katholische Theologie an der Freien Universität Berlin ausgezeichnet.

8. THOMAS HÜRLIMANN:
„Phantomschmerz der amputierten Antennen"

Der soeben zitierte Autor *Thomas Hürlimann* (*1950) lenkt den Blick auf eine bislang noch nicht genannte katholisch geprägte Region, auf die katholischen Kantone der Schweiz. Hürlimann, einer der zentralen, auch international vielbeachteten deutschsprachigen Gegenwartsschriftsteller (vgl. *Schwab* 2010), wurde zunächst vor allem als Dramatiker bekannt. Nach einem abgebrochenen Philologiestudium in Zürich und Berlin war er mehrere Jahre in unterschiedlichsten Funktionen an einigen großen deutschsprachigen Theaterbühnen (Berlin, Stuttgart, Zürich) beschäftigt. Seine Bearbeitungen von Calderóns „Welttheater" zum 2000 und 2007 unter großen öffentlichen Diskussionen aufgeführten „Einsiedler Welttheater" gehörten zu den theatralen Höhepunkten der letzten Zeit.

Seit einigen Jahren lebt Hürlimann als freier Schriftsteller in Berlin. Einem breiten Publikum ist der vielfach preisgekrönte Autor vor allem als Erzähler bekannt. In seinen Geschichten, Novellen und Romanen verarbeitet auch er vor allem die eigene Biographie als fiktional ausgestaltetes Zeugnis von Zeitgeschehen. Tatsächlich verbinden sich in seiner Lebensgeschichte Linien, die über das individuelle Einzelschicksal hinaus verweisen. Thomas Hürlimann ist der Sohn des katholischen ehemaligen Schweizer Staatspräsidenten Hans Hürlimann und seiner Frau, der aus einer Textilfabrikantenfamilie mit jüdischen Vorfahren stammenden Marie-Theres Duft. Deren Geburtsname Bersinger entsprang wohl einer Zusammenziehung der jüdischen Namen Beer und Singer. Über „die Großmutter mütterlicherseits" (in *Schwab* 2010, 30) bestehe diese Verbindung zum Judentum, gibt Hürlimann an. 2001, kurz vor dem Tod der Mutter, begab er sich auf eine Reise nach Galizien, eine letztlich wenige ergiebige Spurensuche nach

Haftpunkten der jüdischen Familiengeschichte, die im Essay „Spurensuche in Galizien" festgehalten wurde.

In der Familie hat diese Tradition lange Zeit eher ein Randdasein geführt. Im Gegenteil, man betonte das Katholische. Ein Onkel, Johannes Duft, wurde katholischer Priester und arbeitete als Bibliothekar in der weltberühmten Stiftsbibliothek in St. Gallen. Wie zuvor schon der Vater war Thomas selbst Schüler des katholischen Internats der Stiftsschule in Einsiedeln. Das alles entscheidende Ereignis in der jüngeren Familiengeschichte der Hürlimanns aber war ein Prozess, der die ganze Familie verändern würde: Sein jüngerer Bruder Matthias starb zwanzigjährig an Krebs, eine Erfahrung, die den tiefsten Riss in Thomas Hürlimanns Leben hinterließ und immer wieder auch literarisch verarbeitet wird. „Das Sterben meines Bruders hat mich zum Schriftsteller gemacht" (in ebd., 39), gibt Hürlimann später an.

All diese Prägungen, Erlebnisse, Rahmendaten des eigenen Lebens werden in Hürlimanns Prosa in fiktionalen Entfaltungen präsentiert. Sie liest sich mit ihren wiederkehrenden Figuren, Orten und Themen wie eine „autobiographisch grundierte Schweizer Familiengenealogie" (*Braun* 2008, 17), die sich nicht – wie zum Teil kritisch angemahnt – an biographisch-historischer Stimmigkeit messen lassen muss, sondern an ästhetischer Stringenz. In seinen Romanen geht es immer wieder um Tod und Sterben, um Schuld und Verantwortung, um Sehnsucht nach Veränderung und Verwandlung. Fragen nach Religion, Theologie und Konfession nehmen dabei einen zentralen Stellenwert ein. Folgen wir den wesentlichen Stationen chronologisch nach dem Erscheinungsjahr der Publikation.

Vom Ordenszögling zum Atheisten

Die erste Erzählsammlung „Die Tessinerin" (1981) wurde vor allem durch die Titelgeschichte bekannt, in der Hürlimann das qualvolle Sterben seines Bruders literarisch verarbeitet. Einfühlsam, genau und beklemmend beschreibt er das Sterben einer Lehrersfrau in einem innerschweizerischen Gebirgsdorf: „Wer in einem Sterbehaus an einem Sterbebett jemals gesessen hat, weiß, dass unsere Uhrzeit ihre selbstverständliche Gültigkeit verlieren kann." (*Hürlimann* 1981, 110) Religiöse Deutungen und Reflexionen werden hier nur sehr sparsam gesetzt.

Sie treten eher hervor in der gleichfalls in den Erzählband aufgenommenen kurzen Geschichte „Das Innere des Himmels", in der Hürlimann seine Ankunft als knapp 13-jähriger im katholischen Stift Einsiedeln schildert. Tief beeindruckt schreitet er die Schritte hinauf zur Klosterkirche „hinein in eine hohe, stille Dämmerung", deren Zielpunkt die berühmte ‚Schwarze Madonna' ist. Er spürt: „Die Zeit hebt sich auf und auch der Raum" (ebd., 70). Für den Bub steht fest: „Dieser Raum gleicht dem Innern des Himmels." (ebd., 71) Die Geschichte, die den kommenden Drill und die harte Disziplin in der Klosterschule bereits erahnen lässt, aber deren Vor- und Weitererzählung hier noch der Fortsetzung harrt, schließt mit der Einsicht: „Ich war jetzt drin drin drin, die Klingel verhallte, das Portal fiel ins Schloss." (ebd., 72)

Eine Fortsetzung der autobiographisch inspirierten, religiös relevanten Dimensionen im Werk Hürlimanns findet sich in essayistischer Form in der 1997 erschienenen Sammlung „Das Holztheater". Die Erzählung „Der Club der Atheisten, eine Erinnerung" gibt Einblicke in die Jugendzeit auf der Einsiedelner Klosterschule. Dort gründeten die fünfzehnjährigen Zöglinge aus Protest gegen die repressiven formalen wie inhaltlichen Zwänge „einen Atheistenclub" (*Hürlimann* 1997, 14). Als Aufnahmeprüfung kletterte er mitten während des sonntäglichen Hochamtes in den Dachstuhl der Klosterkirche und ließ aus der Kuppel ein Papierflugzeug mit der von Nietzsche entlehnten Aufschrift: „Die Religion sei der ‚Wille zum Winterschlaf'" (ebd., 15) in das Kirchenschiff heruntersegeln. Damit wird der Abschied vom Kinderglauben genauso manifest wie der Protest gegen jene ‚Gottesvergiftung', die diese Art von Zwangserziehung für viele Kinder und Jugendliche in dieser Zeit bedeutete. Vorbei: „Mit fünfzehn verlor ich den Glauben" (in: *Schwab* 2010, 22f.), bestätigt Hürlimann in einem Interview.

Zwei Jahre später, mit 17 und damit im Jahre 1968, habe man sich nicht mehr mit derartig harmloser, weil nur symbolischer Rebellion begnügt, sondern das Rektorat besetzt und die verhassten Kutten verbrannt. Sicherlich, das war befreiend, bewegend – die Erfahrungen dieser Revolution und Abkehr „gehört zu den schönsten meines Lebens" (*Hürlimann* 1981, 15) – doch aus zeitlicher Distanz folgen erstaunliche Schlussworte. Er wolle nicht verschweigen, „dass mich hie und da ein sonderbares Heimweh überfällt"; „immer öfter fehlt mir der Überbau, die schwindelerregende Kuppel, zu der ich, mal dankbar, mal wütend, aufblicken kann." (ebd., 15f.)

Die Erfahrung dieses Verlusts wird an mehreren Stellen konkretisiert. Rückblick: „Als Buben waren wir Ministranten und fromm. Alles hatte seine Ordnung, und die war von Gott, nicht von den Menschen gemacht." (ebd., 64) Zentraler Teil dieser Ordnung war das Verständnis der eucharistischen Wandlung. Und genau dieses ‚Geheimnis des Glaubens' sorgte letztlich für den Riss: „Eines Tages, ich war etwa 15 Jahre alt und Schüler der Stiftsschule Einsiedeln, verlor ich das Geheimnis." (ebd., 64) Unwiderruflich gelte für ihn: Die „Zeit des Wünschens" sei „vorbei, der Glaube an das Wunder, die Hoffnung auf die *Verwandlung* kam uns abhanden, radikal" (ebd., 74f.). Diese Verwandlung, zentraler Inbegriff religiöser Gläubigkeit, habe Platz gemacht dem Glauben an Veränderung – in sich wichtig, in Literatur, im Theater, in der Politik umsetzbar, aber eben nicht gleichwertig: „Veränderungen können wir befördern und beobachten, Verwandlungen nicht." (ebd., 77) Einerseits sei er „froh", dass er „den Dogmen und Normen einer streng katholischen Welt entkommen" sei, andererseits empfinde er „aber eine gewisse Leere" (ebd., 60). Zunächst sei er davon überzeugt gewesen, „nun würden meine metaphysischen Antennen ins Leere zappeln", dann aber habe er mehr und mehr einen „Phantomschmerz der amputierten Antennen" (*Hürlimann* 2008, 82) verspürt. Was für ein Bild!

Aufbruch der Theodizee-Frage

Erzählerisch, fiktiv-literarisch finden solche Gedanken und Reflexionen ihre Fortsetzung in Hürlimanns erstem Roman, „Der große Kater" von 1998. Er rückt den wenige Jahre zuvor verstorbenen Vater in literarischer Verkleidung ins Zentrum. Die Hand-

Thomas Hürlimann

lung führt in das Jahr 1979: Der schweizerische Bundespräsident
(stets „Der Kater" genannt, sein „Vulgo", sein „Studentenname"
– *Hürlimann* 2006, 200) empfängt das spanische Königspaar zu
einem Staatsbesuch. Während der jüngste Sohn im Sterben liegt,
versucht der Präsident das offizielle Programm durchzustehen.
Sein langjähriger Rivale Dr. Pfiff, nun Chef der Sicherheitspolizei,
hat die Idee, einen werbewirksamen, von der Presse und den Medien dokumentierten Besuch der Damen des Staatsempfangs am
Sterbebett des Sohnes mit aufzunehmen. Kater durchschaut den
Plan als Versuch, ihn aus dem Amt zu drängen. Er weist die Idee
zurück, fürchtet er doch die mögliche Reaktion seiner Frau Marie, sie könnte ihn als „eine Art Abraham" ansehen, der bereit sei,
„den eigenen Sohn zu opfern – auf dem Altar der Öffentlichkeit"
(*Hürlimann* 1998, 48). Kaum zufällig: Die letztlich nicht vollzogene Opferung Isaaks (vgl. Gen 22) wird dem gesamten Roman als
Motto vorangestellt und immer wieder leitmotivisch in die Handlung integriert. Der schweizerische Bundespräsident wird so als
eine Art „Transfiguration der Abraham-Figur" (*Braun* 2006, 464)
stilisiert. Die Welt „des Katers" zerbricht, er opfert letztlich nicht
den Sohn, sondern seine politische Karriere. Er, der unermüdliche
Macher und Schaffer, selbst früherer Zögling der Eliteschule des
Einsiedelner Internats, beugt sich dem Gebot der Sterblichkeit.
   Die Theodizeefrage zerstört in ihrer existentiellen Dringlichkeit und Ausweglosigkeit den harmonischen Schein von leidlos
planbarem, allein dem eigenen Gestaltungsschaffen unterworfe-
nem Leben. Kater selbst weist darauf hin, dass er seit seiner Jugend in der Klosterschule „einen klassischen Stein des Anstoßes"
herumwälze:

Unde malum. Woher kommt das Böse. Theologisch formuliert: Gott hat
alles geschaffen, das Universum, unsere Welt und die Menschen. Ja, alles schuf dieser Gott [...] Aber kann denn Gott, der Allgütige, auch sein
eigenes Gegenteil erzeugen? Oder klafft da ein Widerspruch, ein ent-
setzlicher Irrtum in der göttlichen Logik? Mein Sohn ist krank, auf den
Tod ist er krank, und wer lässt ihn leiden, wer lässt ihn krepieren – ein
allgütiger Gott? (ebd., 43)

Zwar sei er „ein gläubiger Mensch", also gehe er davon aus, diese Welt sei „von Gott geschaffen, vom *summum bonum*", aber das

bedeute eben unerklärlicher Weise leider nicht „das Böse sei inexistent" (ebd., 46). Kater wird so als ein Mann vorgestellt, der in seiner traditionellen Gläubigkeit ganz und gar von der Theodizeefrage durchdrungen ist, ohne sich ihr letztlich jedoch wirklich zu stellen.

Seine Frau Marie wird ihn dazu zwingen. Angesichts des geplanten Damenprogramms, das ihr zumutet, ihren sterbenskranken Sohn werbewirksam politisch zu verzwecken, verweigert sie die bis dahin vorbildlich übernommene Rolle als alles mittragende Präsidentengattin: Beim Galadiner zu Ehren der spanischen Monarchen greift sie ihren Mann an. Sie selbst stellt nun vor aller Öffentlichkeit die Theodizeefrage: Die Welt ihres Mannes, so ergreift sie das Wort, „ist von Gott geschaffen, und das heißt natürlich, dass alles, was geschieht, aus Motiven geschieht, die an sich gut sind" (ebd., 125). Der bei dem Festbankett anwesende päpstliche Nuntius Monsignore Tomaselli – eine etwas zu stark klischeehaft gezeichnete Nebenfigur – erläutert theologisch versiert was es bedeute, in analoger Sprache von der Güte Gottes zu reden, doch damit gibt sich Marie nicht zufrieden. „Und dieser Gott", bohrt sie weiter, „ist wirklich und wahrhaftig ein guter Gott? [...] Und lässt es zu, dass unschuldige Kinder qualvoll sterben?" (ebd., 128) Konsequent und energisch verweigert sie die Zustimmung zu diesem Gedanken: „Wenn der Schöpfer wirklich und wahrhaftig allgütig ist, müsste doch [...] ein Hauch seiner Güte zu fühlen sein, seiner Güte [...], nicht seiner Grausamkeit" (ebd., 129).

Erneut kontert der Nuntius rhetorisch geschult: Marie sei wohl „wie viele der irrigen Ansicht, Gott sei durch die Vorsehung in unsere Taten involviert". Tatsächlich wisse und sehe dieser alles, auch das Übel und die Not der Welt, ja doch, aber „daraus abzuleiten, er habe es ausgeheckt, direkt bewirkt oder gar verschuldet, scheint mir eine unzulässige Interpretation eines alten, schönen Wortes zu sein." (ebd., 130) Marie ist empört über diese glatt-versierte, alle Anfragen zum Verstummen bringende theologische Dialektik und geht zum endgültigen persönlichen Angriff über: Wie gut sei ein „Politiker, der mit seinen Handlungen und Entscheidungen die eigene Familie zerstört" (ebd., 131), fragt sie und eröffnet dem ahnungslosen und schockierten spanischen Königspaar, dass in der am Folgetag zu besuchenden Klinik der eigene Sohn im Sterben liegt. Ein Eklat! Kater spürt, dass seine politische Karriere, seine Ehe, sein Glauben an ihr Ende angelangt sind. Die mühsam aufrechterhaltene Weltsicht bricht in sich zusammen. Im Sterben des Sohnes, in der Vorstellung des personifizierten Todes wird ihm Gott endgültig als „der Große Niemand" (ebd., 16, 28, 124, 167) bewusst, mit dem er schon seit seiner Jugend gerungen hat.

Kein Atheismus, kein Agnostizimus: „Ich bin und bleibe ein frommer, demütiger Mensch" (ebd., 184), so der Kater. Sein Umgang mit Gott trägt individuelle Züge: Früher habe er „Gott im Guten vermutet" oder „ihn immer wieder in die Zukunft verlegt" (ebd. 184). Nun sei ihm klar, dass beides auf einem Irrtum beruhe. Er erkennt: „Im Sterben meines Sohnes offenbart mir Gott seine Abwesenheit", um hinzuzufügen: „durch seine Abwesenheit teilt er mir mit, dass es ihn gibt" (ebd., 185). Und die Welt, das Leben? Sein zuvor bei aller Theodizee-Empfindlichkeit optimistischer Blick auf die Welt kehrt sich ins Gegenteil: Seine Frau habe „vollkommen recht", die „Welt ist mitnichten im Guten verwurzelt" (ebd. 183). „Wenn wir aber Augen haben [...] sehen wir Leiden, überall Leiden. Nicht das Gute, das Böse ist wirkungsmächtig". Er fährt fort: „Was uns jetzt, an diesem strahlenden Morgen, wie das Paradies erscheint, ist in Wahrheit eine Stätte des Übels, des Sterbens, des Verwesens." (ebd.) Und: „Was ist der Mensch? Ein König, ein Käfer, ein Nichts." (ebd., 198)

Eindringlich wird hier erzählt, wie die lange Zeit verdrängte, künstlich stillgestellte und unbeantwortbare Theodizeefrage in einem Leben aufbricht und den Schein der Lebensroutine zerstört: „Gestern abend bin ich sehend geworden." (ebd. 184) Dieses Motiv des Einbruchs der Theodizeefrage in die scheinbar ruhige Lebensroutine des Alltags – bei Hürlimann seit der „Tessinerin" vorherrschend – wird den Autor auch danach nicht loslassen.

Familiengeschichten: Jüdische und katholische Wurzeln

Doch zuvor zu einem anderen bestimmenden Motiv in seinem Schreiben. In der 2001 erschienenen Novelle „Fräulein Stark" – durch einen vollkommen unbegründeten Antisemitismusvorwurf breit und umstritten diskutiert – wendet sich Hürlimann erstmals ausführlich dem lange Zeit verborgenen jüdischen Teil seiner Familiengeschichte zu. Schon in „Der Große Kater" war der „lautloskonsensuelle Antisemitismus, der das Mentalitätsklima konservativ-antimodern gesinnter katholischer Kreise" der Schweiz „bis in die sechziger Jahre bestimmte" (*Gellner* 2007, 148), miterzählt worden. Nun wird er zum Thema.

Die Novelle schildert den Sommer des pubertär-erotisch aufblühenden 12-jährigen Ich-Erzählers, bevor er in die Klosterschule Einsiedeln eintritt. Er ist zu Besuch bei seinem Onkel, dem Prälaten und Stiftsbibliothekar in St. Gallen. Dieser hat sich angesichts der jüdischen Wurzeln seiner Familie umso stärker in die Welt des Katholizismus zu integrieren versucht. Wie seine Mutter – Spross der jüdischen Familie Katz, später zum Christentum konvertiert – bekennt er sich umso inbrünstiger zur jetzt praktizierten Konfession. Hürlimann schildert ihn als Kleriker, der „das Wandlungswort jubelnd, ja verzückt zum Altarbild hinaufschmetterte", so dass man „erschrocken, fast ein wenig angewidert" (*Hürlimann* 2001, 8) den Blick gesenkt habe. „Vom Geschlecht der Katzen hatte ich damals keine Ahnung" (ebd., 36), gesteht der Ich-Erzähler. In diesem Sommer aber machte er sich auf die Suche nach den familiären Wurzeln dieser Familie, genauer: nach Joseph Katz, dem jüdischen Großvater mütterlicherseits. Je mehr er über die im Buch miterzählte Geschichte der Familie erfährt, umso weniger fühlt er sich wohl: „der Nepos eines Katz, der Sohn einer Kätzin, das passte mir immer weniger" (ebd., 79). „Ich möchte sein wie alle" (ebd., 83), gesteht er der Haushälterin des Onkels, dem im Titel der Novelle angeführten „Fräulein Stark" unter Tränen.

Der Onkel ist alles andere als begeistert, als er erfährt, dass sein Neffe sich auf die Spuren der Familiengeschichte begeben hat. „Ihn störte, dass ich aus den Schubläden das Geschlecht der Katzen herausgeholt hatte." (ebd., 88) Tatsächlich findet der Erzähler heraus, wie sein Großvater – der aus dem Osten vertriebene Jude – in eine Textilfabrikantenfamilie eingeheiratet, nach dem Tod seiner zum Christentum konvertierten, ebenfalls aus dem Judentum stammenden Frau im Jahre 1933 jedoch alles wieder verloren hatte. Und sein Sohn, der jetzige Prälat und Onkel des Erzählers? Nun, der müsse genau zu diesem Zeitpunkt „die Berufung zum Priester gefühlt" haben, jedenfalls war er Hals über Kopf in ein Seminar geflüchtet, wo man ihn „mit offenen Armen empfangen" (ebd., 97) habe. Seine Erfolg versprechende akademische und kirchliche Karriere sei dann aber 1938 abrupt abgebrochen, und er habe froh sein dürfen, als Stiftsbibliothekar sein Auskommen gefunden zu haben. Das Buch endet mit dem bereits in „Das Innere des Himmels" beschriebenen Aufbruch in das Internat nach Einsiedeln. Das Leben zwischen einer in die Gegenwart hineinreichenden jüdischen Vergangenheit und einer vom Katholizismus bestimmten Gegenwart ist damit aber noch nicht zu Ende erzählt.

Auf das Vaterbuch „Der Kater" folgte 2006 ein Mutterbuch „Vierzig Rosen", der bis dato wohl gelungenste der Romane Thomas Hürlimanns. Die fiktiv gestaltete Marie Meier, Pianistin und Politikergattin, hat sich ganz und gar ihrer öffentlichen Rolle verschrieben. „On a du style" (*Hürlimann* 2006, 17), das Motto ihrer Mutter, wird auch ihr zum Leitspruch. Dass diese nach außen präsentierte ‚heile Welt' auf traumatischen Erfahrungen beruht, wird nicht ausgespart. Innerhalb der Kernfamilie Katz gab es Spannungen. An Weihnachten 1937 – die vom Judentum zum Christentum konvertierte und religiös inbrünstige Mutter ist schon einige Jahre tot, der jüdische Vater lebt eher religionslos, der viel ältere Bruder ist katholischer Priester geworden, hat aber kaum Kontakt zu Vater und Schwester – kommt dieser Bruder zu Besuch. Nachdrücklich und gegen den Widerstand des Vaters versucht er die elfjährige Marie zum Besuch der Weihnachtsmette zu bewegen. „Gott existiert. Und wenn wir ihn nicht sehen, so heißt das nur, dass wir Menschen das wahre Sein nicht erfassen können. [...] Mir geht es um dein Seelenheil, Marie. Mir geht es darum, dass du begreifst, dass deine Seele wirklicher ist als dieser Kaffeekrug oder die Landschaft da draußen." (ebd., 60)

Marie begleitet ihn tatsächlich. Wieder daheim erklärt er dem Mädchen, dass er wegen der „politischen Umstände" wieder in der Schweiz lebe und eben als Bibliothecarius seine „Bücherarche" (ebd., 63) in St. Gallen gefunden habe. Der Aufforderung, ihm dorthin zu folgen, kommt sie jedoch nicht nach. Keck gibt sie ihm zu verstehen: „Die katholische Luft ist nichts für mich. [...] Bin

zwar getauft, aber [...] eher eine Katz. Ich vertrage kein Halsband."
(ebd., 67) Konsequenz: Als Tochter des Juden Katz hatte sie, trotz
des Übertritts zum Christentum, schon in der Schule unter antisemitischen Anfeindungen und Ausgrenzungen zu leiden. In der
Zeit der Hitlerdiktatur im benachbarten Deutschland steigerten
sich diese Feindlichkeiten bis hin zu öffentlichen Affronts. Um
ihre Sicherheit zu garantieren, gelingt es dem Bruder, einen Platz
für sie in einem katholischen Internat aufzutreiben. Doch auch
hier bleibt sie Außenseiterin: „Zwar getauft, aber... Zwar katholisch, aber..." (ebd., 138) So übersteht sie die Jahre bis 1945: „Amen,
Amen. Beten und lernen, lernen und beten." (ebd., 142)

Später, längst verheiratet mit dem aufstrebenden Juristen und
Politiker Max Meier, enden die Anfeindungen zwar offiziell, bleiben aber untergründig bestehen: „Die Zeiten, da man die geborene Katz geschnitten hatte, waren vorbei, endgültig." (ebd., 303)
Schlimmer: Nicht nur, dass sie mit der Erinnerung an tot geborene
Zwillingstöchter leben muss, nun wird auch noch bei dem gerade
erwachsenen Sohn eine Krebserkrankung diagnostiziert. Mühsam erhält Marie die Welt des schönen Scheins aufrecht, dessen
Symbol jene 40 Rosen sind, die ihr der Ehemann Jahr für Jahr in
festgelegter Routine zum Geburtstag zustellen lässt. Der Preis,
den Marie zahlt, ist eine von ihr selbst bewusst wahrgenomme-
ne Spaltung der Persönlichkeit. In ihrem Tagebuch beschreibt sie
dies wie folgt: Da gibt es jene, „die im Innern lebt", diese „habe ich
Sternenmarie getauft" und jene, die nach außen wirkt und wahrgenommen wird, die „Spiegelmarie" (ebd., 293).

Ausgerechnet an einem Weihnachtsfest zerbricht das sorgsam
aufrecht erhaltene Gleichgewicht. Wieder ist der Bruder zu Besuch und schwadroniert über seine theologischen Erkenntnisse.
„Ja, Gott *ist*, er existiert, allerdings vermögen wir ihn so wenig zu
erhaschen wie das flüchtige Jetzt." (ebd., 297) Er moniert, dass seine Schwester das alte katzsche Erbe offenbar immer noch nicht
aufgegeben habe, immer noch keine regelmäßige Kirchgängerin
sei, was weder er, der Pfarrer, akzeptieren könne, noch ihr Mann,
der Politiker, der im Lichte der Öffentlichkeit steht: Sie könnten
nicht akzeptieren, „dass du nicht zur Messe gehst. Ich aus religiösen Gründen, er aus politischen." (ebd., 298) Auf die Provokation

reagiert Marie mit unerwarteter Offenheit: „Ich glaube an Gott",
bestätigt sie, um gleich darauf einzuschränken: „er tut mir sogar
ein bisschen leid" (ebd., 299).

Wie schon in „Der große Kater" wird die Theodizeefrage zum
Sprengsatz der bürgerlichen Fassade. Marie durchbricht den
Schweigekonsens ihrer Familie, in der über die totgeborenen
Zwillinge nicht geredet wird. Maries Bruder, der aus „Fräulein
Stark" bestens bekannte Pfarrer, beharrt darauf, dass diese – da
ungetauft – von der Erlösung ausgeschlossen seien. Marie erinnert sich an ein zurückliegendes Gespräch mit ihm. „Leider konnten sie nicht getauft werden. Aber dafür können sie doch nichts!
Nein, dafür können sie nichts. Sie sind völlig unschuldig, ohne
jede Sünde!" (ebd. 250) Nun bricht es aus ihr heraus: Was soll Marie ein solcher Gott? „Meschugge sind die Herren Theologen, die
allen Ernstes behaupten, beim Erschallen der Posaune kehre jedes
Leben zum Schöpfer zurück, jedes Bein, jeder Arm, jede Zunge –
außer den totgeborenen Babys natürlich." (ebd., 299) Mit diesem
Ausbruch zerstört sie die Tabus. „Marie", raunt ihr Ehegatte „dein
Benehmen ist widerlich." (ebd., 300)

Das in vielen Zeitsprüngen, Erinnerungen, Reflexionen erzählte Buch ist einer der theologisch tiefsten Romane der letzten
Jahre. Zum Ausdruck kommt ein „leidenschaftlicher und mutiger,
ein christlich" – und jüdisch – „geprägter Humanismus" (*Braun*
2008, 19). Den Autor Hürlimann lässt die immer wieder in aller
Dringlichkeit gestellte Theodizeefrage nicht los. Dass seine Familie nicht nur den Tod des jüngeren Bruders ertragen, sondern zuvor und ständig im Schatten der Totgeburt von Zwillingen leben
musste, wurde erst in „Vierzig Rosen" deutlich. In einer Erzählung über die „Berliner Madonna" (2013) bestätigte Hürlimann
jüngst die Existenz dieser „beiden", die „vor der Zeit gegangen"
(*Hürlimann* 2013, 101) sind. Verständlich, dass sich der Autor mit
den ihm bekannten Antworten auf die Theodizeefrage nicht zufrieden geben kann und will.

Ihm erscheint die vertraute und detailliert geschilderte Welt
des Katholizismus insgesamt letztlich als zu glatt und angepasst
an die Vorgaben der politischen Macht. Das Erbe des Judentums
wird als Gegenfolie, als wirkmächtig bleibende Tradition in diese

Welt literarisch eingespeist. Zwischen Katholizismus, Judentum und religiöser Skepsis ergibt sich so ein biographisches, gesellschaftliches und religiöses Spannungsgefüge ganz eigener Prägung. Dass gerade auch in Sachen Religion eine letzte Position noch nicht erreicht ist, deutet Hürlimann in jüngerer Zeit an, die für ihn vor allem durch zwei – für ihn fast schon wunderbare – Erfahrungen des Überlebens in tödlicher Gefahr bestimmt ist. „Je älter ich werde", sagt er im Gespräch 2010, „desto überzeugter bin ich, dass wir ohne dieses Überzeitliche, ohne die Suche nach dem Überzeitlichen, das Leben verfehlen." (in *Schwab* 2010, 46) „Ich war nie aus der Kirche ausgetreten", erklärt er im Jahr 2010 in einem Beitrag in der ZEIT, und deutet an, dass „die Frage nach meiner Religionszugehörigkeit möglicherweise nicht mehr mir gehörte" (2010). Hier klingt mehr an als nur ein ‚Phantomschmerz amputierter Antennen', hier wird sowohl die Möglichkeit von Transzendenz als auch die Notwendigkeit der Suche danach deutlich. Eine künftige literarische Gestaltung dieser Dimension würde so kaum mehr überraschen.

9. PETRA MORSBACH: „war er Gott gleichgültig"?

Ein weiterer aus theologisch-literarischer Sicht bemerkenswerter Roman führt uns ein letztes Mal in eine noch einmal andere vorwiegend katholisch geprägte Region: nach Bayern. Im Jahr 2004 erschien ein dort spielender Priesterroman, der nicht nur in der Wahl seines Genres überraschte, sondern auch in der feinfühligen Art der literarischen Präsentation. Die Verfasserin, *Petra Morsbach* (*1956), wurde durch ihn nicht nur einem größeren literarischen Publikum bekannt, sondern auch mehrfach ausgezeichnet. Sie sprengt den Reigen der hier näher vorgestellten AutorInnen auf: Weitgehend unreligiös erzogen und aufgewachsen, kann sie sich nicht – wie die anderen – an die bleibenden Spuren einer religiösen Kindheitsprägung erinnern. Sie nähert sich dem Phänomen Religion eher von außen, allerdings mit feinsinniger Einfühlung, genauester Recherche und sprachlicher Präzision.

Petra Morsbach

Petra Morsbach wurde in Zürich als Tochter einer Ärztin und eines Ingenieurs geboren, verbrachte Kindheit und Jugend jedoch in der Nähe von München. Nach Abitur und mit Promotion abgeschlossenem Studium arbeitete sie über zehn Jahre lang als Dramaturgin an mehreren Theaterbühnen. Eine schwere Erkrankung führte zu starkem Hörverlust. Fortan widmete sie sich verstärkt dem Schreiben. Ihre Romane „Plötzlich ist es Abend" (1995), „Opernroman" (1998) und „Geschichte mit Pferden" (2001) bis hin zu „Der Cembalospieler" (2008) und „Dichterliebe" (2013) brachten ihr den Ruf ein, eine sehr genau beobachtende Autorin zu sein, die es meisterhaft versteht, sich in andere Menschen hineinzuversetzen und aus ihrer Warte das Leben zu schildern.

Morsbach wuchs nach eigenen Angaben in einem weitgehend atheistischen Elternhaus auf, dem sie jedoch einerseits einen „sozusagen protestantisch substantiellen Umgang des Lesers mit dem Autor" verdankt, andererseits die Beheimatung in einer selbstverständlichen Erzählkultur, die von ihr weiterentwickelt wird. „Das literarische Erzählen geht aus dem schöpferischen Alltagserzählen hervor" (*Morsbach* 2006, 24), schreibt sie in ihrem Essayband „Über die Wahrheit des Erzählens". In ihren ersten Romanen spielt Religion kaum eine Rolle. Vor allem über den in Niederbayern lebenden Vater kam sie mit dem Katholizismus in Berührung. In einem Radiointerview erklärt sie: „Der katholische Ritus, der spricht mich erst mal an. Mich bewegt die Liturgie, mich bewegen die Texte, das hat etwas sehr Schönes und Entrücktes." Gleichzeitig gibt sie zu: „Die Dogmen und der Katechismus, das ist viel problematischer." Hier schreibt also eine Autorin, die respektvoll von außen auf die Welt des Katholizismus zugeht, durchaus mit Faszination: Vor allem aber betrachtet sie mit Neugier das Leben der Menschen, die in dieser Welt Zuhause sind.

Ein Pfarrer-Roman im 21. Jahrhundert

Sie wählt dazu ein Genre, das im 21. Jahrhundert nicht unbedingt zu erwarten war, den ‚Pfarrerroman'. Diese Gattung war in der traditionell ‚katholischen Literatur' der ersten Hälfte des 20. Jahrhunderts überaus beliebt: *Georges Bernanos'* „Tagebuch eines

Landpfarrers" (1936) oder *Graham Greenes* „Die Kraft und die Herrlichkeit" (1940) markierten Höhepunkte einer breit bezeugten internationalen Tradition. Als Mensch mit besonderem moralischem und sakralem Anspruch ragte der Pfarrer aus der Reihe seiner Mitmenschen heraus, bot so Reiz zu literarischer Ausgestaltung. An ihm konnte man sowohl ganz allgemein die traditionelle „kultisch-sacerdotale Sicht des priesterlichen Amtes" (*Tück* 2012, 311) illustrieren, als auch ganz spezifisch und individuell den Spannungsbogen aufzeigen von heroischer Selbstüberschreitung auf der einen bis zu tragischem Scheitern auf der anderen Seite.

Mit dem Wandel des Priesterbildes nach dem Zweiten Vatikanischen Konzil wandelte sich auch das literarische Schicksal der Pfarrer: Sie wurden von beliebten Hauptfiguren zu – weiterhin interessanten – Nebenfiguren. Bei genauem Hinsehen findet man auch im Personaltableau der zeitgenössischen Literatur erstaunlich viele Pfarrer beider Konfessionen: bei *Heinrich Böll, Günter Grass, Peter Handke*, oder – wie angedeutet – bei *Ulla Hahn, Christoph Peters, Thomas Hürlimann, Markus Orths, Ralf Rothmann, Arnold Stadler* und anderen. Die literarische Funktion des Aufgreifens von Pfarrern hat sich jedoch gewandelt. *Elisabeth Hurth* kann die Ergebnisse einer ausführlichen Studie dazu wie folgt zusammenfassen: Der Priester werde nicht mehr so sehr „als Kultdiener, Sakramentenspender oder Gemeindeleiter gesehen", er werde vielmehr „entdivinisiert", als „Mensch unter Menschen in der Rolle des Helfers, Beraters und Trösters" (*Hurth* 2003, 7).

Ganz selten rücken Pfarrer dabei in den Mittelpunkt. So etwa in der – stilistisch wenig geglückten – Erzählung „Kinder Gottes" des Schweizers *Peter Stamm* aus dessen Band „Wir fliegen" (2008) oder in dem Roman „Magdalena Sünderin" (1995) der Österreicherin *Lilian Faschinger*. Am gelungensten scheint noch der Roman „Die göttliche Ordnung der Begierden", den die Österreicherin *Evelyn Schlag* 1998 vorlegte. Eindrücklich und einfühlsam wird hier der Glaubensverlust eines Pfarrers, das Abrücken von dem als unsinnig empfundenen Zölibat, der Abschied aus dem Priesterdasein thematisiert. Klischeehaft und erwartbar ist hingegen der bis dato letzte katholische Priesterroman „Der Seiltänzer" (2011) von *Michael Göring*, erzählt in die Zeit der Missbrauchsskandale hinein. Allzu plakativ wird hier das Scheitern eines westfälischen Pfarrers geschildert, werden Überzeugungen und Forderungen des Autors in eine literarische Form gebracht, die letztlich das ästhetische Niveau verfehlt.

Das also schien die einzige literarische Alternative für Pfarrergestalten: die Degradierung zur Nebenfigur oder die Schilderung des Scheiterns an der Rolle. Weder Nebenfigur noch Scheitern; weder der Versuchung von satirischer Bloßstellung erlegen noch der einer enthusiastischen Überhöhung: Gerade so überrascht „Gottesdiener" (2004), ein Roman, der die Gottesrede bis in seinen Titel trägt. Petra Morsbach entwirft einerseits ein feinfühliges Priesterporträt des fiktiven zeitgenössischen niederbayrischen Pfarrers Isidor Rattenhuber, findet andererseits aber eine literarische Form, die dem schwierigen Thema entspricht. Mehr als zehn Jahre habe sie sich mit der Grundidee dieses Romans beschäftigt, erzählt sie, sich mit zahlreichen Priestern ausgetauscht, habe intensiv hineingelesen in die Grundschriften von Bibel, katholischem Brauchtum und Liturgie, ja habe sogar Vorlesungen bei den Münchner Jesuiten besucht. Diese Auseinandersetzung trägt Früchte. Hier schreibt eine Autorin von großem Sachverstand und mit Einfühlungsvermögen ein letztlich warmherziges Priesterporträt.

Morsbach zeichnet den Weg dieses Pfarrers über Kindheit und Jugend, Ausbildung im Priesterseminar, Vikariat und Pfarrstelle im imaginären Dorf Bodering so nach, dass sich um ihn herum Beziehungskreise bilden: das Elternhaus, die Mitstudierenden und späteren Kollegen, die Gemeinde. Nüchtern und ohne Beschönigung, mit Humor – der unversehens eine traurige Färbung einnehmen kann – beschreibt die Autorin darin Lebensläufe in menschlichen Höhen und Tiefen: Versagen und Einsamkeit, Freundschaft und Intrige, Machthunger und Genügsamkeit, Untreue und Gleichmut. Im Gesichtskreis der Hauptfigur blitzen episodenartig die Schicksale von Wegbegleitern auf, deren Wege nicht immer mit jener Sympathie beleuchtet werden, die dem Priester selbst zukommt: Herr Beneke, der ostdeutsche Atheist, mit dem sich Rattenhuber gern streitet; Roswitha, seine Cousine, die ihm einige Jahre den Haushalt führt; Kollegen, die sich in theologische

Bücher flüchten, sich konservativen oder liberalen Bewegungen verschreiben, kirchliche Karriere machen oder ein Doppelleben führen; Gemeindemitglieder: heuchlerisch oder engagiert, bigott oder fromm, gleichgültig oder verlässlich.

Das eine – die Theologie; das andere – die Pastoral

Im Zentrum – Isidor Rattenhuber: Warum er Priester geworden sei? „Er wollte gut sein und anderen helfen, hätte er vor zwanzig Jahren gesagt". Heute jedoch „würde er wahrscheinlich mit einem Scherz" – und mit jenem dafür notwendigen Körnchen Wahrheit – antworten: „Was bleibt einem anderes übrig, wenn man Isidor Rattenhuber heißt, rothaarig ist und stottert?" (*Morsbach* 2004, 15) Tatsächlich bot ihm die Kirche eine Gegenwelt gegen die Enge und Kälte im Elternhaus. Verblüffende Parallelen zu *Ulla Hahns* Schilderung in „Das verborgene Wort". Auch hier wird der Bereich der kirchlich vermittelten Religion zum Medium der Selbstbefreiung. Und dort wie hier vollzieht sich diese Befreiung über Sprache. Isidor, noch ein Kind, stottert. Im Pfarrhaus aber stößt er auf den „Schott – Messbuch der Heiligen Kirche" und „fühlte sich unbeschreiblich glücklich, als sei er am Ziel" (ebd., 18).

Vom Pfarrer aufgefordert etwas vorzulesen, liest er Satz um Satz ohne auch nur einmal inne zu halten. Ein Wunder! „Er sah auf, weil er seine Ohren brennen fühlte. Das Zimmer war heller geworden. Er hatte nicht gestottert, er saß in einem anderen Zimmer. Es war eine andere Welt." (ebd.) Der Pfarrer fordert ihn auf, selbst schwierigste Texte vorzulesen, aber er „stotterte nicht und verlas sich kein einziges Mal. Er war befreit." (ebd., 18f.) Isidor muss allerdings feststellen, dass diese Befreiung vom Stottern nur im Blick auf die Sprache von Liturgie und Bibel funktionieren wird; im Privatleben, in den Zwängen des Alltags wird ihn sein Stottern begleiten, auch wenn er es mit zunehmendem Lebensalter immer besser in den Griff bekommen wird. Sein geistiger Ziehvater, Pfarrer Stettner, hatte jedenfalls als einziger sein Talent erkannt und ihm den Weg auf das Gymnasium und ins Priesterseminar gebahnt. Sein Rat: „Merk dir, Isidor: Das eine ist die Theologie, das andere die Pastoral!" (ebd., 22) So vorbereitet, kann sich Rattenhuber auf das Leben und die ihm anvertrauten Menschen einlassen.

Dabei wird ein Grundzug des Romans deutlich: Keine Idealisierung dieser Figur, aber auch keine Bloßstellung, bei allem Scheitern an hohen Ansprüchen, allen Bedrohungen, Enttäuschungen, Zweifeln, Anfällen von Einsamkeit. Genau diese Kennzeichnung betrifft auch die über die Hauptfigur beleuchtete zeit- und vor allem kirchengeschichtliche Epoche der beschriebenen 40 Jahre. Unmerklich ändert sich das Klima: die Kirchlichkeit der Gemeindemitglieder schwindet, mit ihr die Bedeutung von Ritual und Brauchtum, aber damit grundsätzlich auch die des Pfarrers. Zweifel und Indifferenz wachsen. Unter Verzicht auf jegliche Effekthascherei werden Probleme mit dem Zölibat und Alkohol in die Erzählung aufgenommen – als Teil dieser in vielen Brüchen und Rückblenden erzählten Geschichte, nicht als deren Kern. Literarisch reizvoll wirkt dabei zum einen der karge, aber Humor und Tragik aufnehmende Erzählstil. Herausfordernd wird aber auch der Kunstgriff, jedes der acht Kapitel mit einem längeren Abschnitt aus der Liturgie der Priesterweihe beginnen zu lassen. Außerdem finden sich zu Beginn jedes Unterkapitels klug ausgewählte, die Haupthandlung spiegelnde Bibelzitate (vor allem aus dem Buch Kohelet, den Psalmen und den Evangelien). Durch diese verfremdenden Elemente wird dem erzählten Geschehen parabolische, über sich selbst hinaus verweisende Bedeutung unterlegt.

Mit der Überschrift „Literarische Seelsorge" überschreibt die ZEIT denn auch 2004 ihre werbende Rezension. Die Autorin habe „mit Kenntnisreichtum und Einfühlungsvermögen gute Arbeit geleistet". Mehr als das: Sie hat einen lesenswerten, nie belehrenden Roman vorgelegt als Charakterbild, als unaufdringliche Reflexion über Theologie in unserer Zeit, als niederbayrische Milieustudie, als narrativen Beitrag zur deutschen Zeit- und Kirchengeschichte.

In der Erzählung selbst wird die Gottesfrage dabei nur wenig thematisiert. Morsbach schreibt weniger über Gott als über Menschen, die ihr Leben nach Gott ausrichten. Sie schildert religiöses Brauchtum, Seelsorgsalltag, Gottesdienste und Wallfahrten und lässt darin den im Katholizismus gepflegten Umgang mit dem Göttlichen aufscheinen. Über die Zitate aus der Liturgie der Priesterweihe und über die biblischen Motti werden Gottesassoziationen dennoch in den Roman hineingespiegelt. So steht das erste Kapitel unter dem aus dem Buch Kohelet entlehnten programmatischen Motto: „Gott ist im Himmel, du bist auf der Erde, also mach wenig Worte!" (*Morsbach* 2004, 7) Und das vierte Kapitel des Romans wird eingeleitet durch jenen Auszug aus der Liturgie der Priesterweihe, in dem die Kandidaten ihrem Bischof Gehorsam versprechen, abgeschlossen von den Worten des Bischofs: „Gott selbst vollende das gute Werk, das er in dir begonnen hat." (ebd., 142) Derartige Zitate halten den ganzen Roman in einer Spannung von Tradition und Gegenwart, von Diesseits und Jenseits.

Selten werden direkte theologische Reflexionen eingebaut. Einige Beispiele: In einer Erinnerung blitzt der Zweifel auf. Als Jugendlicher, dessen Weg zum Priestertum vorgezeichnet war, kämpfte Isidor mit der Bürde des Stotterns:

> Jetzt betete er um Befreiung von einer Schwäche, aber alles wurde nur schlimmer. Auf einmal fand er sich lächerlich, wie er betete und flehte ohne die geringste Antwort. Er redete an eine Wand hin. Entweder war er Gott gleichgültig, oder es gab keinen Gott. Es gab keinen Gott. (ebd., 67)

Diese Ernüchterung über das Ausbleiben von im Gebet Erflehtem konnte seinen Lebensweg jedoch nicht nachhaltig aufhalten. Als junger Pfarrer setzt sich Isidor Rattenhuber eine Aufgabe. Wie folgt wird seine programmtische theologische Reflexion geschildert:

> Der Mensch ist viel weniger, als er ahnt. Weil er aber auch das ahnt, will er nichts genau wissen und regt sich lieber andauernd darüber auf, wie viel ihm verborgen bleibt. Die menschliche Seele ist eine Trickkiste. Seltsamerweise erleichtert Isidor auch dieses Konzept, vielleicht, weil es ihn auf seine eigentliche Sendung zurückführt und die einzigen Heilmittel, die bleiben, die nämlich, die Gott zu geben hat: Barmherzigkeit, Gnade. [...]
>
> Isidors Programm nun besteht darin, dass er die Fragen richtig zu stellen versucht. Eine richtig gestellte Frage hat, ebenso wie ein wahres Wort, erlösende Kraft; das muss mit Gott zu tun haben. Und wenn Isidor einmal rechtzeitig *die* Frage stellt, die unser aller Existenz erfasst, wird Gott vielleicht antworten. Wie, ist noch unklar. (ebd., 35)

Ein Vertrauen auf Gaben, die „nur Gott zu geben hat": Barm-
herzigkeit und Gnade; die Hoffnung darauf, die richtige Frage zu
finden, auf die Gott antworten muss und wird – diese Überzeugungen schwinden im Laufe eines langen Priesterlebens, machen
Zweifeln, Resignation, Sich-Einfügen in die Routine des Alltags
Platz. „Alles wurde verwirrender, je genauer man hinsah. Theologische Fragen bildeten keine Ausnahme." (ebd., 290) Angesichts
Isidor Rattenhubers Tod am Ende des Romans neigt sich dessen
Gesamt-Ton einer sanften Melancholie zu, gibt die emotionale
Färbung dieser Lesart aber letztlich an die Lesenden weiter: Ist
dies eine Geschichte des *Untergangs* einer klerikal-volkskirchli-
chen Lebenswelt oder die Geschichte einer *Veränderung* von Religion im Leben einzelner Menschen und der Gesellschaft?

Morsbach entwirft ein facettenreiches fiktionales Priesterporträt, in dem die Gottesrede auf drei verschiedenen Ebenen den
Roman strukturiert: zunächst über die Zitate aus der Priester-
weihliturgie und über die biblischen Motti; dann durch die hin-
tergründige Präsenz Gottes in Ritual, Liturgie und kirchlichem
Alltag; schließlich über selten eingestreute direkte theologische
Reflexionen des Protagonisten. In dieser Kombination und Verflechtung ergeben sie ein dichtes Netz. Gleichzeitig wird aber
auch deutlich, dass dieser Roman in seiner Themenwahl ein in
sich abgeschlossenes Einzelwerk ist, das keine Fortsetzung oder
Weiterschreibung bei Petra Morsbach findet.

10. Ausblick: ‚Literarischer Katholizimus'?

Zeit für eine erste Zwischenbilanz: Im Blick auf den reichen Befund der letzten Jahre wird eine erste Erkenntnis deutlich. Vor
allem die Prägung durch den Katholizismus reizt gegenwärtig zur
literarischen Auseinandersetzung. Die Ästhetik der Liturgie, die
Sprache biblischer Geschichten und Poesie, die Erfahrungen mit
den Sakramenten (primär: Eucharistie und Beichte), die Begegnungen mit Pfarrern – all das hinterlässt bleibende Spuren, die
in aller Ambivalenz und individuellen Differenzierung literarisch
fruchtbar werden. Wenn man den nachgezeichneten Spuren noch
die – an anderen Orten jüngst gründlich entfalteten – literari-

schen Wirkweisen katholischer Prägung im Werk *Peter Handkes* oder *Martin Walsers* hinzufügt, verdichten sich die Mosaiksteine zu einem vielförmigen, buntfarbigen, spannungsvoll uneinheitlichen und dennoch klar konturierten Bild.

Doch, man kann hier durchaus von einem *catholic turn* sprechen, wenn man damit nicht eine triumphalistische Selbstbestätigung meint, sondern ein differenziertes Phänomen, ausgespannt zwischen Anregung und Erinnerung, Faszination und Abstoßung, Prägung und Lossagung. Das hat weder etwas zu tun mit einem „bürgerlichen Restaurationswunsch", noch mit einem „schnöseligen Mitläufer-Katholizismus" – ein Begriffspaar mit dem die Wiener Literaturkritikerin *Sigrid Löffler* die grassierende Mode eines ihr wenig sympathisch erscheinenden „Feuilleton-Katholizismus" (*Löffler* 2012, 197) abkanzelt. Hier geht es in jedem Fall um etwas anderes. Im Anschluss an den von mir schon 2009 erarbeiteten Befund publizierte die „Internationale Katholische Zeitschrift Communio" im Februar 2013 eine Ausgabe unter der Überschrift „Renaissance des Katholischen in der Gegenwartsliteratur?" Im Vorwort schließen sich die Schriftleiter der Anlayse an, dass „wichtige Stimmen der deutschsprachigen Gegenwartsliteratur nach Jahren der kritischen Distanz ihre katholische Herkunft" (ebd., 2) neu entdecken und literarisch fruchtbar werden lassen. Es lässt sich nicht leugnen: Die Besinnung auf Religion und Gottesfrage erfolgt derzeit primär im Kontext einer katholisch bestimmten Lebenswelt, wenn auch oft genug mit institutionskritischen Zügen.

Dieses Phänomen ist insofern erstaunlich, als dass die deutsche Literatur ja gerade eine Domäne der evangelischen Tradition war. Was wäre die deutsche Literatur ohne evangelische Pfarrer, Pfarrerssöhne, evangelisch-theologische Geistigkeit? Demgegenüber stand der Katholizismus literarisch immer zurück. 1898 brach *Karl Muth* mit der Streitschrift „Steht die katholische Belletristik auf der Höhe der Zeit?" den katholischen Literaturstreit der damaligen Jahrhundertwende los. Trotz zahlreicher Bemühungen im Anschluss an diese Provokation blieb der Katholizismus im Blick auf seinen Beitrag zur literarischen Welt lange Zeit jedoch eher zweitrangig. Deutet sich hier eine Gesamttendenz an?

Zum Verständnis und zur geistesgeschichtlichen Einordnung zentral: Bei keinem der genannten Werke handelt es sich um „christliche Literatur" im Sinne eines Reinhold Schneider oder einer Gertrud von le Fort. Der Bruch der Moderne und die Absetzbewegungen eines Heinrich Böll sind *Voraussetzungen* für das jetzt noch einmal neue, ganz andere Zugehen auf die katholischen Prägespuren der Gesellschaft und vor allem der eigenen Biographie. Jegliche konservativ-fundamentalistische Vereinnahmung oder kirchliche Einverleibung dieser Werke verbietet sich. Dieser Punkt ist deshalb so wichtig, weil damit ein mögliches Missverständnis vermieden werden kann. Das geschilderte Phänomen eines literarischen Katholizismus im Kontext der postmodernen Gesellschaft darf nicht verwechselt oder vermischt werden mit einer anderen kulturell-katholischen Bewegung der Gegenwart, für die vor allem der Name *Martin Mosebach* (*1951) steht.

Als publizistische Speerspitze der Forderung nach einer ultrakonservativ ausgerichteten, primär der Ästhetik verschriebenen und petrifizierten Form des Katholischen steht er für ein anderes Profil. In seinem vieldiskutierten Buch „Häresie der Formlosigkeit" (2002/2007) lanciert er einen Frontalangriff gegen die liturgischen Reformen der katholischen Liturgie seit dem Zweiten Vatikanischen Konzil, legt in seiner scharfen Attacke in aller Verzerrung und Einseitigkeit jedoch letztlich seinerseits vor allem eine rein ästhetisierte „Häresie der Inhaltslosigkeit" vor, die neue Form eines selbstherrlichen Kulturkatholizismus. Kaum zufällig, dass diese Attacke im Essay erfolgt, während Mosebachs eigenes literarisches Schaffen Religion, Konfession und Gottesfrage weitgehend ausblendet. Gerade hierin offenbart sich ein grundlegender Unterschied zu den genannten AutorInnen.

Die folgende Selbsteinschätzung Mosebachs verdient dabei durchaus Respekt: Er sehe sich „außerstande, Menschen zu beschreiben, die um ihren Glauben ringen, oder Menschen, die eine Bekehrung erleben, oder Menschen, die das Martyrium erleiden, oder Menschen, die an ihrer Schuld oder ihren Zweifeln zerbrechen" (*Mosebach* 2006, 118), so der Schriftsteller in einem Essay zur Frage: „Was ist katholische Literatur?" Ganz falsch ist jedoch die folgende Behauptung: Der Gegenwart sei „die Fühlung mit der katholischen Welt beinahe vollständig verlorengegangen" (ebd., 17). Diese Äußerung erfolgt einerseits aus einer zwanghaft verengten Wahrnehmung des ‚Katholischen' und andererseits unter der Vorgabe der völligen Ausblendung all der genannten Werke und AutorInnen.

Dass SchriftstellerInnen das Werk anderer KollegInnen nicht zur Kenntnis nehmen, ist dabei kein Ausnahmefall. Wir erinnern uns: *Arnold Stadler* hatte 1999 niedergeschrieben: „Es ist durchaus ungewöhnlich, dass ein Schriftsteller [...] Verbindungen hat zur Kirche. Ich kenne keinen außer mir. Leider." (*Stadler* 2000, 182). Dass es auch anders geht, zeigt *Hanns-Josef Ortheil*. Er verwies jüngst darauf, dass es „immer mehr geworden" (*Ortheil* 2014, 289) seien, die literarisch vom christlichen Erbe zehren und nennt Rothmann, Stadler, Morsbach, Roth, Hürlimann und Maier. Es gibt also offensichtlich unterschiedlich sensible Wahrnehmungen von SchriftstellerInnen hinsichtlich des eigenen Feldes. Sicher ist: Wer grundlegende Werke anderer übersieht oder nicht zur Kenntnis nimmt, sollte sich ein Pauschalurteil versagen.

Ein erstaunliches Phänomen also: Gerade der lange Zeit kulturell marginalisierte Katholizismus wird gegenwärtig zu einer Quelle Literatur produzierender Anregung. Nicht um eine konservativ-restaurative, primär ästhetisch motivierte Rückwendung geht es in den in diesem Buch porträtierten Werken, sondern um einen offenen Zugang auf Prägespuren des Katholischen in Gesellschaft und individueller Lebensgeschichte. Die Reflexion und Spiegelung der Gottesfrage ist bei vielen SchriftstellerInnen unserer Zeit gekoppelt an eine konfessionelle Selbstbesinnung, deren konkrete Verortung im weiten Feld von kritisch-affirmativer Zustimmung und Identifikation bis hin zu reflektierter Distanz changieren kann. Konsequenterweise entsteht zeitgleich zu dieser Entwicklung im Bereich der Literaturwissenschaften ein neues Interesse an dem Phänomen eines ‚literarischen Katholizismus'. Dem großangelegten Forschungsprojekt geht es nicht um „konfessionalistische Rettungen" (*Kühlmann/Luckscheiter* 2008, 12) oder um die Wiederbelebung und nachgetragene Aufwertung ‚kirchlicher Literatur'. Vielmehr geht es darum, eine lange Zeit übersehene Tradition angemessen zu würdigen. Der Leitbegriff wird dabei wie folgt definiert:

> Literarischer Katholizimus versteht sich als Inbegriff eines literari-
> schen Subsystems, [...] deren Vertreter in ehemals oder aktuell katho-
> lisch [...] definierten Frage- und Diskurszusammenhängen denken,
> schreiben, argumentieren, symbolisieren und sich in überwiegender
> Anzahl, jedoch durchaus verschiedener Färbung und Intensität dazu
> im Rahmen ihrer persönlichen Wertorientierung reflektiert bekennen,
> wenn auch oft je verschieden in verschiedenen Lebensphasen bis hin
> zur totalen Negation. (ebd., 10)

Auf ihre Weise schreiben die in diesem Buch genannten Auto-rInnen diese Tradition des literarischen Katholizismus fort, ohne deshalb ‚katholische Schriftsteller' zu sein.

Eine vergleichbar intensive Auseinandersetzung wie die mit dem Katholizismus zeigt sich derzeit im deutschsprachigen Feld im Blick auf keine andere Konfession oder Religion. Fast keine Rolle spielt literarisch etwa die orthodoxe Kirche, wenn man einmal von *Sibylle Lewitscharoffs* literarischer Rumänienreise „Apostoloff" (2009) absieht oder von dem Mönch Alexej, der in *Andreas Maiers* Roman „Sanssouci" (2009) betend und sozialfür-sorglich durch das heutige Potsdam zieht. Gleichwohl finden sich bemerkenswerte Hinwendungen zu religiösen Themen und der Gottesfrage auch im Kontext anderer Konfessionen und Religionen. Sie sollen im Folgenden nachgezeichnet werden.

II. Zwischen Fortschreibung und distanzierender Befreiung Evangelische Perspektiven

1. „Evangelisch"? – Literarische Momentaufnahmen

Die wichtigsten Repräsentanten der deutschsprachigen Literatur von weltliterarischem Rang entstammen entweder – so die Mehrzahl – evangelischer Tradition *(Goethe, Schiller, Herder, Hesse, Mann, ...)* oder deutsch-jüdischem Hintergrund *(Kafka, Sachs, Celan, ...)*. Der Katholizismus war kulturell und somit auch literarisch zweitrangig. Schon *Jacob Grimm* konnte in seinem 1854 erschienenen epochalen „Deutschen Wörterbuch" der „protestantischen poesie und sprachbildung" gegenüber allen „katholischen werken" eine „überlegenheit" attestieren. Da sich die Symbiose von Aufklärung und Kultur in den evangelisch geprägten Teilbereichen der Gesellschaft viel schneller und viel radikaler vollzog, wirkte sie viel stärker in die neue, die zeitgenössische Literatur hinein, verlor dabei allerdings ihr eindeutig christliches Gepräge. Gerade hier wirkte die „Säkularisierung als sprachbildende Kraft", so der Titel einer grundlegenden Studie von *Albrecht Schöne* über die literarische Bedeutung deutscher Pfarrersöhne (vgl. *Schöne* 1958). Entscheidend jedoch: Die Impulse aus Bibel, evangelischer Tradition und Kirchengeschichte wirkten hier vor allem untergründig, indirekt, in Transformation und kreativer Ausgestaltung. Die dem Geist der Aufklärung und des Liberalismus entgegen stehende direkte Gestaltung explizit christlicher Weltdeutung – repräsentiert etwa von den Schweizern *Hebel* und *Gotthelf* oder dem Schwaben *Mörike* – blieb die Ausnahme.

Eine der Konsequenzen: Als der Katholizismus mit der internationalen Bewegung des *renouveau catholique* am Ende des 19. Jahrhunderts einen bis in die Mitte des 20. Jahrhunderts andauernden Produktions- und Wahrnehmungsschub erlebte, blieb ein vergleichbares Phänomen auf evangelischer Seite aus. Explizit ‚christliche Literatur' richtete sich hier primär nach innen, in die Gemeinden, wurde konzipiert für den kircheninternen Gebrauch.

Rudolf Wentorf nennt seinen 1967 herausgegebenen Überblick über die spezifisch evangelische Literatur seiner Zeit ganz bewusst und programmatisch „Dichter der Kirche". *Rudolf Alexander Schröder, Ina Seidel, Jochen Klepper* oder mit größerer Eigenständigkeit *Manfred Hausmann* stehen für diese Ausrichtung. Die AutorInnen dieser Generation verschwinden ganz bewusst hinter einem selbstgewählten ‚literarischen Apostolat'. Sie wollen in Sachen Religion und literarischer Gottesrede weder inhaltlich noch formal Neues wagen, sondern ganz im Dienst der Gemeinde und in den Fußspuren der Tradition stehen. Die nüchterne Bestandsaufnahme von *Johann Hinrich Claussen* trifft zu: „Außerhalb der Kirche käme kaum jemand auf den Gedanken, sie zu den bedeutenden Lyrikern des vergangenen Jahrhunderts zu zählen." (*Claussen* 2008, 13)

Eine Generation später finden sich durchaus eigenständige poetisch-religiöse Auseinandersetzungen von Rang, nun freilich verfasst nicht mehr als christliche Dichtung, sondern als autonome Literatur, die aus dem Quellgrund des Christentums stammt und schöpft: Werke von *Ernst Meister* gehörten dazu, auch Texte von *Johannes Bobrowski* und *Marie Luise Kaschnitz*. In der gegenwärtigen Schriftstellergeneration findet diese Traditionslinie jedoch keine nennenswerte Fortsetzung. Mehrere Beobachtungen bestätigen diesen Befund: Eine unlängst von der Evangelisch-Theologischen Fakultät der Münchener Universität durchgeführte Ringvorlesung über „Protestantismus und Literatur" (*Rohls/Wenz* 2004) endet chronologisch bei *Thomas Mann* und *Hermann Hesse*. Auch ein von der EKD 2008 herausgegebener Band zu „Protestantismus und Dichtung" bleibt letztlich ein eher unsystematischer und hilfloser Versuch, die aktuelle Bedeutung der im Titel aufgerufenen Beziehung zu veranschaulichen. Das Phänomen des literarischen *religious turn* hat also binnenchristlich eine erstaunliche konfessionelle Einseitigkeit.

Mit diesem Befund ist die gegenwärtige literarische Landschaft im Blick auf die Frage nach Religion und Gottesrede jedoch noch nicht angemessen ausgeleuchtet. Unabhängig von den Moden des Zeitgeistes hat sich quer durch das 20. Jahrhundert eine eigenständige Traditionslinie erhalten, die auch ins 21. Jahrhundert hinein bedeutsam bleibt: die der christlichen Lyrik im engen Sinne, die sich zunächst an kirchlich gebundene LeserInnen wendet und im besten Falle auch darüber hinaus Beachtung findet. Tendenziell richtig, wenn auch überspitzt formuliert lässt es sich kaum bestreiten: Jene „deutschsprachige zeitgenössische Lyrik, die religiös zu sein beansprucht, ist [...] praktisch nicht über den Status religiöser Gebrauchslyrik im kirchlichen Binnenraum hinausgekommen" (*Ziebritzki* 2001, 92). Diese Tradition steht nie im Brennpunkt feuilletonistischer oder literaturwissenschaftlicher Wahrnehmung. Gleichwohl zeichnet sie sich aber durch eine beharrliche eigenständige Existenz aus.

Viele Beiträge zu dieser Gattung sind dabei tatsächlich katechetische Gebrauchskunst, verfasst für den praktischen Einsatz im kirchlichen Leben und darin auch bereits erschöpft. Solche Texte haben einen anderen ästhetischen Stellenwert als Werke der autonomen Kunst. In gelungenen Entwürfen wird jedoch durchaus ein ästhetischer Rang erreicht, der dann auch die kirchlichen Binnengrenzen sprengt. Zumindest einzelne derartige Texte finden sich etwa in den Werken von *Rudolf Otto Wiemer*, *Albrecht Goes* oder *Dorothee Sölle*. Auf katholischer Seite lassen sich am ehesten *Silja Walter* und *Drutmar Cremer* nennen, beide nicht zufällig Ordensleute. Zumindest exemplarisch soll diese Tradition explizit christlicher Lyrik im Folgenden Stimme bekommen. Es handelt sich dabei also nicht um Zeugnisse eines *neuen* Zugangs zu Religion und Gottesfrage in der Literatur, sondern um Nachweise für die weiterhin wirksame, *nie abgebrochene* Linie spezifisch christlicher Lyrik.

2. EVA ZELLER: „Mein Kinderglaube"

Eva Zeller (*1923) gehört zu der kleinen Gruppe der christlich gebundenen evangelischen SchriftstellerInnen, die christliche Lyrik (und Prosa) verfassen und auch außerhalb des kirchlichen Rahmens rezipiert werden. Ihr Werk wurde vielfach ausgezeichnet. 1999 verlieh ihr die Augustana-Hochschule Neuendettelsau das theologische Ehrendoktorat als Würdigung ihres Lebenswerks.

Seit den 1960er Jahren veröffentlicht Eva Zeller Gedichtbände, in denen immer wieder biblisches und religiöses Spracherbe produktiv wird. Noch 2013 erschien der Band „Hallelujah in Moll" – verfasst von einer 90-jährigen! Anders als den klassischen christlichen Dichtern wie etwa Jochen Klepper geht es ihr aber bewusst um *Transformation*, um Übertragung von sprachlicher wie inhaltlicher Tradition in die Welt und Sprache unserer Zeit. Die wichtigsten so konzipierten Bände Eva Zellers erschienen in den 1970er Jahren („Sage und Schreibe" 1971; „Fliehkraft" 1975, „Auf dem Wasser gehen" 1979). Doch auch in der uns besonders interessierenden Zeit der letzten 20 Jahre publizierte sie weitere Lyrikbände, aus denen zwei Beispieltexte vorgestellt werden sollen.

„Ein Stein aus Davids Hirtentasche" erschien 1992. Wie folgt verdichtet Eva Zeller dort ihre persönliche Glaubenssituation (*Zeller* 1992, 11):

Was mich betrifft

Was mich betrifft,
ich kenne Dich nur
vom Hörensagen.
Am Brotbrechen
kann ich Dich
nicht mehr von den
anderen unterscheiden,
Deine Kleider nicht
anrühren wie die
blutflüssige Frau
in der Menge.

Spätgeboren wie
ich bin, kann
ich mich nur
kopfüber aus
dem Strom der Zeit
herausziehen lassen,

ein Déjà-vu-Gefühl,
als erlebe ich
noch einmal
das Trauma
meiner Geburt.

Ein typisches Merkmal spezifisch evangelischer Gottesrede: Die im Gebetstext beheimatete Du-Anrede wird zwar nicht spezifiziert, gilt aber eindeutig eher Jesus Christus als ,Gottvater'. Die Gottesrede ist hier eindeutig christologisch bestimmt. Eine Gläubige heute, so das Gedicht, kann Gott in Jesus eben nicht mehr so direkt erfahren, wie die Menschen, die seine Zeitgenossen waren. Wir „Spätgeborenen" sind angewiesen auf eine Gotteserfahrung, die uns „aus dem Strom der Zeit herauszieht", darin aber wird Leben tatsächlich noch einmal so neu verändert wie die – als ,traumatisch' bezeichnete – Geburt. Hier spricht eine Gläubige zu LeserInnen, die vergleichbare Erfahrungen kennen. Hier fungieren assoziative Gedankengänge als Einladung zum Mitdenken.

Die feste Verankerung in ihrem Glauben bestimmt auch die Spätwerke der Dichterin. „Meine gefalteten Hände/das ist meine Zuversicht" (*Zeller* 2011, 73) heißt es in dem 2011 veröffentlichten Gedicht „Zerreißprobe". Gerade diese späten Gedichte – vom Kulturbetrieb kaum mehr wahrgenommen – tauchen tief ein in eine christlich geprägte Gedanken- und Bilderwelt. So auch in dem zweiten hier angeführten Text von Eva Zeller. Er stammt aus ihrem Gedichtband „Das unverschämte Glück" aus dem Jahre 2006. Hier reflektiert die über 80-Jährige darüber, wohin sie die lange Geschichte ihrer Glaubensentwicklung wohl am Ende tragen wird (*Zeller* 2006, 22):

Wer weiß

Wer weiß
ob nicht
der Schnee
von gestern
heute fällt

Wer weiß
ob nicht
mein Kinderglaube
das letzte
Wort behält

Im sanft geschwungenen Reimvers wagt Eva Zeller den Gedanken, dass am Ende ihres Lebens nicht die Formen des von Religionspsychologen prognostizierten ,reifen Glauben' des Alters stehen könnten, sondern doch die bildhaften Überzeugungen des tief eingewurzelten Kinderglaubens.

3. KURT MARTI:
„gott gerneklein"

Der führende Vertreter einer weit über kirchliche Grenzen hinaus rezipierten christlichen Literatur ist fraglos der Schweizer Dichterpfarrer *Kurt Marti* (*1921), auch er – wie Eva Zeller – inzwischen über 90-jährig und im Urgroßelternalter. Vor allem mit den Gedichtbänden „leichenreden" (1969), „abendland" (1980) und „mein barfüssig lob" (1987) hat sich der auch in anderen literarischen Gattungen überaus produktive und politisch streitbare Kurt-Tucholsky-Preisträger (1997) in die Lyrikgeschichte eingeschrieben. Die Sprachkrise der Moderne quer durch all ihre Katastrophen hindurch hinterließ in seinem Werk deutliche Spuren: Immer gebrochener wurden seine Texte, immer grotesk verspielter, immer verknappter. Diese Paradebeispiele konkreter Poesie sind oftmals „auf der Grenze von Sinn und Unsinn, von Reden und Schweigen angesiedelt" als „lyrische Kürzel, äußerst verknappte, auf Wortfetzen und Silben reduzierte Verse" (*Kuschel* 1997, 102). Kirchlich und politisch umstritten war er von Anfang an, der Träger eines Ehrendoktorates der Universität Bern (1977), ausgezeichnet auch mit dem Evangelischen Buchpreis (1982) oder dem Karl-Barth-Preis (2002). Seine stets in durchgängiger Kleinschrift abgedruckten experimentellen Gedichte kreisen um Bibel, Kirche, die Gottesfrage, Menschen in ihrem Alltag, das bürgerliche Ungenügen angesichts des Anspruchs der Frohen Botschaft.

Auch von ihm sollen einige repräsentative Beispieltexte aus der letzten Schaffensphase vorgestellt werden. Aus dem 1995 veröffentlichten Band „gott gerneklein" (implizit gesetzt gegen den „Menschen Gernegroß") stammt das folgende Gedicht (*Marti* 1995, 26):

katechismusfragen

warum sieht IHN denn keine(r)?
weil ER die blinden liebt

warum hört IHN denn keine(r)?
weil ER auch gehörlosen nah

warum erfasst IHN denn keine(r)?
weil wir umfasst sind von IHM

warum beweist IHN denn keine(r)?
weil auf erden wie im himmel
nichts zu vergleichen mit IHM

warum beweist IHN denn keine(r)?
weil der bewiesene nie
der zu beweisende wäre

warum träumt IHN denn keine(r)?
weil ER seit urher
der quell aller träume

Die alten Katechismusfragen im Blick auf die Gläubigkeit der Menschen haben sich in diesem Gedankengedicht umgedreht. Hier geht es nicht mehr darum, ob Menschen ‚das Richtige' über Gott und Leben wissen, sondern um die Anfrage, warum Gott nicht von allen gehört und gesehen wird, warum er nicht zu erweisen oder zu erträumen ist, letztlich: warum der Glaube an ihn von immer weniger Menschen geteilt und praktiziert wird. So wie die Katechismus*fragen* haben sich auch die Antworten verschoben. Keine gesicherten dogmatischen Weisungen werden hier heraufbeschworen, vielmehr wird auf die stets größere Größe Gottes, auf sein je anderes Anderssein verwiesen. Die Respekt signalisierenden Majuskeln in der Schreibweise der Gottesanrede unterstützen graphisch die deutlich werdende Demut und menschliche Selbstbescheidung zusätzlich. Ein Katechismus heute – so müsste er strukturiert sein.

Im Vergleich mit anderen Werken großer Poesie kann man bemängeln, Martis Gedichte erschöpften sich häufig darin, „eine theologische These zu formulieren", so dass seine „radikale Verkürzung" zu oft das Zeichen für „eine ästhetische Armut" (*Claussen* 2008, 17) sei. Das Gesamtwerk Martis wird damit freilich nicht angemessen gewürdigt. Seine gelungenen Sprachschöpfungen speisen sich aus einer Verbindung von Techniken moderner Poesie mit Traditionen klassisch-liturgischer Ritualsprache. Wie Eva Zeller geht es Kurt Marti darum, aus christlicher Binnenperspektive heraus eine neue poetische Sprache zu finden, einerseits, um die christlichen Erfahrungen und Glaubensüberzeugungen dichterisch neu auszudrücken, andererseits um die christliche Tradition kritisch an heutigen Erfahrungen und Einsichten zu messen und dies sprachlich zu erfassen.

Das wird noch einmal besonders eindrücklich deutlich in dem im Frühjahr 2007 erschienenen schmalen Bändchen „Du", dessen Untertitel die Provokation andeutet: „Eine Rühmung" – 2008 um einige weitere ältere Texte ähnlichen Charakters erweitert. Der 85-jährige resümiert hier noch einmal seine poetische Gottesbeziehung. Wie ein poetisch-religiöser Nachlass wirken diese Texte, indem sie alte Lebensthemen aufnehmen, bündeln und doch noch einmal in das neue Licht bilanzierender Rückschau stellen. Denn der Ton schlägt um: Nicht mehr verspielte Leichtigkeit, nicht mehr sozialkritische oder tagespolitische Schärfe, nicht mehr absurd-ironische Sprachsetzungen gegen all das Chaos beherrschen diese Texte. All diese Stimmlagen bleiben bestehen, werden nicht zurückgenommen, aber eingerahmt in eine Tonlage, die sich nur wenige zutrauen. Sie zeugt von einer unzerstörbaren Letztbindung, die in Anlehnung an die Spiritualität der Psalmen eine einzige Sprachgeste in das Zentrum stellt: den rühmenden Lobpreis. Eine Stilprobe (*Marti* 2007, 7–12):

> DU
> weltweit
> in vieler leute mund
> so dass alle glauben
> dich duzen
> zu dürfen
> ich auch
> DU
> den kein menschenauge
> zu erblicken vermag
> (denn sterben wird
> wer dich sieht)
> der uns aber

von zuinnerst
von dorther sieht
wo wir sterbliche
uns selber unsichtbar
und unbekannt sind
DU
von dem wir
nur wenig wissen
und doch ist
dies wenigwissen
geheiligt
da es
wenigwissen
von dir
und deshalb
weitaus mehr ist
als wir
mit unserem glauben
und denken
zu fassen vermögen
DU
weder
greif- noch
begreifbar
so dass wir
oft wähnen du seist
ein nichts
[...]
DU
dessen rätsel trotz allem
zukunftsträchtiger bleiben
als alle lösungen der menschen

4. GABRIELE WOHMANN:
„Wer sagt denn schon noch Gott?"

Von der Lyrik zur Prosa: In den zahlreichen Romanen, Erzählungen, Hörspielen und Novellen von *Gabriele Wohmann* (*1932) finden sich die deutlichsten zeitgenössisch-literarischen Spiegelungen evangelischen Lebens und Glaubens. Wohmann, Spross einer Pastorenfamilie, traut sich immer wieder zu unbequemen öffentlichen Bekenntnissen in Sachen Christentum. So ließ sie 1989 in der – eher der ‚Kirche von unten' verpflichteten – Zeitschrift „Publik

Forum" ein Interview erscheinen. Es trug den in diesem Kontext provokativen Titel „Atheisten enttäuschen mich unglaublich" (in: *Kuschel* 1992, 98–114). Gleichermaßen wie Atheisten kritisiert sie jedoch auch Pfarrer, die sich „um das Wort Gott" herumdrücken. „Wer sagt denn schon noch Gott?" (ebd., 107)

Die Prosa der – laut Selbsteinschätzung – „Graphomanin" *Gabriele Wohmann* kreist nun ihrerseits ebenfalls nicht direkt um die Gottesfrage. In ihren lakonisch erzählten Alltagsgeschichten geht es vielmehr um das sehr irdische, sehr normale Leben im Hier und Heute, um „Kontaktschwäche, Beziehungsunfähigkeit, Selbstentfremdung, Einsamkeit, Tod, Leiden, Vergänglichkeit, Angst, Schuld, Lebensunfähigkeit, Verzweiflung" (*Scheidgen* 2012, 50). Das Leben einfacher Durchschnittsmenschen im Spannungsbogen von Gelingen und Scheitern, aufflackerndem Glück, kurzlebiger Zufriedenheit und grundlegendem Leid ist Wohmanns Themenfeld: damit hat sie sich einen festen Platz in der deutschen Literatur seit 1970 erworben, davon zeugen mehr als 600 publizierte Kurzgeschichten, aber auch Romane wie „Ernste Absicht" (1970), „Schönes Gehege" (1975), „Bitte nicht sterben" (1993) oder „Hol mich ab" (2003), um nur einige Titel einer umfassenden Literaturliste zu erwähnen.

Die neueren Romane, Erzählungen und Geschichten lesen sich wie eine Art Chronik des bürgerlichen Privatlebens, zunächst fokussiert auf die Konflikte, Missverständnisse, Beschädigungen, Risse, auf die Erfahrungen von Einsamkeit, Scheitern, Gelingen und enttäuschten Hoffnungen. Vor allem nach einer deutlich markierten Wende in ihrem literarischen Schreiben weg „von der pessimistischen Daseinsbeschreibung zur sinnsuchenden Daseinsbefragung" (*Kuschel* 1992, 101) zeigt sich jedoch eine Verschiebung: Im Spiegel der erzählten Lebensgeschichten wird Religion, wird Gottesglaube, werden Gebet und Kirchgang nun immer wieder zum integrierten Bestandteil des Erzählten. Häufig sind die Erzählungen im kirchlichen Milieu angesiedelt, spielen Pfarrer, Vikarin, Diakoninnen, Gemeindehelferinnen und KirchgängerInnen eine zentrale Rolle.

Einige derartige Werke sind in dem 1994 erschienenen Band „Erzählen Sie mir was vom Jenseits" zusammengefasst. Unter ihnen findet sich etwa die explizit um die Gottesthematik kreisende Geschichte „Das ist ihm nicht egal" (*Wohmann* 1994, 80–85): Margot, die Leiterin der kirchlichen Bücherei, singt unentwegt das alte Lied „Gott ist gegenwärtig" vor sich hin. Sie reflektiert über dessen Bedeutung und Sinn, verändert es, erfindet neue Strophen, variiert die Aussagen: Vivian, die Pfarrerin, fängt die Gesänge auf und versucht, sie für eine anstehende Predigt fruchtbar zu machen. „Der Gedanke an Gott [...] das ist die Freiheit, der Glaube ist der Sprung in die Freiheit – doch nie ist das die Freiheit zum Leben, sondern es handelt sich um die Freiheit vom Leben weg." Die beiden Frauen geraten in ein Streitgespräch. Übellaunig versucht Vivian, Margot die Lust am weiteren Fortreimen des Kirchenliedes auszutreiben. „Öde bloß Gott nicht mit den Deutschen an", wirft sie ein: „Deutsche sind Gott egal." Margot widerspricht und Vivian nimmt ihren Einwand zurück: „Vivian spürte es: Gott befreit von der inneren Starre. Gott befreit sogar vom Drang, eine Überzeugung zu verteidigen." Die Erzählung endet mit der Überlegung Vivians: „Aber gegenwärtig blieb er auch so, inmitten sämtlicher Mangelerscheinungen: Gott."

In Wohmanns literarischer Welt überrascht die unbefangen positive, fast ungebrochene Verwendung der klassisch religiösen Begriffe, der christlichen Bilder und Sinnzusammenhänge. Tatsächlich, man findet hier „diese ganzen unerlaubten Vokabeln wie ‚Gott, Erlösung, Himmel, Paradies, Glauben, Ewigkeit'" (*Scheidgen* 2012, 157). Gott ist eine unhinterfragte Realität, wird beheimatet ganz im – laut Selbstaussage – „kindlich gebliebenen Glauben" (ebd., 157) der Autorin. Dabei lässt sich ein individuell wie phänomenologisch konservativer Grundzug kaum übersehen: „Lieber Gott, lass alles beim Alten" (ebd., 140) hält ihre Biographin Ilka Scheidgen als Wohmanns Lebensmotto fest. Dabei fehlt Gabriele Wohmann jeder missionarische Unterton. Sie schreibt über „Ungetröstete, ohne dass sie Trost anbietet, über Unglückliche und Suchende, ohne Antworten zu geben und Rezepte zu verteilen" (ebd., 7).

Als Grunderkenntnis für die Möglichkeiten heutiger literarischer Gottesrede bleibt in jedem Fall die Einsicht Gabriele Wohmanns, dass von ihm dann literarisch direkt erzählt werden könne,

wenn Charaktere ungebrochen an ihn glauben. Die Figurenperspektive löse das Problem der glaubhaften sprachlichen Annäherung. Mit dieser ‚Lösung' steht die Autorin in der gegenwärtigen
literarischen Landschaft freilich weitgehend allein. Auch von
ihren Glaubens- und KonfessionsgefährtInnen wird dieser Weg
nur selten geteilt. Im Gegenteil, wenn Gott und Religion in der
Gegenwartsprosa evangelischer Provenienz thematisiert werden,
dann eher unter völlig anderen Vorzeichen. Immer noch finden
sich dort Abrechnungsromane, in denen eine ‚Gottesvergiftung'
geschildert wird, von der sich die AutorInnen als Erwachsene
mühsam frei schreiben.

5. FRIEDRICH CHRISTIAN DELIUS:
Befreit von dem „unersättlichen Gott"

Das eindrücklichste literarische Beispiel für dieses in den 1980er
Jahren eigentlich bereits verabschiedete Genre findet sich in
Friedrich Christian Delius' (*1943) Erzählung „Der Sonntag an
dem ich Weltmeister wurde" (1994). Delius, wie Wohmann Kind
eines evangelischen Pfarrers, hat sich als literarischer Begleiter
von Zeitgeschichte, als Vertreter einer gegenwarts-chronisti-
schen Dokumentarprosa einen Namen gemacht. Immer wieder
greift er sich politische Konfliktsituationen unserer Zeit heraus
(vor allem: die 68er Generation, Terrorismus), die er dann gesellschaftskritisch literarisch verdichtet. Er gehört zu den meistge-
lesenen Gegenwartsautoren, seine zahlreichen Auszeichnungen
(u. a. Joseph-Breitbach-Preis 2007; Georg Büchner-Preis 2011) weisen ihn als wichtige kulturpolitische Stimme unserer Zeit aus.

Erst mit 50 Jahren gelang es diesem kritischen Kolumnisten, seine eigene Verletzungsgeschichte zu Papier zu bringen. Sie kreist
– Jahrzehnte nach dessen Tod – um die Figur des Pfarrervaters.
Als Spätheimkehrer aus dem Krieg hatte er alle Mühe aufwenden
müssen, um sich in der eigenen Familie, aber auch in „seiner Kirche und in der Gemeinde Respekt und Wirkung" (*Delius* 2013, 9)
zu verschaffen. „Der Sonntag an dem ich Weltmeister wurde" ist
eine harte Abrechnung mit der vom Vater verkörperten religiösen
Welt. Schon der erste Satz gibt Ton und Aussage vor: „Der Sonn-

tag, an dem ich Weltmeister wurde, begann wie jeder Sonntag: die Glocken schlugen mich wach, zerhackten die Traumbilder, prügelten auf beide Trommelfelle, hämmerten durch den Kopf und droschen den Körper, der sich wehrlos zur Wand drehte." (*Delius* 1994, 7) Die Verben symbolisieren die Atmosphäre von Zwang und Gewalt: „schlugen", „zerhackten", „prügelten", „hämmerten", „droschen" – die Welt der Religion ist ein zerstörerischer Kosmos von Lebensfeindlichkeit und Bedrohung.

Keine Möglichkeit, dem Auge Gottes zu entkommen

Erzählt wird der Verlauf jenes Sonntags, an dem Deutschland 1954 erstmals Fußball-Weltmeister wurde, ein Tag, der auch für den jungen Ich-Erzähler zu einem Tag der Befreiung und des Aufbruchs werden sollte. Bestimmt wurden die milieugenau erzählten Sonntage in den 1950er Jahren vom liturgischen Zwang der Pfarrersfamilie. Trotzdem empfand der Junge sie als einzigen Tag in der Woche, „an dem ich halbwegs geschützt blieb vor der Entdeckung, wie schlecht und schwach ich in allem war" (ebd., 12). Allerdings war dieser Tag „nicht für mich da oder für die Familie" (ebd., 15), sondern eben für Gott. Und dieser wurde vor allem erlebt als übermächtige Kontrollinstanz, sah der Junge doch keine Möglichkeit, „dem alles überragenden, allgegenwärtigen Auge Gottes zu entkommen, das irgendwo im Himmel hing und alles sah und nicht gesehen wurde", ja: sich spiegelte „in den Augen des Vaters, der Mutter, der Großeltern" (ebd.). Schon früh war der Zugang zu dieser Drohinstanz gestört, so schreibt es zumindest der Erwachsene im literarisch stilisierten Rückblick: „Nie würde ich es schaffen, mich an diesen unberechenbaren *Herrn* zu gewöhnen mit Beten, Dienen, Danken, Glauben, Singen" (ebd., 16).

Mit aller Härte und Unversöhnlichkeit, in minutiöser Detailgenauigkeit erzählt Delius vom zwanghaften Gottesdienstbesuch, von der sklavischen Disziplin im Elternhaus, von den strengen Tischsitten und den auferlegten Gebetsritualen. Die Schilderungen münden in einen alttestamentlichen Vergleich, den wir von Thomas Hürlimann bereits kennen: „Ich war Isaak" (ebd., 74), ein Opfer des Vaters auf Geheiß des grausamen Gottes. Auch hier wird also die Abraham/Isaak-Erzählung (Gen 22) zur Deutefolie einer Vater-Sohn-Beziehung, die letztlich den Abschied vom Gott des Vaters begründet. Gewiss „übertrieben" sei dieser Vergleich, erkennt Delius in einem versöhnlicher zurückblickenden Text aus dem Jahr 2013, aber eben in damaliger Sicht das in der Phantasie bereitgestellte „schrecklichste Bild, das ich dem Vater entgegenhalten konnte." (*Delius* 2013, 10)

Aus all den Bedrängungen gab es nur einen Ausweg. Die Flucht in eine Welt, die der Vater nicht teilte: Fußball! Geschildert wird ja eben jener Sonntag des Weltmeisterfinales von Bern. Der Bub zieht sich zurück, lauscht gebannt und wie im Fieber an geheimem Ort der Radioübertragung. Wie nennt der Reporter den deutschen Torwart Toni Turek? „Turek, du bist ein Fußballgott" (*Delius* 1994, 93) Eine Blasphemie? Eine Gotteslästerung, vor der das tief eingesenkte Gebot „Du sollst neben mir keine anderen Götter haben" ausdrücklich warnt? Halb verschämt, halb befreit durch diese Tabuaufsprengung lässt sich der Junge vom Spielverlauf tragen, einmündend in eine nie gekannte Euphorie und Jubelstimmung. Deutschland ist Weltmeister – im Gefühl dieses Triumphs (den er mit niemandem in seiner Familie teilen kann) löst sich auch die Fessel der Gottesbeziehung. Er fühlte „wie alle Gotteszangen von mir abließen", ja: „was es heißen könnte befreit zu sein" von „dem unersättlichen Gott" (ebd. 117). Endlich ein Gefühl von Übermut anstelle der ständig geforderten Demut; endlich jubelnd-überquellende Siegesschreie statt der üblichen stotternden Sprachnot, die an Isidor Rattenhuber aus Petra Morsbachs „Gottesdiener" erinnert; endlich identifikatorische Gefühle von Sieg und Stärke statt der normalen Bloßstellung in Versagen und Schwäche! Nur ein Vorgefühl, gewiss: Schon das auferlegte Nachtgebet wird die alten Zwänge erneuern, das weiß der Bub nur zu gut. Das Buch aber schließt mit der Ahnung, dass es gegen die bislang für unverrückbar gehaltene Gottesvergiftung doch ein Heilmittel geben könnte: den Fußball als Beispiel für Lebensdimensionen, in denen andere Regeln herrschen und ein Leben möglich machen, in dem man endlich „einmal ungebremst *Ja!* sagen" (ebd.) kann.

In der Erzählung „Amerikahaus" (1997) führt Delius die Linie der autobiographisch inspirierten Emanzipationsprosa fort.

Und noch einmal ist das Freischreiben von repressiver Religion und zwanghaften Gottesvorstellungen unumgänglich. Im Zentrum der Erzählung steht nun als *alter ego* des Autors Martin, ein 22-jähriger Student, der 1966 die Anfänge der Studentenunruhen in Berlin erlebt. Doch auch noch der erwachsene Student – ein Außenseiter, sexuell verklemmt, immer noch stotternd – geht nicht lebensoffen auf seine Welt zu, auf neue Erfahrungen in der Großstadt, auf die Herausforderungen seiner Zeit. Als Ursache seiner Hemmungen wird die „Angst vor dem abgewürgten Gott in ihm" (*Delius* 1997, 38) genannt. Immer noch wirkt die krankmachend-einengende Kindheitsprägung nach: „Alles wird bestraft, Gott sieht alles, die Eltern sehen fast alles, überall lauern Sünden, und am schlimmsten ist die Strafe für das, was man gar nicht getan hat aus Angst vor der Strafe" (ebd., 39), so die entlarvende Schilderung der perfiden Drohspiralen ‚christlicher' Erziehung.

Und wieder findet sich der Vergleich mit Abraham/Isaak: „Bevor der Vater das Messer hebt wie Abraham, fühlt sich der Sohn verraten, getötet, geopfert." (ebd.) Kein Wunder, dass diese Verstümmelungsstrategie noch den Erwachsenen prägt. Nur als Schreibender empfindet der Sprechgestörte Befreiung. „Beim Schreiben sah ihm keiner über die Schulter, kein Gott, kein Vater" (ebd., 44). Schon der zugeteilte Name wirkt wie eine Belastung: „Sie haben dich Martin getauft, der ganze dicke Luther eine unsichtbare Last auf deinen Schultern, ein gefährlicher Flüsterer, der dir mit seinem großen und kleinen Katechismus die Ohren vollwispert: Tu's nicht, tu's nicht!" (ebd., 109) Am Ende der Erzählung tanzt sich Martin in einem ekstatischen Ausbruch frei von all den Verboten, all dem Sündengerede, all dem „Christengift", verabreicht von „denen, die immer genau wissen, was Sünde ist" (ebd. 122), all der lebensfeindlichen Seelenmedizin, die ihm in seiner streng-protestantischen Erziehung verabreicht wurde. Immer wieder baut Delius in diese Erzählung biblisch-christliche Sprachbilder ein („Sünde", „Erbsünde", „Leib", „Wunden"). Ihre düstere Wirkmacht wird letztlich im Erleben des ersten Beischlafs überwunden.

Friedrich Christian Delius

Suchbilder neuer Annäherung

Vor diesem Hintergrund kaum zu glauben: Friedrich Christian Delius wurde 2009 mit dem Evangelischen Buchpreis ausgezeichnet. Nicht *wegen* dieser Abrechnungsbücher, sehr wohl aber im Wissen um diese harten Auseinandersetzungen mit dem Aufwachsen unter derartigen Bedingungen! Der Preis wurde ihm vor allem verliehen, weil er nicht bei dieser einseitigen – wenn auch notwendigen – Aufarbeitung stehen blieb. Versöhnlichere Töne finden sich bei Delius erst in der 2006 erschienenen Erzählung „Bildnis der Mutter als junge Frau", in der er eben nicht die eigene Lebensgeschichte literarisch fruchtbar macht, sondern die der Mutter. Auch hier konzentriert sich die Schilderung auf einen Schlüsselmoment: Die junge Frau, verheiratet mit einem evangelischen Militärpfarrer, wandert 1943 durch Rom, unterwegs von dem Diakonissenheim, in dem sie wohnt, zur evangelischen Kirche. Sie ist hochschwanger mit jenem Sohn, der diese Episode viel später erzählen wird. Wie mit einer inneren Kamera folgt der Erzähler der Frau auf ihrem Spaziergang, schildert Gesehenes, Erinnertes, Gedachtes in einem langen, szenisch unterbrochenen Gedankenstrom. In Erzählwelten des vermeintlichen Friedens (1954, 1966) war die Sprachhaltung die der kriegerischen Wut, nun, in Welten des Krieges, wird sie friedlich. Auch hier, auf dem Weg der evangelischen Christin durch das katholische Rom, werden Kirchen beschrieben, tauchen Priester und Ordensfrauen auf, werden Assoziationen aus Bibel, Kirchengesang und Liturgie eingespielt, aber nun im Blick auf Hoffnung, Sehnsucht und Geborgenheit. Indirekt kann man das Buch als perspektivische Betrachtung des deutschen Protestantismus vor dem ästhetischen und religiösen Hintergrund des katholischen Roms sehen, gesetzt in die Situation des Zweiten Weltkriegs.

Doch nun geht es nicht um Abrechnung, sondern um Nähe. Ganz anders als in Christoph Meckels „Suchbild", auch das ja ein Porträt der Mutter: Das Katholische wirkt hier fremd, protzig, überladen, machtbesessen, angepasst. Das Evangelische, die Besinnung auf eingestreute Schriftzitate und vor allem auf die Choräle und Kirchenlieder gibt als ersehnte und erinnerte Gegenwelt geistige Heimat. So heißt es gegen Ende der Erzählung, als sich die junge Frau in einer Kirche ausruht und einem Bach-Konzert lauscht: „immer höher und herrlicher, als steigerten und formten" sich die Klänge „zu einer hochgewölbten Architektur, *da hab ich Adlers Eigenschaft*, und sie fühlte sich darin geborgen wie in einem Pantheon der Töne, da fahr ich auf von dieser Erden, unter einer Himmelsleiter aus lauter himmlischen Tonleitern, unter einer Kuppel aus Harmonien" (*Delius* 2006, 125).

All die geschilderten Motive und Erfahrungen werden noch einmal aufgenommen und neu betrachtet in „Die linke Hand des Papstes" aus dem Jahr 2013. Nur mühsam verkleidet hinter dem stark autobiographisch geprägten Erzähler – einem wie Delius seit Jahrzehnten in Rom lebenden deutschen Archäologen und Fremdenführer – blendet das Buch erneut hinein in dieselbe evangelische Kirche Roms. Zufällig dort zu einer kurzen Rast eingekehrt, bemerkt der Erzähler zu seiner großen Überraschung in einer Kirchenbank wenige Meter neben ihm den deutschen Papst – Benedikt XVI. Zusammen mit zwei Begleitern nimmt er an einem Gottesdienst teil, ganz ohne Aufwand, Pomp und Öffentlichkeit: alt, müde, gebrechlich. Am Ende wird er überraschend zu Boden sinken, den Boden küssen und danach einen lutherischen Choral anstimmen.

Das Buch besteht vorwiegend aus Gedankenströmen des Erzählers angesichts dieser unerwarteten Begegnung, dieser Konzentration auf die – einst so mächtige – Hand des Papstes wenige Plätze neben ihm: Gedanken über das korrupte, mafiöse Rom der Gegenwart; die untergründig nach wie vor erinnerte Präsenz der Nazis in Rom, die sich einerseits wie die neuen Herren aufführten, andererseits mit Pius XII. bestens harmonierten – so hier die Darstellung; das korrupte und brutale Rom der päpstlich bestimmten Geschichte; die Verstrickung der Päpste in die Machtgeschichte der Menschheit; das in seinen Augen skandalöse Entstehen der Erbsündenlehre durch die Theologie und Machtpolitik des Augustinus und mehrere vergleichbare Gedankenstränge. Ästhetisch wirklich gelungen ist sie nicht, diese literarisch allzu leicht durchschaubare Bildungs- und Politiksuada. Hinter dem Erzähler, „einem anständigen Ketzer, der weder mit der Blindheit der Knieenden noch mit der Hochmut der Kirchenhasser geschlagen ist" (*Delius* 2013, 9), hört man allzu klar die Stimme des Schriftstellers.

So tauchen mehrere Motive auf, die Delius' Schreiben durchziehen. Vehement wehrt er sich etwa gegen die Erbsündenlehre, mit der so viele Menschen „viele Jahre mit christlicher Körperfeindlichkeit und augustinischer Sündendoktrin eingeschüchtert wurden" (ebd., 42). Wie viel Leid von dem damit verbundenen „finsteren Gottesbild" und „tiefpessimistischen Menschenbild" (ebd., 47) ausging, davon war ja in Delius' früheren Romanen ausführlich die Rede. „Allen dürfte der edle Heilige mit seiner Sündentheorie in die Jugendjahre hineingepfuscht haben" (ebd., 48), mutmaßt der Erzähler, der sich dabei kaum auf heutige Generationen berufen könnte. Hier jedenfalls folgt die – etwas penetrante – Abrechnung. Die Szene wird dabei durchaus von unterschiedlichen Gefühlsströmen bestimmt: Mitleid mit dem gebrechlichen, sichtlich überforderten Papst; Abscheu vor Amt, Prunk und Macht des Papsttums; Faszination durch die Begegnung; realistische Schilderung der sozialen und politischen Wirklichkeit Roms; Gebanntheit angesichts der uralten Geschichte und Tradition des Ortes. Was für Rom gilt, lässt sich letztlich auch auf den literarischen Umgang von Delius mit Religion übertragen – am Ende bleibt eine radikale Ambivalenz, Zerrissenheit, Unversöhntheit.

In den Werken von Wohmann und Delius stoßen so zwei unterschiedliche Paradigmen des literarischen Umgangs mit Erinnerung an evangelisch-religiöse Prägung aufeinander. Zwei Pfarrerskinder, wie nach wie vor – neben Pfarrern selbst (Marti) oder Pfarrersfrauen (Zeller) – fast alle Protagonisten evangelisch geprägten literarischen Schaffens! Aber wie unterschiedlich der Weg: Dort Wohmann, schreibend aus Erinnerung an eine überaus glückliche Kindheit, mit einem Vaterbild, das von Achtung, Respekt und Liebe geprägt ist, mit einem ungebrochenen lebensbestimmenden Gottesglauben; dort Delius, für den Kindheit zwanghaft und angstbesetzt war, mit einem distanziert-ablehnenden Vaterbild, der sich ganz von dem ererbten Glauben entfernt hat. Ohne einseitige Psychologisierung lässt sich erkennen: Literarisch gespiegelte Glaubensgeschichte erweist sich in starkem Maße als fiktional erweiterte Familiengeschichte.

6. Therapeutisches Freischreiben von Gottesvergiftungen

Eigentlich schien die Zeit für Abrechnungsromane in Sachen Religion im deutschsprachigen Raum bereits vorbei, weil es diese Fehlformen zwanghaft religiöser Erziehung seit einigen Jahrzehnten – breiten empirischen Untersuchungen zufolge – im Kontext der christlichen Großkirchen so nicht mehr oder kaum noch gibt. Umso aufschlussreicher, dass jüngst einige weitere Romane erschienen, in welchen das Weiterwirken solcher pädagogisch eingeimpfter religiöser Zwangsneurosen im evangelisch freikirchlichen Raum thematisiert wurde, Abgesänge „auf eine untergegangene protestantische Lebenswelt, deren mentalitätsprägende Nachwirkungen längst nicht vergangen sind" (*Gellner* 2010, 195).

Adolf Muschg: Das gefangene Lächeln

Die Erzählung des Schweizers *Adolf Muschg* (*1934) „Das gefangene Lächeln" aus dem Jahre 2002 beschreibt einen vergleichbaren, letztlich scheiternden Versuch der Befreiung von einer leibfeindlichen, gewaltgeprägten, streng puritanischen Erziehung. Wie kein anderer deutschsprachiger Gegenwartsautor steht Muschg für eine Öffnung hin zu den religiösen Welten des Zen-Buddhismus und der japanischen Religionen. Fasziniert von der fernöstlichen Religiosität und Spiritualität verbindet er „Asiatisches und Europäisches, Buddhistisches und Christliches zu einem einzigartigen westöstlichen Brückenschlag" (ebd., 21), wie *Christoph Gellner* in einer neuen Studie überzeugend zeigt. Hier entstehen neue „Überlappungen, Überkreuzungen und Vernetzungen von Kulturen und Religionen" (ebd., 22), „neue geistig-religiöse Amalgame, eigenwillige West-Ost-Legierungen" (ebd., 23).

Ihren Ausgang nehmen diese Fremdgänge jedoch in einer evangelisch-religiösen Sozialisation, in vom Autor nie ganz überwundenen negativen Erfahrungen mit einem „patriarchal-autoritären Monotheismus und seiner Gottesfurcht" (*Muschg* 1995, 28), wie Muschg in einem Gespräch 1995 offenlegt. Schon zehn Jahre zuvor hatte er angegeben, er gehe „nicht mehr in die Kirche" und habe aufgehört, „ein Christ nach dem Herzen meiner Eltern zu sein" (in: *Gregor-Dellin* 1986, 29). Gegen die enge Fixierung auf „die Du-Form des Erlösers" gelte es ‚Gott' als eine „Hilfsvorstellung" zu erkennen, „von der sich schon der Schüler Buddhas lösen lernt" (ebd., 36). Er selbst habe in buddhistischen Tempeln gelernt, dass es eine andere „Verbindung mit unserem Grund, also mit Religion" (ebd., 30) gebe.

Trotz aller Erfahrung von moralischer Enge, rigiden Perfektionsidealen und doppelbödiger Scheinheiligkeit: Die tiefe biographische Prägung durch die Texte der Bibel und die großen Werke der christlichen Mystik wird sein Schreiben – motivisch, sprachlich, spirituell – durchgängig bestimmen. In der autobiographisch gefärbten Erzählung „Das gefangene Lächeln" greift er die Grunderfahrungen mit dem christlichen Erbe noch einmal auf. „Rechtfertigung", so hatte Muschg es in einem Gespräch über Literatur und Religion auf den Punkt gebracht, sei für ihn „ein Wort des Teufels" (in *Kuschel* 1985, 137). Nun geht es genau um das: eine Rechtfertigung am Ende eines Lebens, wobei die „lange Reihe bilanzierender Schuld-, Buß- und Bekenntnisgeschichten in eine am Ende überraschend heiter-gelassene Abschiedsgeste mündet" (*Gellner* 2010, 192).

In diesem Briefroman gesteht der seinem Lebensende entgegensehende Josef Kummer wie in einer Beichte seinem Enkel die Verfehlungen seines – wirtschaftlich erfolgreichen – Lebens. Verbunden mit der Mahnung, es besser zu machen als er selbst, wird vor allem die Verstrickung in die familiär vorgegebene Tradition der innerschweizer „Stündeler" – so genannt „wegen der regelmäßigen Bibelstunden" (*Muschg* 2002, 41) – beschrieben. Fromm, streng, hartherzig, leibfeindlich wie sie waren, hatte sie „der Herr" mit „dreierlei Zeichen gesegnet", so die ironische Zeichnung des Autors: „dem Gottesblick, der Adlernase und dem gefangenen Lächeln" (ebd., 42). Der Titel des mythologisch am Vorbild des biblischen Josef-Erzählkranzes orientierten Buches verdichtet also die Lebensprägung der in dieser Frömmigkeitstradition aufgewachsenen Menschen.

Er selbst, Josef Kummer, habe als Student der Religionswissenschaft anders studiert als seine sich in Religion hineinlesenden Kommilitonen: „Das Heilige bedurfte für mich keiner Einführung", schließlich habe seine Familie „seit Generationen mit Gott auf du und du gelebt" (ebd., 44). Die Männer, verbohrt „in Gottes dunkle Wege", hielten sich lieber „an die Patriarchen des Alten Testaments" (ebd. 45). Die Frauen hingegen mussten von ihren Männern gezüchtigt, kontrolliert, beherrscht werden, schließlich seien sie „nicht unschuldig" am „Unheil" (ebd., 45) der Menschen. Er selbst habe sich dann „Schritt für Schritt vom Glauben meiner Väter entfernt" (ebd., 121), habe durchaus seinen Frieden mit sich selbst und eine Art höherer Weisheit gefunden, ohne der lebenszerstörenden Tiefenprägung letztlich entkommen zu können. „Ich weiß", schreibt er am Ende des Briefromans an den Enkel, um sich gleich zu verbessern: „ich glaube zu wissen. Aber ich kann noch immer nicht glauben, was ich weiß." Warum? „Meine arme Seele kann der Wendung zur Weisheit nicht folgen, meine Sprache macht sie nicht mit." Er wisse nur, dass er „mein Bestes nicht trennen konnte von meinem Schlimmsten" (ebd., 152). Seine Lebensbeichte aber empfindet er als „eine Erlösung" (ebd., 146).

Interessant zu beobachten: Der erfolgreiche Erzähler Muschg, Wegbereiter der literarischen Darstellung fernöstlicher Religion, zeigt sich dem hier gewählten Stoff nur bedingt gewachsen. Die Literaturkritik reagierte weitgehend mit Skepsis bis Ablehnung, spricht von zu großer ‚epischer Erblast', ‚pädagogischem Ton', ‚Predigernote', ‚Besserwisserei' und ‚Bedeutungshuberei'. Nicht nur das Lächeln ist hier gefangen, auch die Fabulierkunst des Erzählers – womöglich wegen zu starker autobiographischer Verflechtung?

Weitere Beispiele: Altenweger, Schreiber, Orzessek

Einige weitere neuere Beispiele spiegeln diese Prozesse des Sich-Freischreibens von Gottesvergiftungen evangelischer Tonart. Sie erreichten nicht die Bekanntheit und literarische Qualität wie die Werke von Delius oder Muschg, sollen hier aber zumindest kurz charakterisiert werden. In Deutschland kaum beachtet wurde ein Roman, der uns erneut in die spezifischen Lebens- und Glaubensbedingungen der Schweiz führt. Er spielt im Milieu der Evangelischen Brüdervereine. 2006 veröffentlichte die Schweizerin *Elisabeth Altenweger* (*1946) ihren autobiographisch fundierten Roman „Sintemalen". Erzählt wird ein Lebensjahr der 50-jährigen Susanna Schneider, aufgewachsen und tief geprägt im evangelikal-freikirchlichen Brüderverein, aus dem sie vor 30 Jahren von ihren Eltern – der Vater war der Führer, der „Evangelist" der Gemeinschaft – verstoßen wurde. Nach dem langjährigen Versuch, ein religionsloses Leben zu führen, wird sie mit ihrer Vergangenheit konfrontiert, als einige Mitglieder des Brüdervereins in das Nachbarhaus ziehen und dort eine kleine Gemeinschaft aufbauen. In einer Mischung aus Abscheu, dem Wunsch nach Abrechnung und kaum zugestandener Faszination nimmt sie Kontakt auf, der letztlich zu einem radikalen Zusammenbruch und der lange Zeit verdrängten Auseinandersetzung mit ihrer Kindheitsprägung führt. Nach einem Sanatoriumsaufenthalt wagt sie am Ende erste vorsichtige Schritte zurück in ihr Leben.

Der Roman – ausschließlich in der Perspektive der Protagonistin erzählt – schildert in eindrücklicher Intensität die lebenslange Vergiftung durch fundamentalistisch-zwanghafte christliche Erziehung. Das Gefühl des Scheiterns und Versagens vor dem Anspruch „ein vollkommenes Gotteskind" (*Altenweger* 2005, 103) sein zu sollen, lässt sich nicht abstreifen. Die scharfe Abrechnung mit der fundamentalistischen Religion christlicher Prägung zieht sich durch das Buch, wird ihrerseits aber immer wieder stachelartig angefragt durch Erinnerungen an Faszination und verloren gegangene Beheimatung: „Insbesondere vor dem Christentum haben sie das Mädchen behütet wie vor Gift" (ebd., 9), heißt es früh über die Erziehung, die Susanna und ihr Mann ihren eigenen Kindern angedeihen ließen. „Religion macht die Menschen verrückt" (ebd., 25), stellt Leonie, die jüngere Tochter denn auch fest – was die ältere von ihrer Suche nach Gott nicht abhalten kann. Selten zuvor ist der zerstörerische und lebenslang wirksame Sog, den fundamentalistische religiöse Erziehung auslösen kann, so präzise, schonungslos und differenziert erzählt worden.

Ganz Ähnliches gilt für den Roman „Ihr ständiger Begleiter" (2007) von *Claudia Schreiber* (*1958). Erneut geht es um die Folgen einer neurotisierenden christlichen Erziehung. Drei Unterschiede: Dieses Mal spielt der Roman in Deutschland, geht es um eine Baptistengemeinschaft, ist der Versuch der literarisch-stilistischen Verfremdung deutlicher spürbar. Auch dieser Roman erweist sich als ein therapeutisches Sich-Frei-Schreiben, entfernt sich aber stärker vom Protokollstil. Auch Johanna, die Protagonistin dieses Romans, ist die Tochter des Gemeindevorstehers; auch sie wird in besonderem Maße eingespannt in die väterlichen Idealvorstellungen einer perfekten christlichen Existenz; auch hier werden eng strukturierter Alltag und von Frömmigkeitsritualen gestaltete Routine des kindlichen Lebens erinnert; auch Johanna versucht mühsam, sich als Erwachsene von dieser Zwangsjacke zu befreien.

Eingestreut in diese Erinnerungen sind jedoch – auf die Person der Protagonistin hin verfremdete – Bibelzitate, Kirchenlieder, Fetzen erinnerter Liturgiesprache. Und vor allem: Der im Titel aufgerufene „ständige Begleiter" ist niemand anders als Gott selbst. In ironischer Distanz lässt die Verfasserin ihn auftreten, denn „Gott konnte alles, nur nicht weggucken. Von Weggucken gar keine Rede, wo sollte er denn auch hingehen, Er war ja überall" (*Schreiber* 2007, 34) – so die in die Kindheit zurück gespiegelte Erinnerung an das Entstehen der Überzeugung, dass Gott tatsächlich ständig drohend und überwachend an ihrer Seite ist. In die erzählte Haupthandlung werden so immer wieder dialogische Szenen eingespielt, in denen alles „erstarrt" (ebd., 46) und Johanna mit Gott redet. Wie wird er – ironisch gebrochen – präsentiert? Als „kleiner alter Mann mit blauen Augen und bunter Mütze", dessen „schiefer Zahn" (ebd.) sichtbar wird, wenn er lächelt. All das wird zwar in ironischer Brechung erzählt, bleibt aber zu direkt, zu wenig verdichtet, um ‚große Literatur' zu sein.

Anders in *Arno Orzesseks* (*1966) fulminantem Debütroman „Schattauers Tochter" aus dem Jahr 2005: Hier wird die Geschichte der „Gebetsbrüder" miterzählt, einer pietistischen Gruppe, deren Weg von Salzburg aus nach Masuren und dann nach Westdeutschland führte. Marie, die Titelfigur, wagt den Ausbruch aus den engen Grenzen dieser Gemeinschaft, ist sich aber bewusst, damit „in den offenen Kampf mit IHM getreten" (*Orzessek* 2005, 209) zu sein. Fortan glaubt sie sich von Gott verflucht. Um nicht all den ihr lieben Menschen Tod und Verderben durch die Verbindung zu ihr zu bringen, zieht sie sich völlig von der Welt zurück und lebt Jahrzehnte lang als Schattengestalt. „Drei Schritte von der Herrlichkeit", Orzesseks zweiter Roman von 2008, setzt mit anderen Charakteren und einer anderen Fabel die Erzählgrundlagen des Erstlings fort. Hier geht es – unter anderem – um die zunehmende Emanzipierung von den geistlichen Grundlagen des Gebetsclubs in den Gegenwartsgenerationen. „Wir gönnten" ihnen, schreibt der Erzähler im Rückblick auf die strenggläubige Elterngeneration, „ihren Glauben", denn „irgendetwas mussten die eingewanderten Pietisten ja haben". Sie selbst jedoch waren längst „aus der religiösen Kampfzone ins agnostische Lager gewechselt" (*Orzessek* 2008, 110).

Die gegenwärtige Häufung derartiger, freilich nur wenig beachteter Romane ist kaum ein Zufall. Mindestens zwei Erklärungsansätze lassen sich nennen. Zunächst: Die durch islamistische Terroranschläge ausgelöste aktuelle gesellschaftliche Debatte um muslimischen Fundamentalismus hat eine neue Wahrnehmung dafür ausgelöst, dass in Randnischen unserer Gesellschaft auch ein christlicher Fundamentalismus existiert. Lange Zeit weitgehend unbemerkt, wird er nun zum öffentlichen Thema. Ein Zweites kommt hinzu: Die ganz auf innere Erforschung ausgerichtete Spiritualität des Pietismus findet in den Romanen, die sich von dieser Tradition therapeutisch frei schreiben, eine in sich logische, formal stimmige Fortsetzung. Der sprachlich vermittelten religiösen Innenschau entspricht die letztlich im selben Medium erfolgende, in vergleichbaren Formen verbleibende literarische Emanzipationsbestrebung oder ästhetische Transformation.

7. Entlarvende literarische Einblicke: Evangelische Pfarrer

Mit der Tradition des therapeutischen Freischreibens von repressiver Erziehung ist ein wichtiger gegenwärtiger Strom evangelisch geprägter Literurproduktion benannt, aber natürlich gibt es andere. Auffällig ist auf ganz anderer Ebene die neue Hinwendung zu evangelischen Pfarrern als Romanfiguren. Von der literarischen Attraktivität katholischer Priester für die Ausgestaltung in Romanen haben wir gehört. Ihre evangelischen Amtsbrüder, mehr noch ihre Amtsschwestern standen im Blick auf die literarische Rezeption und Aufnahme immer in ihrem Schatten. Einige neuere Romane rücken die Figur des Pfarrers ins Zentrum.

Nils Mohl

In *Nils Mohls* (*1971) – völlig überraschend religionsgetränktem – Jugendroman „Stadtrandritter" (2013) tritt uns mit Christian Kamp ein solcher Pfarrer als zentrale Nebenfigur entgegen, bleibt aber letztlich eher eine stereotype Schablone: flott, jugendnah, glaubenslos, eher ein Sozialarbeiter als ein Seelsorger, der sich sexuelle Übergriffe auf Jugendliche erlaubt und letztlich eher seine eigenen Machtspielchen im Kopf hat als Lebensbegleitung im christlichen Geist. Von einem Jugendlichen, den „die Frage wirklich interessiert [...] weil ich auf eine Antwort hoffe" darauf angesprochen, ob er an Gott glaube, weicht er aus: „Allah, Wotan, der große Kürbis! Gott hat viele Namen. Und sie sind alle nur Platzhalter. [...] Ich glaube, die Frage nach Gott ist wirklich nicht eine der entscheidenden." (*Mohl* 2013, 142f.) Auch wenn in diesem Roman immer wieder direkt über Gott und dessen mögliche Bedeutung nachgedacht wird: Der Pastor trägt am wenigsten Konstruktives dazu bei...

Klaas Huizing

Ein ähnlich entlarvend-negatives Pfarrerbild fand sich schon in dem Roman „Das Buch Ruth", den der – in dieser Kombination im deutschen Sprachraum einzigartige – evangelische Theologieprofessor und Romancier *Klaas Huizing* (*1958) im Jahr 2000 vorgelegt hatte. Er erzählt die Geschichte des evangelischen Pfarrer-Ehepaars Ruth und Georg, angefangen von ihrem Aufwachsen in den 1970er und 1980er Jahren: Ruth, die Pfarrerstochter, perfekt, pflichtorientiert, immer erfolgreich im Rahmen der erwarteten Rollen; Georg, der emporstrebende, ehrgeizige Junge aus der sozial niederstehenden Vorstadt. Beide verbunden durch eine komplizierte Liebesgeschichte, Heirat, Ehe. Enfaltet wird die

Geschichte in Rückblicken vom Krankenbett Georgs aus, an dem Ruth Tag und Nacht sitzt und für sein Überleben betet. Erst allmählich wird deutlich, dass Ruth Georg niedergeschlagen hat.

Lesenswert ist dieser Roman besonders dadurch, dass sich in dieser Beziehungsgeschichte die erzählten 30 Jahre bundesdeutscher Zeitgeschichte wie in einem Brennspiegel bündeln. In den 1970er Jahren ist das Aufwachsen vom Entstehen der sozialen und ökologischen Großbewegungen dieser Epoche geprägt, an denen gerade evangelische Jugendverbände großen Anteil haben: Ruth und Georg engagieren sich – wie so viele andere ihrer Generation – für Umweltschutz und Frieden im Glauben, durch Demonstrationen und Politaktionen letztlich den Gang der Gesellschaft beeinflussen zu können. Nachdem sich beide zum Theologiestudium entschlossen haben, werden sie zu Hauptorganisatoren in den Anti-Atomkraft-Bündnissen und vor allem in der Bewegung gegen die Aufrüstung mit Atomwaffen.

Neben der politischen Szenerie der Zeit wird immer wieder die auch theologische Landschaft dieser Epoche eingespielt: Da ist von Helmut Gollwitzer die Rede, von Gerd Theißen oder Wolfgang Huber; da blitzen Debatten um Derrida, Dekonstruktion und Poststrukturalismus auf; da folgen wir den Theologiestudierenden in die Hörsäle nach Heidelberg oder Münster; da werden wir Zeugen wie Georg – der intellektuell weniger begabte – zum Dr. theol. promoviert, während Ruth, die ungleich geeignetere, sich angesichts der Betreuung ihrer gemeinsamen Tochter mit der ‚normalen Karriere' als Pfarrerin begnügt. Das zentrale Gestaltungselement des Romans, ist jedoch die genau beobachtete und allmählich enthüllte Beziehungsgeschichte von Georg und Ruth.

Vordergründig ist Georg ein Saukerl, der Ruths unverdiente Zuwendung immer wieder missbraucht, verraten und ausgenutzt hat. Das beginnt schon in der Jugendzeit, als Georg Ruth im Schwimmbad lächerlich macht. Als sie planen, das Studium im nahen Münster zu beginnen, geht Georg kurzfristig nach Heidelberg, weil sie „mehr Abstand" zueinander bräuchten. Auch politisch verrät Georg ständig die scheinbar geteilten Ideale: sei das in der Studentenzeit, sei das in der Arbeitsteilung als Pfarrer im Blick auf die gemeinsam übernommene Gemeindeleitung. Georg ist auf den ersten Blick eitel, käuflich, anpasserisch, karrieresüchtig. Hinzu kommt, dass er Ruth immer wieder mit anderen Frauen betrügt.

Der raffiniert angelegte Blick auf die Beziehung des Pfarrer-Ehepaars liegt darin, dass Georg zwar all die genannten Stereotype bestätigt, dass die Beziehung aber eben nicht als Beispielfall für ‚gute Frau/böser Mann' gelten kann. Immer deutlicher wird, wie sehr auch Ruth in die gegenseitige Schuldgeschichte der Beziehung mitverflochten ist. Sie selbst stilisiert sich als perfekte Tochter, perfekte Studentin, perfekte Mutter, perfekte Ehefrau, perfekte Pfarrerin, merkt jedoch erst spät, dass ihre Vorstellung von Perfektion, dass ihre Lebensplanung Georg in ein Schema presst, in *ihr* Schema. Ihr ausgeklügeltes Verständnis von richtig und falsch lässt ihm nur den Ausweg der Rebellion. Das rechtfertigt sein Verhalten nicht, macht es aber verständlich. Das Buch endet so in einem Bild von Versöhnung. Georg, der allein weiß, dass seine Frau ihm die schwere Verletzung beigefügt hat, schlägt die Augen auf. Endlich ist das beiden eingefleischte Schema von Opfer und Täter durchbrochen. Vereint durch Schulderkenntnis auf beiden Seiten wird – vielleicht – ein Neuanfang möglich: „Jetzt teilen wir ein tiefes Geheimnis. Du kannst dich ganz auf mich verlassen. Endlich schmieden wir einen echten Bund fürs Leben. Schlag ein, Ruth." (*Huizing* 2000, 253)

Auffällig an diesem Roman, der ein evangelisches Pfarrer-Ehepaar literarisch in den Mittelpunkt rückt, ist die Ausblendung der explizit religiösen Elemente. Von Gott, Gottesglaube und religiöser Praxis ist hier kaum die Rede. Es bleibt primär ein soziologisch-psychologischer Blick auf die Welt evangelischer Pfarrer. Ausgerechnet der Theologenautor Huizing spart die andere Dimension aus. Diese Tendenz zeigt sich auch bei zwei anderen Autoren, auffälligerweise beide nicht nur gleichen Jahrgangs, sondern auch beide Söhne von evangelischen Pfarrern.

Christoph Hein

Christoph Hein (*1944) wuchs in der Nähe von Leipzig auf und war als Theaterautor und Erzähler eine der wichtigsten Stimmen der literarischen Opposition in der DDR. In vielen seiner Werke finden sich Einspielungen einer christlich bestimmten Lebenswelt. Der Roman „In seiner frühen Kindheit ein Garten" (2005) zeichnet das Leben des pensionierten hessischen Gymnasialdirektors Roland Zurek nach, dessen Sohn Oliver bei einem Schusswechsel mit Beamten des Grenzschutzes tödlich verletzt wurde. Der Vater will die Umstände dieses Todes des vermeintlich linksextremen Terroristen erfahren, stößt jedoch immer wieder gegen Mauern des Schweigens. Beheimatet sind die alten Zureks in ihrer evangelischen Kirchengemeinde, einem der letzten Orte, die ihnen Halt gibt. Pfarrer Härle, seit Kurzem in der Gemeinde, war „Anfang dreißig, ein wilder Bart verdeckte den unteren Teil des Gesichts und gab ihm, zumal er ein untersetzter, kräftiger Mann war, eher das Aussehen eines Waldarbeiters oder Seemanns als das eines Geistlichen." (*Hein* 2005, 19)

Die Arbeit dieses Pfarrers wird mehr von Verwaltungsaufgaben und der Organisation von Bauvorhaben bestimmt als von Seelsorge. „Wir sind alle nur noch Verwaltungsangestellte irgendeines Archivs, gleichgültig, welchen Beruf wir eigentlich gewählt hatten", klagt er in einem Gespräch mit Zurek. „Ich sollte mit den Menschen reden, für sie da sein, aber dazu lassen mir die Akten keine Zeit." (ebd., 22) Angesprochen auf den bereits Jahre zurückliegenden Tod des Sohnes seines Gesprächspartners versucht Härle einen Trostzuspruch: „‚Mit Gottes Hilfe', begann der Pfarrer zu sprechen, aber er brachte den Satz nicht zu Ende. Zu oft in seinem Leben hatte er von Gottes Hilfe gesprochen, und zu oft hatte nichts und niemand geholfen, und er hatte den schalen Geschmack seines billigen, nichtssagenden Trostes als peinigend empfunden." (ebd., 24) Schon der vorherige Pfarrer der Gemeinde hatte keinen wirksamen Trost gewusst. Als Zurek sich kurz nach der Beerdigung seines Sohnes an ihn gewandt hatte, war diesem nur der Spruch eingefallen: „Ich bete für Sie" , um seinerseits gleich zu spüren, wie unangemessen diese Floskel blieb: Der Pfarrer „sah ihn aufmunternd an, dann senkte er den Blick, als schämte er sich seiner Worte." (ebd., 180) Hier werden Pfarrer beschrieben, die treu und gut ihre Arbeit verrichten, selbstverständlich eingebunden in das Leben ihrer Gemeinde, aber völlig überlastet mit Verwaltungsaufgaben, so dass sie zu eigentlicher Seelsorge nicht mehr kommen. Ihr mit Sympathie beleuchtetes Wirken bleibt oberfächlich. Ihr Trostversuch versiegt in der Überforderung ihrer Berufsroutine.

Bernhard Schlink

Ganz ähnlich schildert auch *Bernhard Schlink* (*1944), Autor des Welterfolgs „Der Vorleser" (1995), den ihm aus eigener Familienanschauung bekannten Alltag des Pfarrerlebens. Als Sohn des evangelischen Theologieprofessors *Edmund Schlink* und Mitglied einer in der evangelischen Kirche tief verwurzelten Großfamilie kennt auch er die kirchliche Praxis aus erster Hand. Der 2008 erschienene Roman „Das Wochenende" führt erneut in die linksterroristische Szene. Nach zwanzigjähriger Haft wird Jörg in die Freiheit entlassen. Seine Schwester organisiert ein Wochenende in einer alten Villa auf dem Land, das er mit einigen früheren Weggefährten als Wiedereinstieg in ein normales Leben verbringen soll, so ihr Plan. Die Freunde, inzwischen alle bürgerlich etabliert, kommen eher aus Pflichtgefühl. Alte Konflikte brechen auf, das Wiedersehen endet im Bewusstsein, sehr unterschiedliche – und künftig wieder getrennte – Wege zu gehen.

Unter den TeilnehmerInnen befindet sich Karin, ihrerseits Tochter eines Pfarrers. Auch sie war Pfarrerin gewesen, dann sogar „Bischöfin einer kleinen Landeskirche geworden" (*Schlink* 2008, 27). Ihr Profil wird auffällig positiv gezeichnet. Henner, ein weiterer Teilnehmer des Wiedersehens, aus dessen Perspektive die Ereignisse erzählt werden, schildert sie so: „Sie hatte eine Klugheit, die ihm gefiel und über der er ihr das betont Sanfte und Getragene in Stimme und Rede nachsah." (ebd., 27) Überraschend fordert sie die – weltanschaulich und religiös äußerst heterogene – Runde vor dem Essen zu einem Tischgebet auf. Man lässt sie gewähren, konfrontiert sie dann aber mit der Frage: „Aber ehrlich, Karin, wird es dir nie zuviel? Singen, beten, predigen, über alles

und jedes was Frommes und Kluges sagen?" (ebd., 36) Sie überlegt und weicht dann einer differenzierten Antwort nicht aus:
„Die Hetze wird mir oft zuviel, nicht nur weil ich eigentlich langsam bin", räumt sie ein, um dann konkret zu werden: „In der Hetze kommen Singen, Beten und Predigen nicht mehr wirklich aus
dem Herzen, sondern werden zum Job, den ich erledigen muß. Das
wird Gott nicht gerecht und tut mir nicht gut." (ebd., 37)

Belastet mit dem Wissen um „wilde Jahre" (ebd., 197) als Studentin, um eine selbst ihrem Ehemann verschwiegene Abtrei-
bung, weiß sie durchaus um ihre Fähigkeiten und ihre Ausstrahlung: „Sie war gut in ihrem Amt" (ebd., 198). Trotzdem bleiben
die nur selten eingestandenen Rückfragen: „Manchmal hatte sie
den Verdacht, ihr Herz sei nicht mehr bei der Sache und sie mache
ihren Beruf nur gerne, weil sie ihn gut machte" (ebd.). Während
einer Andacht mit einigen der ehemaligen Freunde, als Rückfragen sie aus dem gewohnten pastoralen Konzept bringen, gesteht
sie: Vielleicht „gibt es so viele Wahrheiten, wie Menschen ihr Leben frei leben – mich erschreckt der Gedanke, ich möchte, dass
es eine Wahrheit gibt. Aber was zählt mein Wunsch!" (ebd., 201)
Schließlich kann sie, bei allem ehrlichen Bemühen, das Scheitern
des Wiedersehenstreffens nicht verhindern. Auch hier schildert
ein Pfarrersohn das Leben einer Pfarrerin mit Warmherzigkeit
und dem erkennbaren Versuch, ein differenziertes Bild zu zeichnen, auch wenn am Ende das Ideal den realen Bedingungen nicht
standhalten kann.

In den beiden zuletzt genannten Beispielen wird das Schicksal
von evangelischen PfarrerInnen eher miterzählt, sie gehören zu
einem größeren Personentableau, ohne im Zentrum der jeweiligen Handlung zu stehen. Das ist anders bei zwei in jüngerer Zeit
erschienenen Romanen, die sich in ihrer Konzentration auf die
Kerngestalt tatsächlich als direkte Fortsetzung der Tradition des
Pfarrer-Romans lesen lassen.

Dieter Wellershoff

Von *Dieter Wellershoff* (*1925), dem rheinischen Begründer der literarischen Schule des ‚neuen Realismus', hätte man alles erwartet, nur keinen Roman über einen Pfarrer. Überhaupt: Religion spielt in seinem umfassenden und vielfach preisgekrönten Erzählwerk fast gar keine Rolle. „Der Pfarrer hat von Hoffnung gesprochen, unbestimmt über das Grab hinausweisend", schrieb er in dem bewegenden Buch über Krankheit, Siechtum und Tod seines Bruders „Blick auf einen fernen Berg", und fuhr fort: „Für mich gibt es das nicht" (*Wellershoff* 1993, 39). Immer wieder erzählt er stattdessen von Figuren in extremen Lebenslagen, in Krisen – über verzweifelnde Versager, unglückliche Glücksjäger, ertappte Verbrecher, vorgeblich Verrückte. In dieses Personentableau hinein setzt er 2009 in seinem Roman „Der Himmel ist kein Ort" den evangelischen Landpfarrer Ralf Henrichsen. Dieser wird als Notfallseelsorger an einen Unfallort gerufen, bei dem eine ihm vage bekannte Frau in einem von der Straße abgekommenen Auto ertrunken ist. Mehr und mehr Anzeichen deuten darauf hin, dass der Fahrer des Wagens, der Ehemann der Toten, den Unfall absichtlich herbeigeführt hat. Henrichsen hält an der Unschuldsvermutung fest und zieht sich damit den Unwillen vieler Mitglieder seiner Gemeinde zu. Die inneren wie äußeren Auseinandersetzungen um dieses Kernereignis prägen den Roman.

Pfarrer Henrichsen – einsam, abgeschnitten von Freundschaft und Liebe – wird durch die Geschehnisse aus der Bahn geworfen. Er beginnt zu zweifeln, ob sein Lebensentwurf zu ihm passt, ob er überhaupt noch an Gott glaubt, ob die Kirche mit ihren Routinen, ihrem „lahmende[n] Rhythmus der Halbherzigkeit" (*Wellershoff* 2009, 33) und ihren bürokratischen Verkrustungen den Menschen noch etwas zu sagen habe. „Bisher hatte er nicht daran gezweifelt, dass es in solch tragischen Momenten richtig sei, ein Gebet zu sprechen", heißt es gleich am Anfang des Romans, als Henrichsen zum Unfallort gerufen wird. „Das erschien ihm jetzt unzumutbar formelhaft. Nein, er konnte es nicht." (ebd., 17) Die ganze Praxis des Betens wird ihm nun fragwürdig:

Als Kind hatte er nicht so empfunden, sondern sich vorgestellt oder blind vorausgesetzt, dass jemand ihm zuhörte, der unsichtbar blieb, aber trotzdem bei ihm war, bereit, ihm zu helfen, und es hatte sein Gefühl nicht beeinträchtigt, dass keiner seiner Wünsche in Erfüllung gegangen war. Wenn er jetzt betete, musste er vermeiden, allzu genau an Gott zu denken, denn er konnte ihn sich dann nur als eine schwindelerregende Ferne vorstellen, die seine Worte stocken ließ. (ebd., 25)

Immer stärker zweifelt er an seiner Rolle als Pfarrer, als pflichtgemäß verordnetem Glaubensvorbild. Mitten in einem Gottesdienst versagt ihm schließlich die Stimme, ausgerechnet als er das Glaubensbekenntnis vorbeten soll. „Es war der totale Schrecken", bekennt er einem Vertreter der Kirchenbehörde, der ihm über die Glaubenskrise hinweg helfen will. „Ich musste plötzlich denken, alles, was da steht und was ich immer gesagt habe und jetzt wieder sagen soll, glaube ich nicht." (ebd., 200) Sein Gesprächspartner versucht ihn zu beruhigen, das sei ein durchaus bekanntes Phänomen, ein Symptom, von dem schon viele wieder kuriert worden seien. Umsonst, zutiefst erschrocken erkennt Henrichsen: „Nichts war mehr da. Ich bin ins Bodenlose abgestürzt." (ebd.) Wie aber soll er weiter Pfarrer sein, wenn er nicht mehr an Gott glaubt?

Er nimmt am Seminar einer Evangelischen Akademie teil, ist aber letztlich abgestoßen von dem dortigen intellektuellen Gehabe und der elitär-akademischen Abgehobenheit. „Gott ist die Summe der Erzählungen über Gott" (ebd., 225), schwadroniert ein blitzgescheiter Redner – als ob das dem Pfarrer in der Glaubenskrise helfen könnte! Für ihn steht fest: „Uns fehlen die Worte und die Wahrheiten und der Glaube. Wir simulieren nur." (ebd., 248) Kein Ort ist der Himmel, so wird ihm klar – ausgerechnet durch einen Song der Rap-Band „The Broken Angels" (ebd., 241f.), diese Einsicht gibt dem Roman den Titel. Das Ende lässt vieles ungeklärt. Henrichsen kehrt zurück in das Gemeindeleben, in das „Stillschweigen im Gleichmaß der Alltäglichkeiten" (ebd., 294). Ob er seinen Glauben wiederfindet, zu einem neuen Glauben gelangt, ob er glaubenslos eine Lebenslüge simuliert oder seinem Leben noch einmal eine ganz andere Richtung gibt, bleibt offen.

Wellershoff zeichnet hier ein erstaunlich feinfühliges Psychogramm eines Pfarrers in der Krise. Vor allem im zweiten Teil des

Romans werden die Gesprächspartner Henrichsens – der Kollege und Freund, der Vertreter der Amtskirche, die aus Lateinamerika zurückgekehrte Sympathisantin der Befreiungstheologie – jedoch eher zur Karikatur, zur Schablone, zu bloßen Repräsentanten. Dass und wie das Zerbrechen eines gläubigen Menschen beschrieben wird, zeigt trotzdem einmal mehr, mit welchem Einfühlungsvermögen Wellershoff sich in seine Charaktere hineinversetzen kann, auch wenn sie ganz anderen Lebenswelten entstammen als er selbst.

Ulrike Draesner

Dass schon ein Jahr später ein weiterer Roman veröffentlicht wurde, der erneut einen evangelischen Pfarrer ins Zentrum stellt, war genauso überraschend wie das Erscheinen von „Der Himmel ist kein Ort". In „Vorliebe" (2010) präsentiert die vor allem als Lyrikerin und Erzählerin hervorgetretene *Ulrike Draesner* (*1962) eine klassische Liebesverwicklungsgeschichte „ohne Sentimentalität und Sirenengesang" (*Braun* in: Garhammer 2014, 68). Dr. Harriet Saramandipur, halbindischer Herkunft, aber völlig europäisch aussehend, trifft durch Zufall den evangelischen Pfarrer Peter Olvaeus wieder, in den sie sich als Teenager verliebt hatte. Sie beginnen eine Affäre, ebenso wie umgekehrt Peters Frau und ihr Mann. Liebesverwicklungen, Erinnerungen, vor allem aber die – letztlich fruchtlosen – Dialogversuche zwischen der Astronomin Harriet und dem Pfarrer Peter, zwischen Naturwissenschaft und Religion, stehen im Zentrum des stark thesenhaft verfassten Romans. Wie folgt lässt sich Harriet von einer Freundin die ihr selbst völlig fremde Welt von Pfarrern erklären:

> Typ eins, der Versteher, alles könne man abgeben bei ihm, nichts werde man los, der Mann sei ein Teebeutel – was drin ist quillt auf. Nummer zwei [...]: Seigneur! Intellektuell und hager, auf der Kanzel ein Lord, im Übrigen rechthaberisch. Nummer drei, der Verführer, meist jungenhaft, für viele Frauen grotesk unwiderstehlich [...]. In der deutschen Unterart, 3a, sei der Mann breitschultrig, mit Vollbart und Vollbiopullover, fließender Übergang zum Typ „Müsli", strickend im Bibelkreis. (*Draesner* 2010, 80)

Zwar ist die angegebene Passage in Figurenrede erzählt, gleichwohl verweist sie repräsentativ auf die Sprachebene des Romans, die oft klischeehaft-stilisiert wirkt. Gott? Für die Astronomin Harriet, getrieben von einer tiefen Sehnsucht nach den Weiten des Alls im Gefühl dafür, „dass die Welt nicht dort endete, wo sie aufhörte" (ebd., 32), ist die Frage nach Gott erledigt: „Schluss mit dem Lückenbüßergott" (ebd., 117)! Ein Gott, der von den Naturwissenschaften immer mehr durchleuchtet wurde, nicht mehr benötigt als Welterklärer, der war letztlich so sehr geschrumpft, dass er „für manche so klein wie ein Ohrenschmalz in ebendiesem Mausmenschenohr" (ebd., 117) sei.

Und für Peter, den Pfarrer? Fast könnte man die Seiten austauschen hinein in den Roman von Wellershoff: Auch bei Peter Olvaeus gab es mal den Kindheitsgott: „Mit sieben hatte er einen Gott gehabt wie ein Kaugummispender! Gebet rein, Trost raus. Man kaute und war zufrieden." (ebd., 168) Und dann? „Lange noch war ihm Gott als Schöpfer fühlbar gewesen, über Jahre hatte er innerlich gewusst, dass Gott ihn in seinen Händen hielt, was auch immer geschah, dass er es umfasste wie ein Gefäß, größer als der Himmel, weiter als das All." (ebd.) Und dann der letzte Akt: Eines „morgens beim Aufwachen" wurde ihm schlagartig bewusst, „dass dieser Gott verschwunden war". „Und dann war der Himmel wieder leer." (ebd., 169)

„Gott ist die Summe der Erzählungen über Gott", hieß es bei Wellershoff. Erstaunlich: Ein vergleichbarer Gedanke findet sich auch hier, wenn auch verkleidet in einem Zitat aus den Gedichten des australischen Poeten *Les Murray*, das Peter Harriet vorliest: „Gott ist die Dichtung, die in jeder Religion gefangen wird, / gefangen, nicht eingesperrt." (ebd., 121) Gott – nur erkennbar als die Summe seiner Erzählungen, als die in den Religionen aufbewahrte Dichtung? Peter Olvaeus, der pseudojugendlich gebliebene, seine Frau betrügende Berliner Pfarrer, der am Ende des Romans überraschend stirbt, ist letztlich genauso wie Ralf Henrichsen ein glaubenslos gewordener Pfarrer, ein Verräter der Vorgaben seines Berufs und seiner eigenen Worte, ein Gottes-Simulant.

Auffällig bei den beiden letztgenannten Nachzeichnungen evangelischer Pfarrer: Ihnen wird literarisch die Maske vom Ge-

sicht gerissen. Sie versagen nicht nur in ihrer privaten und moralischen Lebensführung, sondern sind letztlich ohne Glauben. Die
beiden Pfarrersöhne Hein und Schlink verweigern sich dieser ein-
dimensionalen Charakterisierung. Gerade im Vergleich mit den
– ästhetisch wie inhaltlich – ungleich differenzierter ausgestalteten katholischen Amtsbrüdern erstaunt die vorherrschend stereotype Zeichnung evangelischer Pfarrergestalten in der gegenwärtigen deutschsprachigen Literatur. *Uwe Timm* (*1940) fügt diesem
Spektrum in seinem neuen Roman „Vogelweide" (2013) insofern
eine weitere Variante hinzu, als dass sein Held, der auf einer Insel
zurückgezogen lebende Vogelwart, zwar Evangelische Theologie
studiert hatte, aber schon direkt nach dem „Ersten Theologischen
Examen" den Entschluss fasste, „nicht Pfarrer zu werden" (*Timm*
2013, 120). „Ich glaube nicht", sinniert er vor sich hin. „Ich gehöre
zu den Zweiflern und Ungehorsamen." (ebd., 121)

8. Ausblick: ‚Literarischer Kulturprotestantimus'?

Freilich: Mit all den genannten Beispielen ist die literarische Produktivkraft des gegenwärtigen deutschsprachigen Protestantismus immer noch nicht ausreichend charakterisiert. So zeigen sich
in einigen neueren Romanen überraschende Hinwendungen zu
religiösen Motiven, ohne dass man dies von ihren Autoren werk-
geschichtlich erwarten konnte. Zwei Beispiele:

John von Düffels (*1966) Familienroman „Houweland" (2004)
erzielte große Aufmerksamkeit und wurde mit dem Nicolas-Born-
Preis des Landes Niedersachsen ausgezeichnet. Der weitgehend
religionslos aufgewachsene Dramaturg, Stückeschreiber und Pro-
saautor erzählt hier nicht nur eine von Härte, Erbarmungslosig-
keit und Schuldverstrickung bestimmte Familiengeschichte über
drei Generationen, sondern auch die Auswirkungen von deren „allesamt männlich geprägten Gottesbilder[n]" (*A. Langenhorst* 2006,
169). Der Patriarch der Familie wurde ganz und gar von einem
auf Pflicht und Leistung hin orientierten Gottesbild als strengem
Richter bestimmt: „Ein gnädiger Gott war in seinen Augen ein
verächtlicher Gott." (*von Düffel* 2004, 281) Entsprechend gnaden-
los hatte er seinerseits seine Familie geprägt. Erst einer der En-

kel befreit sich aus diesem Zwangskorsett und sucht nach einem Gottesbild, das er seinerseits der kommenden Generation weitergeben kann. Er sinniert: „Glaube habe bei ihnen zu Hause kaum eine Rolle gespielt. Von Gott [...] sei in seiner Gegenwart so gut wie nie die Rede gewesen. Dennoch habe er sich, wenn er nachts nicht einschlafen konnte, oft bei dem Gedanken ertappt, ob das, was er am Tag getan habe und was er morgen tun wolle, wohl Gott [...] gefalle. Meist habe er dann sehr gut geschlafen." (ebd., 305) Dass Buch endet mit einem verhalten optimistischen Ausblick.

Ein zweites Beispiel: Wie John von Düffel, so gilt auch *Sten Nadolny* (*1942) als Autor, in dessen Werk religiöse Spuren eher überraschen. Er könne „zwar nicht sagen, dass ich an Gott glaube", bestimmt er 2012 in einem Gespräch mit dem Domradio seine Position, gleichwohl könne er sich „hineinfühlen in jemanden, der an Gott glaubt". Im brillant erzählten Roman „Weitlings Sommerfrische" (2012) trifft man auf zahlreiche bemerkenswerte religiöse Verweise. Sie begegnen in Figurenrede des Erzählers, der sich an einen Bootsunfall auf dem Chiemsee erinnert, der ihn vor 50 Jahren fast das Leben gekostet hätte. Aber ist er damals wirklich gerettet worden? Oder ist sein Leben ganz anders verlaufen? Plötzlich verschwimmen zwei mögliche Lebensoptionen und Zeitdimensionen, werden vom damaligen Ereignis aus zwei verschiedene Lebenswege und Identitätsentwicklungen denkbar. Sie bleiben unaufgelöst nebeneinander stehen.

Der eigentliche Erzähler, der pensionierte Richter Weitling, „bezeichnete sich als gläubigen Menschen" (*Nadolny* 2012, 13), ist praktizierender evangelischer Christ und arbeitet an einem Buch mit dem Titel „Spes Divina". Für ihn liegt eine mögliche Erklärung der rätselhaften Ereignisse darin, dass „Gott selbst handgreiflich wurde, und einen Menschen rettete, mit dem er noch Pläne hatte" (ebd., 39). Der zweite hier erzählte Lebensweg ist hingegen von einem klaren Atheismus geprägt. Er habe „die Konfirmation abgelehnt, weil ich, wie ich sicher zu wissen meinte, nicht an Gott glaubte" (ebd., 83), erinnert sich der Erzähler später. Was bleibt am Ende? Habe er, wird Weitling gefragt, vielleicht „wie manche seiner Kollegen, altersbedingt" (ebd., 211) zum Glauben zurückgefunden? Entschieden weist er diese Deutung zurück. Nein, für ihn steht fest: „Gott gibt es. Wie wäre ich sonst zu zwei Leben gekommen." (ebd., 219) Mit diesen wohlkalkuliert ironischen Sätzen, mit bleibender Doppelbödigkeit gerade im Blick auf Religion endet der Roman.

Religion und Gottesrede in der Gegenwartsliteratur aus evangelischer Perspektive: Auch hier bietet sich dem Betrachter ein weitgespanntes Panorama. Eine vielfach bezeugte, vieldimensional ausdifferenzierte neue Unbefangenheit diesem Themenfeld gegenüber zeigt sich jedoch – im Gegensatz zur katholischen Perspektive – nicht, auch wenn wir etwa im Blick auf *Sibylle Lewitscharoff*, *Michael Krüger* und *Christian Lehnert* später einige weitere Facetten zu diesem mosaikartigen Gesamtbild hinzufügen werden. Ein neues Aufblühen der Tradition des ruhmreichen literarischen Kulturprotestantismus lässt sich nicht konstatieren.

Als Zwischenergebnis lassen sich einige ganz verschiedenartige Tendenzen benennen:

- So findet sich das Weiterschreiben einer nie abgebrochenen schmalen Tradition explizit christlicher Literatur – etwa bei *Marti*, *Zeller* und *Wohmann*. Hier wird binnenchristliche Erfahrung in binnenchristlicher Sprache so neu erzählt oder verdichtet, dass den ästhetischen Anforderungen unserer Zeit entsprochen wird. Der Suche nach unverbrauchter Sprache und einer überzeugenden Erzählweise in affirmativer Konzeption kommt dabei mehr Bedeutung zu als dem Versuch grundlegend neuer Gedanken, Mischungen, Formen.
- Daneben steht eine neue literarische Auseinandersetzung mit dem Phänomen der Gottesvergiftung, also einer streng bis fundamentalistisch christlich-evangelischen Erziehung, von der sich die AutorInnen (*Delius*, *Muschg*, *Altenweger*, *Schreiber*, *Orzessek*) frei schreiben.
- Die Figur des protestantischen Pfarrers oder der Pfarrerin wird neu als literarisch reizvolle Gestalt entdeckt und in das Zentrum von gegenwartsbedeutsamen Romanen hineingeschrieben, primär in ihrem moralischen und religiösen Scheitern (*Mohl*, *Huizing*, *Wellershoff*, *Draesner*), seltener in ausgewogen affirmativer Zeichnung (*Hein*, *Schlink*).

- Evangelisch geprägte AutorInnen entdecken zudem die Dimensionen von Gottesglaube und Religion als einen von vielen Motivsträngen ihres Schreibens wieder und geben ihm neu Raum im Kosmos ihrer Romanwelten (*von Düffel*, *Nadolny*), ohne ihm zentrale Bedeutung beizumessen.

III. Neue Sichtbarkeit:
Deutsch-jüdische Gegenwartsliteratur

Ein großer, ein gewagter Sprung: Von der christlich geprägten Literatur hin zu den Fragen, wie sich die deutsch-jüdische Lebenswelt der Gegenwart literarisch spiegelt und welche Rolle der Darstellung von Religion und Gottesrede darin zukommt. Dieses Vorgehen bedarf zunächst einer vorausgehenden Vergewisserung: Was ist mit dem Begriff der ‚deutsch-jüdischen Literatur' überhaupt gemeint? (vgl. *Gellner/Langenhorst* 2013, 21ff.)

Wer auch immer sich mit ‚deutsch-jüdischer Literatur' auseinandersetzt, muss sich darüber im Klaren sein: Schon die aus dem 19. Jahrhundert stammende Bezeichnung als solche ist umstritten. Neben einer polemisch-ideologischen Verwendung des Begriffs seitens der völkischen Germanistik war die deutschsprachige Literatur jüdischer AutorInnen auch Gegenstand einer breiten und vielstimmigen *binnen*jüdischen Debatte zwischen VertreterInnen des Kulturzionismus und der Assimilation. Als weitgehend anschlussfähig erweist sich aus heutiger Sicht die folgende Begriffsbestimmung: Unter ‚deutsch-jüdischer Literatur' versteht man dem Neuen Lexikon des Judentums zufolge „das literarische Werk jüdischer Autoren deutscher Sprache, in dem explizit oder implizit in irgendeiner Form jüdische Substanz erkennbar ist – als jüdische Thematik, Motivik, Denkformen oder Modelle" (in *Schoeps* 2000, 522).

Aber dient ein solcher Begriff nicht eher der Ausgrenzung als einer sinnvollen Charakterisierung? Gibt es wirklich substantielle literarische Gemeinsamkeiten bei den unter dieser Rubrik subsumierten AutorInnen sowie ihrer Werke? Im Anschluss an *Andreas B. Kilcher*, Herausgeber zentraler Überblicksdarstellungen zum Themenfeld, müssen drei Vorbedingungen bedacht werden, wenn man den Begriff – wie literaturwissenschaftlich üblich – weiterhin benutzt: Zunächst muss bei der Verwendung des Begriffs ‚deutsch-jüdische Literatur' die „Gefahr der Ideologisierung immer mitbedacht und Polemik wie Apologie vermieden werden". Es geht weder um eine philosemitische Hochstilisierung noch um eine Ausgrenzung oder Marginalisierung. Eine Verwendung des Begriffs ist so zweitens nur möglich im „Wissen und Bewusstsein über die kontroversen historischen Interpretationen des Begriffs" und drittens unter Berücksichtigung einer „irreduziblen Mehrdeutigkeit dessen, was als deutsch-jüdische Literatur" (*Kilcher* 2000, XIV) gelten kann.

1. „Deutsch-jüdische Literatur"?
Entwicklungen seit 1945

Nach der Katastrophe der Shoah schien die Stimme der zuvor breit entfalteten deutsch-jüdischen Literatur verstummt, dem Massenmord der Nazis zum Opfer gefallen. „Nach menschlichem Ermessen", schrieb *Siegmund Kaznelson* in der Einführung zu seiner „abschließenden Anthologie" über das „Jüdische Schicksal in deutschen Gedichten" im Jahr 1959, gehe „die deutschsprachige Dichtung jüdischen Inhalts mit unserer und vielleicht der nächsten Generation zu Ende" (*Kaznelson* 1959, 14).

Erst seit Beginn der 1960er Jahre wuchs allmählich das Bewusstsein, dass es eben doch eine Generation jüdischer SchriftstellerInnen *nach* der Shoah gab, die weiterhin auf Deutsch schrieben. Im Nachhinein wird man sie als die ,erste Generation' deutsch-jüdischer Literaten bezeichnen. Einige von ihnen lebten außerhalb Deutschlands und Österreichs, hatten im Exil die Shoah überlebt und blieben dauerhaft dort: *Nelly Sachs, Paul Celan* oder *Erich Fried*. Andere kehrten nach langen Jahren des Exils in Länder des deutschen Sprachraums zurück: *Rose Ausländer, Hilde Domin, Anna Seghers, Elias Canetti, Grete Weil, Stefan Heym, Wolfgang Hildesheimer* oder *Jurek Becker*. Die meisten Werke dieser AutorInnen waren ganz darauf konzentriert dem Erlebten überhaupt einen sprachlichen Ausdruck zu geben. Ihnen ging es darum, den unfassbaren Genozid einerseits zu bezeugen, um ein Vergessen zu verhindern, andererseits mit der Erinnerung so umzugehen, dass ein Weiterleben möglich wurde. Nur langsam fanden diese SchriftstellerInnen Gehör, nur zögerlich öffnete sich die auf Vergessen, Neuanfang und Aufbau konzentrierte Nachkriegsgesellschaft den mahnenden Stimmen und sprachlich fixierten Auseinandersetzungen mit der Notwendigkeit des Erinnerns.

Mit Beginn der 1990er Jahre etablierte sich dann eine neue – die ‚zweite‘ – Generation deutsch-jüdischer Literatur, die sich von der ersten Generation deutlich abhebt, auch wenn nicht in jedem Fall klare Zuordnungen vorgenommen werden können. Viele dieser SchriftstellerInnen, geboren entweder noch im Zweiten Weltkrieg, die meisten jedoch danach, waren Remigranten, aufgrund eigener Entscheidung oder mit ihren Eltern in deutschsprachige Länder zurückgekehrt. Andere wuchsen hier auf, meist mit nur schwach jüdischer Prägung, um sich dann später ihrer Herkunft bewusst zu werden und diesen Prozess literarisch zu schildern. Nicht so sehr der Blick zurück charakterisiert ihr Schreiben, sondern der Blick auf die Möglichkeiten und Schwierigkeiten eines Lebens als Jüdin oder als Jude in Deutschland, Österreich oder der Schweiz. Das aber ändert Selbstverständnis, Ton und Stil: Selbstbewusst treten sie nun als Juden in die Öffentlichkeit, und wenn ihre Elterngeneration vor allem die Opferrolle vehement zurückwiesen, so lehnen sie nun auch die ihnen zugeschriebene Rolle als Versöhner dezidiert ab. Geradezu demonstrativ schildern sie ein aktuelles Jüdischsein in nichtjüdischen Mehrheitsgesellschaften, das sich nicht mehr ausschließlich über die Shoah und die Übermacht der Vergangenheit von Antisemitismus und Verfolgung definiert. Neben dem kritischen Blick auf die eigene Elterngeneration, die sich angesichts der fortbestehenden antisemitischen Grundtendenz ihrer Lebensumwelt größtenteils als Juden unsichtbar zu machen versuchte, stellen sie nun die ihrer Meinung nach verkrampften Erinnerungs- und Bewältigungsrituale, die eingefahrenen Wahrnehmungsraster sowie Befangenheiten zwischen Juden und Nichtjuden im ‚Nach-Auschwitz-Deutschland‘ in Frage.

In Form und Inhalt knüpfen diese AutorInnen literarisch weniger an den Werken ihrer deutschsprachigen Vorgängergeneration an, als vielmehr immer wieder an den erzählerischen Entwürfen amerikanisch-jüdischer Vorbildern wie *Saul Bellow, Henry Roth, Bernard Malamud* oder *Philip Roth*, in welchen der (mit-)erzählte Alltag jüdischen Lebens eine selbstverständliche Rolle spielt.

Nur die wichtigsten Namen dieser nach wie vor literarisch produktiven ,zweiten' Generation können hier aufgerufen werden: *Mirjam Pressler* (*1940), *Katja Behrens* (*1942), *Robert Schindel* (*1944), *Rafael Seligmann* (*1947), *Barbara Honigmann* (*1949), *Esther Dischereit* (*1952) oder *Robert Menasse* (*1954). Die Werke dieser SchriftstellerInnen zeichnen sich durch eine inhaltliche wie formale Vielgestaltigkeit aus. Keineswegs bilden sie so etwas wie eine eigene literarische ,Schule'. Gleichwohl gibt es Gemeinsamkeiten: In ihren Werken wird die literarische Auseinandersetzung mit dem in der Gegenwart gelebten Judentum zu einem zentralen Themenstrang ihres Schreibens.

Ging es dieser ,zweiten Generation' zunächst – mit den Worten *Barbara Honigmanns* – um so etwas wie die „Wiedereroberung" des „Judentums aus dem Nichts" (*Honigmann* 1999, 29), so geht es seit der Jahrhundertwende um die Behauptung eines eigenen, auf Gegenwart und Zukunft bezogenen Profils. Ergänzend zur Erinnerungskultur braucht es heute eine neue Wahrnehmungskultur im Blick auf gegenwärtig gelebtes Judentum. Die ,zweite Generation' musste erst einmal die weithin verdrängte Shoah thematisieren, überhaupt auf die Weiterexistenz von Juden im deutschsprachigen Raum aufmerksam machen und ein Leben hier angesichts der Option einer Existenz in Israel rechtfertigen. Für eine inzwischen erkennbare ,dritte Generation' verschieben sich die Schwerpunkte ein weiteres Mal. Von der Shoah weiß man selbst auch nur aus Dokumenten, Archiven, Medien und Museen. Nur noch selten erinnert man sich an Erzählungen überlebender Familienmitglieder, die weit häufiger schweigen als über ihre grauenvollen Erfahrungen und Bezeugungen reden wollen. Oft genug findet sich aber auch der Gegenzug: Jüngere Jüdinnen und Juden wollen selbst nicht auf dieses Thema, diese Erinnerungspflicht festgelegt werden.

So hat sich spätestens seit der Jahrtausendwende eine Generation von noch einmal jüngeren deutschsprachigen jüdischen AutorInnen etabliert, die in großer Selbstverständlichkeit gegenwartsbezogene jüdische Lebens- und Glaubenswelten in ihr literarisches Schreiben integrieren. In ihren Werken spiegelt sich eine neue Präsenz von „Jüdischkeit" (vgl. *Heuser* 2011) in der deutschsprachigen Gegenwartsliteratur. Von dieser Tradition der damit in knappen Strichen charakterisierten ,dritten Generation' sollen hier nur repräsentativ genannt werden: *Anna Mitgutsch* (*1948), *Maxim Biller* (*1960), *Doron Rabinovici* (*1961) und *Vladimir Vertlib* (*1966).

2. Barbara Honigmann:
„Gott im normalen Leben"

Blicken wir zunächst auf Person und Werk einer Schriftstellerin, die zwischen der zweiten und dritten Generation anzusiedeln ist und damit die Begrenztheit derartiger Zuschreibungen aufzeigt. *Barbara Honigmann*, 1949 in (Ost-)Berlin geboren, zeichnet sich durch einen außergewöhnlichen Lebenslauf aus, der sich in ihrem literarischen Oeuvre niederschlägt.

Eine Biographie als „dreifacher Todessprung ohne Netz"

Aufgewachsen ist Barbara Honigmann in einem säkularen Kontext. Beide Eltern waren religiös nicht praktizierend, haben das spezifisch religiöse Judentum auch nicht an die einzige Tochter, die der bald geschiedenen Ehe entsprang, weitergegeben. Nach dem Exil gingen die Eltern – aus Ungarisch-Wienerischer Tradition die Mutter, aus Hessisch-Breslauer Linie der Vater – bewusst in die DDR, um am sehnsüchtig herbeigewünschten kommunistischen Idealstaat der Zukunft mitzubauen. Vom „schon in die Assimilation hineingeborenen" (*Honigmann* 2004, 32) Vater wird die Tochter später berichten, er habe sich vor die „Wahl" gestellt gesehen zwischen „den religiösen Juden und den Kommunisten" (ebd., 196), und seine Wahl getroffen: „in seinem ganzen Leben" habe er „überhaupt keine Verbindung zum Judentum" (*Honigmann* 1991, 7) gehabt. Das Judentum „war ihm sowieso schon ganz entrückt und entfremdet" (*Honigmann* 1999, 43). Allgemein gilt für die Eltern Barbara Honigmanns und folglich für ihre Kindheit, Jugend und junge Erwachsenenzeit: „Vom Judentum wurde [...] nicht gesprochen." (ebd. 23)

Nichts deutet zunächst auf eine religiöse Wende im Leben der unter privilegierten Verhältnissen in der DDR aufwachsenden

Tochter der säkularen Juden Honigmann hin: Besuch der Oberschule, Studium an der Humboldt-Universität, dann einige Jahre die Arbeit als Dramaturgin und die Entdeckung der eigenen Malerei, die ihr ganzes Leben lang als künstlerisches Medium neben der Literatur wichtig bleiben wird. Der „Eingang in ein religiöses jüdisches Leben scheint mir verschlossen", lässt Barbara Honigmann ihr literarisches *alter ego* in dem Briefroman „Alles, alles Liebe!" aus dem Jahre 2000 in einer in das Jahr 1975 zurückgespiegelten Handlung schreiben, „wahrscheinlich, weil mich meine Eltern in dem militanten Atheismus erzogen haben, der zu ihrer politischen Überzeugung gehörte" (*Honigmann* 2000, 128). Diese Überzeugung lässt sich zunächst auch auf die Autorin selbst übertragen.

Zum Wendepunkt sollte das Jahr 1976 werden, die Autorin nennt es das Jahr „eines größeren Aufbruchs und verschiedener Richtungsumschwünge in meinem Leben" (*Honigmann* 2006, 77): Barbara Honigmann wird schwanger. Konfrontiert mit den Fragen, was sie ihrem Sohn Johannes mitgeben könne und was sein Leben prägen solle, beschließt sie, sich näher mit dem Judentum zu befassen. „Genau zu dieser Zeit trug ich mich in die Jüdische Gemeinde ein" (ebd. 81), schreibt sie später. Sie habe – so Barbara Honigmann – „für mein Leben entschieden, dass auch das Jüdische darin Platz haben sollte" (*Honigmann* 1999, 14). Die kleine Ostberliner Gemeinde, in die sie sich einträgt, ist freilich völlig überaltert und schrumpft ständig. Hier haben sich nun einige junge Leute eingefunden, „die sich auf die Suche nach einem Sinn ihres ererbten, immer nur imaginär gebliebenen, kaum eben benannten Judentums gemacht" (*Honigmann* 2011, 81) haben. Sie versuchen ein jüdisches Leben zu erlernen. Unter ihnen: Barbara Honigmann. Sie lernt Hebräisch, studiert die hebräische Bibel, den Talmud und andere jüdische Grundschriften, nimmt an Gebeten und privaten wie gemeindlichen Feiertagsgestaltungen teil, um ein ‚normales' jüdisches Leben zu leben.

1979 lernt sie dort ihren späteren Ehemann, den Physiker *Peter Obermann* kennen, die beiden heiraten nach traditionell jüdischem Brauch, er nimmt ihren Familiennamen an. 1983 wird der gemeinsame Sohn Ruben geboren. Immer deutlicher wird jedoch, dass ein explizit jüdisches Leben in diesem Kontext kaum möglich ist. Die selbstgestellte Aufgabe, das Schaffen eines „neuen Mythos: die Wiedereroberung unseres Judentums aus dem Nichts" (*Honigmann* 1999, 29), erweist sich zusehends als schwierig. 1984 – im Todesjahr des Vaters und im Jahr der Rückkehr der Mutter nach Wien – zieht die Familie nach Straßburg, „drei Minuten hinter der Grenze, als ob mein Mut nicht weiter gereicht hätte" (ebd., 45), kommentiert Barbara Honigmann im Nachhinein. Hier befindet sich eine der größten jüdischen Gemeinden Europas mit um die 20.000 Gemeindemitgliedern; hier gibt es eine dichte jüdische Infrastruktur; hier erhofft sich die junge Familie einen Rahmen, in dem das Judentum selbstverständlich ist. Hier lebt Barbara Honigmann mit ihrem Mann bis heute.

Dieser radikale Schritt kostet Mut. Zum ersten Mal erfährt sie, was es bedeutet, außerhalb der gewohnten Umwelt zu leben: „Nun weiß ich endlich, was es heißt, fremd zu sein", schreibt sie im „Roman von einem Kinde", und fährt fort: „Ich bin eine Fremde" (*Honigmann* 1986, 114). Sie wird sich bewusst, einen „dreifachen Todessprung ohne Netz" zu vollziehen, „vom Osten in den Westen, von Deutschland nach Frankreich und aus der Assimilation mitten in das Thora-Judentum hinein" (ebd., 111). Die Art, wie sie ihr Judentum gestalten will, lässt sie sich dabei von niemandem vorschreiben. Es soll, das ist ihr klar, von alltäglicher und unspektakulärer religiöser Praxis bestimmt sein. Sie will, heißt es in ihren späteren Worten aus dem Erzählband „Damals, dann und danach" von 1999, „Gott nicht in der Askese und auch nicht in der Ekstase suchen müssen, sondern im normalen Leben" (*Honigmann* 1999, 67).

„Koscher light" (ebd., 68) nennt sie diese Lebensform des Judentums in Abgrenzung gegen eine einseitige zionistische Orientierung auf der einen, eine primär erinnerungsfixierte Orientierung an der Shoah auf der anderen Seite: „wir grenzen uns deutlich von denen ab, die eine Pilgerfahrt nach Jerusalem oder nach Auschwitz machen müssen" (ebd.). Ihr geht es um ein „Minimum jüdischer Identität" jenseits „eines immerwährenden Antisemitismus-Diskurses" (ebd., 15). Sie verortet sich selbst in einem „Versuch irgendwo zwischen ganz orthodox und ganz assimiliert den jüdischen Teil" ihrer „Existenz lebendig zu halten, ihm einen Sinn zu verleihen, und sich schließlich durchzuwursteln" (ebd., 61). Von dieser einzigartigen biographischen Matrix aus ergibt sich das literarische Schreiben Barbara Honigmanns.

Autofiktion als literarisches Verfahren

Von all dem, von ihrer Familie, von der oft genug auf Friedhöfen erschlossenen Erinnerung an die Vorfahren, von ihrem Aufwachsen, ihrem Entschluss, ein jüdisches Leben in Straßburg zu führen, vom Leben in der jüdischen Gemeinde, von der sie prägenden religiösen wie belletristischen Lektüre, von Reisen und Begegnungen, von religiösen Feiern, immer wieder vom Begehen des Sabbats und vom Seder-Mahl an Pessach, von unterschiedlichen Synagogen und ihren Traditionen ist im Werk Barbara Honigmanns zu lesen. Eine Grundmotivation des eigenen literarischen Schaffens liege im Versuch des Anschreibens gegen die „völlig schiefe Wahrnehmung des Judentums" in Europa, wo das „Konstrukt einer ‚jüdischen Kultur'" vorherrsche, „das sich meist aus Unkenntnis, Missverständnissen und Klischees zusammensetzt" (*Honigmann* 2006, 52). Aber wie kann man gegen ein solches Konstrukt anschreiben?

Abgesehen von einigen früh verfassten Theaterstücken besteht fast ihr gesamtes Oeuvre aus einer sehr spezifischen, von ihr immer weiter entfalteten Gattung: der „Autofiktion" (ebd., 39), einem Begriff und einem Konzept, das Barbara Honigmann dem Werk des französischen Schriftstellers *Serge Doubrovski* (*1928) entlehnt hat. Dabei werden autobiographische Erlebnisse und Erinnerungen mit Reflexionen versehen, mit fiktionalen Einfällen, dokumentarischen Zutaten, symbolischen Erzählzügen und dem Blick auf andere Perspektiven verbunden. ‚Autofiktion' also legt Honigmann vor, in der sich Enthüllung und Verhüllung, Erzählen und Verschweigen, Aufdecken und Verbergen, Spurensuche und Spurenverwischung immer wieder gegenseitig überlagern. Die meisten ihrer Bücher sind Zusammenstellungen von eigenständigen Einzeltexten, die zuvor bereits separat erschienen sind. Mit „Roman von einem Kinde" betrat sie 1986 die literarische Szene, ein irreführender Titel, gewählt „aus einer reinen Intuition" (*Honigmann* 1999, 51) heraus, handelt es sich doch weder um einen Roman noch geht es um ein Kind. Tatsächlich sind die hier präsentierten „sechs Erzählungen", so der Untertitel des bewusst an *Bettine von Arnims* Briefroman „Goethes Briefwechsel mit einem Kinde" (1835) angelehnten Buches, bereits perfekte Beispiele für das fortan immer wieder angewendete Verfahren der ,Autofiktion'.

Orientiert an dieser Konzeption erscheinen später „Am Sonntag spielt der Rabbi Fußball" (1998) – 37 Miniaturen, ursprünglich für die „Basler Zeitung" geschriebene Kolumnen; „Damals, dann und danach" (1999); „Das Gesicht wiederfinden. Über Schreiben, Schriftsteller und Judentum" (2006), schließlich „Das überirdische Licht. Rückkehr nach New York" (2008), eine Art Reisetagebuch. In ähnlicher Technik entstehen aber auch drei geschlossenere Werke. Zwei sind jeweils einem Elternteil gewidmet: zunächst dem Vater („Eine Liebe aus Nichts"; 1991), viele Jahre später der Mutter („Ein Kapitel aus meinem Leben"; 2004). 2011 folgte ein Erinnerungsporträt des Geliebten aus Ostberliner Zeiten, der auch nach Beendigung der intimen Beziehung ein sporadischer Lebensbegleiter blieb, des Regisseurs *Adolf Dresen* („Bilder von A.", 2011). Diese Werke setzen die Grundtechnik der Autofiktion fort: „Auch das autobiographische Schreiben ist ja Fiktion" – hebt Barbara Honigmann in ihren Zürcher Poetikvorlesungen hervor: Literarisch gespiegelte „Selbsterforschung, Selbstentdeckung und Selbstoffenbarung" sind eben „immer auch Selbstinszenierung, Selbstfiktionalisierung" oder „Selbstmythologisierung" (*Honigmann*, 2006, 39). In die derart immer wieder neu geschilderte „lange Reise ins Innere des Judentums" und heraus aus „dem Vakuum einer säkularisierten jüdischen Familie" (ebd., 159) nimmt sie uns als Lesende mit.

Rollenprosa: „Soharas Reise"

Eines ihrer Bücher fällt aus dem Rahmen. In ihm greift sie zu Rollenprosa. Der 1996 erschienene Roman „Soharas Reise", der im Folgenden genauer vorgestellt werden soll, ist das am deutlichsten literarisch ausgeformte Werk der Autorin. Viele Motive des weitgespannten Oevres Barbara Honigmanns finden sich auch hier, aber in anderem Zusammenhang und eigener Ausprägung: die Verarbeitung von Exil, Vertreibung und Heimatlosigkeit; das Leben im Schatten der Shoah, ohne dass diese Dimension alles andere überlagern würde; der von religiösen Ritualen geprägte Alltag und die Strukturierung der Zeit durch den Sabbat sowie die religiösen Feste; der immer neu versuchte, immer wieder scheiternde Versuch, in menschlichen Freundschaften und Partnerschaften Sicherheit, Klarheit und Struktur in ein von Unsicherheit und Ungewissheit bestimmtes Leben zu bringen; ein durch alle Problematisierungen hindurchklingender sanfter Optimismus sowie eine Zugewandtheit zum Leben.

Der auf einer Zeitungsmeldung über einen ‚konkreten Fall' basierende Roman kreist um die Probleme der sephardischen nordafrikanischen Juden, die in den letzten Jahrzehnten in die so ganz anders ausgerichteten französisch-aschkenasischen jüdischen Gemeinden aufgenommen wurden. Sie sind Nachfahren jener 1492 aus Spanien vertriebenen Juden, die über Jahrhunderte hinweg in Nordafrika, vor allem in Algerien lebten. Am Ende des Kolonialkrieges 1962 wurden sie jedoch auch von dort vertrieben. Ein großer Teil von ihnen wurde in Frankreich oder Italien aufgenommen, wo dann unterschiedliche, seit mehr als 400 Jahren weitgehend eigenständige Kulturen und Traditionen jüdischen Lebens aufeinander prallten. Der innere Konflikt zwischen diesen zwei Gruppierungen steht im Zentrum des Romans. Während deutschjüdische Romane meistens die Konflikte zwischen jüdischer und nichtjüdischer Lebensart thematisieren, geht es hier also primär um eine binnenjüdische Problematik.

Sohara Serfaty – Auf der Reise zum Ich

Ich-Erzählerin des Romans ist die aus Algerien stammende Jüdin Sohara Serfaty. Aus ihrer Sicht und im Rahmen ihrer sprachlichen wie intellektuellen Möglichkeiten entfalten sich die Handlungsstränge und Gedankengänge. Sie ist nach langen Irrwegen in Straßburg in einer kleinen, geschlossenen jüdischen Enklave gelandet. Ihr Mann, selbst ernannter ‚Rabbiner von Singapur', der am

Ende als Scharlatan und Spendenbetrüger entlarvt wird, hat ihre gemeinsamen sechs Kinder entführt. So unerwartet allein zurückgeblieben lässt sie ihr Leben Revue passieren. Mit Hilfe des Rabbiners ihrer Gemeinde gelingt es ihr letztlich die Kinder aus London wieder zu sich zurückzuholen, um ihr künftiges Leben mit ihnen, aber ohne ihren Ehemann anzugehen. Sohara Serfatys „Reise", auf die der Titel anspielt, ist so mindestens doppeldeutig. Zum einen geht es um die geographische Reise weg aus der heimatlichen algerischen Großstadt Oran nach Europa. Dieser äußeren Reise korrespondiert freilich eine innere Reise, ein Emanzipationsprozess, der die Protagonistin zu sich selbst, zur Befreiung von der Abhängigkeit von dem als Betrüger durchschauten Ehemann und letztlich zu einem selbstbewussten Leben befähigt.

Das Schicksal der algerischen Juden wird in der Geschichtsschreibung wie in der fiktionalen Literatur weitgehend ausgeblendet. Hier bekommt es Gestalt und Profil. „Zweitausend Jahre haben wir da gewohnt! Sechzig Generationen!" (*Honigmann* 1996, 41) – so die Erzählerin im Blick auf die Vertreibung aus dem Exil Algerien, das zur Heimat geworden war. In Figurenperspektive stimmig erinnert sie sich idealisierend an das Leben in Oran, an ein Leben in großfamiliärer Gemeinsamkeit, präsentiert als Gegensatz zur gegenwärtigen Lebenserfahrung in Straßburg: „Wie viele hatten da am Freitagabend bei uns am Tisch gesessen, der ganze Clan, die Onkel, Tanten und ungezählte Cousinen und Cousins, man wohnte sowieso nah beieinander, und alle waren immer bei allen zu Besuch, verschlossene Türen gab es nicht und kein Für-sich-allein-Sein, wozu auch." (ebd., 43f.) Umso schwerer fiel der Abschied aus dieser Welt, vergleichbar mit der Vertreibung der Aschkenasim aus der heimgebenden Welt der osteuropäischen Schtetl – ein Vergleich, der im Buch selbst nur in Andeutungen gezogen wird. „Bei euch in Afrika war alles nicht so schlimm, haben uns die Aschkenasim gesagt, als wir hierherkamen", erinnert sich Sohara Serfaty und fügt zynisch an: „Die Aschkenasim waren in jedem Falle die Elite des Leidens, die Weltmeister des Martyriums, wir waren dagegen reine Anfänger, in den hintersten Rängen platziert" (ebd 24).

Barbara Honigmann

Die vielen Gesichter des Judentums

Die jüdische Welt, in der Sohara Serfaty lebt, hat viele verschiedene Facetten. Sie werden immer wieder in einem ironischen Ton erzählt, der dem Erzählten einen unterschwelligen Humor, gleichzeitig aber eine Abgründigkeit unterlegt. Da gibt es den weltklugen Rabbi Hagenau, der „mehr wie ein Geschäftsmann" (ebd., 90) in seinem topmodernen Büro sitzt und ihr tatkräftig zur Seite steht. Da wird Soharas scheinheiliger Mann Simon beschrieben, der sich als Rabbi geriert, Spenden für die Juden in Russland oder in Israel erbittet, die er letztlich für den eigenen Gebrauch unterschlägt. Da trifft sie in London zu ihrer großen Verwunderung auf Chassidim, fromme Juden sichtbar orthodoxer Observanz. Es handelte sich um „das erste Mal" in ihrem Leben, dass sie auf einen „Juden traf, mit dem ich keine gemeinsame Sprache hatte" (ebd., 114), so dass als Reservoir gemeinsamer Grundverständigung nur ein Kernbestand hebräischer Sprachbrocken bleibt. Ganz fremd bleibt ihr insgesamt der für sie unvertraute Anblick all jener „schwarz angezogenen Männer mit Schläfenlocken, manchmal diskret hinter die Ohren geklemmt, und Frauen mit Perücken und einem Haufen Kindern, die in mehrsitzigen Kinderwagen saßen oder daran hingen oder darum herumliefen" (ebd., 114).

Die wichtigste Spiegelfigur des gelebten Judentums im Roman ist jedoch eine mit Sohara Serfaty befreundete Nachbarin, die alte, deutsche, vornamenlos bleibende Jüdin Frau Kahn. Bei aller Unterschiedlichkeit zwischen Sephardim und Aschkenasim, die im Roman beschrieben wird, steht doch fest, dass diese letztlich nicht trennend sein muss. „Zwischen Frau Kahn und mir hat das keine Rolle gespielt, dass sie aschkenasisch ist und ich aus Nordafrika bin." (ebd., 24) Ursprünglich aus Mannheim kommend, überlebte Frau Kahn – im Gegensatz zu den meisten anderen Mitgliedern ihrer um Assimilation bemühten Familie – die Verschleppung in verschiedene Konzentrationslager. Frau Kahn, der alles Deutsche zutiefst und bleibend verhasst ist, fragt genau jene religiöse Selbstverständlichkeit an, die Sohara Serfaty ungetrübt in sich trägt und ausübt: „Wissen Sie, ich kann nicht mehr an Gott und sein Gesetz glauben", gesteht Frau Kahn, um freilich hinzuzufügen, „aber, sagen wir, ich will ihn auch nicht ganz vergessen." (ebd., 75) Gott hat sich für sie – die „Jüdin, die nicht an Gott glaubt, oder sagen wir, nicht mehr" (ebd., 71) – radikal verrätselt: „auf wessen Seite Gott steht, das weiß ich schon lange nicht mehr." (ebd., 74) An ihr wird deutlich, dass es auch innerhalb der Aschkenasim mehrere Gruppierungen gab und gibt, vor allem die der West- und Ostjuden. So heißt es von Frau Kahn, dass sie zwar „sowieso nicht viel für Rabbiner übrig" hatte, diese aber umso mehr ablehnte, „wenn sie aus entlegenen polnischen Orten stammen und versuchen, eine gemäßigte westeuropäische Gemeinde nach den beschränkten Vorstellungen ihres Schtetl umzuwandeln" (ebd., 91).

Sohara Serfaty hingegen beklagt sich darüber, dass in der europäischen Gemeinde Religion so wenig ernst genommen wird. Im Vergleich zu der ihr vertrauten nordafrikanischen Gemeinde, in der „die Angst vor Gott größer war", stellt sie fest: „Gott sei gelobt, gepriesen, gedankt, das waren keine leeren Worte, wie man sie hier sagt." (ebd., 75) Ihr eigener Glaube ist ungebrochen. Sie betet, geht in die Synagoge, hält sich an die Speisegebote und andere rituelle Vorschriften, trägt ein Kopftuch und ihre Kinder sind nach Vorbildern aus der hebräischen Bibel benannt. Aber nicht nur das: Sie nimmt sich vor, im Rahmen ihrer Möglichkeiten ihre Religion genauer kennen und verstehen zu lernen. Schon als Mädchen in Oran habe sie bei einem Onkel „an jedem Schabbatnachmittag den Wochenabschnitt" (ebd., 28) gelernt. Ihr Mann, Simon, versuchte hingegen bewusst, ihr jegliche religiöse Bildung vorzuenthalten. Das „Wissen, das er aus diesen Büchern zog, behielt er für sich" (ebd., 61), um so neben der materiellen auch die geistige Abhängigkeit strukturell zu verankern. Und seine Frau hielt sich an seine Vorgaben. Erst viel später, in Straßburg, besucht Sohara einen Glaubenskurs bei Rabbi Hagenau, in dem das Gebetbuch „durchgenommen" wird, „damit wir uns besser darin zurechtfinden und wissen, was wir da beten" (ebd., 92).

Gut aufklärerisch inspiriert versucht der Rabbi sogar, den Frauen klarzumachen, dass es „keine Rangordnung zwischen Männern und Frauen" gebe, aber die so ganz anders geprägten Frauen sind nicht leicht zu überzeugen: „So richtig haben wir ihm das nicht geglaubt" (ebd., 93). Hier steht nicht nur aschkenasische gegen sephardische Tradition, hier steht Aufklärung gegen Tradition, steht gebildete Oberschicht gegen volksreligiöse Prägung. Der Gottesglaube jedenfalls sitzt unerschütterlich tief in Sohara Serfaty. Gegen Frau Kahns shoahdurchlittenen Atheismus und im Wissen um die zermürbende Unklärbarkeit der Theodizee hofft sie letztlich darauf, dass „Gott es nicht mit mir übertreiben würde, ich wüsste schließlich nicht warum, denn ich liebe ihn, ich fürchte ihn, und ich lehne mich nicht gegen ihn auf" (ebd., 78). Diesen Glauben wird sie nicht verlieren, wohl aber das Element der Hörigkeit ihrem Mann und dem Schicksal gegenüber.

Sephardim – Aschkenasim: Zwei Lebensweisen

Die solidarische Wegbegleitung der so ganz anders geprägten Nachbarin Frau Kahn wird dabei zu einem entscheidenden erzählerischen Element. In einer zentralen Szene des Romans (ebd., 71–78 passim) werden die Gemeinsamkeiten und Unterschiede der zwei jüdischen Lebenserfahrungen und Lebensweisen deutlich. Frau Serfatys religiöses Leben ist ganz und gar auf den Sabbat, auf das Vorbereiten der Speisen nach festem Gebot, auf das Einhalten der Ruhezeiten, auf die Gestaltung der Feier ausgerichtet. Schwer genug, den in Oran zentralen Brauch in Straßburg weiterhin aufrechtzuhalten! Aber vollends problematisch wird ihr die Gestaltung des Sabbat, als ihre Kinder nicht mehr bei ihr sind. Ein Sabbat allein – unmöglich! Frau Kahn bemerkt die Verzweiflung der Nachbarin und schlägt vor, den Festtag gemeinsam zu begehen: „Wir können uns doch zusammentun".

Sohara Serfaty nimmt den Vorschlag gern auf, sind ihr doch die Gemeinsamkeiten mit der Nachbarin nur zu bewusst: „Wir wohnen auf ein und derselben Etage, und die eine kommt aus Mannheim und die andere kommt aus Oran. Weiter können doch Orte gar nicht voneinander entfernt sein [...]. Jetzt leben wir hier, nicht etwa, weil wir uns diese Stadt oder das Land ausgesucht haben, sondern weil sie uns von den Orten, wo wir herkommen, vertrieben haben, und wir können beide nicht mehr zurück. Sie nicht und ich nicht, nach Mannheim nicht und nicht nach Oran." Zwei vertriebene Jüdinnen, zwei Frauen ohne Perspektive auf Rückkehr, zwei Frauen schwer gezeichnet von Verlust, Heimatlosigkeit, Entwurzelung.

Für die zur Atheistin gewordene Frau Kahn behält die Synagoge eine Bedeutung als Ort des sozialen Lebens: „In die Synagoge gehe ich, wenn man mich einlädt, zu einer der unzähligen Bar-Mizwas, Verlobungen, Hochzeiten, an denen es ja in dieser Stadt wirklich nicht mangelt, und das ist schon genug für mich, mehr kann ich an religiösem Eifer nicht aufbringen". Dennoch folgte sie einmal der Einladung von Sohara Serfaty in eine von afrikanischen Juden geprägte Synagoge, ausgerechnet am Feiertag von Simchat Tora, dem Jubelfest, an dem ausgelassen der jährliche Abschluss der Lesungen aus der Tora gefeiert wird. Keine gute Idee! Mit viel Humor wird erzählt, wie zwei jüdische Traditionen aufeinanderprallen:

> Einmal habe ich Frau Kahn mit in unsere Synagoge genommen, gerade zu Simchat Tora, wo die Männer wie verrückt tanzen und dabei huwada! rufen, ‚Er wird kommen!' (wenn er doch bloß bald käme), auf arabisch. Huwada! Erst rufen sie, dann brüllen sie und stampfen mit den Füßen, während wir Frauen johlen und von jenseits der Trennwand Bonbons rüberwerfen, schreien und kreischen, youyouyou klatschen und uns die Arme nach den Torarollen ausreißen, mit denen die Männer im Arm tanzen, dann küssen wir unsere Hände und bedecken uns die Augen vor soviel blendendem Licht. Er wird kommen! Huwada! Frau Kahn war vollkommen entsetzt, sie hatte wohl vorher noch nicht richtig begriffen, dass wir aus arabischen Ländern stammen. ‚Bitte nehmen Sie's mir nicht übel, das ist nichts für mich', sagte sie, ‚ich möchte nie wieder mit in Ihre Synagoge kommen [...], das ist nichts für mich, wirklich nicht.'

„Kühl und immer beherrscht", kommen ihr die Aschkenasim vor, gesteht Sohara Serfaty, die dennoch froh ist um den Kontakt zu Frau Kahn. Mit ihrer Hilfe nimmt sie ihr Leben selbst in die Hand. Nur „drinnen" habe sie gelebt seit ihrer Ankunft in Europa, „in engen Wohnungen und Straßen, als habe man mich in eine Kammer gesperrt, ohne Ausgang". Endlich genießt sie den Aufenthalt in einem Straßencafé: „Jetzt war ich froh, unter freiem Himmel zu sitzen" (ebd., 83). Und mehr noch: Sie legt die Zwänge ab, die vor allem ihr Mann ihr auferlegt hat, stellvertretend symbolisiert durch das Kopftuch. In Oran und dann auch später auf den Stationen des Exils in Frankreich galt es als Pflicht, „unsere Haare zu verdecken" (ebd., 100). Angeregt durch Frau Kahn geht sie nun zum Friseur, legt sich einen unauffälligen Haarschnitt zu, betrachtet sich neu im Spiegel und „wusste nicht, wann ich mich das letzte Mal so lange im Spiegel angesehen hatte" (ebd., 100). Sie erkennt: „Meine Angst und die Scham hatte ich abgelegt und das Kopftuch auch." (ebd., 97) Erst jetzt, nach der symbolischen Befreiung von dem zuvor nicht als freiheitseinschränkend empfundenen Kopftuch, löst sie sich aus der Bindung an den Ehemann, ergreift die Initiative und holt die Kinder zu sich zurück. Die innere Reise zu sich selbst ist an ihr Ziel angelangt.

Lesereise in die vielfachen Welten des Judentums

Barbara Honigmanns Werke führen eindringlich vor Augen, dass jegliche Rede von ‚dem Judentum' im Singular missverständlich ist. Sowohl im Blick auf die Traditionen von bestimmten Volksgruppen (Sephardim und Aschkenasim) als auch im Blick auf unterschiedliche kulturelle wie religiöse Ausrichtungen innerhalb dieser Traditionen ist das Judentum eine bunt gemischte, vielfach ausdifferenzierte Gemeinschaft.

Und Religion? Glaubensverlust und Glaubenszweifel, Glaubensfestigkeit und unterschiedliche Formen des gelebten Glaubens im heutigen Judentum, all das wird in der Erzählwelt Barbara Honigmanns lebendig. Das Religiöse zeigt sich eher in Ritualen und Alltagspraxis, im Nachzeichnen von Erinnerungen und Identitätssuche als in direkt theologischen Ausführungen. In ihr bis dato letztes Werk „Bilder von A." aus dem Jahr 2011 baut Barbara Honigmann einen imaginären Dialog mit dem ehemaligen Geliebten ein, der ihre Hinwendung zum Judentum kritisch sieht, ja: völlig ablehnt. Dass sie auf keinen Fall „ein Kind von einem Deutschen" (*Honigmann* 2011, 54) wollte, dass er einfach zugestehen müsste, „dass wir beide aus einer jeweils ganz anderen Geschichte kommen" (ebd.,11), unterstreicht nachdrücklich die bleibenden Fremdheiten. In der „Disputation, die wir nie geführt haben" (ebd., 102) fragt A. sie nachdrücklich, was es denn für sie bedeute Jüdin zu sein. Ihre Antwort, zurückgespiegelt in die 1970er Jahre: „Das ist ja das Problem, dass ich das auch nicht genau weiß" (ebd.,

99). Ob sie etwa „religiös werden" wolle, fragt A. zurück. Antwort: „Das wäre wenigstens die einzige Art Judentum, die du mir dann nicht mehr bestreiten könntest. Ja, irgend etwas zieht mich an, die sozusagen verborgene Seite des Judentums zu entdecken [...]. Das ‚religiös' zu nennen, finde ich sehr übertrieben. Abgesehen davon, dass religiös auch kein Schimpfwort ist" (ebd., 100f.).

Schlagen wir einen Zeitbogen vom Berlin der späten 1970er Jahre ins 21. Jahrhundert: einen Bogen von der fiktional erinnerten mühsamen Selbstbestätigung, dass „religiös" kein Schimpfwort sei, hin zu folgender Aussage: „Heute ist es *hip* und *cool* und *in*, Jude zu sein und das auch stolz zu zeigen" (*Honigmann* 2008, 127), notiert Barbara Honigmann überrascht in ihren 2008 erschienenen Aufzeichnungen aus New York. Aufschlussreich: ‚hip', ‚cool', ‚in' – diese Charakterisierungen treffen für ihr literarisches Werk und die Darstellung des Judentums darin gerade nicht zu. Ihre literarisch gespiegelte, uns Lesende von außen zum inneren Mitvollzug einladende „Reise in das Innere des Judentums" illustriert den Versuch einer jüdischen Existenz in der Gegenwart – erinnerungsgetragen, um Normalität ringend, in der Spannung von Enthüllung und Verbergen, vielfach bedroht und verunsichert, und dennoch selbstbewusst, humorvoll und lebenswarm.

3. MATTHIAS HERMANN:
Die „Fingerspuren des Herrn"

Der zusammen mit dem Wiener *Robert Schindel* (*1944) wohl wichtigste deutschjüdische Lyriker wurde im Herbst 2005 in Aachen mit dem Peter-Klein-Literaturpreis ausgezeichnet: *Matthias Hermann* (*1958). „Wohl die bemerkenswerteste deutschjüdische Stimme [...] auf dem Gebiet der Lyrik", klinge aus seinen Werken, so urteilt auch der Germanist *Jürgen Egyptien* in seiner „Einführung in die deutschsprachige Literatur seit 1945". Hier werde in herausragender Weise der „Versuch unternommen, das klare Bekenntnis zur jüdischen Religion mit den ästhetischen Verfahrensweisen der Moderne zu verbinden" (*Egyptien* 2006, 59). Hermanns Werk soll exemplarisch genauer betrachtet werden, weil sich in ihm eine sehr spezifisch profilierte „ästhetisch gelungene Aneignung und Aktualisierung religiöser Formen in zeitgenössischer Gestalt findet" (*Nolden* 1995, 77).

Schon Matthias Hermanns Biographie liest sich wie ein Zeitdokument: In Bitterfeld als Kind einer jüdischen Mutter und eines religionslos lebenden Vaters geboren, wuchs er in der DDR auf. „Wegen politischer Straftaten" wurde er als Zwanzigjähriger zu Gefängnishaft verurteilt, nach einem Jahr jedoch im Rahmen der deutsch-deutsch-realpolitischen Händel vom Westen ,freigekauft'. Seitdem lebt er in der Nähe von Darmstadt, widmet sich nach einigen Jahren als Korrekturleser in erster Linie der Literatur. Wenn man sich dem dichterischen Werk Hermanns annähert, stößt man nicht auf das Werk eines skrupellos-geschwätzigen Vielschreibers. Neben verstreuten Beiträgen liegen drei schmale Gedichtbände vor. Zwischen den ersten beiden Bänden „72 Buchstaben" (1989) und „Der gebeugte Klang" (2002) vergingen 13 Jahre, weitere elf bis zum aktuellen Band „Ahasver-Gedichte" (2013). Hier finden sich Verse, die dem Leben abgetrotzt sind, Beobachtungen, Reflexionen. Stille, nachdenkliche Texte liegen hier vor, die keine große Aufregung produzieren, keine Literaturskandale auslösen, eher eine bescheidene Aufmerksamkeit bei einfühlsamen LeserInnen finden. Umso bemerkenswerter, dass „Der gebeugte Klang" im Herbst 2002 zwei Monate lang auf der literarischen Bestenliste des SWR aufgeführt wurde.

Bei genauerem Lesen der Gedichte fällt auf, dass Hermann einerseits formal unterschiedlich arbeitet: da reihen sich Balladen an Moritaten und strophige Reimgedichte; da finden sich aber auch Aphorismen, verknappte Sinnsprüche, mit Aussparung und Brechung gestaltete Reflexionen. Auch inhaltlich ergeben sich mehrere, durch kapitelartige Bündelung klar strukturierte Schwerpunkte. Der Dichter nimmt Lesende mit in eine poetische Galerie, in der es verschiedene thematische Schwerpunkte gibt, die jedoch in ihrer Gesamtkomposition ein ganz eigenes Gefüge ergeben. Ihre Einheit erhält die lyrische Welt des Matthias Hermann aus der Zusammenfügung dieser formal wie inhaltlich unterschiedlichen Einzelteile.

Aufgrund dieses ganz eigenen Profils sind Vergleiche mit anderen Dichtern auch kaum sinnvoll, obwohl sie den Weg Matthias Hermanns pflastern. Als der erste Gedichtband erschien, wurde er überwiegend freundlich aufgenommen. Der Dichter *Karl Krolow* würdigte den Band überaus positiv im „Darmstädter Echo", belegte Texte wie Dichter jedoch ungewollt mit einem Etikett, das wenig passend war und bleibt: „Ich dachte" – schrieb Krolow – „nicht nur einen Augenblick lang an Paul Celan und wie er dichtete und sprach". Der evangelische Pfarrer *Karl-Friedrich Wiggemann* griff diesen Vergleich auf, eröffnete seine überaus lobende Besprechung im „Deutschen Pfarrerblatt" mit dem Satz „Solche Gedichte sind seit Paul Celan nicht mehr erschienen." Gut gemeint waren diese Vergleiche mit Paul Celan gewiss – sinnvoll und hilfreich kaum. Hier werden Erwartungen erweckt, die so nicht einzulösen sind. Hier wird aber zudem ein Deuteschema vorgegeben, dem die Texte untergeordnet werden. Dieses Schema führt zu unnötigen Missverständnissen, etwa in der Besprechung von *Jonathan Schreiner* in der „Jüdischen Allgemeinen", in der die Texte als „meilenweit entfernt von Paul Celan" scharf zurückgewiesen werden.

Das Werk Matthias Hermanns lässt sich – im Anschluss an die Anordnung seiner Gedichtbände – in unterschiedliche poetische Räume unterteilen: Da ist zum Einen der Raum des Mannes. Hier gibt es Liebesgedichte, Erinnerungen an Erfahrungen mit anderen Menschen, Begegnungen mit Freunden und Vorbildern, Gedichte über Gemeinschaft und Trennung, Gedichte über das Vater-Sein. Daneben steht der Raum des Marginalisierten: des Außenseiters in der DDR im Konflikt mit dem Vater und dem Staat, des Juden in Westdeutschland. Ein weiterer Raum: der Raum des Judentums. Da werden Eindrücke von Israelreisen benannt, „ererbte Erinnerungen" an die jüdische Tradition in Europa verdichtet, da finden sich Versuche, Bilder der Shoah aufzurufen. Und schließlich: ein biblischer Raum. In ihm werden biblische Figuren zum Leben erweckt, Verbindungen von biblischem Damals und zeitgeschichtlichem Heute gezogen. Damit sind längst nicht alle Räume dieser poetischen Galerie benannt. Außerdem sind die einzelnen Räume vielfach miteinander verbunden, gleiten ineinander über. Das soll an einigen Beispielen gezeigt werden: „König Dawid" (*Hermann* 1989, 45) lautet die Überschrift zu einem Gedicht aus dem ersten Band:

Matthias Hermann

König Dawid

Aus dem Exil kam er,
Für und Für gezeichnet
Von Verrat und drohendem Mord,
Auf Israels Thron
Und regierte
Sein Volk mit
Verrat und Mord.

Das in knappen Strichen gezeichnete Porträt des biblischen David
– der von Verrat und drohendem Mord gezeichnete Vertriebene,
später selbst ein mit den Mitteln von Verrat und Mord regieren-
der Herrscher – wird zumindest auch ein überzeitliches Sinnbild. David und der eigene regimetreue Vater, Herrscher damals
wie Herrschende heute gleiten ineinander über. In diesem Text
wird deutlich, was Matthias Hermann gerade an den biblischen
Figuren und Motiven reizt. Sie verkörpern Urgeschichten des
menschlichen Miteinanders, die parabelhaft auf andere Zeiten
und Kontexte übertragen werden können, ohne sich in einer Be-
deutungsebene zu erschöpfen.

Dazu ein zweiter Text: Die biblische Rut ist insofern eine Besonderheit, als dass sie explizit als Nichtjüdin einem alttestamentlichen Buch den Titel gibt. In ihr zeigt sich die Offenheit des Judentums für Menschen anderer Herkunft. So entwirft Matthias
Hermann ihr lyrisches Porträt (ebd., 43):

Rut

Israel, vergib mir!
Nicht mein Herz,
Der Hunger trieb
Mich in dein Honigreich.

Boas, vergib mir!
Nicht dein Traubenzweig,
Das Ährenfeld labte mich.

Saul, vergib mir!
Meinem Schoß entsprossen
Herzlose Honighungrige.
Israel, vergib mir diese Könige.

Gegen alle Verharmlosung und Romantisierung der Rut-Novelle betont Hermann in poetisch-fiktiver Figurenrede: Nicht Heimat oder Partnerliebe sondern Hunger und Überlebenswille führte zum Anschluss Ruts an das Volk Israels; nicht Stolz sondern Bedauern prägt die Gegenperspektive im Blick auf diese Königsahnfrau. Derartige Neudeutungen und Aktualisierungen gehören zu den prägenden Merkmalen der Texte Matthias Hermanns. Sie leben vom Zauber der Sprache gegen alle Härten der Realität, in allen Ecken und Kanten von Biographie und Zeitgeschichte. Das wird noch einmal nachdrücklich deutlich in einem Gedicht (ebd., 65), das wie eine poetologische Selbstbesinnung wirkt, ein demütiges Eingeständnis des Wissens um die Grenze des Sagbaren:

Gebot

In der Glaslade der Sprache
Wohnt das Eine, das
Einzige Gedicht
Und verbietet uns
Bildhaftigkeit

Und die Gottesrede? Sie wird integriert in eine ohne Gott letztlich nicht denkbare Welt. Immer wieder finden sich Gedichte, in denen die Anrede „GOtt" oder „HErr" verwendet wird, in jüdischer Schreibweise mit den zwei Majuskeln am Wortanfang aus Respekt vor dem so ganz anderen Wort. Auch hier ein Beispielgedicht (*Hermann* 2006, 36):

Am Krater Makhtesh Ramon, Negev

Sichtbar
Ein geöffnetes Gedichtbuch
Mit steinernen Siegeln.

Darin
Die Fingerspuren
Des HErrn,

Als habe Er
Bedächtig zu erlesen
Versucht, als
Die Muse Ihm
Unerfindliches
Schenkte.

In knappen Versen wird das Bild eines Kraters in der Wüste Negev skizziert: Wie ein „Gedichtbuch" wirkt dieser Krater auf den Gedichtsprecher, steinern versiegelt. Man könnte sich vorstellen, dass Gott selbst Spuren hinterlassend einst in diesem Buch geblättert habe, um „Unerfindliches" dort zu lesen.

Der 2013 erschienene dritte Gedichtband widmet sich nun vollends der Weiterschreibung des biblischen und jüdischen Erbes: „Ahasver-Gedichte", überschreibt Hermann diesen Band, stellt ihn also unter das Zeichen des ewigen, des ruhelosen, des wandernden und heimatlosen Juden. Hier begegnen wir Nach- und Weiterdichtungen zu Jeremia, Kain und Abel, Mirjam, Abraham, Saul, Simson und vielen anderen biblischen Gestalten. Die häufig gereimten und balladesk strophisch gestalteten Gedichte erreichen jedoch nicht mehr die formale Präzision der ersten Bände. Die Strophe eines Gedichtes mag als Stilprobe reichen. Wie folgt beginnt das Gedicht „Jephthas Klagelied" (*Hermann* 2013, 16):

> Ach, mein HErr und GOtt erbarme
> Meiner Dich und hör mein Schrein!
> Meiner Tochter Asche schwärzet
> Mir das Herz zum Opferstein.

Die deutsch-jüdische Lyrik sucht augenscheinlich nach einem eigenen Ton, der sich nicht wie eine Fortschreibung der Werke jener großen Gestalten der ‚ersten Generation' anhört. Die derzeit vorherrschende Gattung der ‚dritten Generation' ist eindeutig die Prosa.

4. BENJAMIN STEIN:
„Die erzählte Geschichte ist, was am Ende zählt"

Aus der Vielfalt der im Jahr 2010 erschienenen Romane ragt ein Buch heraus, das anregt und herausfordert, gerade in literarisch-theologischer Perspektive: Mit „wunderbarer Frische" werde hier „ein Genre revitalisiert, das es in der deutschsprachigen Literatur der vergangenen 60 Jahre aus naheliegenden Gründen kaum gegeben hat: eine jüdische Diaspora-Literatur, die ihren Witz aus den Neurosen schlägt, die jüdische Identität in einer nichtjüdischen Umwelt hervorbringt" – so *Ijoma Mangold* in der ZEIT. Der Autor

„bedient sich der Möglichkeiten dieses Genres beherzt, er hat es aber zugleich radikalisiert, indem er nicht mehr von einer assimilierten jüdischen Lebensform ausgeht, sondern von einer orthodox-gläubigen. Das ist eine entscheidende Gewichtsverschiebung, die dem Buch einen ganz anderen Grad an Gegenwärtigkeit gibt."

„Die Leinwand" – Zwei Geschichten, ein Buch

Die Rede ist von dem Roman „Die Leinwand" von *Benjamin Stein* (*1970), der in doppelter Hinsicht außergewöhnlich ist: einerseits über den Autor und sein literarisches Verfahren der Integration heutiger jüdischer Lebenswelt in die zeitgenössische Erzählwelt, andererseits aufgrund der formale Konzeption des Romans. Erzählt werden gleich zwei jeweils in der Ich-Perspektive präsentierte Geschichten: die von Jan Wechsler und die von Amnon Zichroni. Das Buch hat zwei Titelseiten, und so kann man es von beiden Seiten aus lesen. Es gibt kein vorn und hinten, zwei Seitenzählungen (W. und Z.) führen in die Mitte, zwei Erzählfäden werden in ein dichtes Erinnerungsgewirr gesponnen. Und der Leseeindruck wird gewiss davon bestimmt, mit welcher der beiden erzählten Geschichten man die Lektüre beginnt. Als mögliches Vorbild mögen Lehrwerke aus den Talmudschulen gedient haben, die von der einen Seite aus auf Deutsch, von der anderen aus auf Hebräisch zu lesen sind. Und es gibt sogar noch eine dritte Lesemöglichkeit: Man liest das erste Kapitel, dreht danach das Buch um zur Lektüre des Gegenstartkapitels, dann zum zweiten Kapitel der ersten Geschichte und immer so fort. Nur eine Masche, nur ein launischer Trick?

Im Zentrum des Buches stehen die Fragen nach Identität, nach der Zuverlässigkeit und Glaubwürdigkeit von Erinnerung, nach der Möglichkeit des Rollenwechsels – insofern entspricht die ungewöhnliche Form des Buches seinem Thema. Erzählt wird einmal die Geschichte von Jan Wechsler, einem 1965 in Berlin-Friedrichshagen aufgewachsenen, seit 1995 in München als IT-Spezialist, Verleger und Autor lebenden orthodoxen Juden, der eines Tages im Jahre 2008 einen Koffer zugestellt bekommt, der ihm zu gehören scheint, an den er sich aber nicht erinnert. Mehr und mehr gerät seine Identität in Frage: Ist er wirklich, wie er und auch seine Frau glauben, in Ostberlin aufgewachsen? Hat er wirklich nach einer zunächst geplanten, dann aber aufgegebenen Sportlerkarriere als 15-Jähriger einen Halt im Judentum gesucht und gefunden? Hat er tatsächlich lange Zeit von einem Lottogewinn in Wohlstand gelebt, sich dann verspekuliert, um nun seine Frau und die zwei Kinder mehr schlecht als recht über die Runden zu bringen?

Als er den ihm zugestellten Koffer nach langem Zögern öffnet, findet er Gegenstände, die ihm völlig fremd vorkommen: Bücher von einem Autor, der seinen Namen trägt, Zeitungssauschnitte, ein Manuskript, dünne Baumwollhandschuhe, einen Edelstein. Er schreibt an den Verleger jenes Buchautors, der seinen Namen trägt, trifft sich mit ihm, muss aber beschämt und zunehmend verwirrt feststellen, dass dieser ihn genau kennt. Er *ist* offenbar jener Jan Wechsler, an den er sich nicht erinnern kann. Selbst seine Tochter erkennt ihn auf einem der alten Zeitungsfotos aus dem Koffer. Er ist ein in „Ramat Gan, Israel" (*Stein* 2010, W. 115) geborener, jedoch seit 1968 mit seiner Bern-Deutsch sprechenden Mutter in der Schweiz lebender Autor und Journalist mit Schweizer Pass. Vor Jahren hatte er in einem sehr erfolgreichen Buch mit dem Titel „Maskeraden" einen Skandal um das vermeintlich authentische Erfolgsbuch eines Shoah-Überlebenden aufgedeckt. Nun hat er offenbar seine Identität so stark verändert, dass er selbst an diese andere Identität glaubt. Wie Wechsler, so wird auch den Lesenden diese Identität erst allmählich deutlich. „Die Biographie, an die ich mich heute erinnere, ist die Legende, die ich selbst aufgebaut habe. In meinem ersten Buch habe ich sie als Geschichtenbilderbogen aufgefächert und sie später für mich selbst adoptiert" (W. 137), so wird ihm klar.

Der Koffer war Jan Wechsler nach einer Israelreise zugestellt worden. Also macht er sich erneut nach Israel auf, um dort das Geheimnis der vertauschten Identität aufzudecken und endgültig Sicherheit zu erhalten über offene Fragen hinsichtlich seiner Biographie, aber auch im Blick auf jene Gegenstände aus dem Koffer, die er keiner seiner beiden Vergangenheitsversionen zuordnen kann. In Tel Aviv wird er am Flughafen abgefangen und einem Verhör unterzogen, konfrontiert mit dem Verdacht, bei seiner letzten Israelreise ein zunächst noch unklares Verbrechen begangen zu haben.

In Israel verbinden sich die beiden Erzählfäden. Hierhin zielt auch die zweite Geschichte. In ihrem Zentrum steht Amnon Zichroni. Er wächst als Kind strenggläubiger israelischer Juden in Jerusalem auf, wird jedoch als Jugendlicher wegen seiner starken Neigung zu weltlicher Literatur zu einem „Onkel" genannten Freund seines Vaters in die Schweiz geschickt. Nach Schulabschluss und Ausbildung an einer Talmudschule in den USA nimmt er an der Yeshiva University in New York das Studium der Medizin auf. Zurück in Zürich lässt er sich als Psychoanalytiker nieder, übernimmt jedoch gleichzeitig eine Stelle am Freiburger „Institut für Parapsychologische Studien und Grenzgebiete der Psychologie". Denn genau hier – im Bereich der Grenzgebiete der Psychologie – liegt Zichronis besonderes Interesse. Er verfügt über eine besondere Gabe, eine Art sechsten Sinn. Durch Berührung kann er Menschen in die tiefste Seele sehen, ihre Erinnerungen real vor Augen haben, ja, unmittelbar miterleben. Mehr und mehr spürt er freilich, dass ihn selbst diese Erfahrungen tief verstören. Er schafft sich dünne Baumwollhandschuhe an, um die unmittelbare Berührung mit Menschen – und die damit unweigerlich mögliche Übertragung ihrer Erinnerungsbilder auf ihn – zu vermeiden.

In der Schweiz trifft Zichroni auf den Geigenbauer Minsky, der ihm schleppend von den Erinnerungen an seine grauenhafte Kindheit in Konzentrationslagern erzählt. Ohne dass Minsky offiziell sein Klient würde, versuchen sie gemeinsam die bedrückende Vergangenheit fassbar zu machen. Zichroni ermuntert Minsky dazu, seine traumatischen Kindheitserinnerungen niederzuschreiben. Als Minsky daraus ein Buch machen will, rät der Psychoanalytiker ab. Bei einer vorsichtigen direkten Berührung taucht er in eine Erinnerung seines Gegenübers ein, die Zweifel an der Authentizität des Erzählten aufkommen lassen. Zichroni bleibt unsicher. Als Minsky das Buch dennoch unter dem Titel „Aschentage" publiziert, erlebt es einen sensationellen Erfolg. Der Autor wird mit Preisen geehrt und zur viel beachteten öffentlichen Person.

Hier laufen die Erzählstränge der beiden erzählten Geschichten zusammen. „Aschentage" ist genau jenes Buch, das Jan

Wechsler als Fälschung entlarvt hat, möglicherweise angetrieben von gekränkter Eitelkeit, weil ein von ihm zeitgleich publiziertes eigenes Buch fast unbemerkt geblieben war – beide waren sogar auf einer gemeinsamen Lesung bei der Leipziger Buchmesse 1996 präsentiert worden. Wechsler besitzt ein Exemplar von Minskys Buch mit der Widmung: „Für Jan Wechsler in Freundschaft" (W. 99). Das Ergebnis dieser Verwicklungen? Es gab einen großen, internationales Aufsehen erregenden Skandal, der am Ende nur Verlierer zurückließ. Gleich drei Identitäten brechen an dieser Erfahrung zusammen: Der Schweizer Journalist Wechsler flüchtet sich in die als Realität eingebildete Fremdbiographie; der für die ‚Fälschung' Minskys mitverantwortlich gemachte Psychoanalytiker Zichroni (ver-)zweifelt an seinem sechsten Sinn, verliert seinen guten Ruf und die Stelle am Freiburger Institut, zieht sich verbittert in eine jüdische Siedlung in der Westbank zurück; der viel geschmähte Minsky schottet sich völlig von der Welt ab und lebt zurückgezogen im Vallée de Joux im Schweizer Jura.

Das aber ist noch nicht das Ende der Erzähllinien: Wechsler und Zichroni treffen noch einmal aufeinander, in einem dramatischen, jeweils offen bleibenden Finale. Bei Wechslers rund ein halbes Jahr zurückliegendem letztem Israelbesuch hatte er den Wunsch geäußert, einen Shabbat in einem traditionell-orthodoxen Rahmen in einer der jüdischen Siedlungen in der Westbank zu erleben. Man verweist ihn ausgerechnet und ahnungslos an Zichroni. Wechsler ist sich nicht bewusst, den Psychoanalytiker aus dem Minsky-Fall vor sich zu haben, hatte ja kaum etwas direkt mit ihm zu tun. Zichroni hingegen erkennt sofort jenen Mann, der sein eigenes Leben und das seines Freundes Minsky zerstört hat. Brillant wird erzählt, wie unterschiedlich beide die quälend belastete Zeit miteinander erleben und erinnern.

Dann jedoch kommt es zum dramatischen Höhepunkt, zum kriminalistisch zugespitzten Entscheidungskampf: In einer Mikwe, dem rituellen jüdischen Tauchbad, einem Sinnbild für Reinheit und Verwandlung, ereignen sich zu zwei verschiedenen Zeitpunkten zentrale Handlungswenden, aber welche? Hat Wechsler dort Zichroni ermordet, ist anschließend in dessen Wohnung eingebrochen und hat von dort einige jener Gegenstände entwendet, die sich dann in seinem Koffer finden? Darauf deuten einige Hinweise. Oder hat umgekehrt Zichroni versucht, Wechsler in dieser Mikwe zu ertränken und ist danach verschwunden? Wie aber kommen dann die Gegenstände in Wechslers Koffer? Und mehr noch: Als der zuständige Untersuchungsbeamte mit Wechsler sechs Monate später zum Ort des Geschehens zurückkehrt, um den Tathergang zu rekonstruieren: Bricht sich Wechsler da bei einem Sprung in die nun leere Mikwe das Genick? Doch wie ist es möglich, dass Wechsler wie Zichroni nach all diesen – möglichen – Ereignissen später ihre jeweilige Geschichte erzählen können? Diese Fragen bleiben letztlich unbeantwortet.

Literarisch überzeugt vor allem die konsequente Umsetzung der unterschiedlichen Erzählstile: Zichronis Geschichte wird linear enfaltet, der Chronologie folgend, in strukturierten und kohärenten Sinnfolgen und klarem, eher nüchternem Ton. Genau das entspricht den Grundzügen seines Persönlichkeitsprofils. Ganz anders bei Wechsler. In seiner Erzählung springen wir Lesende vor, zurück und zur Seite. Flashbacks oder Zooms lassen Anklänge aus der modernen Filmtechnik aufkommen. Eher mosaikartig erschließt sich allmählich eine Geschichte, die aber letztlich in Vielem unklar bleibt. Entscheidend: Genauso sprunghaft und unsystematisch wie diese Erzählung ist die porträtierte Person. In beiden Fällen entspricht also die literarische Präsentation der dargestellten Figur. Und je nachdem, mit welcher der beiden Geschichten Lesende einsteigen, werden sie einen unterschiedlichen literarischen Stil als Grundton abspeichern.

Ein erstaunlicher, raffiniert konstruierter Plot, eine faszinierende literarische Strategie: Die beiden aufeinander zu laufenden Erzählungen klären in ihren Doppelperspektiven tatsächlich viele Fragen, die zunächst in Einzelperspektivität offen bleiben. Beim Lesen der jeweils zweiten Geschichte erkennen die Lesenden zahlreiche Anspielungen, die ohne die zuvor gelesene Geschichte rätselhaft blieben. Auch lösen sich viele Unklarheiten und Rätsel auf. Die zentralen Fragen bleiben jedoch unbeantwortet. „Erinnerung [...] ist unbeständig, stets bereit, sich zu wandeln." (Z. 7). Die Leser dieses Romans müssen bereit sein für ein verwirrendes postmodernes Spiel um Identität und Vergangenheitsrekonstruktion, werden dafür aber reich belohnt.

Orthodoxes Judentum heute: ein Blick auf den Autor

Ein große Teile der Leseöffentlichkeit verblüffendes Element von „Die Leinwand" liegt dabei in der Selbstverständlichkeit, mit der eine in der Gegenwart spielende jüdische Geschichte in Deutschland und der Schweiz erzählt wird. Nicht ganz selbstverständlich, denn in der Mitte des Buches findet sich ein seitenlanges „Glossar" jüdischer Begriffe, die in die Geschichten integriert werden. Überhaupt: Ein zentraler Themenstrang ist das Leben heutiger orthodoxer Juden in Deutschland (und der Schweiz). Hier geht es allerdings nicht um die Vermittlung mühsam zu lernenden Bildungswissens in Sachen ‚Judentum heute', sondern um eine Erzählung, die im Kontext gelebten Judentums spielt. Überraschend vor allem: Benjamin Stein konfrontiert uns mit dem gelebten *orthodoxen* Judentum mitten in unserer Gesellschaft.

Von da aus legt sich die Frage nach dem Autor nahe, ohne das Buch auf autobiographische Spuren reduzieren zu wollen. 1970 geboren und dann aufgewachsen in Ostberlin wendet sich Benjamin Stein – ein erst mit sechzehn Jahren, dann 1988 offiziell eingetragener, selbst gewählter Name – nach dem 1989 abgelegten Abitur dem Studium der Judaistik und Hebraistik in Berlin zu. Er stammt freilich nicht aus einer jüdischen Familie, lediglich über den Großvater väterlicherseits gibt es eine (nach orthodoxen Kriterien nicht relevante) Erblinie. Gelebt wurde ein religiöses Judentum in seiner Familie in den beiden Vorgängergenerationen nicht. In seinem Weblog erklärt er kategorisch gegen anders lautende Charakterisierungen in den Medien: „Meine Eltern sind nicht jüdisch. Punkt. Das steht außer Zweifel." Und weiter: „Wenn es jüdische Vorfahren gab, dann über die Väterlinie, und jeder dieser Männer hätte die Verbindung zur Religion weit von sich gewiesen."

1991 konvertiert Stein offiziell zum reformierten, 2004 zum orthodoxen Judentum, nach dessen Regeln er bereits lange gelebt hatte, das den ersten Eintritt ins Judentum jedoch nicht anerkannte. Den Begriff ‚Konversion' lehnt Benjamin Stein selbst ab, weil es „keine Konfession gab, von der ich hätte konvertieren können oder müssen". Mit seinem mit sprechendem Namen versehenen Protagonisten Jan Wechsler teilt er die Erfahrung, seine Identitäten ‚wechseln' zu müssen. „Den Namen zu wechseln, zunächst als Autor, später auch im gesamten bürgerlichen Leben, kam mir wie eine zwingende Notwendigkeit vor", erklärt er in dem im Netz veröffentlichten Text „Familiengeschichte", in dem er weiter ausführt: „Ich wollte mich emanzipieren – von den Toten, vom Exil, von der Staatskarosse und seinem stolzen Insassen. Es ist ebensowenig ein persönliches Verdienst, Nachkomme von ‚Opfern' zu sein, wie es eine persönliche Schuld ist, Nachkomme von ‚Tätern' zu sein. Ich wollte selbst bestimmen, wer ich sein würde – als Autor, als Mensch. Ich wollte selbst bestimmen. Das kann ein Name allein nicht leisten. Aber er hilft dabei."

Tief beeindruckt vom Besuch bei einer Familie, die in Zürich ein selbstverständliches orthodoxes Leben praktiziert, sei er ins Nachdenken gekommen. „Als ich zum ersten Mal in meinem Leben über eigene Kinder nachdachte, habe ich mir gewünscht, dass sie mit einem solchen jüdischen Selbstverständnis groß werden sollen", sagt er in einem Gespräch mit der „Jüdischen Allgemeinen". Gleich dreimal durfte/musste er seine Frau heiraten, wie er selbst schreibt: „bürgerlich (2001), reformiert (2002) und dann noch einmal orthodox (2004)". Von 2004 bis 2011 war der zweifache Vater als „Gabbai", als Vorbeter in der orthodoxen Synagoge in München tätig. Zehn Jahre lang lebte er mit seiner Familie dort nach den strikten Regeln jüdischer Orthodoxie. Nach dem Zerbrechen der Familie, nach der Scheidung von seiner Frau und dem Aufgeben der bislang prägenden religiösen Lebenspraxis und dem religiösen Amt befindet sich Benjamin Stein derzeit in einer Phase der suchenden Neuorientierung, die sich auch im literarischen Werk niederschlägt.

Die Presse stellte „Die Leinwand" als Erstlingswerk des Autors vor. Tatsächlich hatte Stein jedoch bereits 1995 einen ebenfalls ganz und gar in einer jüdischen Lebenswelt spielenden Roman vorgelegt, „Das Alphabet des Juda Liva", der aber nur wenig Aufmerksamkeit fand und im Frühjahr 2014 in einer völlig überarbeiteten Neuausgabe publiziert wurde. In Benjamin Steins jüngstem

Roman, 2012 unter dem Titel „Replay" erschienen, spielt das Judentum kaum eine Rolle, auch wenn Ed Rosen, der Protagonist, Jude ist. Womöglich „wäre ich religiös geworden" (*Stein* 2012, 12), berichtet der Ich-Erzähler. Angesichts eines in seiner äußeren Erscheinung abschreckenden und vor allem als Drohredner auftretenden Bar-Mizwa-Lehrers jedoch verwarf er „diesen Gott ohne Zögern" (ebd., 16), war er „sofort und für immer für die Sache Gottes verloren" (ebd., 13).

Spiegelungen gelebten Judentums 1: Amnon Zichroni

Benjamin Steins Bücher sind voll von Verweisen auf jüdische Zahlen- und Sprachmystik, voll von Anspielungen auf Gestalten und Traditionen der jüdischen Geistes- und Ideengeschichte. Spiegelungen des heute real gelebten Judentums finden sich primär in „Die Leinwand". Während die Amnon Zichroni-Geschichte vor allem eine jüdische Lebenswelt im Spannungsfeld von Israel, der Schweiz und den USA miterzählt, nimmt die Jan-Wechsler-Erzählung immer wieder Bezug auf ein Leben als orthodoxer Jude mitten in der deutschen Gegenwartswelt.

Zichroni erzählt von seiner Geburt in „Meah Shearim, Yerushalayim" (Z. 9), also mitten in jenem Viertel, in dem die ultraorthodoxen Juden leben, eine Gegend, in die seine Eltern mit ihren ‚nur' vier Kindern nicht ganz hineinzugehören scheinen. Umso mehr versuchen sie sich anzupassen. Der Vater betreibt ein Geschäft „an der Hauptstraße des Viertels, in dem er ausschließlich Taleisim anbot" (Z. 44), Gebetsschals in allen möglichen Varianten. Auch als die Familie nach der Geburt des jüngsten Kindes in das nicht ganz so streng religiös geprägte Nachbarviertel Geula umzieht, wird Amnon „ins Cheder in unserer früheren Nachbarschaft" geschickt, „wo ich lesen und die Arten und Abfolgen der Opfer im alten Tempel lernte" (Z. 11). Ihm war, wie seinem Vater, eine Existenz als observanter orthodoxer Jude in Jerusalem zugedacht. Mit fünfzehn fällt ihm dann jedoch der Schlüssel zu einem stets verschlossenen Zimmer in die Hand, in dem er auf – streng verbotene – weltliche Literatur stößt. Vor allem *Oscar Wildes* „Bildnis des Doran Gray" fasziniert ihn.

Er liest das Buch heimlich in der Tora-Schule, wird erwischt – ein Skandal! – und muss die Schule verlassen. Sein Vater, einst selbst fasziniert von diesen Lektüren, dann aber fest entschlossen zu einem Leben als orthodoxer Jude in Jerusalem, schickt den Sohn zu einem Freund in Zürich, der Amnon an Sohnes statt annimmt. Auch fortan verbleibt Amnon also in einer geschlossenen jüdisch-orthodoxen Lebenswelt, nun freilich in einem nichtjüdischen Kontext. Zunächst besucht er die „jüdische Jungen-Schule *Beis Sefer Le-Bonim*" (Z. 31), dann in den USA eine jüdische „Highschool und weiterführende Jeschiwa modernen Zuschnitts in Pekesville, Baltimore" (Z. 35). Dort lernt er über einen Freund, Eli Rothstein, in vielen gemeinsamen Stunden des Talmudstudiums die vielschichtigen Traditionen der jüdischen Mystik kennen, wird aber von ihm auch mit der Bedeutung der Mikwen vertraut gemacht, jener jüdischen Tauchbäder, die „die Kraft besitzen, jegliche Spuren von Zerstörung, insbesondere Spuren des Todes, zu absorbieren wie ein Filter, der destruktive Energien bindet und neutralisiert, ja sogar umwandelt in etwas Konstruktives" (Z. 71). Eli selbst schreibt dem Besuch einer Mikwe in der Nähe von Jerusalem – die später zum Ort der Schluss-Szene beider Erzählungen wird – die Heilung von einer schulmedizinisch als unheilbar erklärten Krankheit zu.

Als sein Schweizer Ziehvater stirbt, hält sich Zichroni an die jüdischen Trauerbräuche. „Jeden Morgen und jeden Abend ging ich in die Synagoge, um für meinen Onkel Kaddisch zu sagen. In meinen Gebeten aber stritt ich mit dem Ewigen." (Z. 150) Von einem wirklichen Gottzweifel ist dabei nicht die Rede. Nach der Aufdeckung des Skandals, nach dem Entzug der Approbation in Europa, zieht sich Amnon Zichroni zurück. „Ich habe in Israel ein kleines Haus mit Grundstück gekauft. Es steht in Ofra, einer Siedlung nordöstlich von Yerushalayim, inmitten der West Bank, umgeben von Mauern, hohen Zäunen und arabischen Ortschaften." (Z. 187) Hier lebt er der unerwarteten Wiederbegegnung mit Jan Wechsler entgegen, die seinem Leben jene letztlich rätselhaft bleibende Wendung geben wird. In Amnon Zichroni tritt uns insgesamt der Lebenslauf einer kosmopolitisch orientierten jüdischen Existenz entgegen, der in Israel beginnt, nach Israel zurückführt und auf

Zwischenstationen in der Schweiz und den USA weitgehend in einer geschlossenen binnenjüdischen Welt verbleibt.

Spiegelungen gelebten Judentums 2: Jan Wechsler

Ganz anders die jüdische Welt Jan Wechslers. Sie zerfällt in zwei Bereiche: In die Jugenderinnerungen, von denen wir am Ende wissen, dass es sich um geborgte, fremde, nicht wirklich selbst erlebte Erinnerungen handelt, und in Beschreibungen seiner Münchner Lebenswelt der Gegenwart. In beide Ebenen fließen Elemente autobiographischer Erinnerungen des Autors Benjamin Stein ein, freilich ganz und gar verwandelt in literarische Fiktion.

Wie lebt man heute als orthodoxer Jude in München? „Will man hierzulande Schabbes halten, muss man sich eine Trutzburg bauen" (W. 8), in die man sich zur Einhaltung der Bräuche zurückziehen müsse, erklärt Wechsler. Schon die Wohnungssuche muss nach dem Kriterium erfolgen „in Laufnähe zur Synagoge" zu liegen, denn „was nicht zu Fuß erreichbar ist, bleibt am Schabbes außer Reichweite" (W. 37). Dass ein solches Leben aber sehr wohl möglich ist, wird in „Die Leinwand" deutlich.

Wie erinnert sich Jan Wechsler an seine Jugend in Berlin? Mit 16 habe er sich dem Judentum angenähert, erzählt Wechsler in der erfundenen – oder, so eine Möglichkeit: von seinem Verleger ausgeliehenen – Erinnerung. Als Jugendlicher habe er „begonnen, die Existenz Gottes für möglich zu halten" (W. 110). Er führt uns in die Welt des eine Generation zuvor bereits von Barbara Honigmann literarisch beschriebenen Judentums in Ostberlin vor der ,Wende'. „Jüdisch zu sein war im Kleinen Land" – so seine Bezeichnung für die DDR – „eine Variante des ultimativen Andersseins", weshalb er seine Wendung zum Judentum auch lange geheim zu halten versuchte. „Meinen ersten Freitagabendgottesdienst habe ich in der Synagoge in der Rykestraße erlebt" (W. 128), erzählt Wechsler. Doch wer traute sich dorthin in die Gruppe der so Andersartigen? „Eigenwillig war die Gemeinschaft" (ebd.) und voller Misstrauen ihm, dem Neuling, gegenüber. Von den 300 Mitgliedern, so wird ihm zumindest im Nachhinein klar, waren viele Stasi-Mitarbeiter, deshalb war das Misstrauen untereinander – erst recht Novizen gegenüber – groß: „es verging über ein Jahr, bis ich Bekanntschaften schloss, noch länger, bis ich Freunde fand." (W. 129)

Nur langsam erschließt er sich die hebräische Sprache und die Traditionen des Kults. Was zeichnete die jüdische Gemeinschaft aus? „Die einzige Verbindung zu dem, was uns hätte ausmachen können, waren die alten Gebete und die Überreste einer Tradition, von der die meisten von uns kaum etwas wussten. Es herrschte das Gefühl, bei sich selbst in der Fremde zu sein" (ebd.). Erst nach seinem Umzug nach München fand Wechsler – seinen Angaben zufolge – eine Heimat in der Welt des orthodoxen Judentums. Faszinierend zu lesen, wie er in diese Welt hineinwuchs, gerade angesichts der ironischen Brechung durch die Erzählperspektive, dass diese Erinnerung sich als eine geborgte und erfundene herausstellt.

Zum grundlegenden religiösen Lehrer wurde ihm der „Maschgiach" der Gemeinde, der Aufseher über die koscheren Küchen und Metzgereien. Zwei Jahre lang konnte er bei ihm, „Ariel", alles Wichtige erfahren: „Was ich über Torah, Talmud und die Kabbala weiß, habe ich von ihm gelernt." (W. 141f.) Er lehrte ihn die „Brachot" (W. 144), die Segenssprüche, mit ihm verbrachte er die „Schabbes-Nachmittage" (W. 143). Von ihm erfährt er den Sinn des Tragens einer Kippa, schließlich „spricht man keinen Segen aus mit unbedecktem Kopf". Und folglich gewöhnt er sich das Tragen an: „Also setzte ich eines Tages die Kippa nicht mehr ab, wenn ich auf die Straße ging" (W. 146). Ariel schenkt ihm die ersten Tefellin, die Gebetsriemen, und zeigt ihm, wie man sie sich anlegt. Dann ist alles dafür bereit, mit einem Tauchbad in der Mikwe die offizielle Bestätigung der Zugehörigkeit zum Judentum zu erlangen. Nüchtern-real im Kontext einer heutigen deutschen jüdischen Gemeinde wird eine Tevila erzählt, das rituelle Bad durch vollständiges Untertauchen in einer Mikwe (W. 147f.).

Identitätswechsel, Namenswechsel, Wechsel von Erinnerung und Vergangenheit – im Motiv der Tevila bündeln sich die Grundmotive des Romans. Kaum überraschend, dass das Motiv der Mikwe in beiden Erzählsträngen eine wichtige Rolle spielt. Und kaum überraschend, dass Jan Wechsler auch schon vor der Erkenntnis, mit dem vermeintlich anderen Jan Wechsler identisch zu sein, dieses Motivbündel selbst auffällt: „Ich habe Erfahrung darin, ein Leben für ein anderes aufzugeben", sinniert er. „In diesem Punkt trifft sich die Geschichte von Wechsler mit meinen Erinnerungen." (W. 149) Man kann hinzufügen: In diesem Punkt trifft sich auch die Biographie des Autors Benjamin Stein – auch dies ja ein selbst zugelegter Name – mit der Erfahrung seiner literarischen Figur.

„Leinwand" als Grundmetapher

Die Geschichte Jan Wechslers ist die Geschichte eines Aufklärers, der die vermeintliche Autobiographie eines anderen als Fälschung entlarvt, sich danach aber selbst in eine Scheinbiographie flüchtet und diese ebenso für real hält, wie dies sein vorheriges ‚Opfer' getan hatte. Für ihn gilt, was im Roman selbst als Erklärung für den gewählten Titel eingespielt wird. Denn warum trägt der Roman den Titel „Die Leinwand"? Es geht um eine unlösbare Verschmelzung aus Erinnerung und Konstruktion, so stark, dass sie die tatsächlichen Realitäten überlagern und verdrängen kann.

Erinnerung? Von Minsky, dem Erfinder falscher Erinnerungen, wird erzählt, sein Leben sei ihm „wie eine Leinwand" vorgekommen, „wie ein überdimensionales verfälschtes Gemälde", das ihm die selbstgestellte Aufgabe oktroyierte: „Er trug die Farben ab, um die Grundierung freizulegen, die fünf ersten Jahre seines Lebens, die grob übermalt worden waren" (Z. 176). Jan Wechsler seinerseits schildert wie folgt die plötzlich sekundenschnell aufblitzende Erinnerung an seine Mutter: „Die Erinnerung kam wie ein Flash: Worte aus einem Lautsprecher, inszenierte und auf eine Leinwand projizierte Bilder – wie ein Film" (W. 102).

Und *Konstruktion?* Man solle – so der Psychiater Amnon Zichroni – den Menschen „die Palette und den Pinsel" in die Hand geben, „mit dem sie auf der Leinwand ihrer Erinnerungen neue Akzente" setzen könnten. Dabei könnte „man selbst ganz zur Leinwand werden, zu einer Projektionsfläche", auf der „mögliche Gegenentwürfe" skizziert und „neue Möglichkeiten" (Z. 152) erprobt werden.

Erinnerung und Konstruktion sind letztlich nur zwei Facetten, zwei unterschiedliche Spielarten der *Phantasie*. Fasziniert hatte der junge Amnon Zichroni das Titelbild auf Oscar Wildes „Bildnis des Dorian Gray" betrachtet, das den jungen Dandy zeigt, vor der Leinwand eines Bildes sitzend, neben sich eine Staffelei. Was hat er gemalt, wird er malen? Die folgende Ausführung beleuchtet doppeldeutig das Schreibprinzip Benjamin Steins: Da sitzt also ein Maler, der sein Antlitz, seine Identität selbst gestalten darf. „Doch er malte nicht. Er betrachtete vielmehr ein leichtes schwarzes Tuch, mit dem das Gemälde auf der Staffelei verhüllt war, so dass es der Phantasie des Betrachters überlassen blieb, Vermutungen darüber anzustellen, was auf der Leinwand dahinter dargestellt sein mochte." (Z. 15) Enthüllung und Verhüllung, Schilderung und Verschweigen halten sich die Waage. Die „Leinwand" zeigt kein eindeutiges Bild, muss selbst phantasievoll bebildert werden. „Die erzählte Geschichte ist, was am Ende zählt." (W. 178)

5. Lena Gorelik:
„ehrlich gesagt nicht besonders religiös"

Wir bleiben in München, betreten aber soziologisch wie literarisch eine völlig andere Welt: Charakteristisch für die dritte Generation deutsch-jüdischer Autoren ist ein radikaler, nicht nur demographischer Wandel, der die hiesigen jüdischen Gemeinschaften von Grund auf verändert hat: Nach dem ‚Fall der Mauer' wanderten seit Anfang der 1990er Jahre zahllose russische oder aus anderen osteuropäischen Ländern stammende Juden in den deutschen Sprachraum ein, vor allem nach Deutschland, aber auch nach Österreich und in die Schweiz: die so genannten ‚Kontingentflüchtlinge'. Die genauen Zahlen sind nicht bekannt: Mehr als 220.000 jüdische *Aus*wanderer aus dem Gebiet der ehemaligen Sowjetunion zählt man allein zwischen 1989 und 2005, die Zahl der tatsächlichen *Ein*wanderer, die sich in jüdischen Gemeinden registrieren ließen, liegt bei knapp der Hälfte.

In der Sowjetunion war das Judentum offiziell keine Religion, sondern eine Volkszugehörigkeit, die im Pass eingetragen wurde. Diesem Kriterium zufolge wurde die Einreisegenehmigung erteilt. Die kleinen, völlig überalterten jüdischen Gemeinden in Deutschland sahen sich plötzlich mit einer vier- bis fünfmal so großen Zahl von Einwanderern konfrontiert, die als Juden galten, aber ganz anders waren als sie selbst: russisch sprechend, auf der Suche nach Integration und materieller Sicherheit, im Blick auf ‚ihre' Religion fast völlig unwissend und kaum praktizierend. Umgekehrt: Ohne die russischen Immigranten wäre die hiesige jüdische Gemeinschaft kaum noch überlebensfähig gewesen. Die sich aus dieser Konstellation ergebenden Herausforderungen, Konflikte und Spannungen zwischen Alteingesessenen und Neuzugewanderten bestehen bis heute.

Genau für diese Generation steht die Autorin, deren Werk im Folgenden näher vorgestellt werden soll, *Lena Gorelik* (*1981). In ihrem Werk spiegelt sich beides zugleich: ein zeitgenössisches Migrantenschicksal, gleichzeitig ein Weg der Auseinandersetzung mit dem ererbten, aber religiös kaum gelebten Judentum. Hier gelangt ein Judentum in den Blick, das zum einen ohne Zentrierung auf die Shoah auskommt, in dem zum anderen auch Israel eher an den Rand rückt. Dabei geht es nicht um autobiographische Authentizität, sondern um fiktionale, sprachlich gebrochene und dichterisch gestaltete Literatur.

... russisch, deutsch, jüdisch ...

Aufgewachsen ist Lena Gorelik in Sankt Petersburg, einer Stadt, der sie 2008 mit dem Buch „Verliebt in Sankt Petersburg. Meine russische Reise" eine nachträgliche literarische Liebeserklärung widmete. Das russische Erbe bestimmt bis heute ihr Leben und Schreiben. Mit elf Jahren zog sie mit ihrer Familie nach Deutschland. Warum hatte die Familie Russland verlassen? Lena Gorelik erklärte in einem Interview 2009: „Zu dieser Zeit gab es [...] offenen Antisemitismus und Pogromgerüchte in Russland, gepaart mit der unglaublich schlechten wirtschaftlichen Lage." Ihr Schicksal als jüdisch-russisches Mädchen, dann als junge Frau in Deutschland, schließlich als Ehefrau eines jüdischen Mannes und Mutter jüdischer Kinder wird zum Themenfeld ihrer selbst eingestanden stark autobiographisch grundierten Romane. Gewitzt, frech, heiter und unbeschwert kommen ihre Bücher daher. Sie setzen damit einen eigenen Ton hinein in jene deutsch-jüdische Literatur, der sich die Autorin gar nicht oder nur zum Teil zugehörig fühlt.

Überhaupt: Dass sie in Deutschland vor allem als Jüdin wahrgenommen wird, immer wieder im Rahmen von Veranstaltungen zur ‚christlich-jüdischen Verständigung' eingeladen wird als vorgebliche Spezialistin für Judentum, Weltpolitik, den Staat Israel, verblüfft sie. Gewiss, vom Judentum schreibt sie in ihren Werken, es macht aber eben nur einen Teil ihrer Identität aus, wie sie immer wieder betont. Russisch, jüdisch, deutsch? – „Diese Identitätsaufspaltung stellt sich für mich als viel zu simpel dar. Diese Trennung ist auch überhaupt nicht notwendig – was für ein Schwachsinn!"

Religion? Lena Gorelik gibt in Interviews sehr deutlich an, dass „ich und meine Familie absolut unreligiös sind". In der Sowjetunion wurde das im Pass vermerkte Judentum religiös oder rituell nicht gelebt. Man galt als Angehöriger einer nationalen Minderheit, nicht einer Religionsgemeinschaft, und war vor allem daran interessiert, möglichst nicht aufzufallen. Jüdisch war man „per Zufall, weil so geboren". In Deutschland wurden sie zwar „von der jüdischen Gemeinde [...] überhaupt nicht warm und offen empfangen", trotzdem folgte eine Phase intensiver Beschäftigung mit dem Judentum in Geschichte und Gegenwart, insbesondere mit dem Judentum als Religion. „In Deutschland erst, im Religionsunterricht, den ich einen Nachmittag in der Woche in der Jüdischen Gemeinde besuchte, lernte ich, dass Judentum eine Religion ist", wird sie später schreiben, und weiter: „Ich lernte die Traditionen, an die sich meine Großmutter kaum erinnerte."

Als Jugendliche lebte Lena Gorelik, so ihre eigene Einschätzung im Nachhinein, ihre ganz spezielle Art des Aufbegehrens: „Mein Judentum war meine Rebellion". Sie wurde radikal jüdisch, auch im religiösen Sinne: „Ich habe kosher gegessen, eine riesige Israelflagge über mein Bett gehängt und wollte in die Armee eintreten." Diese Phase, zu der auch der regelmäßige Besuch von Synagogengottesdiensten gehörte, dauerte freilich nur kurze Zeit. Heute bezeichnet man Lena Gorelik eher als ‚Kulturjüdin'. Jüdischsein ist ihrem eigenen Verständnis nach „weniger etwas Religiöses" als vielmehr „ein Gefühl", eine „bestimmte Art von Humor und der Lebenswahrnehmung". Genau davon ist in ihren bereits mit ersten Literaturpreisen ausgezeichneten Büchern viel zu lesen.

Anja Buchmanns Weg ins Judentum

Im Jahr 2004 – die Autorin ist erst 23 Jahre alt – erscheint Lena Goreliks erster Roman: „Meine weißen Nächte", gefolgt von „Hochzeit in Jerusalem" (2007). In diesen Büchern erlebt und schildert ihr alter ego Anja Buchmann die von der Schriftstellerin selbst erfahrenen Stationen: Rückblicke auf die Kindheit in Russland, Aufbruch nach und Ankunft in Deutschland, Aufenthalt im Auffanglager in Ludwigsburg, Schulzeit, Studium in München, erste Liebe. Das alles wird nicht hochgradig kompliziert erzählt, sondern in einer einfachen, lakonischen, trockenen, gleichwohl witzigen Sprache und in traditionellem Parlando-Duktus. Gerade so wird einerseits Deutschland ein überaus reizvoller transkultureller Spiegel vorgehalten, entfaltet sich andererseits eine jüdische Diasporaexistenz unserer Zeit.

In „Meine weißen Nächte" bleiben die Erwähnungen des Judentums ein Randthema. Eher zufällig entdeckt Anja, dass sie Jüdin ist. Der „fünfte Punkt im Pass" in Russland hat folgende Bewandnis: „In den Pässen meiner Familie steht ‚jüdisch' darunter. Der fünfte Punkt ist meistens dafür verantwortlich, wenn man nicht den Job bekommt, für den man sich bewirbt, oder nicht studieren darf, was man will." (*Gorelik* 2004, 88) Nur angedeutet wird hier, dass vor allem die Erfahrungen des neu aufflackernden Antisemitismus in Russland die Familie zur Ausreise drängen. Dass „Jude ein oft gebrauchtes Schimpfwort ist" (ebd., 89), dass es Anfeindungen gab, wird dem Mädchen erst im Nachhinein bewusst. Auch dass die Mutter eine typisch „russisch-jüdische Mutter" ist – „besonders schlimm" (ebd., 30) –, wird erst durch die nachträgliche Erzählstimme als Reflexion eingebracht. Erlebte Welt und reflektierte Erzählwelt fallen also vor allem im Blick auf die Rolle des Judentums auseinander. Wie aber verändert sich dieser Anteil im Blick auf die Jugend und junge Erwachsenenzeit, die im Folgeroman beleuchtet werden?

In „Hochzeit in Jerusalem" (2007) wird die Auseinandersetzung mit dem Judentum zum zentralen Thema. Anja, unglücklich
verliebt, lernt Julian kennen, einen Studenten, der erst an seinem
sechsundzwanzigsten Geburtstag von seinem Vater die Auskunft
erhält, dass er – der Vater – jüdisch sei, seine Eltern aber nie kennen
gelernt habe, da sie im Konzentrationslager umgebracht worden
seien. Weder Vater noch Sohn haben sich je mit dem Judentum aus-
einandergesetzt, der Vater lehnt auch jeglichen Zugang dazu ab. So
sucht Julian nach eigenen Wegen, sich dem Judentum anzunähern.
„Fühlst du dich zum Beispiel jüdisch?" (*Gorelik* 2007, 7), fragt er
Anja, die sich daraufhin mit ihm auf die Suche nach Antworten auf
die Frage macht, was es heute heißt Jude oder Jüdin zu sein.

„Ich bin" – schreibt sie ihm in einer der zahlreichen im Roman
abgedruckten Mails, einem Stilmittel, das den Gegenwartsbezug
betont – „ehrlich gesagt, nicht besonders religiös" (ebd. 22), keine
Synagogengängerin, auch wenn sie sich fast ein wenig widerwillig
eingesteht „doch im Grunde meines Herzens Jüdin" (ebd., 89) zu
sein. Zwar habe sie ihre „Bat Mitzwah, das jüdische Fest der Reli-
gionsmündigkeit" durchaus gefeiert, sei „pflichtbewusst" in „die
Gemeinde" gegangen, „aß kein Schweinefleisch mehr, verlangte
von meinen Eltern, Milchiges und Fleischiges zu trennen, und
betete vor dem Schlafengehen das Schma-Israel-Gebet". Letztlich
aber sei sie nur für kurze Zeit „richtig religiös" (ebd., 88) geworden, bis „das alles" (ebd., 89) jäh wiederaufgehört habe. Irgendwann in Deutschland, so erinnert sich die Ich-Erzählerin Anja
Buchmann im Präsens, „entdecken meine Eltern ihre jüdische Seite, die in Russland ebenso unterdrückt wurde wie das christliche
Weihnachten" (ebd., 74). Man schließt sich nicht den orthodoxen
Traditionen an, man geht nicht zur Synagoge, aber man pflegt
doch mehr und mehr jüdische Rituale, durchaus in neuen postmodernen Mischungen. Weihnachten? Das christliche Fest wird
zwar nicht gefeiert, sondern eher Chanukka, aber eingebunden
in die Feste der Jahreszeit inklusive Silvester. „Weihnukkivester"
(ebd., 76) nennt Anja diese Jahreszeit...

Julian zuliebe begleitet sie ihn nun auf seinen Suchwegen, etwa
in die Synagoge. Zunächst einmal möchte er „in eine normale Synagoge gehen", erklärt er Anja, die ihm zuvor die Alternativen in

München aufgezählt hat, „also in eine orthodoxe" (ebd., 27). Er weiß, dass er nach jüdisch-orthodoxen Kriterien nicht als Jude gilt, „da er keine jüdische Mutter hat" (ebd., 48). Grundsätzlich will er schlicht mehr über das Judentum wissen. Die Frage, ob er offiziell konvertieren will, schiebt er zunächst auf. Verblüfft stellt Julian fest, dass gleich mehrere seiner Erwartungen unterlaufen werden. Die Synagoge etwa „sieht nicht aus, wie man sich eine Synagoge vorstellt" (ebd., 46), eher wie ein normales Bürohaus. Zudem trifft er in der Synagogengemeinde fast nur auf Menschen mit Migrationshintergrund, fast alle aus Russland. „Jaja, keine deutsche Juden in Deutschland", radebrecht eine alte Frau. „Keine. Keine deutscher Juden. Alle Ausländer. [...] Russische Juden in Deutschland. Ohne russische Juden keine Juden in Deutschland." (ebd., 49)

Die dritte Überraschung für Julian wird die Begegnung mit dem Rabbiner (ebd., 50–52): Eine knappe, witzig-lakonisch erzählte Szene voll von Missverständnissen und als Irrtum entlarvten Erwartungen. Der Rabbiner entpuppt sich nicht als der alte weise Mann im Kaftan, sondern als ein junger Angestellter im Unauffälligkeitslook. Nicht das im christlichen Religionsunterricht erlernte und ehrfürchtig gehauchte „Schalom", sondern ein profanes „Tschüs" beendet das Gespräch. Julian trifft nicht auf das erhoffte Interesse an der persönlichen Familiengeschichte, sondern auf ein beamtenmäßiges Orientieren an Recht und Faktum. Im Kern des Gesprächs geht es schließlich nicht um die empathische Einladung zur Teilnahme, sondern um den Verweis auf einen zunächst zu absolvierenden „Konvertierungskurs". Gorelik unterläuft bewusst jede übersteigerte Fremderwartung daran, wie man sich einen Rabbiner vorzustellen und wie dessen Arbeitsalltag auszusehen habe. Der literarisch gespiegelte Weg hinein in das Judentum zeigt vor allem die Sperrigkeiten, die hier durch den ironischen Ton aufgefangen und umgewertet werden: „Es war eben kurz und schmerzlos" (ebd., 52), resümiert Julian seine Begegnung mit dem Rabbiner.

Aber was macht eigentlich einen Juden zum Juden? Mit Witz, Selbstironie und Scharfzüngigkeit baut Lena Gorelik in der Charakterisierung von Anjas Vater eine jüdische Profilierung ein, die den Verweis auf Religion nicht benötigt. „Das Jüdische an meinem Vater äußert sich auf zweierlei Weisen", lässt sie Anja erzählen. „Einerseits sind aus seiner Sicht all die klugen Köpfe im Fernsehen jüdischer Herkunft, andererseits richtet sich der Rest der Welt gegen diese klugen Köpfe." (ebd., 123) Das liebevoll-augenzwinkernde Porträt – die „Jüdischkeit meines Vaters" liege darin, dass er „vielleicht klug" sei, in jedem Fall aber „nervig und arrogant" (ebd., 128) – findet seinen Platz in dem zentralen Erzählfaden um eine Reise der gesamten Großfamilie nach Israel zur Hochzeit einer entfernten Cousine. Im Hintergrund schwebt jene Anfrage, der sich alle in Deutschland lebenden Juden stellen müssen: „Wie kann man als Jude in Deutschland leben?" (ebd., 62)

Dass die Reise nach Israel ein weiterer Baustein auf der Suche nach Identität ist – für Anja und Julian, letztlich aber auch für die ganze Familie – wird nur unterschwellig miterzählt. In Gesprächen mit den entfernten Verwandten werden Erinnerungsfetzen der sonst eher verschwiegenen Familiengeschichte deutlich: „Auseinandersetzungen mit der Vergangenheit gibt es in meiner Familie nicht" (ebd., 168). Nun, in Israel erzählt die Tante von der Urgroßmutter aus einem „kleinen jüdischen Schtetl in Weißrussland". Der Vater „mit Bart und im schwarzen Kaftan" sah nun tatsächlich so aus „wie einer der orthodoxen Juden in Jerusalem". Die in Erzählung verlebendigten Erinnerungen rufen ein traditionelles Judentum auf, fest eingebunden in Ritual und Religion: Ja, der „Urgroßvater habe eine Talmudschule, eine Jeschiwa, geleitet". Im Laufe der Kriege wurde die Großfamilie nach Leningrad vertrieben und „irgendwo auf dem Weg dahin war die Religion verlorengegangen" (ebd., 174). Eine Familiengeschichte scheint auf, die von traditioneller Religiosität geprägt war, dann von Religionsverlust, Identitätsbedrohung und Verheimlichung der Zugehörigkeit zum Judentum, schließlich von erneuter Migration, die nun zu einer Annäherung und neuen Suche nach Identität unter veränderten Vorzeichen führt. Die jüdische Identität in Deutschland bestimmt sich neu, die explizit religiöse Komponente bleibt aber fraglich und eher marginal.

Lena Gorelik

Jüdischkeit heute – ein ironisch-satirischer Orientierungskurs

Das bis jetzt letzte Buch von Lena Gorelik, das sich mit dem Judentum befasst, ist kein Weiterschreiben am Leben von ‚Anja Buchmann'. Ein biographischer Einschnitt sorgt für eine Neubesinnung: Lena Gorelik bringt einen Sohn zur Welt, muss sich in die Rolle als Mutter einfühlen und bringt ihre Erfahrungen in diesem Prozess in einem Buch zu Papier, das bewusst und im Gegensatz zu den beiden vorherigen Werken nicht den Untertitel „Roman" trägt. Ein verrücktes Buch erscheint im Jahr 2011, das macht schon der alle Kategorien sprengende Langtitel deutlich: „Lieber Mischa... der du fast Schlomo Adolf Grinblum Glück geheißen hättest, es tut mir so leid, dass ich Dir das nicht ersparen konnte: Du bist ein Jude..." (*Gorelik* 2011)

Einerseits ist dieses Buch eine Art Briefroman, welchen die Mutter dem noch Kleinstkind jetzt schon für später schreibt, gehalten in einer nur wenig dichterisch formalisierten Sprache. Andererseits finden sich Notizen, Notate, Anekdoten, Arabesken, Listen – und all das wird am Rand des Haupttextes noch kräftig durch eigene Anmerkungen und Überschreibungen begleitet, ganz im Stil talmudischer Kommentartradition. Das Textganze wird eher thematisch-anekdotisch zusammengehalten, als dass es einem linearen Erzählfaden folgt.

Dabei werden unterschiedliche Perspektiven beleuchtet: im Blick auf die eigene Geschichte und die der Familie; auf die Rolle der typischen jüdischen Mutter; auf die unterschwellige oder deutlich geäußerte Erwartung an die Tochter, dereinst einen jüdischen Ehepartner zu finden; auf Feste und Rituale; auf das jüdische Bildungsideal; auf die sich spiegelnden Phänomene von Antisemitismus und Philosemitismus; auf die Möglichkeiten und Bedingungen einer Konversion zum Judentum; auf den jüdischen Selbsthass; auf das ‚Gelobte Land' Israel. So wie Mischa, so werden auch die Lesenden behutsam und humorvoll zugleich eingeführt in das, was Lena Gorelik zufolge Jüdischkeit heute ausmacht. So wird „Lieber Mischa" zu einer literarisch stilisierten Einführung in das Judentum, wenn auch sehr subjektiv, pointiert, doppelbödig, eben aus der Sicht einer „nachgelernten Jüdin wie ich" (ebd., 32), so die Autorin augenzwinkernd.

Zu diesen jüdischen Perspektiven zählt nicht zuletzt der Blick auf Religion. Lena Gorelik schreibt: „Lieber Mischa, ich bin keine echte Jüdin, zumindest nicht, wenn man nur betende als solche bezeichnet. Ich kann Dir keine jüdische religiöse Erziehung mitgeben, so gerne ich es wollte." (ebd., 24f.) Zwar sei sie „mit einem echten, hundertprozentigen Juden verheiratet, wie Deine Großmutter stolz ihren Freundinnen in der jüdischen Gemeinde erzählen kann" (ebd., 67), gleichwohl spiele Religion in ihrem Leben eben keine große Rolle. Gegen alle Erwartungen und Stilisierungen betont sie:

> Religion, welche Religion? Ich habe außer gefillte Fisch, Tum-Balalaika und Erzählungen meiner Großeltern keine Religion mitbekommen, und das ist – vielleicht leider, vielleicht auch nicht – ein Phänomen, das sich sowohl in der Diaspora als auch in Israel weit über die russisch-jüdische Bevölkerung hinaus erstreckt. [...] Unsere Religionsausübung ist einer Erwähnung nicht wert und besteht hauptsächlich aus ein paar hübschen Chanukkah- und Schabbatleuchtern, die wir im Wohnzimmer verteilt haben. (ebd., 67)

Und Synagogenbesuche? Wenn sie der Sohn dereinst fragen werde, warum sie so selten in eine Synagoge gehe, werde sie „mit den Schultern zucken und mir wünschen, wir gingen häufiger". Sie habe ja eine Synagoge, aber diese „befindet sich in meinem Kopf" (ebd., 139). Die ideale Synagoge, die sie sich vorstellt, in die sie „sehr gerne und auch regelmäßig" geht, hat freilich wenig gemeinsam mit den realen Münchner Synagogen „für unterschiedliche religiöse Richtungen" (ebd.). In der lange Jahre von Benjamin Stein frequentierten Synagoge der orthodoxen Gemeinde mitten in der Innenstadt – die „mehr einem geschlossenen Bunker denn einer Synagoge ähnelt" (ebd., 142) – trifft sie zwar viele Juden, versteht aber kaum etwas vom Gottesdienst, der auf Hebräisch abgehalten wird. In der liberalen Synagoge hingegen könne sie sich zwar „eine kluge Predigt anhören" (auf Deutsch), die meisten Juden dort seien aber „sind Konvertiten" (ebd., 143) mit den Nachteilen einer penetrant aufdringlichen Selbstbezogenheit. So bleibe meistens eben nur die eigene Synagoge im Kopf.

In den Schilderungen von Religion wird immer wieder auf Gott verwiesen, jüdischer Gepflogenheit im Verzicht auf Vokalisierung zufolge nie direkt ausgeschrieben, sondern hier stets als „G"tt" eingespielt. Auch hier freilich im Modus von Ironie und Doppelbödigkeit. „G"tt und ich, wir regeln die Sache unter uns" (ebd., 144), schreibt sie im Blick auf ihre (Nicht-)Praxis im Umgang mit der Synagoge. Im Kapitel unter der Überschrift „Die zehn coolsten Juden der Welt" wird als erster G"tt genannt, charakterisiert wie folgt:

> Ich meine nicht Jesus. Ich meine unseren G"tt. Ich bin mir nicht ganz sicher, ob er jüdisch ist, aber ich nehme es an, da er so klug war, all das – die ganze schöne Welt – hier zu erfinden. Und da er sich uns als Lieblingsvolk ausgesucht hat. Wer sonst hätte das gemacht? Ein Konvertit vielleicht. Ein Moslem wohl eher nicht. (ebd., 79)

Eher ernsthaft sind abschließende Ausführungen über das „Schma Israel":

> „Schma Israel", „höre, Israel, unser G"tt ist der einzige G"tt", ist das zentrale Glaubensbekenntnis der Juden und soll so häufig wie möglich gesagt werden, damit bei G"tt nur ja kein Zweifel aufkommt, dass wir ihn und nur ihn lieben. Er ist da ein bisschen eigen und hat möglicherweise einen Mangel an Selbstbewusstsein, wenn er das so oft hören muss. [...] Jedenfalls sollen wir nie vergessen, wer unser G"tt ist. Als könnte uns das passieren! (ebd., 185)

Dann jedoch eine Durchbrechung der ironisch-satirischen Erzähldistanz, ein seltener Ton- und Perspektivenwechsel ganz am Ende des Buches, als sich die Erzählerin ein letztes Mal direkt an Mischa, ihren Sohn, wendet:

> Und ich, die ich mich darüber lustig mache? Ich stehe jeden Abend brav an Deinem Bett und sage „Schma Israel", weil Du es noch nicht kannst, weil wir es unsern Kindern sagen sollen. Jeden Abend tue ich es, obwohl ich außer dem ersten Satz keinen weiteren verstehe, nur Worte vor mich hin brabbele, so wie man als Kind englischsprachige Lieder mitgesungen hat, ohne den Sinn zu verstehen. Jeden Abend sage ich „Schma Israel" und weiß nicht, warum ich es tue, weiß nur, dass ich ruhiger bin, wenn ich es tue. Vergiss nicht Schma Israel. (ebd.)

Die durchgängige Schwebe; die Ironie, die das Gesagte unterläuft und gleichzeitig ermöglicht, werden hier noch einmal – natürlich erneut in fiktionaler Stilisierung – geerdet. „Lieber Mischa" ist so ein unterhaltsames, amüsantes, provokatives, mit leichter Hand und ernster Absicht verfasstes Buch: als eine andere Art der Familiengeschichte, deren Bogen sich von der Großelterngeneration bis in die fernen Zukunftsjahre des Neugeborenen schlägt; als Paradebeispiel für autobiographische Migrantenliteratur, in der die postmoderne Transkulturalität zum zentralen Thema wird; als doppelbödige jüdische Selbstvergewisserung, die gerade nicht zu Gewissheit, sondern zu Offenheit führt; als völlig ungewöhnliche Einführung ins Judentum für Satire- und Ironievertraute.

Fremdheit aushalten

Lena Gorelik betrachtet das Diasporajudentum eher vom Rand her, so dass es aus einer Beobachterposition zum literarischen Thema wird. Die religiöse Substanz des Judentums wird deshalb nicht – wie etwa bei Benjamin Stein – von innen heraus erschrieben, sondern tastend von außen. Jüdische Begriffe werden sparsam verwendet und wenn, dann auf der Charakterebene der Handlung stimmig erklärt. Religion ist hier nicht eine Dimension auf der Ebene einer zurückliegenden Entscheidung, sondern einer skeptischen, nach vorn offenen Suche und Frage. Diese Beobachtung bestätigt sich nachdrücklich in Goreliks jüngstem Roman „Die Listensammlerin" (2013), der erstmals nicht in einer jüdischen Lebenswelt spielt und auch kaum religiöse Motive aufnimmt. Religion wird zum Nebenmotiv, wie etwa in der folgenden Passage. Als eine jener Fragen auf den Listen, die die Titelheldin zur Strukturierung von Wirklichkeit anlegt, liest man den Eintrag: „Für die Liste der seltsamen religiösen Rituale: – dass man in einen bestimmten Raum gehen muss, um mit Gott zu sprechen, wo er doch angeblich überall ist" (*Gorelik* 2013, 339). Lena Goreliks Werk markiert so beides zugleich: einen literarisch erschlossenen Zugang zu einer bestimmten Form heutiger Jüdischkeit, gleichzeitig aber auch ein Schreiben angesichts der Grenzen des Verstehen-Könnens und Verstanden-Werden-Wollens.

6. Ausblick: Neue Sichtbarkeit des Judentums

Der exemplarische Blick auf neue Zeugnisse deutsch-jüdischer Literatur zeigt eindrücklich, wie deutlich das gelebte Judentum literarischen Niederschlag findet und damit eine *neue Sichtbarkeit* gewinnt. Im Blick auf Gattungen, Formen und Tonlagen findet sich dabei eine breite Varianz: Mal mit scharf-provokativer Ironie in Satire und Parodie, mal in historiographischer Präzision und sachbetontem Ernst; mal mit autobiographischer Stringenz, mal in freier Erzählung. Durchgängig knüpfen die AutorInnen an autobiographische Erfahrungen an. Die Reflexion ihres Lebens in der Gegenwart wird zum Ausgangspunkt des Schreibens – sei es in der ganz nahe an Erfahrungen verbleibenden Form von ‚Autofiktion‘ wie bei Barbara Honigmann oder Lena Gorelik, sei es in stark fiktionalisierten Plots wie etwa bei Benjamin Stein. Dabei kommt den Fragen nach Identität und Erinnerung, nach der Bedeutung von Ritual und Tradition, nach Geschichte und Gegenwart, nach Emigration und Immigration, nach Beheimatung und Fremdsein zentrale Bedeutung zu.

Auffällig: War die ‚zweite Generation‘ deutsch-jüdischer Literaten hauptsächlich auf die Fragen zentriert, wie überhaupt eine jüdische Existenz nach der Shoah möglich, wie ein jüdisches Leben in den Ländern der Mörder zu rechtfertigen sei und welche Rolle Israel für zeitgenössisches Jüdisch-Sein zukäme, so treten nun in einer ‚dritten Generation‘ die Dimensionen der radikalen Zentrierung auf die Shoah und den Zionismus in den Hintergrund, ohne dabei völlig zu verschwinden. Neu etabliert hat sich die Schilderung eines jüdischen Lebens als gegebene Selbstverständlichkeit jenseits von ständiger Rechtfertigung. Die Diaspora ist im postmodernen Kontext breiter Migrationsbewegungen und Völkermischungen nicht länger eine spezifisch jüdische Angelegenheit. Darum kann sie nun eher als Gegebenheit und Chance akzeptiert werden.

Die literarischen Werke werden dabei durchgehend vor allem für nicht-jüdische Lesende geschrieben. Ohne eine belehrende Absicht, ohne eine aufdringliche, stringent konzipierte ‚Aufklärung über das Judentum‘ wird die jüdische Glaubens- und Lebenswelt (mit-)erzählt und entfaltet. Von Mikwe und Tevila, von Kaddisch und Minjan ist hier die Rede als Teil eines selbstverständlichen Lebensvollzugs. Dabei versteht sich keine(r) der AutorInnen explizit als religiöse Autorin, als religiöser Autor. Gleichwohl ist ihr jeweiliger literarischer Zugang zum Judentum immer *auch* ein religiöser. Das verblüffend Neue ist nicht die weiterhin aufgenommene Verarbeitung von Diskontinuitäten, Ab- und Aufbrüchen und reflektierter Distanz, sondern die Selbstverständlichkeit, mit der jüdische Rituale, religiös strukturiertes Alltagsleben, ja selbst direkte Fragen nach der theologischen Substanz des Judentums und nach Gott unverzichtbar in die Erzählwelten integriert werden.

IV. Erste Spuren:
Deutsch-muslimische Gegenwartsliteratur

Die deutschsprachige Literatur erfährt in den letzten Jahren eine signifikante Ausweitung, die interkulturell wie interreligiös höchst interessant ist. Es zeigen sich deutliche Hinweise auf die Ausbildung einer eigenständigen deutsch-muslimischen Literatur (vgl. *Gellner/Langenhorst* 2013), die bei aller inneren Vielfalt durch einige prägnante inhaltliche wie stilistische Gemeinsamkeiten markiert wird. Sowohl die kulturelle als auch die religiöse Differenz erweisen sich dabei als literarisch außerordentlich produktiv.

1. „Deutsch-muslimische Literatur"?
Überlegungen zu Begriff und Konzeption

Mit der Einwanderung und dauerhaften Präsenz muslimischer Minderheiten ist in den letzten Jahrzehnten in den christlich-säkular geprägten Ländern West- und Mitteleuropas eine historisch neuartige Situation entstanden. Eine große Zahl von Muslimen lebt in nichtmuslimischen Staaten, wo sie Rechtssicherheit, Freizügigkeit und Toleranz genießen, wo sie ihre Religion frei praktizieren, aber auch ignorieren oder ablehnen können. Aus ‚Gastarbeitern' wurden Mitbürger, aus ‚Arbeitskräften' Nachbarn, aus ‚Zuwanderern' Einheimische. *Anders*gläubige werden zunehmend als Anders*gläubige* sichtbar. In Diskussionen um den Islam als dem heimisch gewordenen Fremden wird dabei ganz grundsätzlich das Verhältnis von Religion und Säkularität in unserer Gesellschaft neu ausgelotet. Diese Reflexionen hinterlassen auch im Bereich der Literatur erste Spuren.

Als Gastarbeiter-, Ausländer- oder Migrantenliteratur hielten die Feuilletons und die Literaturkritik die ersten literarischen Stimmen von muslimischen Einwanderern lange Zeit für ästhetisch weitgehend bedeutungslos. Doch seit den 1990er Jahren wurden sie „in ihrer wichtigen Teilhabe an der Gegenwartsliteratur immer sichtbarer", betont der Germanist Manfred Durzak in der 2006 erschienenen zweiten Auflage der renommierten „Geschichte der deutschen Literatur von 1945 bis zur Gegenwart" (in: *Barner* 2006, 998). Konsequenz: Die deutsch-muslimische Literatur wird „inzwischen als selbständige Stimme mit eigener ästhetischer Prägung wahrgenommen, die den Chor der Gegenwartsautoren um eine wesentliche neue Nuance des Ausdrucks bereichert." (ebd., 1007)

Zahlenmäßig bilden die türkischstämmigen Zugewanderten die größte ethnische Minderheit in Deutschland. Kaum überraschend deshalb, dass gerade die *deutsch-türkische Dichtung* als wesentliches Feld deutsch-muslimischer Literatur wahrgenommen wird, auch wenn sich das Gesamtphänomen mit der Bezeichnung ‚türkisch' gerade nicht adäquat erfassen lässt. *Emine Sevgi Özdamar* (*1946) gilt als bekannteste Vertreterin jener Generation von türkischen AutorInnen, die Mitte der 1960er Jahre als Arbeitsmigranten und/oder politische Flüchtlinge ins Land kamen. Seit den 1990er Jahren hat sich jedoch bereits eine zweite, nun jedoch bereits in der Bundesrepublik sozialisierte Generation deutschtürkischer AutorInnen etabliert. Schriftsteller wie *Zafer Şenocak* (*1961) oder *Feridun Zaimoğlu* (*1964) setzen sich in ihren Werken produktiv mit muslimischer Kultur, Religion und Spiritualität auseinander. Vor allem *Sherko Fatah* (*1964) und *Navid Kermani* (*1967) bringen darüber hinaus das spezifisch persisch-islamische Erbe in die Polyphonie literarischer Gegenwartsstimmen ein. Im Folgenden soll mit SAID ein aus eben diesem Kulturraum stammender Autor exemplarisch vorgestellt werden, der wie kein anderer die deutsche Leseöffentlichkeit vor allem als Lyriker anspricht.

Zur deutsch-muslimischen Literatur kann man jedoch auch solche Werke zählen, die sich von außen an den Islam heranschreiben und ihn mit dem Willen um Verständnis und Authentizität darzustellen versuchen. Diese Tradition ist nicht neu. Schon im 18., 19. und noch zu Beginn des 20. Jahrhunderts gab es eine Art literarischer Islamfaszination. Entscheidender Unterschied: Für *Lessing, Goethe, Rückert, Rilke* und selbst noch bei *Karl May* war der Islam nicht eine Lebensrealität in ihrer alltäglichen Welt, sondern das geheimnisvolle Fremde, das ferne Ganz-Andere, das als

Reisender oder über intensives Lesestudium Erschlossene. Über den Islam als Teil der eigenen Alltagswelt konnten, mussten diese Verfasser nicht schreiben. Insofern taugt der Blick auf ihre Werke auch nur bedingt als mögliches Vorbild zur heutigen Orientierung. Das Heranschreiben an den Islam von außen erfolgt heute unter anderen Vorgaben. Aus dieser Tradition werden zwei AutorInnen porträtiert, die – aus dem Christentum stammend – den Islam in die Palette der literaturfähigen Themen eingeführt und dadurch strategisch aufgewertet haben: Christoph Peters und Barbara Frischmuth. Mit ihr beginnen wir.

2. Barbara Frischmuth:
„sich mit dem was man tut Gott nähern"

1999 zog die österreichische Schriftstellerin *Barbara Frischmuth* (*1941) eine kritische Zwischenbilanz: Im „Hinblick auf eine literarische Wahrnehmung des ‚Orientalischen'" sind wir „weit hinter die Standards des neunzehnten Jahrhunderts zurückgefallen" (*Frischmuth* 1999, 39) Ihr eigenes literarisches Werk bildete bis dahin fast die einzige bemerkenswerte Ausnahme. Sie stand lange Zeit weitgehend allein da in ihrem Versuch, in Romanen, Erzählungen, Essays und Reden den „Blick auf einen ‚anderen' Islam jenseits der einseitig-oberflächlichen Tagesinformationen" zu werfen und zu werben für „Interesse am mystischen Volksislam", vor allem an „der religiösen Poesie und Kalligraphie des Sufismus" (*Gellner* 2007, 225f.).

Als studierte Orientalistin und Islamkundlerin, die sich lange Zeit in der Türkei aufhielt, erzählt auch sie – wie die großen Autoren des 18. und 19. Jahrhunderts – aus der Perspektive der Faszination, gespeist allerdings aus eigenem Erleben und unmittelbarer Anschauung. In einem 1985 mit *Karl-Josef Kuschel* geführten Gespräch bekennt sie, vor allem in der „islamischen Mystik" Traditionen zu entdecken, deren „religiöse Poesie" und „Kraft der Bilder" sie „faszinierten" (in: *Kuschel* 1985, 114). Und später: Die vor allem im Derwisch-Orden praktizierte „völlig unkonventionelle Art der Annäherung an Gott, an Göttliches, das fasziniert mich" (ebd., 119). Mit ihrer ersten Buchveröffentlichung, dem Roman

„Die Klosterschule" (1968), hatte Frischmuth eine scharfe Abrechnung mit den autoritär-repressiven Erziehungsmethoden in katholischen Internaten vorgelegt – ein Buch, dass man vor die genannten neueren Abrechnungsromane katholischer oder evangelischer Provenienz stellen kann. Sie könne sich im Hinblick auf ihre religiöse Erziehung „vor allem an Furcht erinnern", der „Gott der Katholiken" sei ihr „nicht so recht als liebender nahegebracht worden" (*Frischmuth* 2008, 96), so die Autorin später in einer Predigt. Die Abwendung von dem als repressiv erlebten Katholizismus und die Hinwendung zum neu entdeckten Islam gehen Hand in Hand. Die intensive Beschäftigung mit der Fremdreligion führt freilich kaum zu einer differenzierteren Neubetrachtung auch der biographischen Ursprungsreligion.

Von der Fremdfaszination, von den eigenen Erfahrungen in der Türkei handelt Frischmuths Roman „Das Verschwinden des Schattens in der Sonne" (1973). Der 2004 veröffentlichte Roman „Der Sommer, an dem Anna verschwunden war" richtet den Blick auf die Religions- und Identitätskonflikte der hier in Mitteleuropa aufgewachsenen Migrantengeneration und ihrer Eltern. Wichtiger – gerade für die Frage nach Religion und Gottesrede – wird jedoch der 1998 veröffentlichte Roman „Die Schrift des Freundes", in dem nicht der Blick in die ferne Fremde im Mittelpunkt steht, sondern der Blick in die fremde Nähe. Auf diesen im Jahr 2005 verfilmten Roman werden wir uns hier konzentrieren. Frischmuth erschließt literarisch das Leben der alevitischen Migranten in Wien, somit einer doppelt stigmatisierten Randgruppe: türkische Migranten, die innerhalb der muslimischen Gruppe noch einmal Außenseiter sind. Über die 23-jährige Protagonistin Anna Margotti dringen wir lesend und eben mit ihr von außen kommend in deren Welt ein.

Sie habe sich „nie besonders für Religion interessiert", gibt Anna Margotti zu, kenne sehr wohl jedoch jene „ziehende, zerrende Sehnsucht, der sie sich nie gewachsen fühlt" (*Frischmuth* 1998, 320). All das ändert sich, als sie sich in Hikmet Ayverdi verliebt, einen in der Türkei geborenen, aber in Österreich aufgewachsenen Aleviten, der sich gerade in der für ihn fremden Kultur auf seine eigenen religiösen Wurzeln besinnt. „Ich weiß zu wenig über das Gewesene", gibt er zu, fügt aber an: „Wenn man, wie ich, ständig auf seine Herkunft aufmerksam gemacht wird, sollte man eine Ahnung davon haben, was das bedeutet." (ebd., 74) Er erlernt die Kunst der Kalligraphie, einem wesentlichen spirituellen Element der muslimischen Hinwendung zur Schönheit Gottes. „Fromm, das bedeutet bei uns etwas anderes. Natürlich hat es auch damit zu tun, dass man betet und die religiösen Gesetze einhält, aber das ist dabei nur von nebensächlicher Bedeutung. Für einen Kalligraphen heißt fromm sein, dass er sich mit dem, was er tut, Gott nähert", erklärt der Kalligraphielehrer. „Es ist eine abstrakte Kunst, die nicht diese Welt und ihre Zerrissenheit spiegelt, sondern etwas von der Schönheit und der Harmonie jener anderen Welt fühlbar zu machen versucht." (ebd., 208)

So eigentümlich, wie dieser Hikmet in ihrem Leben auftaucht, so geheimnisvoll verschwindet er auch wieder und niemand will ihn je gekannt haben. Anna macht sich auf die Suche nach ihm und dringt ein in die Wiener Szene der illegalen Immigranten, der Untergetauchten und Verfolgten. Die spirituelle Einführung in die religiöse Welt der Aleviten – deren Geschichte und Selbstverständnis quer über den Roman verteilt miterzählt wird – verdankt Anna vor allem Hikmets älterem Bruder Abdal, der sich den Kopf und die Brauen so rasiert hat wie ein wandernder Derwisch. Er gilt als „Narr Gottes" (ebd., 295), als jemand, der so redet, „als sei Gott sein Freund und er müsste nur mit den Fingern schnippen, um sich bei ihm Gehör zu verschaffen." (ebd., 102) Abdal erklärt ihr die dem Roman den Titel gebende „Schrift des Freundes" (ebd., 309) anhand einer mystischen Kalligraphie, in der ein Löwe mit dem Gesicht eines Menschen dargestellt wird. „Allahs Löwe", ein symbolisches Spiel mit den arabischen Buchstaben des Namens Ali, lehrt die Aleviten, dass Ali sich in Not befindlichen Menschen in den unterschiedlichsten Gestalten als ihr Freund und Helfer zeigen kann. Und in Ali zeigt sich Gott selbst.

Abdal versucht, das spirituelle Herzstück des Alevismus – jener Traditionslinie, die sich vor allem auf Mohammeds „Liebling" (ebd., 302), seinen Neffen und Schwiegersohn Ali beruft – zu erklären. Was ist das Besondere an Ali?

Sein Gesicht spiegelt Gott, und Sie spiegeln sein Gesicht. Sie brauchen keine Moschee, um mit ihm zu reden, Sie sollen ihm nur die Tür öffnen. Sie haben auch keine Pilgerfahrt nach Mekka nötig, denn Ihr Herz ist die Kaaba, und wenn es das nicht ist, werden Sie auch in Mekka keine Kaaba finden. Sie müssen auch nicht fasten, um sich zu reinigen. Ihre Gedanken zeigen Ihnen, wie rein Sie wirklich sind. [...] man muss so große Sehnsucht haben, dass Ali nicht widerstehen kann. Dann besucht er einen. Seine Seele wandert durch viele Körper, aber aus seinem Gesicht schaut immer Gott, der sich im vollkommenen Menschen spiegelt. (ebd., 303f.)

In dieser Verinnerlichung und Spiritualisierung zeigt sich das Besondere des alevitischen Islam, der immer wieder im Zentrum der literarischen Welt Barbara Frischmuths steht. Ihn will sie strategisch aufwerten, auf Kosten freilich einer zu Stereotypik neigenden Darstellung des sunnitischen Islam, der weitgehend undifferenziert „eher als konservativ und unterdrückend" (*Polat-Menke* 2013, 411) dargestellt wird, wie *Selma Polat-Menke* in einer aktuellen theologisch-literarischen Untersuchung nachweisen kann.

In Frischmuths (Reise-)Roman „Vergiss Ägypten" (2008) weitet sich der Blick von der türkischen auf die ägyptische Welt, eine Welt voller verschiedener religiöser Traditionen: die der Christen, Kopten, der „altägyptischen Gottheiten" (*Frischmuth* 2008, 50) und der Muslime. Die Erzählerin forscht all diesen Traditionen im heutigen Ägypten nach. Sie betrachtet diese Religionen und ihre Verankerung im alltäglichen Leben unserer Zeit vorwiegend aus einer neugierigen Außenperspektive, die von Sympathie getragen ist.

Nur einmal wird dieser Zugang signifikant durchbrochen. In einem (fiktiven) Brief, den eine zum Islam konvertierte Österreicherin der Erzählerin schreibt, wird die Welt des Islam – in Figurenrede aus der Sicht einer Gläubigen – entfaltet. Literarisierte Theologie: Was die Faszination des Islam sei? Sein „abstrakter Gottesbegriff und seine Konkretheit, was die menschliche Gesellschaft angeht" (ebd., 184). Alle Erscheinungsformen der Mystik – auch die innerhalb des Islam – führen hingegen zu einer „Vermenschlichung Gottes" (ebd.), einem Grundübel gerade auch des Christentums. Nein, diesen „Gott zu erkennen und zu bezeugen ist der innerste Grund des muslimischen Glaubens" (ebd., 187). In der Aufnahme dieses literarisierten Bekenntnisbriefs einer kon-

vertierten Muslimin positioniert sich Frischmuth selbst in Durchbrechung der sonst gewählten Beobachtungsperspektive, die den
Islam eher kulturell als religiös betrachtet.

In einem 2008 veröffentlichten Vortrag, gehalten an der Theologischen Fakultät Innsbruck, wagt sie eine deutlicher religiös
und theologisch pointierte Positionierung als in ihren Romanen:
Es komme darauf an, „Gott – wenn man ihn schon in der Sprache
dingfest machen will – viele Sprachen zuzugestehen und deren
Poesie zu würdigen, anstatt sich auf eine einzige Version einzu-
schwören, die letztlich mit dem Charme einer Computerüberset-
zung daherkommen dürfte. Indizien für die Vielzüngigkeit Gottes
gibt es genug" (*Frischmuth* 2008, 110). Den exklusiven Wahrheits-
anspruch einer jeglichen Einzelreligion lehnt sie ab. Diese Idee
der Einheit zumindest aller monotheistischen Religionen bildet
den Hintergrund für Frischmuths literarische Gestaltung religiöser Themen. Anders als die Briefschreiberin in „Vergiss Ägypten"
sieht sie selbst vor allem in der Mystik – für sie „der bedeutendste
gemeinsame Nenner aller großen Religionen" (ebd., 24) – Wege
diese alle Religionen verbindenden Gemeinsamkeiten aufzuspü-
ren und auch darzustellen. „Der Mond spiegelt sich in jedem Wasser", sagt Jussuf in „Die Schrift des Freundes" vieldeutig, ironisch
gebrochen durch die kommentierende Hinführung des Erzählers,
dass er damit „einmal mehr den großen Weisen aus dem Morgen-
land" (*Frischmuth* 1998, 183) spiele. Frischmuth selbst spricht
bei einer in Graz gehaltenen Predigt über Jesus und die Emma-
us-Jünger davon, dass die Mystiker wohl die einzigen waren, die
sich mit dem Rückzug Gottes aus der Welt, „der gleichzeitig ein
Verdrängen war", nicht abfinden wollten oder konnten, und ihn
stattdessen „in ihre brennenden Herzen zurückholten, damit er
sich ihrer nicht wie der Menschen zu trägen Herzens entledigte".
Schließlich ginge es ihnen zentral nicht mehr um den Glauben im
klassischen Sinne, sondern allein um die Liebe als „Gefühlszu-
stand von höchster Energie, in dem – und in dem allein sich Gott
noch ereignet" (*Frischmuth* 2008, 100f.).

3. Christoph Peters:
„vielgestaltig, geistreich, zukunftsträchtig"

Wir kommen zurück zu einem Schriftsteller, der uns schon im Kontext der katholisch geprägten Gegenwartsautoren begegnet ist, zu Christoph Peters. So sehr er sich mit seiner Heimatreligion, dem katholisch geprägten Christentum schreibend auseinandersetzt, so sehr zählt er zugleich zu den wenigen interreligiös sensiblen Schriftstellern, die sich dem Islam zuwenden. Was macht für den Autor Christoph Peters den Reiz gerade des Islam aus? Wie kommt er biographisch mit dieser Religion in Berührung; wie schätzt er sie theologisch ein; wie nähert er sich ihr literarisch?

„Einbruch des Unbekannten"

Biographisch stehen am Anfang der intensiven Beschäftigung mit dem Islam zwei Verunsicherungserfahrungen, eine in Istanbul, die andere in Kairo. 1992 machte Peters „auf einer Istanbul-Reise" (*Peters* 2009, 112) in der dortigen Süleyman-Moschee eine Erfahrung, die er im Nachhinein als „Einbruch des Unbekannten" (ebd., 126) beschreibt: das Gefühl, in diesem Raum fremd zu sein und doch von seiner Aura angezogen zu werden, eine Mischung aus Faszination, Ehrfurcht und Protest. Die Erfahrung vertiefte sich ein Jahr später. Die Schwester von Christoph Peters' erster Frau ist mit einem Ägypter verheiratet, konvertierte zum Islam und lebt mit ihm in Kairo. „Dadurch war ich mehrfach für längere Zeit in Ägypten" – erzählt der Autor später im Interview – „und zwar eben nicht als Tourist, sondern als Angehöriger einer muslimischen Familie". Voll mit den üblichen religiösen Vorurteilen und kulturellen Überlegenheitsphantasien sei er 1993 nach Ägypten gereist, um dort nicht nur verblüfft festzustellen, wie anders die Menschen dort leben – gastfreundlich, herzlich, kommunikativ – sondern auch „auf eine sehr freie und selbstverständliche Weise religiös bzw. fromm". Und mehr noch: „Fast jedes Gespräch landete früher oder später bei religiösen Fragen, über die so selbstverständlich und engagiert gesprochen wurde, wie ich es in Deutschland nie erlebt hatte, und gleichzeitig so kontrovers, wie ich es bei ‚den Moslems' nicht für möglich gehalten hätte."

Beschämt muss Peters feststellen, dass Muslime erstaunlich viel über das Christentum wissen, er umgekehrt aber nur wenig über den Islam. Dieses Missverhältnis fordert ihn heraus. Seine Schwägerin schenkt ihm einen Koran in deutscher Sprache, er liest und ist verblüfft: er spürt „einen sonderbaren Sog [...], der einen nicht mehr loslässt". Wieder in Deutschland beschafft er sich Bücher über den Orient, „alles, was mir über die Region in die Hände fiel: Romane von Nagib Mahfuß, eine Mohammed-Biographie, eine über Mehmet, den Eroberer, Bücher zum Sufismus, religionswissenschaftliche Einführungen, politische Essays, Studien zum Harem und zur islamischen Kunst und nicht zuletzt den Koran" (ebd., 112). Er nimmt einige Jahre Arabisch-Unterricht und freundet sich mit Muslimen an, die ihn auch zu religiösen Feiern einladen. In einem Interview für die Zeitschrift „Die Welt" schildert er die mögliche Faszination, die man als Westler für den Islam empfinden kann, auch wenn man selbst kein gläubiger Muslim ist: Es handelt sich um eine Religion von „großer Klarheit, die" – im Gegensatz zum Christentum – „ohne theologische komplizierte Spekulationen" auskommt. Sie „lässt dem einzelnen Gläubigen ein hohes Maß an intellektueller und ritueller Selbstständigkeit" und ist in ihrer klar strukturierten Praxis „sicher sehr anziehend", zudem derzeit von „großer Vitalität".

Dass es Kehrseiten dieser Religion gibt, dass Fundamentalismus und Terrorismus das aktuelle Erscheinungsbild dieser Religion mitbestimmen, ist Peters dabei völlig bewusst. Aber wie kann man sich literarisch dieser Religion in ihrer Vielgesichtigkeit und Faszination annähern? Ihm, dem aufgeklärten Christen mitteleuropäischer Prägung, bleibt nur ein Zugang von außen. So bietet sich ihm allein eine Mischung aus „Recherche, ernsthafter Einfühlung und Exotismus" an. Vor allem die kulturellen Vorprägungen dürfe man nicht unterschätzen. Es gibt für uns Westler keinen unverstellten Blick auf die exotisch aufgeladene Welt des Orients. Wir sind, schreibt Peters, „mit ‚Der kleine Muck', ‚Kalif Storch', ‚Ali Baba und die vierzig Räuber'" genauso aufgewachsen wie mit „schemenhaften Türken vor Wien, ‚Ölscheichs' und ‚palästinensischen Terroristen'". Diese Bilder prägen untergründig jeden späteren Zugang zur Welt des Orients, diese kulturellen Raster geben Wahrnehmungsschemata vor, denen wir uns bewusst bleiben müssen. Zwar könne man als Schriftsteller mit den Ansprüchen „des Authentischen und des Originalen [...] jonglieren", es bleiben aber immer kulturell und biographisch vorgeprägte Fiktionen.

Erstbegegnung: „Das Tuch aus Nacht"

Christoph Peters' erster Roman, der in muslimischem Kontext spielt, ist ganz auf diesen Aspekt ausgerichtet. Nichts erfahren wir direkt über den Islam, kaum etwas von dessen Kultur. Stattdessen handelt „Das Tuch aus Nacht" (2003) von westlich geprägten Erwartungen an den Orient, die Schritt für Schritt durchlaufen werden als Etappen, die ein normaler Tourist in einer orientalischen Stadt dem Klischee nach eben abzuleisten hat. Der Ort, vielleicht nur die Kulisse der Handlung, ist Istanbul, eine Stadt, die der Autor Peters durch mehrere längere Aufenthalte gut kennt. Erzählt wird ganz bewusst in einem Verfahren von Vielstimmigkeit, Multiperspektivität und Chaos, das den Eindruck, den ein Tourist von dieser Stadt gewinnen mag, in die Erzählform überträgt.

In den Strudel der Handlungs- und Erzählfäden werden nur gelegentlich religiöse Elemente eingespeist: Ein dem Roman vorangestelltes Motto verweist auf das – nach katholischer und lutherischer Zählart nicht eigens aufgeführte – Bilderverbot des Dekalogs: „Du sollst dir kein Bildnis noch irgendein Gleichnis machen" (Ex 20,4). Dieses Motiv wird im Roman selbst etwa hinsichtlich des ‚byzantinischen Bilderstreits' aufgenommen: Darf Gott in Bildwerken dargestellt werden oder nicht? Einer der Protagonisten plant eine Installation zu diesem Thema, die verdeutlichen soll, dass sich „die Ehrung oder Verunglimpfung des Abbilds auf das Urbild bezieht" (*Peters* 2003, 77) und erhofft sich auf der Reise Anstöße und Inspirationen. Auch sonst beschränkt sich das Interesse der handelnden Personen – allesamt Künstler oder an Kunst Interessierte – vor allem auf diese ästhetische Repräsentation der muslimisch-orientalischen Kultur: Die Ornamentik, die

Kalligraphie, die Teppichweberei, die Hagia Sophia als Bauwerk, der Topkapi-Palast als Museum: diese Elemente finden Aufmerksamkeit. Im engeren Sinne religiöse Dimensionen bleiben in „Das Tuch aus Nacht" – konzeptionell ganz stimmig, weil analog zu der Wahrnehmung der überwiegenden Mehrzahl aller Türkeireisenden – außen vor. Während Peters diesen Roman also in den Kontext einer islamischen Metropole stellt, deren Welt aber kulturell-religiös nicht von innen zu beleuchten versucht, geht sein darauf folgendes Buch ganz bewusst einen Schritt weiter.

Faszination und Abgrund: „Ein Zimmer im Haus des Krieges"

In „Ein Zimmer im Haus des Krieges" (2006) wagt sich Christoph Peters an das brisante Thema ‚islamistischer Terrorismus' heran. Zur Anregung wurde für ihn vor allem der Fall des Deutschen *Steven Smyrek*, der 1997 in Tel Aviv bei der Planung eines palästinensischen Terroraktes festgenommen wurde. Was treibt einen jungen Deutschen zum Islam? Was bringt ihn zu einer so extremen Haltung, dass er bereit ist, unschuldige Menschen zu töten und das Risiko einzugehen, selbst dabei getötet zu werden? Diese Fragen wurden zu Ausgangsimpulsen des Romans, dessen Niederschrift fast zehn Jahre in Anspruch nehmen sollte. Peters löst seinen Roman dann freilich völlig von diesem historischen Fall ab.

„Ein Zimmer im Haus des Krieges" stellt zwei Menschen einander gegenüber. Ort: Kairo. Der eine: Jochen Sawatzky, ein junger Deutscher, lange arbeitslos, drogensüchtig, dann zum Islam konvertiert und sich fortan „Abdallah" nennend, beteiligt an einem islamistischen Terrorakt, der das Ziel hatte, die weltberühmten Tempelanlagen in Luxor zu zerstören und dabei so viele Menschen wie möglich zu töten. Der andere: Claus Cismar, deutscher Botschafter in Ägypten, ehemaliger 1968er, dann angepasst aufgegangen in einer Diplomatenkarriere, ein Grübler, ein Verstehen-Wollender, ein – wie er sich selbst nennt – „Skeptiker mit religiösen Wurzeln" (*Peters* 2006, 104). Der Anschlag der Terrorgruppe war von einem Mitglied verraten und Sawatzky gefangen genommen worden. Nun sitzt er im Gefängnis in Erwartung seines Prozesses, an dessen Ende nur ein Urteil stehen kann – die Todesstrafe.

Als Botschafter hat Cismar das Recht, den Gefangenen deutscher Staatsangehörigkeit im Sicherheitstrakt des Kairoer Gefängnisses zu besuchen. In insgesamt vier intensiven Vier-Augen-Gesprächen versucht er, die Motive des Terroristen zu verstehen und ihn zu einem Geständnis zu bewegen, um dadurch das Todesurteil vielleicht doch noch abwenden zu können. Er überschreitet dabei seine Kompetenzen, hält sich nicht an die für einen Botschafter gemäßen Gepflogenheiten. Konfrontiert mit Sawatzky reflektiert Cismar über sein eigenes Leben und eigene vergessen geglaubte Ideale. Seine über Jahrzehnte aufgebaute bürgerliche Fassade gerät ins Wanken, er wird krank, muss sein Amt als Botschafter aufgeben und sich zur Behandlung nach Deutschland begeben. Dort erfährt er vom Vollzug des Todesurteils.

Das erste Kapitel des im Präsens gehaltenen Romans wird im Stil eines Politthrillers gestaltet. Als Ich-Erzähler entfaltet Jochen Sawatzky die Vorbereitung und Durchführung des Terroraktes sowie dessen Scheitern und die Gefangennahme, präsentiert in einer Mischung aus linearer Erzählung, Erinnerungen, Traum und Reflexion. Er ist dabei bewusst nicht als Repräsentant eines Islamisten gezeichnet, sondern als ganz individueller, völlig eigenständiger Charakter. Eingestreut in seine Schilderungen und Gedankenströme sind kursiv gesetzte Koranverse, die ihm durch den Kopf gehen. Formal ganz anders ist der Rest des Romans: Nun übernimmt ein auktorialer Erzähler, der erneut im Präsens, nun aber im Blick auf Cismar die Ereignisse, Begegnungen und Reflexionen schildert. Mehrfach unterbrochen werden diese Erzählungen durch den Einbau von Kassibern und Protokollen, die Cismar oder andere Botschaftsangehörige offiziell über den ‚Fall Sawatzky' verfassen. Hier werden vor allem die ‚faktischen Rahmendaten' dokumentiert, angereichert um immer noch offizielle, aber persönliche Einschätzungen der zuständigen Beamten im Blick auf den weiteren Fortgang des Verfahrens.

Durch den Einstieg in den Roman aus der Sicht des Terroristen setzt Peters konsequent den von ihm verfochtenen literarischen Grundansatz einer versuchten Einfühlung um. Natürlich sei dies „nicht wirklich" ein pro-muslimischer Roman, versichert Peters in einem Interview mit der FAZ, gleichwohl gehe es ihm darum,

wenigstens „ansatzweise zu verstehen, wie diese Haltung funktioniert" aus der Sicht „größtmöglicher Differenzierung und Empathie". Der Roman versuche durchaus „die islamische Position
so aufzurüsten, dass wir als Westler unsere ganze Energie aufbringen müssen, um sie zu widerlegen", so Peters. Das im Titel des
Romans aufgerufene „Haus des Krieges" bezieht sich dabei auf
eine traditionelle muslismische Vorstellung, der zufolge die Welt
in zwei Bereiche zerfällt: in das „Haus des Islam" (dar al-islam),
in dem der Koran als Offenbarung anerkannt und das islamische
Recht praktiziert wird. Ihm gegenüber gibt es das „Haus des Krieges" (dar al-harb), in dem die islamische Ordnung und Herrschaft
erst noch aufgerichtet werden muss. Wie dieser Prozess geschehen soll, darüber gibt es innerhalb des Islams verschiedene Auf-
fassungen. Fundamentalistische Terroristen – wie der fiktive Jochen Sawatzky – wollen den Wandel mit Gewalt erzwingen. „Wir
verteidigen das Haus des Islam", erklärt er gegenüber dem Botschafter. „Gott verlangt diesen Einsatz, solange Ungläubige über
unser Land herrschen." (*Peters* 2006, 132)

Ein Weg hinein in den islamischen Fundamentalisums

Warum und wie ist Jochen Sawatzky Muslim geworden? Im
Gegensatz zu den Gefährten seiner Terrorgruppe, so reflektiert
er, ist er eben „nicht im Islam geboren". Gleichwohl seien sie ihm
mit Respekt begegnet, „weil er danach gesucht habe": „Durch Gottes Rechtleitung wurde meine Suche beendet." (ebd., 16) Wie das
genau geschah, erzählt Sawatzky im Gespräch mit dem Botschafter erst, nachdem sie einander bereits etwas näher kennen gelernt
haben.

Ein Geschenk. Alhamdu Lillah. Eine Gnade – wenn Ihnen das Wort
etwas sagt. Man kann das nicht erklären. Es geschieht. Vielleicht hat
es sich lange vorbereitet, ohne dass ich es gemerkt habe. Im Nachhinein denke ich, dass es so gewesen ist. Nur so fügt es sich zusammen.
Auch das, was vorher war. Die dunkle Zeit. [...] Ich bin am Ende gewesen.
Schlicht und einfach am Ende. Körperlich, geistig, seelisch. Drogen, Kri-
minalität. Stoff besorgen, dahindämmern. Ich sah aus wie ein Penner,
stank wie ein Penner, meine Wohnung war eine Müllkippe. (ebd., 185)

Dann jedoch habe er mitten in Frankfurt „jemanden getroffen", „jemanden arabischer Herkunft" (ebd., 187). Er sei dieser Person gefolgt, wie vom Blitz getroffen, und habe beschlossen, sein Leben radikal zu ändern. Der Weg führt ihn zu einer Moschee. Er habe sich früher bereits „mit Religion beschäftigt, mit Buddhismus und indianischen Kulturen vor allem, auf der Suche nach etwas, das die Leerstelle des kleinbürgerlichen Katholizismus seiner Kindheit gefüllt hätte" (ebd., 190), aber diese Begegnung verlief ganz anders. Zwar ist diese deutsche „Moschee im Hinterhaus" (ebd., 189) in ihrer nüchternen Ärmlichkeit und Alltäglichkeit ganz anders als er sich das vorgestellt hat, aber er trifft auf Menschen, die seine Bitte – „Ich möchte etwas lernen. Über den Islam" (ebd., 191) – ernst nehmen und ihn in den nächsten Wochen und Monaten einführen in Schriften, Lebensweisen und Überzeugungen des Islam. Mehr und mehr wächst er in das Bewusstsein hinein, ein Muslim zu sein. Wie eine Werberede auf seine Religion hält er Cismar entgegen:

> Der Islam ist eine einfache Religion. Sie macht es dem Menschen leicht. Er ist eine Anleitung, die es uns ermöglicht, im Einklang mit dem Willen Gottes zu leben. Daraus erwächst innerer Frieden. Islam bedeutet: ‚Frieden durch Unterwerfung'. Unser Glaube ist klar: *La illaha `llah Allah, wa Muhammadun rassulu Illah*. ‚Da ist kein Gott außer Gott, und Muhammad ist sein Gesandter.' Das reicht. Man muss ein paar Regeln akzeptieren, die nicht schwer zu befolgen sind. (ebd., 194)

Den Einwand seines Gegenübers, dass man ausgehend von dieser Überzeugung Andersdenkende tötet, weist Sawatzky zurück: „Wenn wir angegriffen werden, ist es uns erlaubt, uns zu verteidigen." (ebd., 194) Der Botschafter erkennt, dass Sawatzky in einem in sich geschlossenen, in sich logischen Denksystem lebt, das für jede Anfrage eine Antwort kennt und sich gegen jegliche kritische Rückfrage immunisiert. Im Rahmen des westlich-aufgeklärten Weltbildes stimmig, von Sawatzky aber weit zurückgewiesen, diagnostiziert Cismar eine „Paranoia" – „alle Religionen arbeiten damit" (ebd., 242). Von dieser Diagnose aus ist jedoch ein Verstehen nicht mehr möglich – oder auch nur notwendig. Dabei schildert Sawatzky ganz selbstkritisch und detailliert, dass der konkrete Weg hinein in den Islam für ihn alles andere als einfach war, trotz der Unterstützung durch seine Freundin Aura:

Am Anfang war vor allem alles neu. Ich musste mein Leben komplett umstellen. Manchmal habe ich gedacht: Ich schaffe das nie. Es ist zuviel. Ich verstehe nichts, und umsetzen kann ich es schon gar nicht. Vor Sonnenaufgang aufstehen, um zu beten. Überhaupt fünfmal am Tag beten. Jedesmal vorher die Reinigung vollziehen, nach genau festgelegten Regeln. Dazu der ganze arabische Text. Seitenweise Sätze auswendig lernen, von denen man kein Wort versteht, mit einem Hirn, das erst allmählich wieder zu sich kommt. Keine Bratwurst, keine Salamipizza, kein Tiramisu, keine Kneipen mehr. Das Fasten im Ramadan. Am schwierigsten war, von Sonnenaufgang bis Sonnenuntergang ganz ohne Zigarette zu sein. Nicht mehr eben mal mit einer Frau ins Bett gehen, weil es sich gerade ergibt. Meine früheren Möglichkeiten, Geld zu beschaffen, fielen ebenfalls flach. [...]

Wenn ich nicht weiterwusste, sagte Aura: ‚Allah hat dich bis hierher geführt. Er wird dich jetzt nicht fallenlassen.' Ich habe viel gebetet. Um Einsicht, um Beistand. Dass der Schleier von mir genommen wird. [...]

Ich hatte aufgehört, mich aufzulehnen, freiwillig, mit der Hilfe Allahs, der nicht zugelassen hat, dass meine Seele verloren geht. Danach wurde es leicht. [...]

Nach acht Monaten habe ich mich reif gefühlt, den letzten Schritt zu vollziehen und die Shahada zu sprechen, vor Zeugen, wie es vorgeschrieben ist. Das war im April '88. (ebd. 237f.)

Eindrückliche Schilderungen eines Hineinwachsens in die fremde Religion Islam! Dass die Entscheidung, diese Religion mit Gewalt durchzusetzen, innerhalb des Islam umstritten ist, steht den Lesenden dabei schon früh vor Augen. Bereits im ersten Teil des Romans erfahren wir: Aura, die Freundin, die ihn in den Islam hineinzieht, lehnt seinen Weg ab: „Das geht mir zu weit, etwas stimmt nicht, der Islam ist eine Religion des Friedens." (ebd., 39) Ihr gemeinsamer Weg wird sich an dieser Frage trennen.

Scheiternde Verständigung

Claus Cismar, der aufgeklärte Skeptiker mit protestantischen Wurzeln, versucht Sawatzky zu verstehen. Seiner eigenen Religion entfremdet, ohne sie doch ganz abzulegen, bleibt ihm auch der Islam letztlich fremd. Er liest durchaus immer wieder in einem zweisprachigen Koran, „um etwas von der Faszination des Buches zu spüren". Doch bei ihm wirkt der Sog nicht: „er spürt nichts" (ebd., 121). Manches – wie Gewalt gebietende Passagen – „stößt ihn ab" (ebd., 173); anderes – wie die in Sure 5,48 enthaltene interreligiös-soziale Aufforderung an Juden, Christen und Muslime: „Wetteifert darum miteinander im Guten, zu Gott ist euer aller Heimkehr" (ebd., 174) – spricht ihn an, ohne ihn spirituell zu ergreifen.

Vor allem Moscheen ziehen Cismar geradezu magisch an. Immer wieder sucht er in ihnen Ruhe vor dem Chaos des Molochs Kairo, einer Metropole, die ihn gleichzeitig fasziniert und abstößt. Wie folgt wird ein solcher Besuch geschildert:

> Im Innenhof der Moschee ist die Stille laut. Über ihm wölbt sich der Himmel oder ein säulengestütztes Dach, dessen Ornament weder Anfang noch Ende hat. Es ist angenehm kühl. Unbemerkt wandern geometrische Schatten. Er setzt sich an einen Pfeiler, barfuß oder in Socken, ein Ungläubiger, den niemand behelligt. Er schaut, lauscht, liest, sinnt: Heilige Schrift in Stein, die weiche Linie der Kuppel des Brunnens, Wasser tropft auf grüne Fliesen. Seine Hand riecht nach Mango, nach Knoblauch. (ebd., 114)

Von Religion erwartet er sich schon lange nichts mehr, ja „in Cismars Bekanntenkreis erwartet niemand etwas von Gott oder seinen Vertretern. Einige gehen manchmal zur Kirche, andere nicht. [...] Gerade deshalb will er wissen, wie diese Religion funktioniert, derentwegen intelligente junge Leute zu Mördern werden." (ebd., 119f.) Cismars Vergleich der 68er Generation mit den Islamisten – vergleichbar im Glauben an eine höhere Idee, an die Durchsetzung einer besseren Gesellschaft, zur Not mit Gewalt – wird von Sawatzky vehement zurückgewiesen. Damals sei es um Ideen von Menschen gegen andere Ideen von anderen Menschen gegangen. „Wir dagegen wissen, dass alle Herrschaft Gott gehört. Ihm allein sind wir verantwortlich." (ebd., 139) Wieder muss der Botschafter erkennen, dass sein gut gemeinter Rat – in diesem Fall die Übertragung der Erkenntnisse seiner Generation, dass Gewalt niemals der richtige Weg sein könne – sein Gegenüber nicht erreicht und auf diese Situation schlicht nicht passt.

Cismar ist sich dabei der Notwendigkeit eines religiösen Verstehens deutlich bewusst. Worin liege einer der Fehler seiner, der 68er Generation? „Wir dachten, die Zeit der Religionen sei vorbei, ein für allemal" (ebd., 219), erkennt eine Freundin. Diese Einschätzung erwies sich als falsch. Gerade deshalb ist aber ein Umgehen mit Phänomenen wie dem Islamismus so kompliziert. Der Islam wird in seinem unbedingten Anspruch auf die radikale Ausrichtung des Lebens nach Gottes Willen zu einer Herausforderung an einen westlichen Lebensstil, der entweder säkular erfolgt, oder aber der Religion kleine, genau abgezirkelte Bereiche in der Gesellschaft zugesteht. Sawatzky formuliert die Provokation in aller Deutlichkeit:

> Der Islam ist keine Wochenendreligion, kein Privatvergnügen für zu Hause. Er muss das ganze Leben durchdringen. Die Trennung von Religion und Staat, wie sie im Westen propagiert wird, ist nicht nur falsch, sondern gefährlich. [...] Im Zentrum des Islam steht die Einheit: Wenn nicht alles aus demselben Geist geschieht, bricht das Herz auseinander. Das ist unausweichlich. (ebd., 249)

Der Botschafter Claus Cismar, der eigentlich selbst das Gespräch führen und leiten sollte, erkennt wieder einmal, dass ihm nicht nur der Gesprächsfaden immer mehr entgleitet, sondern dass er Sawatzky darüber hinaus letztlich nichts entgegenzusetzen hat. Er kann als Figur gelten, die den Islam durchaus von außen verstehen will, aber letztlich in diesem Versuch scheitert. Es liegt nicht an mangelndem Wissen: „Seine Kenntnisse über den Islam würden reichen, um ihn in Deutschland als Experten durchgehen zu lassen", charakterisiert Christoph Peters seinen Protagonisten. Allein: „Begriffen hat er von dem, was er weiß, fast nichts. Seine Ratlosigkeit beruht nicht auf mangelnder Information. Womöglich gibt es zwischen einer gläubigen und einer säkularen Weltanschauung keine Schnittmenge." (ebd., 172f.) Was für eine Absage an die Möglichkeit interreligiösen Lernens, bei dem der eine Partner eher aufgeklärt-säkular lebt und denkt!

Auch dieser Roman bleibt letztlich in der Schwebe. Mit keinem der Kontrahenten wird man sich als Lesender identifizieren können. Die Einfühlung in ihre Denksysteme gelingt, stößt aber stets an Grenzen, die nicht überwunden werden können. Am Ende bleibt irritierend-verstörte Fremdheit. Eine ‚Lösung', eine religionspolitische Perspektive, eine Weganzeige für das Miteinander von Christentum, Islam und aufgeklärt-rationaler Moderne wird nicht gegeben. „Für Lösungen fühle ich mich nicht zuständig", erklärt Christoph Peters im Gespräch mit der FAZ, „das ist nicht die Aufgabe der Literatur".

Wie sehr Christoph Peters gerade auch von muslimischer Seite als einfühlsamer, um Verständnis bemühter und kompetenter Gesprächspartner ernstgenommen wird, zeigte sich zuletzt 2011. Gegen *Thilo Sarrazins* tendenziöses Pamphlet „Deutschland schafft sich ab" und mitten hinein in die dadurch verstärkte öffentliche Debatte um Ort, Stellenwert und Bedeutung, die dem Islam in Deutschland zukommt, meldeten sich zahlreiche muslimische Protagonisten aus Kultur, Gesellschaft und Medien zu Wort. In ihrem „Manifest der Vielen" unter dem programmatischen Titel „Deutschland erfindet sich neu" plädieren sie in bunter Zugehensweise für eine faire und vor allem differenzierte Diskussion. Das Vorwort zu diesem Band schreibt – als einer der wenigen nichtmuslimischen Autoren – Christoph Peters. Er macht sich darin im Anschluss an Aufklärer wie Lessing oder Wieland nicht nur für eine Wiederentdeckung des Islam als einer „hoch rationalen Religion" (*Peters* 2011, 8) stark, sondern wirbt für dieses Manifest als eindrucksvolle Dokumentation dafür, „wie vielgestaltig, geistreich, aufgeklärt, zeitgenössisch, zukunftsträchtig, analytisch, gesellschaftskonform und gesellschaftskritisch muslimische Positionen in Deutschland heute sind" (ebd., 10).

4. SAID:
„renitente Gebete" als Fortschreibung muslimischer Mystik

Wechseln wir die Perspektive! 1965 kommt er gerade siebzehnjährig als Student nach München. Aufgewachsen ist er in Persien, mitten im Iran, in der Hauptstadt Teheran. Ein Muslim? Ja und nein: „ich persönlich habe diese religion nie praktiziert" (*SAID* 2005, 8), schreibt er 2005 in dem autobiographischen Esssayband „Ich und der Islam" – wie fast stets in seinen Werken als Kennzeichnung dichterischer Sprache in durchgängiger Kleinschreibung. Gleichwohl ist ihm klar: „vom sozialen umfeld her bin ich ein muslim. denn meine kindheit fand in einem islamischen land statt." Und er konkretisiert: „ich bin in einer liberalen familie aufgewachsen. mein vater übte keine religion aus und zwang mich auch zu keiner. meine großmutter war stockreligiös. Während meine cousine, die mit uns lebte, mit sehr kurzen röcken zur universität ging." (ebd., 9)

„...soziologisch bin ich muslim..."

Als einziges Kind seines Vaters, eines Offiziers, lernt der mutterlos aufwachsende Junge Religion zunächst im Plural kennen: „in der schule saßen wir nebeneinander, armenier, bahaʼi, zaratustrianer, aramäer, chaldäer, juden, kurden, luren. ich habe den iran dieses nebeneinanders geliebt." (SAID 2004, 15) SAIDs Resümee seiner Herkunft: „durch meine familie hatte ich eine ungezwungene haltung zu religionen, dennoch, soziologisch bin ich muslim." (SAID 2005, 9)

Kaum ist SAID (*1947) – so der selbstgewählte arabische Name, der „Glückliche" – in Deutschland angekommen, nimmt das Regime des 1953 an die Macht gekommenen Schahs mehr und mehr die Züge einer rücksichtslosen Diktatur an. In der diktatorischen Todesmaschinerie werden Freunde und Verwandte SAIDs verhaftet, gefoltert, ermordet. An eine Rückkehr des politisch aktiven jungen Mannes ist nicht zu denken. Aus dem Auslandsstudium ist ein Asyl, dann ein Exil geworden. Vierzehn Jahre wird er sein Heimatland nicht mehr betreten. Erst 1979, nach dem Sturz des Schahs, fliegt er wieder nach Teheran. Alles ist anders geworden. Die Mullahs unter der Führung von Ayatollah Khomeini haben die Macht übernommen. Ein Neuanfang? Eine neue Chance zur Heimkehr für all die vom Schah und seinem Terrorregime Vertriebenen und Geflohenen? SAID bleibt nur sieben Wochen. „Die Machthaber wechseln; der Terror bleibt" (SAID 1995, 13), notiert er lakonisch in seinem Tagebuch.

Schnell wird ihm bewusst, dass sich hier eine ähnliche, wenn nicht noch größere Schreckensherrschaft anbahnt. Er kehrt nach Deutschland zurück, ein zweites Mal exiliert. Hier, in München, lebt er bis heute, hat die deutsche Staatsbürgerschaft angenommen, schreibt auf Deutsch. „So suchte ich Zuflucht bei der deutschen Sprache", formuliert SAID in einem frühen Text aus dem

Jahr 1986, „und sie nahm den Flüchtling auf, so gastlich sie konnte." (*SAID* 1987, 11f.) Wie schwer ein Leben und Schreiben zwischen zwei Welten und Sprachen bleibt, wird immer wieder benannt: „Wer zwischen zwei Sprachlüften leben muss, braucht zwei Lungen und zwei Herzen" (*SAID* 1987, 118), bekennt er in einem Gespräch mit *Gino Chiellino*. Gewiss, Goethe zu zitieren ist leicht, führt SAID in seiner Rede „Brief an Europa" auf dem X. Kongress Europäischer Schriftsteller in Regensburg im Sommer 1991 an, um dessen klassischen Doppelvers in Erinnerung zu rufen: „Gottes ist der Orient! / Gottes ist der Okzident!" – als löse das schon die Probleme von Konvivenz, Religionspolitik und individueller Identität! SAID kommentiert: „Diesem Satz Goethes/fügt der ostwestliche Flüchtling seinen profanen hinzu:/Das Niemandsland dazwischen/ist unseres." (*SAID* 1995, 124)

SAIDs Texte stammen aus diesem Niemandsland zwischen Orient und Okzident, sie sind heimatlos, zerrissen, gerade so brückenbauend. Er engagiert sich im Writers in Prison-Committee, ist Mitglied des Verbands der Deutschen Schriftsteller und des – einige Zeit (2000–2002) von ihm geleiteten – PEN-Zentrums der Bundesrepublik Deutschland. Als Hörspielautor, Essayist, Erzähler und Lyriker gehört er seit Jahrzehnten zu den prägenden, vielfach preisgekrönten literarischen Gestalten der deutschsprachigen Literatur.

Von Liebe ist im Werk SAIDs zu lesen, von Politik, von Exil, vom Einsatz für sein Volk und Land und gegen die Diktaturen, vom Anprangern der Missstände im Iran, vom Leben als Migrant in Deutschland, immer wieder auch von Religion. SAID gehört zu den wichtigsten Essayisten, die den Islam in den deutschsprachigen Diskurs einspielen. „aber gibt es denn überhaupt *einen* islam" (*SAID* 2005, 11), fragt er programmatisch – um anzuschreiben gegen zwei Verzerrungen: gegen die Politisierung des Islam durch fundamentalistische Mullahs und ihre radikalisierten Anhänger auf der einen Seite, aber auch gegen jegliche pauschale Verurteilung der Religion durch westliche Feindbildstereotypen auf der anderen Seite. „das kind betrat schon immer gerne die moscheen", schreibt er stilisiert im Rückblick über sich selbst. „sie rochen – damals – nach brüderlichkeit und rosenwasser." Diese Seite des

Islam bleibt gültig, genauso jedoch das Gegenbild. SAID fährt fort: „bis die mullahs an die macht kamen und auch meine freunde massakriert haben. seither riechen moscheen nach blut, schweiß und folter." (ebd., 10)

In einem Gespräch mit *Hans Maier* aus dem Jahr 2004 beschreibt er sein eigenes kulturell-religiöses Erbe. Im Blick auf den Islam stellt er klar: „ich will [...] diesem islam gar nicht entgangen sein". Und ähnlich im Blick auf das christliche Erbe: „ich will auch das christentum, mit dem ich heute hier in deutschland konfrontiert bin, gar nicht für mich abgelegt haben". Diese kulturell-religiösen Erbspuren sind ihm kostbar und wertvoll, „ohne dass ich eine religion ausübe und ohne dass ich in eine kirche oder moschee gehe" (ebd., 42).

Ein agnostischer Suchender und Beter

SAIDs eigene Religiosität? Ist sie wirklich mit der Feststellung, er habe eine „freie haltung zu religionen" (*SAID* 2010, 7), schon umfassend beschrieben? Ist die Selbstaussage aus den „Landschaften einer fernen Mutter" (2001) schon das ganze Bild: „ich. allein. ohne partei, ohne ein klar umrissenes credo" (*SAID* 2001, 12)? Fast trotzig findet sich die Vision einer humanisierenden Kraft des Islam. In einem Brief an den Dichterfreund Adonis aus dem Jahr 2003 schreibt SAID: „der islam mag die kraft und die pflicht haben, den menschen eine würde zu verleihen, wärme und trost zu spenden." (*SAID* 2005, 164)

Neben die mehrfach geäußerte Absage an jegliche persönlich praktizierte Religion treten Aussagen des Offenhaltens oder der Suche. „gesucht habe" er „die götter", „selbst in den heiligen büchern und allen behausungen", schreibt er in der kleinen, stark stilisierten Prosaskizze „pilgrim und bürger" (*SAID* 2010, 7). Nur noch „schritte" könne er nach all den Erfahrungen mit religiösen Diktaturen gehen, und diese „tragen ihn fort, von fest gefügten göttern mit leicht stillbaren gelüsten". „begreifen will er sie mit den händen" und „in seinen renitenten gebeten berührt er zwar die einheit zwischen dem menschen und den göttern, doch lässt er sich davon nicht täuschen". „er will das schlummernde berühren, er will den aufruhr – ohne das geheimnis der liebe preiszugeben" (ebd., 8f.). Keine Festlegung, kein Bekenntnis, aber auch keine Absage: noch immer sucht der „agnostiker", und zuweilen schickt er „ein gebet gen himmel: herr, zeig mir die dinge, wie sie wirklich sind" (ebd., 10f.).

Ihm gehe es um „eine religiöse Musikalität", betont SAID in einem 2011 erschienenen Beitrag, schließlich habe der Mensch diese „Musikalität, die Regung in sich" (*SAID* 2011, 55). In einem anderen autobiographischen Text, überschrieben mit dem Titel „ein kind auf der suche nach europa", wagt SAID über das porträtierte, mit ihm nicht einfach identische Kind eine andere Aussage. Es habe „nun sein licht" gefunden, „sein eigenes", und „wolle dieses mal, dieses licht, nicht verlieren", das „nun mehr seit mehr als drei jahrzehnten" (*SAID* 2010, 93) seinen Weg begleite. Das Kind könne trotz aller Negativerfahrungen „den kreis seiner religiosität nicht verlassen", auch wenn es niemals „einem der gottesverwalter gefront" (ebd., 94) habe. Er ist sich bewusst, dass „die laute der kindheit" eine „geborgenheit bieten", die „für spätere jahre entscheidend sein wird" (ebd., 20). Fast schon unwillig berichtet SAID von der immer wieder an ihn gerichteten Frage: „glauben sie an einen gott?" Seine Antwort: „ja, aber ich weiß nicht, wie er heißt und wo er wohnt." (*SAID* 2008, 14) Festlegen lässt er sich nicht.

Die literarisch stärksten Texte SAIDs sind ohne Frage seine Gedichte. 2010 erschien die Sammlung „Ruf zurück die Vögel", in dem neben anderen das folgende poetologische Gedicht (*SAID* 2010, 84) zu finden ist.

> das gedicht
> ein bedürfnis nach einem ort
> stumme landschaft der zeit
> ein nötiger zwischenraum
> ohne abwort gottes

Deutlich wird, wie sehr für SAID das Gedicht einer Sprache der Sehnsucht entstammt, eine Atempause ermöglicht und als Unterbrechung dient. Ort, Raum und Zeit bleiben schwebend, unbestimmt, auch nicht durch Worte Gottes festgelegt. „das gedicht versteht sich als der übergang zwischen ahnung und wahrheit", schreibt SAID in einer poetologischen Rede: „der dichter bedient sich des scheins, um einer künftigen wahrheit zu dienen. die poesie ahnt, dass sich wahrheit und logik nicht gleichzeitig erreichen lassen. mit anderen worten: die wahrheit lässt sich nur poetisch formulieren." (*SAID* 2010, 152) Dieser Überzeugung entspringen jene Texte, mit denen SAID im deutschsprachigen Raum am meisten Aufmerksamkeit gefunden hat.

Psalmen als poetisch-religiöse Suchtexte

Mehrfach nimmt SAID die Trias „geschrei, gebet, gedicht" in sein Werk auf. Befragt, wie diese drei Begriffe für ihn zusammenhängen, antwortet er: „Für mich ist das eine Steigerung, aber es ist gleichzeitig ein Weg. Wenn ihm Unrecht geschieht, wenn ihm Leid zustößt, dann schreit der Mensch – und sucht Trost im Gebet. Wenn aber jemand, wie in meinem Fall, keinen Gott hat, zu dem er beten könnte, muss er einen Schritt weitergehen zum Gedicht. Denn das Gedicht hat auch die Aufgabe zu trösten." Und an anderer Stelle: „zuweilen nutzt auch das geschrei nicht; dann mutiert es zum gedicht. fortan schreit es nicht mehr; es flüstert – ohne das beschwörende vibrato eingebüsst zu haben." (*SAID* 2008, 100)

Von diesen Aussagen her erschließen sich Texte, die im Jahr 2007 für Aufsehen und Diskussionen sorgten, als ein für die deutschsprachige Leseöffentlichkeit überraschender Gedichtband erschien. Nicht um Liebe oder Politik geht es hier in erster Linie, sondern um Religion. „Psalmen" nennt er seine 99 Gedichte, im Titel ein bewusster Bezug zu den alttestamentlichen Gebeten, in der Zahl eine Anspielung auf die vor allem im Islam bezeugte Tradition der ‚99 schönen Namen Gottes'. „ich bitte dich oh herr/verrate mir alle deine Namen/auch den letzten/den verborgenen" (*SAID* 2007, 7), heißt es im allerersten Psalm, ein Motiv, das im drittletzten Psalm wieder aufgenommen wird: „verrate mir oh herr/deinen verborgenen namen" (ebd., 103). Der hundertste Name Gottes ist jener, den der Mensch nicht kennt und nicht kennen kann. Er bleibt unaussprechbar, ist er doch jener, den nur Gott selbst kennt. Dem Menschen bleibt der Zugang zu den immer wieder neu benannten und meditierten 99 Namen,

näher wird er Gott nicht kommen. Die in dem Band perlenschnur-
gleich aufgereihten Texte – entstanden eigener Aussage zufolge
in einem Zeitraum von über elf Jahren – versuchen auf ganz eigene Weise diese Namen Gedicht für Gedicht, Psalm für Psalm aus-
zubuchstabieren. Der hundertste Gottesname bleibt freilich auch
SAID verborgen...

Immer wieder haben Dichter der Moderne neue zeitgenössische Psalmen verfasst: von *Celan* bis *Bernhard*, von *Rilke* bis *Bachmann*, von *Brecht* bis hin zu *Cardenal* und vielen anderen. Ausgespannt zwischen den für die biblischen Psalmen konstitutiven
Sprachmodi von Lob, Preis, Dank, Bitte und Klage haben all diese
Psalmendichter ihren je eigenen Zugang gesucht. Doch nie so radikal wie hier. Nach Lob, Preis und Dank wird man lange suchen,
dieser Duktus interessiert den Dichter nicht. Durchaus findet
man Bitt- und Klagetexte, für SAID sind die Psalmen jedoch vor allem eines: Texte der Rückfrage an Gott und der Einforderung des
Eingreifens Gottes. In der christlichen Spiritualität hat sich erst
in den letzten Jahren die vom Alten Testament gebotene Einsicht
durchgesetzt, dass Klagen einer der Grundvollzüge einer lebendigen Gottesbeziehung sein kann. Aber ,*Einforderung*'? Tatsächlich leben die biblischen Psalmen auch von diesem Sprachduktus:
Gottes ausbleibende Hilfe wird nicht nur beklagt. Sein wirksames
Handeln wird nicht nur erfleht, erbeten und erhofft, sondern
konkret eingefordert. Diese spirituelle Haltung ist allerdings im
Christentum, geschweige denn im Islam kaum entwickelt.

Literarische Psalmen hatten sich im 20. Jahrhundert immer
weiter von einer direkten Gottesanrede entfernt. Ihr Bezug zur
biblischen Urform musste über immer offenere Gattungsbestim-
mungen charakterisiert werden. Wo *Paul Konrad Kurz* – Herausgeber der zwei wichtigsten Anthologien von literarischen Psalmen in deutscher Sprache – noch 1978 selbstbewusst formulieren
konnte: „Ein Psalm ist ein religiöses Gedicht in freien Rhythmen,
das eine Anrufung Gottes enthält" (*Kurz* 1978, 312), musste er
knapp zwanzig Jahre später die Definition weiter fassen: „Der
Psalm ist ein Gedicht in freien Rhythmen, das eine spirituelle
Aussage, meist die Anrufung Gottes, spricht." (*Kurz* 1997, 270)
Es entbehrt nicht einer ironischen Brisanz, dass ausgerechnet

ein deutschsprachiger Autor mit muslimischem Hintergrund die Psalmen im 21. Jahrhundert literarisch wiederbelebt.

Gedichte in der Erblinie muslimischer Mystik

Überhaupt: Zwar sind die Psalmen als biblische Gebete im Islam durchaus bekannt, sie gehören aber kaum zu den dortigen spirituellen Grundtexten. In seinem Nachwort zu diesen 99 Gedichten fragt *Hans Maier* vorsichtig an: „Die Psalmen als Sprache der Juden und Christen – sind sie auch Sprache der Muslime?" Um selbst zu antworten: „Ganz offensichtlich nicht – oder sagen wir vorsichtiger: noch nicht." (in *SAID* 2007, 108f.) Und später: „Gibt es etwas Ähnliches wie ‚Psalmen Davids' im Koran? Man kann sich Auslegungen, die in diese Richtung gehen – einstweilen noch – kaum vorstellen." (ebd., 109) SAID selbst bestätigt diese Einschätzung: „Der Islam erkennt die Psalmen als Teil des heiligen Buches Bibel an, aber etwas Vergleichbares gibt es in der islamischen Tradition nicht".

Warum nicht? Die „islamische Tradition erlaubt es nicht, mit Gott zu hadern, weswegen Mystiker auch heute im Iran scharf angegriffen werden" (*SAID* 2008, 70) – obwohl oder gerade weil derartige spirituelle Haltungen und Sprachformen in der islamischen Mystik durchaus verbreitet sind. SAID beruft sich denn auch selbst auf die große Tradition der persischen Mystik, eine Bewegung, die – seiner Charakterisierung zufolge – „ausgehend vom islam den persönlichen weg zu gott und zu seiner schönheit sucht" (*SAID* 2010, 19), eine Feststellung, die man auch auf sein eigenes Dichten übertragen kann. In einem Gespräch mit der Zeitschrift „Publik-Forum" führt er aus: „Die islamische Tradition erlaubt es nicht, mit Gott zu hadern". „Mystiker sind libertäre Gestalten, sie sagen: Was zwischen mir und Gott passiert, das geht euch nichts an. Viele von ihnen waren großartige Lyriker." Konsequenz: „Der islamische Mystiker hadert genauso mit Gott wie der Psalmist und die christlichen Mystiker. Er sagt [...] Gott ist in mir – und die Moscheen interessieren mich nicht." (*SAID* 2008, 70) Im Gefolge dieser von ihm selbst aufgerufenen Tradition kann man auch SAID als islamischen Mystiker verstehen. Er knüpft einerseits direkt an der jüdisch-christlichen Tradition spirituell-poetischer Psalmen-deutung an, andererseits aber an muslimische Mystik und klas-sische persische Poesie. Keineswegs zielt SAID aber zurück zu solchen Traditionen. Seine Gedichte sind konsequent als Gegen-wartstexte konzipiert: zwar vor dem Hintergrund der genannten Gattungen, aber ganz und gar verankert im Hier und Jetzt.

Diese Hinweise lassen bereits erahnen, dass die Rezeption dieser Gedichte von Spannungen und Auseinandersetzungen be-stimmt ist. Alle 99 Psalmen richten sich in direkter Anrede an den „herrn". SAID gibt aber offen zu, an den Gott der monothe-istischen Religionen nicht glauben zu können, bestenfalls auf der Suche nach ihm zu sein – ohne die Erwartung zu haben, ihn wirk-lich finden zu können. Die direkte Anrede an den kaum für exis-tent gehaltenen Gott dient ihm dazu, „Gefühle wie Wut und Zorn auszudrücken". Er will diesen „Gott auf Augenhöhe" „auf die Erde bringen", um von ihm Gerechtigkeit einzufordern. Genau das also findet sich in diesem Gedichtband: Versuche, ganz eigen-artige, heutiger Spiritualität verpflichtete Psalmen zu schreiben, „reni-tente Gebete" (*SAID* 2010, 9), ausgespannt im Hallraum von reli-gionsübergreifender Mystik, Islam, Judentum, Christentum und Humanismus. Texte der Suche und des Zweifels, nicht der Sicher-heit und des Findens; Texte des Verlangens und der Sehnsucht, nicht des Wissens und der Glaubensgewissheit. Wie aber kommt SAID dazu diese Gedichte zu schreiben? Nichts in seinem Werk deutete darauf hin, dass solche Texte von ihm jemals zu erwarten gewesen wären. Wie kommt es zur Hinwendung ausgerechnet zu dieser Gattung?

Gegen die Gottesbesitzer – gegen die „kompatible Vernunft"

Er habe in seiner langen Beschäftigung mit den biblischen Texten immer wieder neu verschiedene Übersetzungen gelesen. Dabei habe sich in ihm etwas ereignet, erzählt SAID: „Im Zuge dieser Recherchen ist mein Respekt vor den Religionen gestiegen, und diesen Respekt möchte ich auch behalten." (*SAID* 2008, 70) Nicht um satirische Transformation von Psalmen geht es hier, nicht um zynisch-spielerische Beerbung – sehr wohl aber um eine stark

SAID

eigengeprägte Form der Anknüpfung, um eine Wiederaufnahme einer lange Zeit unterbrochenen Beziehung: „herr/lass uns das gespräch wiederaufnehmen/nach langem erzwungenem schweigen" (*SAID* 2007, 9), dichtet SAID, „gewähre mir die gebärden/die mir in deiner abwesenheit gewachsen sind" (ebd., 20). Blicken wir auf ein erstes Beispiel (ebd., 60):

> herr
> gib dass ich unbelehrbar bleibe
> mich vor der kompatiblen vernunft schütze
> und deren postmodernen furien
> so dass ich meine erregbarkeit nicht verliere
> denn dann verlöre ich auch dich
> höre auf mich
> oh herr
> nicht auf diejenigen
> die auf dich hören
> denn sie sprechen
> von einer mischung aus gott und vernunft
> nützlich und konvertierbar

Immer wieder greift SAID diejenigen an, die sich im Besitz Gottes glauben, die vorgeben, Gottes Willen zu kennen und auszuführen, die „gottesbesitzer" aller Couleur und Konfession, vorgeblich ihrem Glauben treu ergeben, in Wahrheit aber Heuchler und (Selbst-)Betrüger: „doch befragen sie nie ihren gott/denn sie fürchten seine antwortlosigkeit" (ebd., 92). „Heimlich paktiert der Autor mit Gott gegen" diese „gottesbesitzer" (in ebd., 110f.), erkennt Hans Maier, zumindest versuche er Gott zu einem solchen Pakt zu bewegen. „bewahre uns/vor dem heer deiner beschützer" (ebd.,16), schreibt SAID. „Ich würde nie eine Religion angreifen", erklärt er im Gespräch, „wohl aber ihre Auswüchse kritisieren" (*SAID* 2008, 71).

Absage an Gott – Ringen um Gott

SAIDs Psalmtexte sind auf mehreren Ebenen lesbar: Im Wissen um den Hintergrund des Verfassers kann man sie zum einen als kontrafaktische Gegenrede zu den biblischen Psalmen lesen, die im Spiegel der fiktiven Anrede des ‚Herrn' eigene Gefühle, Gedanken, Überlegungen in Sprache bringen. Der Rabbiner *Henry Brandt* etwa deutet sie so. Für ihn „bestehen eklatante Unterschiede zwischen den biblischen Psalmen und den Psalmen von Herrn SAID", bei denen es sich „eher um säkulare Psalmen handelt". Er erläutert seinen – von großem Respekt für SAIDs Texte als Gedichte geprägten – Einspruch: „Die Psalmisten haben in ihrem Gefühl ein Gottesverständnis, das Gott in den Mittelpunkt ihres Denkens stellt, auch wenn er nicht da ist, auch wenn die Menschen ihn suchen. Ich habe das Gefühl, Herr SAID stellt den Menschen in den Mittelpunkt. Er sagt zwar ‚herr' und ‚suche', aber er dirigiert Gott, was Gott machen soll."

Das – gegebenenfalls gebets*förmige* – Gedicht wäre so gesehen eine legitime und zwangsläufige Erbform des klassischen Gebets. Und die biblische Sprachfolie wäre dann vor allem eine Quelle sowohl ästhetischer wie existentieller Anregung. „aus der schwäche des gebets – dieser chronischen leidenschaft unserer zeit – entsteht das gedicht" (*SAID* 2004, 117), führt SAID in einem Gespräch aus dem Jahr 2004 aus. 2008 findet sich dieselbe Passage mit einer leichten, signifikanten Abwandlung: „das gedicht entsteht aus der schwäche des gebets – diese chronische krankheit unserer zeit" (*SAID* 2008, 100). Weil das klassische Gebet in unserer Zeit ‚schwach' ist, ‚chronisch leidenschaftlich' oder ‚chronisch krank', braucht es Gedichte als Ersatz. Da Gebete in ihrer hergebrachten Form ihre Bedeutung eingebüßt und verloren haben, bedarf es kompensatorisch der Lyrik, die einer eigenen poetischen Logik folgt, aber funktional die Stelle des Gebets wahrnimmt. Gedichte verdrängen Gebete, führen aus dem Bereich von Religion und echter Gottesbeziehung hinaus. Soweit die eine Lesart.

SAID ist sich freilich bewusst, dass diese Deutung zu einseitig bleibt. „was aber, wenn die götter durch abwesenheit glänzen?", fragt er in einem Essay über „Poesie und Religion" aus dem Jahre 2010. „kann die poesie ihren leeren Platz durch schönheit füllen?" Da die Erkenntnisebene der Poesie bestimmt werden kann als „übergang zwischen ahnung und wahrheit", da der Dichter sich „des scheins" bedient, „um einer künftigen wahrheit zu dienen", steht für SAID fest: „wahrheit lässt sich nur poetisch formulieren" (SAID 2010, 23). Diese poetisch formulierte Wahrheit steht aber immer unter der Vorgabe von Demut, eines Wissens um die Grenze des Sagbaren, die uns vielleicht „vor dem dualismus monotheistischer religionen" (ebd., 25) retten kann.

Eine solche Haltung der Selbstzurücknahme findet sich jedoch auch innerhalb von Bibel, Religion und Glaube. Genauso gut lassen sich SAIDs Psalmen deshalb als Zeugnisse *innerhalb* einer Gottesbeziehung lesen und deuten, in der Klage und Einforderung eben jener Platz zukommt, der ihnen in der Bibel selbst gewährt wird. Folgt man dieser Lesart, so liegen hier Zeugnisse des Ringens um eine neue Gottesrede vor, aus tief verstricktem spirituellem Engagement heraus. Dann geht es um eine Gottesbeziehung innerhalb einer Religiosität, die von Auseinandersetzung und Konflikt bestimmt ist, von Unsicherheit und Zweifel, von Trotz und Erwartung gegen alle Erfahrung.

SAIDs Psalmen sind freilich ganz andere Texte als die biblischen, nicht singbar, nicht für eine Gemeinschaft konzipiert. In einer für Poesie und Literatur charakteristischen, geradezu verwegenen Subjektivität versucht hier ein Schriftsteller auf Augenhöhe mit seinem Gott zu ringen: „ich will nicht unterworfen sein/nicht durch das wort nicht durch das schwert" (*SAID* 2007, 23). Aussagen, die einen Glauben zu bestätigen scheinen – „ich glaube [...] an einen gott/der uns mit seiner vernunft nicht erstickt" (ebd., 52) – stehen neben Aussagen, die dieses Bewusstsein in Frage stellen: „ich kann weder mit gott/noch mit vernunft auskommen" (ebd., 77). Wie also lässt sich der Charakter der Psalmen SAIDs treffend bestimmen: Kontrafaktische Gegengebete, die aus der biblisch bezeugten Gottesbeziehung herausführen, oder ringendes Suchen nach Gott innerhalb dieser Gottesbeziehung? Die Texte lassen beide Lesarten zu.

Gott auf Augenhöhe

Dass Gott dabei auf Augenhöhe gesucht wird, dass der Dichter Gott Ratschläge gibt, ja: dass er die Rolle von Beter und Angebetetem zuweilen umkehrt, gehört zu der poetisch-religiösen und bewusst provokativen Strategie dieser „Psalmen" hinzu. SAID schreibt seine Gottesanrufungen „damit du mehr lernst von deinen geschöpfen" (ebd., 18). Er, der Herr, muss selbst beten lernen: „bete laut gegen den lärm der menschenhand" (ebd., 19). Letztlich geht es aber den Psalmtexten um das Herstellen einer Beziehung: „fürchte dich nicht vor meinem wort/denn es sucht dich mit mir zu verbinden" (ebd., 23). In einem weiteren Psalm heißt es: „ich bete dich an/ohne einen beweis für deine existenz zu suchen" (ebd., 35). Spricht so ein Ungläubiger? „mein gebet sucht dich und führt mich weiter" (ebd., 36)...

Wie ein Grundmotto interkultureller Verständigung klingt SAIDs folgender Aphorismus: „toleranz ist kein zustand/sondern eine ausgangssituation" (*SAID* 2010, 74f.), so SAID in seinen „West-östlichen Betrachtungen". Er wird zu einem Lehrmeister interreligiöser Sensibilität: „lass uns auch wahrheiten glauben schenken/die außerhalb unseres blickfeldes wachsen" (*SAID*, 2007, 17), heißt es in einem der Psalmen. Aus dem „Niemandsland" zwischen „Ankunft und Flucht", zwischen den Kulturen und Religionen wächst ein Gespür für die Notwendigkeit von Verständigung, die im Gebet erfleht wird: „herr [...] suche für uns den wind/der den norden mit dem süden verbindet" (ebd., 22).

5. Ausblick: Erste literarische Sichtbarkeit des Islam

Als Zwischenbilanz im Blick auf eine erste literarische Sichtung lässt sich festhalten: Parallel zur Renaissance deutsch-jüdischer Literatur lässt sich gegenwärtig eine allmählich stärker werdende literarische Präsenz des Islam im deutschsprachigen Raum beobachten – sei es bei nichtmuslimischen AutorInnen, die sich an den Islam heranschreiben, sei es bei einer wachsenden Zahl deutschschreibender SchriftstellerInnen muslimischer Provenienz. So ergibt sich erstmals überhaupt eine deutliche Sichtbarkeit muslimischer Lebens- und Glaubenswelten in der deutschsprachigen Literatur. Darin wird nicht nur kulturelle, sondern auch religiöse Differenz auf ganz unterschiedliche Weise literarisch produktiv, wenn auch mit deutlicher Vorsicht und Zurückhaltung. Angesichts der negativen Stigmatisierung nahezu alles Islamischen wollen nicht wenige SchriftstellerInnen eine Reduktion ihres literarischen Schaffens auf ihre Herkunfts*religion* vermeiden. Sie verstehen sich eher als Mittler zwischen zwei Kulturen denn als Mittler zwischen zwei Religionen und versuchen sich kollektivistischen Zuschreibungen zu entziehen.

Ähnlich wie in der deutsch-jüdischen sind auch in der deutsch-muslimischen Literatur keineswegs nur Identifikation und Bestätigung zu erkennen, sondern produktive Spannungen und Auseinandersetzungen, Traditionsbrüche und Transformationen. Schon jetzt zeigen sich höchst vielfältige Spielarten des Religiösen. Bündelnde Aussagen können diesem Befund kaum gerecht werden. Statt kollektiver Zuschreibungen bedarf es der Wahrnehmung der individuellen Selbstpositionierungen, der subjektiven Lesarten singulärer AutorInnen mit verschiedenen biographischen Hintergründen und ganz eigenständigen Schreibstilen und Intentionen. Als verbindende *Begriffsbestimmung* lässt sich – analog zu Definitionen bei vergleichbaren Phänomenen – festhalten: Deutsch-muslimische Literatur umfasst Texte, die erkennbar anknüpfen an Themen und Denkformen, an eindeutig identifizierbare Motiv- oder Sprachimpulse der in sich wiederum höchst vielfältigen Lebens- und Glaubenswelten des Islam (insbesondere an den Koran, die islamische Theologie- und Spiritualitätsgeschichte, die dadurch geprägte Dichtung und Poesie – sowie deren Spiegelungen im muslimisch geprägten Alltagsleben).

Wenn in dieser neuen literarischen Strömung Religion und Gottesfrage direkt thematisiert werden, dann erweist sich bislang vor allem die mystische Erblinie als fruchtbar. Sei es in der Faszination durch den Alevismus bei Barbara Frischmuth oder in der Fortschreibung persischer mystischer Poesie von SAID: In ihrer Offenheit, Vielstimmigkeit und symbolischen Mehrdeutigkeit lassen sich diese religiös-literarischen Traditionen heute offensichtlich leichter kreativ beerben als die auf eindeutige Rechtleitung konzentrierten Vorgaben des islamischen Mainstream. Dessen Vorgaben und ihre praktische Umsetzung lassen sich zwar, wie bei Christoph Peters und anderen, beschreiben, sie regen aber kaum zu eigenständiger Sprachsuche an. Ob sich diese ersten Beobachtungen bestätigen, werden erst die weiteren Entwicklungen zeigen.

ZWEITER TEIL:

Gottesrede als Sprachsuche
Ringen um Ausdruck und Form

I. Umkreisen, Verweisen, Benennen: Spuren Gottes in Erzählung und Roman

Die Verankerung der indirekt angedeuteten oder direkt thematisierten Gottesrede in autobiographisch gefärbter Erzählprosa im Kontext konfessioneller Selbstvergewisserung – das ist der eine Bereich, in dem sich die literarische Annäherung an Gott in der zeitgenössischen Literatur breit entfaltet. An die Seite dieser Tradition treten andere Versuche des Heranschreibens an Religion und Gott. Sie zeichnen sich vor allem dadurch aus, dass sie die Frage nach einer heute angemessenen *Form* religiöser Rede in den Mittelpunkt stellen. *Wie* von Gott, von Religion schreiben nach dem Ende der Sprachkrise, im Wissen um den Traditionsabbruch der 1950er und 1960er Jahre? In Erzählungen und Romanen unserer Zeit finden sich explizit oder implizit Antwortversuche auf diese Frage.

1. Spiegelungen fernöstlicher Religionen

Zunächst wäre das Spektrum der konfessionell geprägten literarischen Annäherungen an die Weltreligionen unvollständig
ohne den Blick auf die fernöstlichen Weltreligionen: Hinduismus,
Buddhismus, japanische Religionen, chinesische Weisheitsphilo-
sophien. Deutlich ist: Nicht nur der Islam, auch die asiatischen
Religionen übten im 19. und zu Beginn des 20. Jahrhunderts eine
starke Fremdfaszination aus: *Bertolt Brecht* und *Hermann Hesse*,
Alfred Döblin und *Stefan Zweig, Klabund* oder *Thomas Mann* folg-
ten in ihren Werken den spirituellen und weisheitlichen Spuren
dieser Religionen und griffen formale Gestaltungsprinzipien der
Literaturen dieser Kulturen auf. Wie im Blick auf den Islam handelt es sich dabei um Zeugnisse der Faszination von Fremdem und
Fernem im Kontext der Moderne.

Der aktuelle Befund bleibt hier allerdings wenig ergiebig. Nur
wenige Spuren können aufgezeigt werden. Herausragend ist sicherlich das Werk des Schweizers *Adolf Muschg* (*1934), der bereits mit seiner Erzählung „Das gefangene Lächeln" vorgestellt
wurde. Für ihn werden östliche Religionen zur fasziniert ertaste-
ten Fremdwelt. Vordergründig schreibt er in Romanen wie „Der
Sommer des Hasen" (1965), „Baiyun oder die Freundschaftsgesell-
schaft" (1980), „Nur ausziehen wollte sie sich nicht" (1995) oder
„Eikan, du bist spät" (2005), aber auch in Essays wie in den Samm-
lungen „Papierwände" (1970) oder „Die Insel, die Kolumbus nicht
gefunden hat" (1995) über Gesellschaft und Alltag in Japan und
China. Dort hat Muschg selbst mehrere Jahre gelebt, er ist zudem
in dritter Ehe mit einer Japanerin verheiratet. In sein Werk fließen immer wieder religiöse Aspekte vor allem des Zen-Buddhismus mit ein. *Christoph Gellner*, einer der besten Kenner des Werks
Muschgs, hatte allerdings schon früh erkannt: „Fernöstliche Spiritualität und Religiosität wird" letztlich „kaum eigens thematisiert." (*Gellner* 1998, 101) Das Fremde dieser Religion verschließt
sich offensichtlich der direkten literarischen Darstellung.

In seiner Studie von 2010 kann Gellner überzeugend nachweisen, dass Muschg – bei aller Annäherung, Faszination und profun-
den Kenntnis – letztlich auf der „irritierenden Unverständlich-

keit, Unzugänglichkeit und Unerreichbarkeit" (*Gellner* 2010, 203) beharrt. Vor allem indirekt wirken Elemente der genannten Spiritualität, wandern Spuren eines im Osten erlernten asiatischen Komplementaritätsdenkens in die Geisteswelt Muschgs ein. Sie werden produktiv in seinen neueren Romanen wie dem monumentalen Parzival-Roman „Der rote Ritter" (1993) oder „Sutters Glück" (2001), für die er „den exotischen Oberflächenreiz fernöstlicher Kulissen gar nicht mehr eigens bemühen muss" (*Gellner* 2005, 64).

Konkret religionsvergleichende Elemente finden sich in der Literatur selten. Eine Ausnahme bildet das Buch des saarländischen Schriftstellers *Ludwig Harig* (*1927), der im Jahr 2000 unter dem Titel „Reise mit Yoshimi" seine „japanischen Reportagen" veröffentlichte. Immer wieder stößt der Erzähler auf Darstellungen des Buddha: „Er ist ein stattlicher Mann in gedankenvoller Haltung, ohne einen Hauch von Missvergnügen zu verbreiten." Dann der Vergleich: „Auch er hat von der Liebe gepredigt", und doch „ist er ein ganz anderes Wesen". Angesichts der so ganz anderen Darstellung des Buddha wird dem Erzähler die Fragwürdigkeit der eigenen Religion erst richtig deutlich: „Warum ist die christliche Botschaft von der Liebe mit so viel Hässlichkeit und einem ans Kreuz genagelten Mann verbunden?" (*Harig* 2000, 50)

Schließlich finden sich spannende Spuren der Prägung durch fernöstliche Religionen im Werk von zwei Autoren, die bereits ausführlich porträtiert wurden: *Ralf Rothmann* und *Christoph Peters*. Bei Rothmann, der einige Zeit in einem japanischen Zen-Kloster verbrachte und in einem Zeitungsinterview Buddha als „mich faszinierendste Erscheinung" neben Jesus Christus bezeichnete, bleibt der literarische Niederschlag dieser Geisteswelt – abgesehen von einigen Gedichten, programmatischen Äußerungen und einer Kurzgeschichte aus dem jüngsten Erzählband „Shakespeares Hühner" (2012) – bislang eher gering. Anders bei Peters: Von ersten Kurzgeschichten, dem Roman „Mitsukos Restaurant" (2009) über das von ihm zusammen mit dem Fotographen Götz Wrage gestaltete Buch „Japan beginnt an der Ostsee" (2010) reicht der Bezugsbogen. Auch in die 2011 erschienene Erzählsammlung „Sven Hofestedt sucht Geld für Erleuchtung" werden Erzählungen aus dem Themenfeld Japan, Buddhismus und Tee-Zeremonie aufgenommen. Schließlich richtet der 2014 erschienene Roman „Herr Yamashiro bevorzugt Kartoffeln" um den Bau eines Anagama, eines traditionellen japanischen Holzbrandofens an der Ostsee, den Blick erneut in diesen Bereich. Schon jetzt hat sich Christoph Peters damit als einer der wenigen deutschsprachigen Gegenwartsautoren etabliert, in deren Werk der Buddhismus eine zentrale Rolle spielt. Wie Adolf Muschg streicht er vor allem die unüberschreitbaren Fremdheitsschranken heraus, die bei aller Faszination und Empathie nicht übersprungen werden können.

Trotz der aufgezeigten Spuren und weiterer hier unbenannt gebliebener Werke: Kreative schriftstellerische Auseinandersetzungen mit dem Einfluss nichtmonotheistischer Religionen bleiben in der deutschsprachigen Gegenwartsliteratur bislang eher die Ausnahme.

2. JULI ZEH:
Wenn es Gott nicht gibt

Wie kann man von Religion und Gott erzählen, ohne sich auf eine spezifische Religion oder Konfession zu beziehen? Eine derartige Variante – nur selten ausgeführt – ist das Schreiben unter der expliziten Vorgabe, dass es Gott *nicht* gibt. Das literarische Nachdenken über eine Welt ohne Gott, das gleichwohl entscheidend bestimmt ist von genau diesem Gedanken, findet sich exemplarisch im Werk einer der herausragenden Vertreterinnen der jungen SchriftstellerInnengeneration in Deutschland, bei *Juli Zeh* (*1974). In einigen ihrer Romane wird das explizit benannte Fehlen Gottes zum Ausgangspunkt der Handlung. „Unsere Gesellschaft fällt sukzessive vom Glauben ab. Der Tod Gottes liegt lange zurück, auch die Trauerzeit ist vorbei" (*Zeh* 2006, 17) – legt sie dem als heutigem Prototyp gezeichneten Charakter F. in einem Beitrag im Magazin DER SPIEGEL in den Mund. Von einer solchen Überzeugung und den Konsequenzen für die Lebensführung handeln auch ihre Romane.

„Spieltrieb" (2005) erzählt die Geschichte einer Gruppe hochintelligenter Jugendlicher, die angesichts der Überzeugung, dass es Gott nicht gibt, alle ethischen Grenzen ablehnen und ihre Lehrer und Mitschüler tyrannisieren. Sie reizen das „Glück", sich „in moralfreien Räumen zu bewegen" (*Zeh* 2005, 69), bis zu den Extremen von Erpressung und Gewalt aus. Sie haben erkannt: „Es gibt keinen Gott, sondern nur ein Bedürfnis nach Gott" (ebd., 82), dem jedoch nichts entspricht. Nein, so Alev, der geistige Anführer, „ihm sei es stets unmöglich gewesen, sich einer Konfession anzuschließen", schließlich profitiere seiner Beobachtung nach „niemand vom Glauben, weder in spiritueller noch materieller oder intellektueller Hinsicht" (ebd., 212). Konsequenz für Alev: „Wenn es einen Gott geben sollte [...], musste er es wohl selber sein. Das sei der genügsamste Gottesbeweis, den er je gehört habe" (ebd., 213). Der beklemmende Roman schildert das aus einer solchen Haltung heraus wachsende Zerbrechen jeglicher Form von humanem Miteinander – und fragt die Prämisse dieser Weltanschauung so indirekt an.

Auch „Schilf" (2007), ein überraschend als Kriminalroman konzipiertes Werk Juli Zehs, geht von der Konstellation aus, dass Menschen aus intellektueller Redlichkeit heraus bewusst gottlos leben und an die Grenzen dieser Überzeugung stoßen. Dieses Mal geht es um zwei befreundete und gleichzeitig miteinander rivalisierende Physiker von Weltrang. Der eine von ihnen, Sebastian, versucht die Existenz der Gleichzeitigkeit vieler Welten zu beweisen. Wie sonst ließe sich die mathematisch völlig unwahrscheinliche Existenz gerade unserer Welt erklären? „Wer nicht an Gott glaube [...], müsse die Statistik bemühen" (*Zeh* 2007, 65). Entweder man glaube an Gott, oder aber an die Möglichkeit, dass es gleichzeitig unendlich viele Welten gebe, von denen wir jeweils nur den Ausschnitt einer wahrnehmen könnten. „Gott" sei an der Entstehung dieser Theorie schuld, „besser gesagt: seine Nicht-Existenz" (ebd., 208). Die „Frage nach Gott" werde so „zu einem statistischen Problem" (ebd. 209): entweder Gottglaube oder die zwangsläufige Annahme der „Viele-Welten-Interpretation" (ebd., 208). Er selbst könne nur die zweite Option zulassen.

Anders sein Freund und Rivale Oskar, der diese Theorie scharf ablehnt. Er sieht sich selbst als „religiöser Atheist", als ein Gläubiger, der glaubt „dass das Bestehen der Welt für uns nicht letztverbindlich erklärbar ist. Diese Erkenntnis zu ertragen, kostet eine wahrhaft metaphysische Kraft." (ebd., 312) Aus diesen unterschiedlichen weltanschaulichen Grundlagen heraus entwickelt sich im Roman eine Eigendynamik, die letztlich zu tragischen Entwicklungen führt. Die Beschreibung des explizit benannten Fehlens Gottes wird in beiden Romanen Juli Zehs zur Triebfeder der Handlungskurven. Nur indirekt spiegeln sie die Frage an die Lesenden zurück, ob die damit gesetzten Vorgaben überhaupt zutreffen.

In ihrem Zukunfts-Thriller „Corpus Delicti" (2009) bestimmt eine Ökodiktatur die Gesellschaft. Nur noch ökologisch und gesundheitlich Erlaubtes zählt. Alle Abweichungen werden strengstens verfolgt und eliminiert. Die Glockentürme „einiger stillgelegter Kirchen" gehören zu einem „malerischen, wenn auch selten besuchten Freilichtmuseum" (*Zeh* 2009, 11). Religion, das Christentum? Nichts als überwundene Erinnerung: „Gott besaß den Zweck, die Menschen zu trösten" (ebd., 26), so Mia, eine der letztlich scheiternden Rebellinnen gegen das System. „Jahrhunderte lang hat man die Schwäche angebetet, man hat sie sogar zum Kern einer Weltreligion gemacht", blickt ein fanatischer Anhänger der neuen Gesundheits- und Stärke-Ideologie zurück. „Man kniete vor dem Bild eines magersüchtigen, bärtigen Masochisten, der eine Stacheldrahtrolle auf dem Kopf trug, während ihm das Blut übers Gesicht lief." (ebd., 181) Aus Sicht einer Ideologie, die „Gesundheit als Synonym für Normalität" verwendet, in der das „Störungsfreie, Fehlerlose, Funktionierende" (ebd.) als Idealbild gilt, kann eine solche, völlig zurecht überwundene Religion nur als Absurdität der Geschichte gelten. Selbst für die Rebellen, die auf dem Recht zu Eigenbestimmung und Abweichung von vorgeblicher Normalität beharren, ist Religion keine Alternative mehr.

Ein derart differenziertes indirektes Spiegelungsverfahren von Religion und Gottesfrage wie hier bei Juli Zeh findet sich nur selten in der Gegenwartsliteratur. Sie lässt sich kaum ein auf die neueren gesellschaftlichen Debatten um einen angeblichen ‚neuen Atheismus', der vor allem im angloamerikanischen philosophischen Diskurs thematisiert wird. Zumindest für den deutschsprachigen Bereich geht die folgende Einschätzung deshalb am tatsächlichen Befund vorbei: „Konsequenter Abschied. Damit ist die dominante Tonart im Umgang gegenwärtiger Literatur mit dem Thema ‚Religion' bestimmt." (*Hoff* 2004, 43) Das Gegenteil ist der Fall: Fast alle AutorInnen, die religiöse Fragestellungen aufgreifen, gehen viel direkter und unmittelbarer damit um. Vielfach spiegelt sich bei derartigen Entwürfen ein Prozess der reflektierten Selbstbesinnung auf die Bedeutung von Religion im eigenen Leben und in der bezeugten Zeitgeschichte. Um gerade die Sprachprobleme und -lösungen der Annäherungen an Religion und Gottesfrage entfalten zu können, wenden sie sich jedoch anderen poetischen Verfahren zu als die bereits vorgestellte, stark autobiographisch inspirierte Prosa.

Ein derartiger Ansatz nutzt die Möglichkeiten der motivischen Anknüpfung an die Bibel. Dieses Verfahren findet sich schon in der traditionellen christlichen Literatur. Die Bibel als das kulturell bei uns eben immer noch am weitesten verbreitete Grundzeugnis der in Sprache geronnenen Gottesbeziehung des Menschen bietet SchriftstellerInnen den Vorteil, schon allein in der Anknüpfung, Anspielung oder Transformation die religiöse Dimension mit anklingen zu lassen, ohne sich sogleich auf eigene Positionen festlegen zu müssen. Schauen wir zunächst in einem kleinen Überblick darauf, wo, warum und wie die Bibel derzeit literarisch rezipiert wird.

3. Weiterschreiben der Bibel: „alle Geschichten, die sich denken lassen"

Was reizt SchriftstellerInnen eigentlich an der Bibel? Worin liegen die Chancen der Anknüpfung und Abweichung? Zum einen in der Art und Weise des dortigen Erzählens: „Wer fabulieren lernen will, kann es von der Bibel lernen", gab noch unlängst die deutsch-russische Autorin *Olga Martynova* (*1962), Trägerin des Ingeborg-Bachmann-Preises (2012), in einem Porträt der NZZ zu Protokoll. Zum anderen in den erzählten Geschichten. Diese „fantastische Sammlung von Geschichten, Gesetzen, Prophezeiungen und unerhörten Wundern" (in: *Vilshofen* 2003, 7) enthält ja eigentlich schon „alle Geschichten", die sich nur „denken lassen". Deshalb

komme es „nur darauf an, sie [...] in unsere Sprache zu übersetzen" (ebd., 8.). Mit diesen Worten leitet *Michael Krüger* einen im
Jahr 2003 erschienenen Sammelband mit dem Titel „Und Gott
sprach..." ein, in dem – laut Untertitel – „biblische Geschichten
neu erzählt" werden.

Während es in den dort präsentierten Geschichten eher um
kreativ-eigenwillige Transformationen geht, wählt der bereits
mit seinem Roman „Die Abenteuer des Joel Spazierer" vorgestellte Vorarlberger Erzähler *Michael Köhlmeier* (*1949) einen anderen
Weg. Mehrere Jahre lang arbeitete er an dem ehrgeizigen Projekt,
die Ur-Mythen der westlichen Zivilisation neu zu erzählen und so
der Gefahr des drohenden Vergessen-Werdens zu entreißen. Nach
den Erzählungen um die Gestalten der griechischen Mythologie,
nach den germanischen Sagen nahm er sich die biblischen ‚Mythen' vor. Aus dem Jahr 2003 stammt ein voluminöser Band, der
die „Geschichten von der Bibel" von „der Erschaffung der Welt bis
Moses" zusammenfasst, von denen einige bereits zuvor publiziert
worden waren. Es geht Köhlmeier dabei nie bloß um Paraphrase,
sondern um kreative Ausgestaltung, um psychologisierende Neu-
perspektiven, um die dramaturgische Auffüllung von biblischen
Erzähllücken. Nicht staubtrockene Belehrung ist sein Ziel, sondern das Erzählen von unterhaltend-spannenden Geschichten, die
seine eigene Situation als Leser und Deuter nicht verschweigen
und nicht selten vom Original abweichen. Die direkte Gottesrede
der Bibel wird dabei zwar übernommen, gleichzeitig aber ironisierend in Frage gestellt. Warum etwa sei der Schöpfungsbericht so
kurz gehalten? „Ich an Gottes Stelle hätte doch über die Erschaffung der Welt, was doch immerhin sein Hauptwerk war, ein wenig
ausführlicher berichtet. Ist Gott so bescheiden?" (*Köhlmeier* 2003,
8) Als Sprechhaltung ermöglicht derartige Ironie überhaupt erst
eine heutige Nacherzählung der biblischen Geschichten, destru-
iert sie nicht, sondern hält sie in der Spannung von Möglichkeit
und Deutbarkeit.

Köhlmeiers alttestamentliche Erzählungen sind bislang nur
bis zum Tod des Mose vorgedrungen. *Anne Weber* (*1964) legte
im Jahr 2000 eine ganz ähnlich konzipierte Bibelversion vor. In
ihrem Buch „Im Anfang war" erzählt sie exemplarische Statio-

nen des gesamten Alten Testamentes scharfzüngig-ironisch nach. Köhlmeiers wie Webers Werke lesen sich insgesamt wie eine Art elementarisierte und ästhetisierte Nachhilfestunde in Sachen Bibelwissen. Eher selten widmet sich die aktuelle Literatur dagegen einzelnen Themen, Gestalten oder Büchern der Hebräischen Bibel. Zu übermächtig wirkt hier wohl *Thomas Manns* Tetralogie „Joseph und seine Brüder", ein Vorbild, das Nachahmung schon im Keim erstickt. Nur wenige neuere Versuche von Rang finden sich. *Hans-Martin Gaugers* (*1935) Erzählung „Davids Aufstieg" (1993) bleibt blass und als literarische David-Rezeption weit weniger herausfordernd als der schon 1972 von *Stefan Heym* vorgelegte „König David Bericht". In „Sie kam zu König Salomo" (2001) erzählt die Österreicherin *Inge Merkel* (1922–2006) die legendarische Begegnung der Königin von Saba mit dem ‚weisen' König Israels nach, gestaltet diese Begegnung als letztes Aufflackern von Liebe zweier alternder lebenskluger Menschen.

Letztlich erweist sich der alttestamentlich inspirierte Roman im Moment als literarisch nur wenig produktiv. Wenn, dann geht es eher um motivische Anregung als um stoffliche Ausgestaltung. Das lässt sich gut an zwei aktuellen Beispielen zeigen: So lässt sich der Erfolgsroman des Schweizers *Pascal Mercier* (*1944, eigentlich *Peter Bieri*) „Nachtzug nach Lissabon" (2004) als Modifikation des Hiobbuches lesen. Mehrfach wird dieser Bezug direkt benannt, handelt es sich doch um jenes Buch, in dem die Hauptfigur des Romans mehrfach liest: „Er las im Buch Hiob, und er las mit klopfendem Herzen." (*Mercier* 2004, 172) Er, das ist der Schweizer Raimund Gregorius, ein alternder Lehrer, der sein gewohntes Leben von einem Tag auf den anderen hinter sich lässt, nach Portugal fährt und sich dort auf die Suche nach dem geheimnisvollen Autor eines ihn faszinierenden Buches, letztlich jedoch auf die Suche nach sich selbst begibt. Er stößt auf eine Schrift mit dem Titel „Ehrfurcht und Abscheu vor Gottes Wort", die erneut um Hiob kreist: „Hat Hiob nicht jeden Grund zu seiner Klage?" (ebd., 199) Dieses Ringen um Gott und Sinn, diese „Hassliebe gegenüber Gottes Wort" (*Tück* 2008, 126) prägt den Roman, und bleibt letztlich bis über dessen Ende hinaus ungelöst.

Ganz anders baut *Ingo Schulze* (*1962) den Paradies-Mythos der

Genesis in seinen Roman um die ‚deutsche Wende' ein. Schon im
Titel „Adam und Evelyn" (2008) wird der Verweis deutlich. Tatsächlich wird die Geschichte um die Ereignisse im Deutschland
des Jahres 1989 augenzwinkernd-ernsthaft als parabolische ‚Vertreibung aus dem Paradies' gestaltet. Als dem jungen, im Titel des
Buches benannten Paar über Ungarn die Flucht in die Bundesrepublik gelingt, findet es zu seiner Überraschung in einem Hotelzim-
mer eine Bibel vor: „ist ja komisch" (*Schulze* 2008, 224). Verblüfft
liest der zeitgenössische Adam die Kapitel um den gleichnamigen
Stammvater. Wortwörtlich verstanden findet er die Erzählung
empörend: „Das ist doch unglaublich, oder!? Wir dürfen nicht ins
Paradies zurück, weil wir wissen, was gut und schlecht ist. [...] Das
ist doch ungeheuerlich!" (ebd., 231) Trotz dieser Gegenrede: Die
Bibel wird ihn begleiten, er wird sie lesen, deuten – und der biblische Schöpfungsmythos öffnet dem ganzen Roman einen über
sich verweisenden Hallraum.

Literarisch anregender als das Alte ist derzeit das Neue Testament. Schon 2001 war *Michael Köhlmeiers* Version der Geschichte
Jesu unter dem Titel „Der Menschensohn" erschienen, in welcher
die Ereignisse um den Mann aus Nazareth aus der Perspektive
des Apostels Thomas erzählt werden. Er, der ‚Zweifler', der ‚Ungläubige', biete sich in der heutigen Zeit als ideale Erzählfigur an:
„Thomas, dieser verzweifelt aufgeklärte Apostel, hat mir eine Geschichte erzählt" – so Köhlmeier in bewusster Selbststilisierung
im Nachwort – „die Geschichte des Nazareners, die unglaublich
ist, so unglaublich, dass sie mein Erzähler selbst immer wieder an-
zweifelt" (*Köhlmeier* 2001, 149).

Köhlmeiers Hinwendung zu Jesus verweist jedenfalls auf eine
weitere überaus fruchtbare Tradition der gegenwärtigen literarischen Annäherung an die Dimension Gott. Im Gefolge von *Luise Rinsers* „Mirjam"-Roman und *Gertrud Fusseneggers* „Sie waren Zeitgenossen", beide aus dem Jahre 1983, haben zahlreiche
deutschsprachige AutorInnen Jesusromane vorgelegt. Mit eigener
Intention, differenzierten Zugängen und auf völlig unterschied-
lichem literarischem Niveau veröffentlichte *Philipp Vandenberg*
„Das fünfte Evangelium" (1992), *Regina Berlinghof* „Mirjam"
(1997), *Andreas Eschbach* „Das Jesus Video" (1998), *Nikolaus Glat-*

Patrick Roth

tauer „Jakobus, der Stiefsohn Gottes" (2002), *Madeleine Bieri*
„Der Kuss im Garten" (2002), *Friedrich Ani* „Als ich unsterblich
war" (2003), *Wolfgang Hohlbein* „Das Paulus Evangelium" (2006),
Maria Elisabeth Straub „Das Geschenk" (2006), *Christa Karasch*
„Der Jesuszeuge" (2007), *Arnold Stadler* „Salvatore" (2008), *Jür-
gen Wertheimer* „Als Maria Gott erfand" (2008), *Uwe Saeger* „Die
gehäutete Zeit" (2008), *David Safier* „Jesus liebt mich" (2008),
Peter Henisch „Der verirrte Messias" (2009), *Klaas Huizing* „Mein
Süßkind" (2012) und *Alois Prinz* „Jesus" (2013). Sie haben Teil
an einem internationalen Boom der literarischen Wiederentde-
ckung Jesu, an dem sich AutorInnen von Weltrang beteiligen wie
José Saramago (Das Evangelium nach Jesus Christus 1991), *Gore
Vidal* (Golgatha Live 1992), *Norman Mailer* (Das Jesus-Evange-
lium 1997), *Eric-Emmanuel Schmitt* (Das Evangelium nach Pilatus
2000), *Anne Rice* (Jesus Christus. Rückkehr ins Heilige Land 2007;
Die Straße nach Kanaa 2008), *Kathleen McGowan* (Das Magdale-
na-Vermächtnis 2006; Das Jesus-Testament 2009), *Philip Pullman*
(Der gute Herr Jesus und der Schurke Christus 2011), *Colm Toibin*
(Marias Testament 2014) und viele andere. Gemeinsam ist diesen
in sich völlig unterschiedlichen Romanen einerseits der Versuch,
die Bedeutung Jesu für unsere Zeit auszuloten, andererseits die
Intention, über Jesus die Gottesfrage zu thematisieren.

4. PATRICK ROTH:
„Verhülle dich, denn sie schreiben dich auf!"

Der reizvollste, gelungenste, am breitesten diskutierte deutschsprachige Beitrag zu dieser boomenden Gattung des Jesusromans
stammt von *Patrick Roth* (*1953). Bei ihm geht es weniger um die
Inhalte, um das Erzählte selbst, sondern vor allem um das Wie
der Annäherung. *Wie* kann man heute glaubwürdig von Jesus
und von Gott erzählen? Diese Frage wird zum Anlass eines höchst
spannenden Schreibprojekts, das in seiner exemplarischen und
zugleich literarisch völlig eigenständigen Annäherung an Religion und Gottesfrage einer genaueren Darstellung bedarf.

„In der deutschsprachigen Literatur von heute hat Patrick Roth
nicht seinesgleichen". Mit diesen Worten beendete die – normal-

hin nicht zu übertriebener Euphorie neigende – österreichische Literaturkritikerin *Sigrid Löffler* ihre Buchbesprechung zu Roths Novelle „Johnny Shines" im SPIEGEL-Spezial Heft über Literatur aus dem Jahre 1993. Nicht seinesgleichen? Tatsächlich, Patrick Roth ist in vielerlei Hinsicht ein ungewöhnlicher Autor:

- Ein Deutscher, der über 30 Jahre lang in Los Angeles lebte, bevor er 2013 nach Deutschland zurückkehrte;
- ein Autor, der mit der dichterischen Gestaltung biblischer Stoffe bekannt wird;
- ein zeitgenössisch-wacher Kulturbeobachter, der in den 1990er Jahren ausgerechnet eine literarische Jesustrilogie veröffentlicht;
- ein Schriftsteller, der sein literarisches Triptychon mit dem Untertitel der „Christusnovellen" versieht, und so einen Anspruch nicht nur auf die Annäherung an den Jesus der Geschichte, sondern auch an den Christus des Glaubens suggeriert;
- ein Autor, der im Jahr 2012 nach sechsjähriger Vorarbeit einen vieldikutierten Roman über Joseph, den (Stief-)Vater Jesu publiziert, eine bislang literarisch nur wenig beachtete Figur;
- ein Erzähler, dem es gelingt, das vorherrschende Tabu der Feuilletons im Schweigen über Religion – vor allem in Bezug auf christliche Themen – zu durchbrechen;
- ein vielfach preisgekrönter Literat, der mit Preisen sowohl aus dem kirchlichen wie kulturellen Bereich ausgezeichnet wird;
- ein begnadeter Vorleser seiner eigenen Werke, der einigen seiner Bücher Hörproben beilegt.

Patrick Roths Werk hat ungewöhnlich viele, ungewöhnlich kontroverse Reaktionen ausgelöst. Denn was soll das, der poetische Rekurs auf biblisch-neutestamentliche Themen in der Postmoderne? Was soll das, diese äußerst eigenartige, bewusst künstliche Sprache, die den ganz eigenen ‚Roth-Sound' geprägt hat und die Grenzen zwischen Prosa und Poesie immer wieder verschwimmen lässt? Ist das krampfhaft-getriebene Suche nach Originalität oder authentischer Ausdruck eines eigenständigen Zugangs zu ästhetisch gestalteter Wirklichkeit? Ist das ein Aufspringen auf den esoterischen Zeitgeist oder der Entwurf großer Literatur? Wie ist die überwiegend positive Rezeption dieser Novellen und

Erzählungen zu erklären – und zwar nicht nur von Seiten christlich orientierter LeserInnen, von Theologen und religiösen Institutionen, sondern gleichzeitig von ideologisch ungebundenen LeserInnen und ‚säkularen‘ LiteraturkritikerInnen?

In wenigen Grundzügen seien zunächst die Stationen seines Lebenswegs und seiner Werkgeschichte nachgezeichnet. Patrick Roth wird am 25. Juni des Jahres 1953 als Sohn eines Arztes in Freiburg geboren, wächst in Karlsruhe auf und wird nach eigener Aussage „‚normal evangelisch‘ erzogen". Nach dem Abitur an einem humanistischen Gymnasium zieht der 19-Jährige zunächst für ein Jahr nach Paris, nimmt ein Sprachenstudium auf, geht daneben jedoch seiner früh ausgebildeten großen Leidenschaft nach: dem Filmstudium. Nach diesem Jahr kehrt er für ein Jahr an die Universität Freiburg zurück, wo er sich in Anglistik, Germanistik und Romanistik immatrikuliert. Die entscheidende Wegzweigung erfolgt im Jahr 1975: Als 22-Jähriger bekommt Roth ein DAAD-Stipendium für das Studium am Cinema Department der University of Southern California in Los Angeles. Diese Stadt wird fortan zu seinem neuen Lebensmittelpunkt, später immer wieder unterbrochen durch längere Lesereisen in Deutschland. Die Erfahrungen, als Deutscher in den USA zu leben, wurden dabei prägend für sein Schreiben. Die „entscheidenden Erfahrungen und Träume" wurden „erst in großer Einsamkeit in Los Angeles wach", so Roth im Rückblick auf diese „Wüstenerfahrung". Einsamkeits- und Fremdheitserfahrungen, Träume und Auseinandersetzungen um das Erbe der deutschen Sprache und Literatur werden zum Auslöser für das eigene Schreiben.

Mehr als 30 Jahre lang lebte und schrieb er also in den USA. Seine Quellen? Neben der Faszination durch den Kinofilm werden vier weitere Wirklichkeitsbereiche fruchtbar: Zunächst die eigene Lebenserfahrung in Los Angeles, alltägliche Begegnung mit Menschen, das Arbeiten im Schatten des Filmbetrieb Hollywoods; dann die Bibel, immer wieder neu beleuchtet; Werke der Weltliteratur von der griechischen Mythologie bis zur Gegenwart; schließlich die Tiefenpsychologie *C. G. Jungs*, die das Unterbewusste und die Bedeutung der Traumwelten zum Thema macht. Aus diesen Dimensionen gerinnt etwas Eigenes, in Realität Verankertes, aber zur Transzendenz Geöffnetes. In Überblendungen lassen sich die Grenzen zwischen Erfahrung und Traum, Projektion und Wunsch, Angstvision und Sehnsucht nie ganz eindeutig bestimmen.

Erste literarische wie filmische Arbeiten entstehen schon seit Aufnahme des Studiums. Der Durchbruch gelang jedoch erst mit dem ersten Teil der Christus-Trilogie, „Riverside", veröffentlicht 1991. Plötzlich wurde man auf diesen ungewöhnlichen Autor aufmerksam, der auch prompt 1992 mit dem Rauriser Literaturpreis ausgezeichnet wurde, vergeben für die beste Prosa-Erstveröffentlichung in deutscher Sprache des jeweiligen Jahres. 1993 („Johnny Shines") und 1996 („Corpus Christi") wird die Trilogie komplettiert, 1998 erstmals, dann 2003 erneut als Gesamtausgabe unter dem Titel „Resurrection" herausgegeben. Vor allem die beiden Erzählbände „Die Nacht der Zeitlosen" (2001) und „Starlite Terrace" (2004) finden überaus positive Zustimmung und die Aufnahme in Bestenlisten und breit rezipierte Leseempfehlungen. Im Frühjahr 2002 hält Patrick Roth zudem die renommierten „Frankfurter Poetikvorlesungen", die noch im selben Jahr unter dem Titel „Im Tal der Schatten" erscheinen. Eine dieser Vorlesungen wird im Jahre 2003 ausgekoppelt und unter dem Titel „Magdalena am Grab" veröffentlicht. In Fortsetzung der in Frankfurt begonnenen poetologischen Reflexionen übernimmt Roth 2004 und 2012 die Heidelberger Poetikdozentur. Mit der Weihnachtsgeschichte „Lichternacht" führt er 2006 seine religiös motivierte Erzähltradition weiter, die 2012 in den großen Roman „Sunrise. Das Buch Joseph" mündet.

Für unsere Fragestellung wird „Resurrection" zentral, die Trilogie der Christusnovellen, formal als Triptychon konzipiert, als eine Art Dreiflügelaltar, in dem sich alle drei – in diesem Falle: literarischen – Jesusbilder gegenseitig kommentieren und ergänzen. Sie erzählen von einer „Steigerungsreihe: Krankenheilung – Totenerweckung – Auferstehung" (*Kaiser* 2008, 67) und sollen im Folgenden charakterisiert und auf die spezifische Art ihrer künstlerischen Annäherung an Jesus befragt werden.

Patrick Roth

„Niemand wie er“: Riverside

Das in dieser Form in der neueren Literatur vergleichslose Projekt begann 1991 mit „Riverside", Untertitel „Christusnovelle". Roth erfindet hier einen Zeitzeugen Jesu, den in einer Höhle unweit Bethaniens zurückgezogen lebenden jüdischen Einsiedler namens Diastasimos. Die Handlung spielt im Jahre 37 nach Christus. Diastasimos (griechisch: der „Abgesonderte") wird eines Tages von zwei jungen Männern besucht, von den Brüdern Andreas und Tabeas. Diese wurden vom Apostel Thomas – dem angeblichen Verfasser des apokryphen Thomasevangeliums – ausgeschickt, um alle möglichen Augenzeugen des irdischen Wirkens Jesu aufzusuchen, mit dem Ziel, authentisches Material für ein Jesusbuch zusammenzutragen, also um „aufzuschreiben, was unser Herr gesagt und wem ers gesagt". Zögerlich entfaltet Diastasimos vor den beiden seine Lebensgeschichte: den plötzlichen Befall mit Aussatz, einer Krankheit, die er nur als göttliche Strafe empfinden kann, doch wofür? Gerade er habe „diesem Gott" und „seiner Güte ganz vertraut" (*Roth* 1991, 28). Gegen die hygienischen Gesetze der Zeit, die dem Aussätzigen strikte Trennung von den Gesunden auferlegten, begibt er sich nach Jerusalem, um dort vor Gott um seine Heilung zu beten. Doch umsonst! Er verlässt die heilige Stadt im wahrsten Sinne des Wortes „gottlos" (ebd., 34).

Seinem zögerlichen Bericht zufolge war der als verbitterter Gottesleugner bekannte Diastasimos eines Tages von Johannes, Judas und Jesus in seiner Aussätzigenhöhle besucht worden. Gerade gegen Jesus, diesen völlig außergewöhnlichen Menschen – „niemand wie er" (ebd., 50) – diesen Menschen, der Gott seinen Vater nennt, diesen Menschen, der ihn, den Aussätzigen, ohne Scheu liebevoll berührt, gerade gegen diesen Jesus aber muss Diastasimos aufbegehren. Denn wie passt das zusammen: die jesuanische Botschaft vom liebenden und erlösenden Gott und die vom gleichen Gott gesandte tödliche Pesterkrankung? Wütend fordert Diastasimos von seinen zwei Zuhörern Verständnis dafür, „wie ich doch aufbegehren musst gegen einen solchen. Der kommt, als gäb es den Tod nicht, all das nicht, was man Jahre gefürchtet und weshalb die andern mich bannen, ja mich, wie ihr wohl wisst, gesteinigt hätten, wäre ich damals entdeckt worden im Hof des Tempels" (ebd., 51). Jesus verabschiedet sich von ihm mit den rätselhaften Worten: „Der mit dir teilt, der ist in dir. Mit ihm teilst du dich." (ebd., 55)

Und Diastasimos erzählt weiter, immer wieder die Besucher auffordernd, ihm doch lieber tatkräftig zu helfen, ihn zu berühren, anstatt nur zu reden und unnütze Informationen abzulauschen: Die drei damaligen Besucher also seien weitergezogen nach Bethanien, doch von ihm gewarnt, dass sie von römischen Soldaten gesucht würden, greifen sie zu einer List. Johannes und Judas gehen voraus, Jesus folgt einige Schritte hinter ihnen, verkleidet als ihr Knecht, einen schweren Holzbalken tragend. Sie werden dennoch von den Soldaten gestellt und verhört. Gerade als sie trotz ihrer Tarnung erkannt zu werden drohen, reißt Judas eine Peitsche an sich und prügelt den vermeintlichen Knecht Jesus, „den er liebt über sein Leben" bis aufs Blut. „Was geschieht aber hier, dass dieser das Leben seines Herrn, des angeblichen Gottessohnes, so anders liebt, dass ers fast totpeitscht vor meinen Augen, nur um es doch noch, wie eben das eines Knechtes, zu retten?" (ebd. 81), so der das Ganze durchschauende und dennoch gleichzeitig davon aufs Tiefste ergriffene Hauptmann.

So rettet dieses letztmögliche Täuschungsmanöver Jesus die Freiheit, doch was erspäht der von fern all dies bezeugende Diastasimos? – Mit Jesu Blut mischt sich Aussatz! Jesus, der ihn umarmte und ihm zusagte, in ihm selbst zu sein, war selbst aussätzig geworden, ja, „der war nicht nur wie ich an Aussatz, sondern der *war* ich, Diastasimos" (ebd., 83). Und als der von all dem faszinierte römische Hauptmann Jesus mit einer Umarmung aufhilft vom Boden, da erkennt Diastasimos voll Schrecken und Verwunderung, dass er selbst vom Aussatz geheilt ist! Von Jesus erfahren wir weiter nichts in dieser Novelle, doch Diastasimos – gebannt und gezeichnet von dem unfassbaren Erlebten und völlig verunsichert über Gottes Wege – lässt sich in der Höhle, in der er immer noch als vermeintlich Aussätziger lebt, von Andreas und Tabeas untersuchen. Sie bezeugen seine vollständige Heilung und erkennen schlussendlich in ihm – erzähltechnisch durch geschickt eingestreute Voraushinweise vorbereitet und dennoch überraschend – ihren langvermissten eigenen Vater.

Im Grunde genommen ist dies die recht einfache Fabel einer Heilungslegende. In der versuchten Inhaltszusammenfassung wird der höchst komplexe Charakter dieses Buches jedoch nur sehr ungenügend wiedergegeben. Das Einmalige des Buches besteht darin, dass nicht eigentlich der erzählte Plot wichtig ist, sondern die Art und Weise der literarischen Präsentation in Struktur und Sprache. *Verfremdung über Sprache* – das ist Roths ganz eigene Poetologie der Annäherung an Jesus und über Jesus an die Gottesfrage. Er „liest die Bibel als mythologischen Text" (*Michaela Kopp-Marx* 2008, 147) und entwirft von da aus seine eigene Mythopoesie. Sie setzt sich aus ungewöhnlich innovativen, fast filmhaft zusammengeschnittenen Dialogsequenzen zusammen, die äußerst raffiniert eine ganz eigene Atmosphäre schaffen. Sie erwecken nie den Eindruck billiger Legendenhaftigkeit, bauen vielmehr in verfremdender Erzählform einen Spannungsbogen auf, der auch den zweifach indirekt vermittelten Bericht von der Begegnung mit Jesus glaubhaft aufnimmt. Zweifach indirekt vermittelt in folgender Distanzierungstechnik: Der Schriftsteller schreibt, stellt uns aber den vom Apostel Thomas beauftragten Tabeas als eigentlichen Verfasser vor. Dieser wiederum gibt Gehörtes und Mitgeschriebenes wieder von einer aus der Erinnerung geschilderten Begegnung mit diesem Jesus. So aber funktioniert Tradierung, ähnlich vollzog sich auch die Überlieferung der authentischen Jesuszeugnisse! Dieser Prozess wird hier bewusst nachgezeichnet und gleichzeitig problematisiert: Wie glaubwürdig ist Tradition? Wie stimmig sind Zeugnisberichte?

Nicht um erklärende Psychologisierung der Ereignisse geht es hier, sondern um „dramatische Vergegenwärtigung des Geschehens" (*Kurz* 1993, 128), nicht um Historisierung, sondern um Hineinnahme in eine innere Dramaturgie und in ein Tradierungsgeschehen. In seinem 1997 veröffentlichten Buch „Meine Reise zu Chaplin" wird Roths enge Verbindung zum Film besonders deutlich. Aufschlussreich, wenn er dort vom Film schreibt als „einer Kunstform, in der ich erzählen wollte" (*Roth* 1997, 54). Von hierher erklärt sich die von ihm gewählte, an der Filmtechnik geschulte Art des Schreibens in einer Mischung von Schnitt und Überblendung, Zoom und Zeitlupe. Zusätzlich bestimmt wird die so entstehende Atmosphäre von einer völlig eigenständigen Sprache. Roth verlangsamt das Lesetempo, zwingt zu einem bedächtigen Lesen dieser stark rhythmisierten und bewusst antiquierten Sprache, die an für heutige Ohren sperrige Bibelübersetzungen von *Luther, Martin Buber* oder *Fridolin Stier* erinnert. Kaum ein ‚normaler' Satz, stattdessen lakonische Abbreviationen, widerspenstige Inversionen, halsbrecherische Hypotaxen und ungewöhnliche Wortverbindungen oder Neuprägungen.

So entsteht eine eigenwillige Kunstsprache, die manche fasziniert, andere abstößt. Ob das eine „alte Sprache" sei, wird Roth in einem Interview gefragt. Er antwortet, sie „mag an die Literatur des 18. und 19. Jahrhunderts erinnern, auch an die Bibel", schränkt jedoch ein: „Ich habe mit ihr nicht zunächst auf Historisches, auf Vorbilder etwa, verweisen wollen", vielmehr habe der Stil für ihn „eine gestisch-emotionale Funktion". Sicherlich ist dieser Stil auch durch die besondere Situation entstanden, sich in einem anderssprachigen Kontext an die Sprache der Kindheit und Jugend zu erinnern. Die Mischung aus Distanz zum sprachlichen Alltag verbunden mit der Schulung an der Sprache der Literatur – erlesen wie erlauscht – hinterlässt in diesem Stil ihre ganz eigenen Spuren.

Ist das manierierte Gekünsteltheit, unnötige Verrätselung, bloß spielerische Verfremdung? Wie immer man diese Sprache bewertet, sie hat eine *notwendige Funktion*: Über diese Verfremdung, wird der geschilderte Inhalt dieser fiktionalen „Apokryphe" (*Kaiser* 2008, 90) erst glaubwürdig. Eine Parabel wie die des Diastasimos ungebrochen zu erzählen, wäre eine eindimensional fromm-geistige Übung. Hier aber entsteht Literatur. Über diese Form und diese Sprache wird ein Zugang zu dem möglich, was sich im direkten Zugriff entzieht. „Verhülle dich, denn sie schreiben dich auf" (*Roth* 1991, S. 14), gibt sich Diastasimos selbst als Motto warnend auf den Weg. Genau darum geht es: Aufschreiben, protokollierendes Notieren, definitorisches Benennen verfälscht tatsächliche Erfahrungen und Erinnerungen – immer wieder mahnt Diastasimos diese Problematik seinen beiden Besuchern gegenüber an. Tradierung, gerade auch die Ausprägung und Weitergabe der christlichen Botschaft, ist immer schon Auswahl, Deutung, ja: Fälschung – das wird hier deutlich.

Worin aber liegt die Alternative? Sie liegt in der „Verhüllung", gerade nicht in der so belasteten, stets scheiternden, nur scheinbar offenbarenden „Enthüllung" – *Verhüllung*, aber *im Dienste der Kenntlichmachung*. Das allein bleibt Roth zufolge dem zeitgenössischen Schriftsteller, der über Jesus schreibt: er muss seinen Stoff zur Kenntlichkeit entstellen. Wer über einen „niemand wie er" schreibt, muss eine Form, eine Sprache finden, die diesem inhaltlichen Anspruch gerecht wird. Das aber kann nur durch eine ganz bewusst vollzogene Durchbrechung der üblichen Lesegewohnheiten, durch eine eigenständige Verinnerlichung des Erzählten gelingen. Den feinfühligen, geduldigen, für die Langsamkeit der Sprachwahl sensiblen Lesenden aber wird so eine – fast schon spirituell zu nennende – Begegnung mit diesem literarischen Jesus möglich. Nein besser formuliert und vom Autor mit der Gattungsangabe „Christusnovelle" erspürt: mit *Christus*! So ist diese Erzählung völlig stimmig nicht im historisierenden Präteritum verfasst, sondern im stets aktuellen Präsens.

An der Grenze des Erzählbaren:
Totenerweckung und Auferstehung

Die Novelle „Riverside" – der nur bedingt passende Titel spielt auf den assoziativ aufgerufenen Gospel „Down by the Riverside" an – sollte nicht Roths einzige literarische Beschäftigung mit Jesus bleiben. 1993 erschien eine weitere Novelle: „Johnny Shines oder Die Wiedererweckung der Toten". In dieser – laut Untertitel – „Seelenrede" schildert Roth das Schicksal eines Mannes, der den jesuanischen Auftrag an seine Jünger „Weckt Tote auf!" (Mt 10,8) zu seinem Lebensprogramm machen will. So mischt er sich auf Beerdigungen unter die Trauergemeinden, bricht die Särge auf und befiehlt den Toten aufzustehen.

Wie Schalen einer Zwiebel schält sich seine Geschichte langsam ab, präsentiert in einem imaginären Dialog mit einer rätselhaft bleibenden weiblichen Figur – der Seele, wie es der Untertitel der Novelle anzudeuten scheint? Im Text benennt sie sich einmal selbst: „Deine Begleiterin bin ich. Erinnerin, Muse. Die deine Geschichte weiß, übers Ende hinaus." (*Roth* 1993, 156) Im Laufe der Erzählung erschließt sich den LeserInnen immer mehr die tragische Lebensgeschichte dieses Mannes im Sinne einer fortschreitenden Selbsterkenntnis: Als 13-Jähriger hatte er aus Versehen seine Schwester erschossen und dieses tragische Urerlebnis bestimmte sein weiteres Leben. Sein Vater, ein Pfarrer, hatte die tiefen religiösen Prägungen in ihm festgesetzt. Einige der Geschichten, die sich Johnny Wort für Wort gemerkt hatte, werden hier in dieser Seelenrede aufgenommen; motivisch bestimmt vor allem durch die apokalyptischen Bücher der Bibel: Daniel und die Offenbarung des Johannes. Unter diesen erinnerten Legendenerzählungen der Kindheit findet sich eine seltsame Episode, in welcher der 12-Jährige Jesus in die Löwengrube des Daniel gestoßen, dort mit dem gleichaltrigen Judas konfrontiert wird, ihn in einem Streit tötet und wieder zum Leben erweckt. Johnny, fasziniert von solchen Geschichten, nähert sich Jesus fast bis zur Identifikation an. Gerade so kann er – geplagt von den eigenen Schuldgefühlen – den Auferweckungsbefehl auf sich selbst beziehen. Schlusspointe der Novelle: Die rätselhafte Dialogpartnerin, gleichzeitig die Erzählerin, entpuppt sich als seine Schwester. Hat Johnnys Totenauferweckung also gerade bei ihr funktioniert? Die LeserInnen bleiben mit dieser Frage zurück.

Erneut legt Roth ein ganz eigenständiges Buch vor – seltsam, unvergleichbar. Doch das literarische Verfahren, das in „Riverside" funktionierte, vermag hier nicht vollends zu überzeugen. Zu viel der Verrätselung, zu konstruiert die Fabel, zu gesucht die schon zur Masche geronnenen Windungen des Sprachstils. Hauptkritikpunkt jedoch: Der gewählten Technik kommt hier nicht unbedingt eine notwendige Funktion zu, sie tendiert hier zum bloß spielerischen Selbstzweck. Wo in „Riverside" der Abstand zum historischen Jesus durch die sprachliche Verfremdung überwunden wurde, kreist hier die mystisch-esoterische Sprache um sich selbst und droht in willkürliche Selbstverrätselung abzugleiten.

Ganz anders wiederum im dritten und letzten, dem Mittelteil des in dieser Art ganz einmaligen *literarischen Christus-Triptychons*: in dem 1996 veröffentlichten „Corpus Christi". Roth war sicherlich gut beraten, wieder in die Zeit Jesu zurückzukehren, als er sich das Ziel setzte, ein scheinbar völlig aussichtsloses Unternehmen anzugehen: eine Literarisierung von Ostern, von Auferstehung, ja von ‚Erlösung'. Als Zugangsfigur zu diesem Roman wählt er eine biblische Gestalt, die schon in den beiden vorherigen Romanen auftrat: Thomas Didymus. In „Riverside" waren Andreas und Tabeas von diesem Thomas ausgeschickt worden, um Diastasimos über Jesus zu befragen. In „Johnny Shines" kommt der Titelheld just am 21.12. in seine Heimatstadt zurück, um dort inhaftiert zu werden und seine bewusstseinsklärende Seelenrede zu halten – am Festtag des heiligen Apostels Thomas also. Nun wird Thomas zum Hauptcharakter der Handlung und zur Erzählerfigur des Romans. Genannt wird er „Judas Thomas Didymos": Einerseits deshalb, weil Roth die Wortbedeutung des griechischen Beinamens auflöst – tatsächlich habe Thomas einen Zwillingsbruder gehabt, diesen jedoch im Mutterschoß mit der Nabelschnur erwürgt und seinen Namen als schuldbeladene Erinnerung dem eigenen vorangestellt. Andererseits aber trägt der Verfasser des gnostischen Thomasevangeliums aus dem zweiten Jahrhundert genau denselben Namen, und tatsächlich lassen sich zahlreiche Querverbindungen zu dieser Schrift finden.

Während die anderen Jünger Jesu nach Ostern an den auferstandenen Herrn glauben, verlangt Thomas – so die noch biblische Ausgangsposition dieses Romans – nach Beweisen. Er will *wissen,* was mit dem Leichnam Jesu passiert ist. Nur dann könne er, was er im Tiefsten will: diesem Jesus nachfolgen, ja ihm nachsterben. Was ist Glauben, was ist Wissen, „wie können wir, was wahr ist, von Unwahrem trennen" (*Roth* 1996, 20) – um diese Fragen kreist denn auch dieses Buch. Thomas trifft auf Tirza, eine Frau, die in Jesu leerem Grab angetroffen, von der Polizei verhaftet, schließlich aber wieder freigelassen worden sei. Von ihr erhofft er sich Auskunft. Tatsächlich besteht das Buch erneut fast ausschließlich aus sprachlich in nun schon bekannter Weise verfremdeten Begegnungen von Thomas und Tirza. Doch wo er Faktenwissen will, verweigert Tirza, die sich als Weggenossin Jesu bei seinem öffentlichen Wirken, seinem Sterben und sogar seiner Auferstehung zu erkennen gibt, genau dieses. Tatsachen: „Dahinter musst du, in sie hinein, durch sie hindurch. Hinter die Schrift, mit der sie schreibt, nicht in den Staben hängenbleiben." (ebd., 132)

Die kunstvoll inszenierten Wechselreden zwischen den beiden
– mal in Gestalt kurzer Dialoge, mal in langen Monologsequenzen
oder fantastischen Traumvisionen – werden ineinander verfloch-
ten. Weder Thomas noch die Lesenden vermögen alsbald Realität von Phantasie zu unterscheiden, Fieberwahn von Ereignis,
Vision von Erinnerung, Gespräch von Gestammel. Immer tiefer
zieht der Strudel der Zumutungen, bis hin zu einer Allversöh-
nungsvision, in der sich Christus und Satan umarmen. Thomas
findet sie letztlich nicht, die Antwort auf die faktische Frage, was
mit Jesu Leichnam passiert ist. Doch wie schon in „Johnny Shines" hat die rätselhafte weibliche Partnerin der Seelenrede auch
in diesem Psychodrama eine neue Wirklichkeit aufgerissen, ein
neues Verständnis von Wahrheit, in dem Thomas eine auf anderer
Ebene liegende Antwort und Einsicht erhält. Ein Leben lang von
Schuldgefühlen dem vor der Geburt gestorbenen Zwillingsbruder
gegenüber geplagt, erlebt Thomas seine Befreiung. Während in
Jerusalem die öffentliche Verbrennung des vermeintlich gefunde-
nen Leichnams Jesu vollzogen wird, erkennt er in diesem seinen
Zwillingsbruder:

> Hier war der Körper meines Herrn der meines Bruders. Und der ver-
> deckt gewesen war, war eins mit ihm und mir. [...] Im Körper Gottes sa-
> hen wir uns. Einander ohne Schuld. Und ich berührte seine Seite und
> küßte ihn, den ich gefunden. Der mir zuvorgekommen war und mir ent-
> gegen. Hier war mein Anfang: Denn der Dir nachzusterben suchte, war
> gestorben. Geboren war ich. Frei. (ebd. 179)

Auch wenn ein derartiges Einzelzitat – aus der Gesamtatmosphä-
re des Buches gerissen – befremdlich wirken kann: In „Corpus
Christi" gelingt Roth erneut ein ganz unglaublicher Zugang zu
Jesus Christus. Hier vermischt sich biblisches, esoterisches, gnos-
tisches, mystisches und tiefenpsychologisches Gedankengut zu
einem einzigartigen literarischen Amalgam.

Im Gesamtblick auf dieses außergewöhnliche schriftstellerische Christus-Triptychon, auf diese eigenwillige biblisch begründete „Privatmythographie" (*Braun* 2006, 461), gilt es zu bedenken: Wo „Riverside" eine literarische Form entwickelt und frisch
entfaltet, da greifen die beiden Folgewerke die Technik auf, um
sie schließlich in „Corpus Christi" perfekt und souverän zu ent-

falten. Genau darin freilich liegt eine mögliche Schwäche dieser Abschlussnovelle: Die spielerische Leichtigkeit, die wie selbstverständlich den Lesenden auferlegte Langsamkeit und Intensität wandelt sich hier zur zwar gekonnt beherrschten, aber eben doch fast schon überdrehten Technik: Der Strudel der Verwicklungen wird einen Hauch zu weit gedreht; das Erzähltempo wird – angesichts der bewusst verlangsamenden Sprache – zu rasch voran getrieben; die im dritten Werk nun schon fast erwartete Schlusspointe wirkt allzu gesucht. Dennoch: Fern von eindimensionaler Verkündigungsprosa bringt „Corpus Christi" eine erstaunliche Annäherung an Jesus, an Christus, an die befreiende Bedeutung für Ostern in unserer Zeit. *Paul Konrad Kurz* nannte diesen Roman so „die ungeheuerste Auferstehungsgeschichte, die jemals in deutscher Sprache geschrieben wurde" (*Kurz* 1996, 500).

Das Buch Joseph

„Sunrise", Patrick Roths 2012 erschienener großer Roman um den (Stief-)Vater Jesu, setzt diese Traditionen fort. Ein einziger Strudel apokalyptischer Bildfolgen, ein Bogen freifabulierter Mythen, ein genau kalkuliertes Handlungsgefüge um Joseph wird entworfen, das sich der Zusammenfassung entzieht. (vgl. *Kopp-Marx/Langenhorst* 2014) Es geht zunächst, wie so oft bei Patrick Roth, um die Suche nach einem Grab. Zwei das Grab Jesu suchende ehemalige Jünger finden etwas ganz Anderes: die Ägypterin Neith, die ihnen eine Geschichte erzählt, die sie schließlich bei sich selbst ankommen lässt. Sie enfaltet die Geschichte Josephs, die auch ihre eigene ist. Historie und Erinnerung, Realität und Traum, Vision und Wahn verschwimmen ineinander. So taucht dieser Joseph einmal ab in einen dunklen Traum: Er muss an einem Seil hinunter in eine tiefe Höhle und findet dort ‚Ragebilder', Bildnisse seiner jüdischen Vorfahren vom Vater Jakob bis zurück zum Urvater Adam (*Roth* 2012, 42 ff). Mit diesem beginnt dem Lukasevangelium zufolge der Stammbaum Jesu. Die Erzählung wird so in der Schöpfung am Anfang aller Anfänge verankert.

Inmitten aller Brüche, die Joseph durchlaufen und in grausamer Drastik erleiden muss, gibt es einen Plan, der sich Joseph im

Laufe seiner Lebensgeschichte allmählich erschließt. So wie Joseph Jesu Vater wird, indem er die Verantwortung für ihn übernimmt, so wird Gott Mensch, wird Mensch in Jesus und auf eigenartige Weise auch in Joseph. Joseph wird rätselhaft zu einer Art irdischem Schatten Gottes, zu seinem irdischen Ebenbild, das wie dieser – in Anspielung auf Gen 22 – den Sohn schlachten muss um der Erlösung der Menschheit willen. Hier vermischt Roth die Abrahams-Thematik mit der Josephs, mit einem entscheidenden Unterschied: Abraham hatte das Glück, dass der Sohn in letzter Minute bewahrt wurde. Joseph aber muss sich selbst in die Waagschale werfen und einen seiner zahlreichen ‚Tode sterben'. Dem zuvor erzählten sozialen Tod – Frau und Kind zu verlassen – folgt der physische, wenn auch in kleinen Teilschritten: Joseph verliert zunächst die Stimme, dann das Augenlicht. So wird er – der Gottesträumer – zurückgeworfen auf sein inneres Schauen. Träume erweisen sich in diesem Buch einmal mehr als absolute Realität, die Vergangenes auf Zukünftiges hin deutlich machten.

Joseph, der sich selbst auf den göttlich bestimmten Weg einlässt und die ihm zugedachte Rolle übernimmt, entkommt dem Opfer nicht. Er muss am Ende dem eigenen Sohn das Joseph von Arimäthäa zugedachte, dann aber von Jesus ausgefüllte Grab bereiten. In diesem hochkomplexen, sich immer wieder neu in Tiefen und Höhen drehenden erzählerischen Josephs-Mythos geht es so letztlich um die – im titelgebenden Schlussbild des Sunrise, des Sonnenaufgangs konzentrierte – Versöhnung von Himmel und Erde.

Dass gerade die Figur des Joseph den Autor Patrick Roth reizt, wurde schon in der Erzählung „Lichternacht" (2006) deutlich, der er das Motto aus Mt 1,24 vorausstellt: „Da nun Josef vom Schlaf erwachte, tat er, wie ihm aufgetragen der Engel des Herrn, und er nahm seine Frau an" (*Roth* 2006, 7); ein Bezug, der in dieser Erzählung jedoch nicht weiter entfaltet wird. Da Joseph – wie schon seinem alttestamentlichen Namenspatron – Gott vor allem im Traum begegnet, wird er für den traumfixierten Autor Roth attraktiv. Aber Roth zeichnet seinen Joseph völlig anders, als wir ihn aus der Bibel oder aus der christlichen Frömmigkeitsgeschichte kennen, er will offensichtlich etwas Eigenes. Aber was? Roth erzählt, so seine eigene Einschätzung in einem Interview von „neuen, durchaus wahrscheinlichen, aber eben nicht überlieferten Zusammenhängen". Die angesprochene Wahrscheinlichkeit wird man dabei wohl nicht als historische Dimension verstehen können, sondern eher als eine Ebene, auf der eine Tiefenwahrheit augenscheinlich wird.

Patrick Roths Ansatz versucht erneut ein Gefühl dafür zu wecken, ja: im Lesen erfahrbar zu machen, was das bis heute Faszinierende dieses „niemand wie er" war und bleibt. Er legt eine Form von Remythologisierung vor, aber nicht verbunden mit der Intention, einen wirklich lebenstragenden Mythos stiften zu wollen, sondern angetrieben von der Möglichkeit einen *literarischen* Mythos durchzuspielen. Patrick Roth hat keine Scheu, eine mögliche Konsequenz dieser Art von Literatur zu benennen: Er würde sich wünschen, dass sein Buch „den Leser in einen Spannungsprozess stellen könnte, in dem Glaube – vielleicht – wieder erfahrbar wird", sagt er im Interview. Hier zeigt sich erneut, dass das poetologische Prinzip der sprachlichen Verhüllung im Dienste einer Kenntlichmachung steht, die freilich jeder Lesende selbst entdecken und erspüren muss. Gefragt, ob er einen Anstoß geben wolle, über Glauben ins Gespräch zu kommen, antwortet er abwägend: „Es wäre schön, wenn das gelingen könnte. Aber beabsichtigt ist es nicht." Jenseits von platter Affirmation und katechismusartig verordneter Satzwahrheit wird hier ein literarischer Raum eröffnet, der sich der Möglichkeit von Erfahrungen nicht verschließt, die zu einem Glauben führen können – gerade über die den Roman bestimmenden Faktoren von Fremdheit, Beunruhigung und bleibender Offenheit. Am Ende des Romans steht der Sonnenaufgang, der SUNRISE, steht die Erkenntnis „Zu Ende das Warten" (*Roth* 2012, 497), steht das Wort „Angekommen" (ebd., 498) – drei Schlussbilder, die eine harmonische Rundung mit der Möglichkeit des Neuanfangs verbinden, und doch all die Spannungen und Verstörungen nicht auflösen.

Patrick Roths narrativer Zugang zur Gottesrede ist insgesamt primär biblisch-neutestamentlich orientiert und versucht eine tiefenpsychologisch-mythische Vergegenwärtigung. Andere zeitgenössische narrative Annäherungen an Transzendenz wählen eine andere Zugangsebene.

5. Sibylle Lewitscharoff:
„an ein dünnes Vielleicht geklammert"

Über Religion reden in der Sprache des Alltags (wie etwa *Hanns-Josef Ortheil* oder *Ralf Rothmann*); über Religion reden in der Erinnerung an die Faszination von Liturgie (wie etwa *Arnold Stadler* oder *Ulla Hahn*); über Religion reden in der Sprache des selbstverfassten Mythos (wie etwa *Patrick Roth*) – es gibt eine weitere Möglichkeit: über Religion lässt sich reden und schreiben im Modus des Grotesk-Surrealen, des Absurd-Komischen, des Skurril-Phantastischen. Auch eine derartige Theo-Poetologie zielt auf Ernsthaftigkeit ab, gestaltet diese aber im Modus der starken sprachlichen Verfremdung. Gleich zwei Gegenwartsautorinnen greifen völlig unabhängig voneinander zu einem derartigen Verfahren. Und kaum zufällig und indikatorisch für das literarisch-aktuelle Klima der Gegenwart: Sie werden – in unmittelbarer Folge nach Friedrich Christian Delius – 2012 und 2013 direkt nacheinander mit dem Georg Büchner-Literaturpreis ausgezeichnet. Dass *Sibylle Lewitscharoff* diesen Preis verdient hat, stand schon lange fest. Damit wurde ein Werk ausgezeichnet, das wie kaum ein anderes Oeuvre der deutschsprachigen Gegenwartsliteratur explizit religiöse Signaturen aufweist: „Philosophische und religiöse Grundfragen der Existenz entfaltet die Schriftstellerin in einer subtilen Auseinandersetzung mit großen literarischen Traditionen und mit erfrischend unfeierlichem Spielwitz", heißt es in der Begründung der Jury zur Preisverleihung.

Gottgläubig? – „ein zögerliches Ja"

Die 1954 in Stuttgart geborene, dort auch aufgewachsene *Sibylle Lewitscharoff* – Tochter eines bulgarischen, orthodoxen Vaters und einer deutschen, pietistisch-evangelischen Mutter, selbst evangelisch getauft und erzogen – hat den Literaturbetrieb von Anfang an verblüfft. Dass man so schreiben kann, war lange Zeit kaum denkbar: klug, humorvoll, reich belesen, anspielungsreich, kreativ in der Erfindung neuer Worte und Wortfügungen, spitzzüngig, in einer Mischung aus Skurrilität und Surrealismus,

„Quecksilbrigkeit und Eleganz" (*Löffler* 2012, 198). Vergleiche fallen schwer. Wenn überhaupt, dann wird immer wieder der Name *Jean Paul* genannt. Das mit dem Magister abgeschlossene Studium der Religionswissenschaft in Berlin hat tiefe Spuren hinterlassen, genauso wie Aufenthalte in Buenos Aires, Rom und Paris oder die langjährige Broterwerbsarbeit als Buchhalterin in der Berliner Werbeagentur ihres Bruders. Während das Erstlingswerk „36 Gerechte" weitgehend unbeachtet geblieben war, gelang ihr mit „Pong" 1998 der literarische Durchbruch, markiert durch die Auszeichnung mit dem Ingeborg-Bachmann-Preis.

Schon hier wurde deutlich, dass sowohl der Erzählkosmos als auch die Erzählform Lewitscharoffs maßgeblich vom christlichen Erbe mitbestimmt sind. „Das Alte und das Neue Testament sind erstrangige Quellstoffe des Erzählens" (in *Grözinger* 2009, 182), erklärte sie in einem Gespräch aus dem Jahre 2007. Sich selbst befragend, was in ihren Augen die „Grundfragen" seien, „die beim Erzählen untergründig mitschwingen", antwortet Lewitscharoff mit einem klassischen Panorama urreligiöser Kernfragen: „Wozu in der Welt, woher gekommen, wohin bestimmt zu gehen, wieso leiden; schuldhaft oder schuldlos, gestraft, ungestraft oder gar erlöst, von wem, weshalb, wofür [...]?" (*Lewitscharoff* 2010, 16) Kaum erstaunlich deshalb, dass ihre Romane geprägt sind von religiösen Fragestellungen, Anspielungen und Perspektiven, und dass sich ihre Poetikvorlesungen bisweilen lesen wie ironisch gebrochene Einführungen in eine höchst kreative Theologie. Die Theologie einer Gläubigen? Die Autorin – evangelisch aufgewachsen und „nie aus der Kirche ausgetreten", so in einem Gespräch aus der Zeitschrift „Literaturen" aus dem Jahr 2011– bleibt eine Antwort nicht schuldig. In ihren unter den wagemutigen Titel „Vom Guten, Wahren und Schönen" gestellten theologiegetränkten Frankfurter und Zürcher Poetikvorlesungen führt sie aus: „Gefragt, ob ich an Gott glaube, käme nur ein zögerliches, in umständlichen Begründungen sich verfangendes *Ja* heraus", ergänzt um den Zusatz: „An ein dünnes Vielleicht geklammert, suchen wir verzweifelt nach einem Beschützer unserer Wörter" (*Lewitscharoff* 2012, 126f.).

Pong (1998) – „eine Brücke zu Gott schlagen"

Wie spiegelt sich diese an „ein dünnes Vielleicht" geklammerte Suche „nach einem Beschützer unserer Wörter" in den Romanen Lewitscharoffs? „Pong" – ungewöhnlich wie der Titel ist auch das ganze Buch. Pong, eigentlich „Herr Pönsgen" (*Lewitscharoff* 2013, 33), ist der Name des Protagonisten, eines liebenswürdigen Eigenbrötlers, „evangelisch" (ebd.), vorgestellt als Verrückter. „Einem Verrückten gefällt die Welt, wie sie ist, weil er in ihrer Mitte wohnt" (*Lewitscharoff* 1998, 7). Fern von jeder normalen Handlung wird geschildert, was Pong in seiner überbordenden Phantasie durch den Kopf geht, wie er das Weltgeschehen so wahrnimmt, als beziehe sich alles nur auf ihn. In den Kosmos dieser ver-rückten Gedanken werden wie selbstverständlich religiöse Versatzstücke integriert. Dazu einige Beispiele. Wie folgt kann ein Morgen geschildert werden, an dem Pong sich vornimmt, sein Leben zu ändern:

> Er wird jetzt eine Brücke zu Gott schlagen, was sich im Sturzgold früher Sonnenstrahlen jauchzend bestätigt. Wolken mit schräggekämmtem Haarflor, hinter denen ER sich verbirgt und auf seinen Scheitel schaut, sind in den Himmel gehängt. Schnüre langen von ihm bis dahin. Seine Trostbändel! Aus himmelseingeborenem Stoff, helle flüssige schlenkerige Fragen hinauf-, klare kurze wohlgelehrte Response hinabschreibend. Eine Schule des Glücks und kein Gesudel. (ebd., 14f.)

Angesichts eines sinnlos gewordenen Lebens wähnt sich Pong durch einen apokalyptischen Traumbefehl dazu berufen, „das Land zu entvölkern" (ebd., 28). Die erfolgreiche Durchführung könne niemand verhindern, „auch Gott kaum und Gottes Helfer schon gar nicht, es sei denn, ER rührte ihnen persönlich die Flügel" (ebd., 29). Doch bevor er sich an sein – wie immer geartetes – Werk macht, spricht er „ohne zu wissen, wozu es gut sein könnte, ein kleines Gebet" (ebd.), einen skurrilen Text:

> HERR, wohin sollen wir gehen.
> Lös auf den Harngestank des wüsten Einerlei.
> Was Metzger ausarbeiten, arbeit ein.
> Die kalten Panzerbauer zerleg,
> mach ungeschehen, was geschehen, und fall
> der toll gewordenen Luft in die Zügel. (ebd., 29)

Ein verrückter apokalyptischer Bitt-Psalm, der Pong von seinem Vorhaben ablenkt. Stattdessen wendet er sich einer geplanten Leichenrede für die künftig Versterbenden zu, die „von der Gottesfreundschaft" (ebd., 32) handeln soll. Später erblickt Pong einen Hut, der „keinen Fingerbreit über der Gartenhecke" entlang gezogen wird. Für ihn steht fest: ein „Hutwunder" (ebd., 40). Und er grübelt: Vielleicht steckt ja Gott unter diesem Hut, „ER", der „die Menschen ja nicht in seinen Blick nehmen" dürfe, „sonst fallen sie tot um". Oder „steckt gar nicht Gott, sondern der Adversarius unter dem Hut"? (ebd., 40f.)

Als Pong sich in ein Mädchen verliebt, Evmarie, versucht er sich durch biblische Lektüre Vergewisserung zu verschaffen. Eva und Maria – zwei Namen, zwei Programme, zwei Testamente: wie ist das zusammenzubringen? „Die Zweideutigkeit der Testamente ärgert diesen Jüngling. Hochfahrend und reich an Menetekeln, betrübt ihn das Alte, ohne dass die zittrige Selbstgewissheit des Neuen ihn freuen könnte." Denn „Gott liegt im Streit mit sich selbst. Ob er überhaupt weiß, was er will?" (ebd., 89) Was ist da schon der Mensch als Geschöpf Gottes?

> Ein Liliputaner von zweifelhaftem Charakter, der in Schande leben muss. Kommt im Totenhemdchen zur Welt, stirbt unterwegs fast vor Müdigkeit, hat schlechte Zähne, Herzklopfen in der einsamen Nacht. Ist als Bild gedacht und begibt sich unverzüglich daran, eigene Bilder zu machen, was vorauszusehen war. Widerruf folgt auf Widerruf, weil IHN bald reut, was ER gemacht hat. (ebd., 90)

Wie also Eva und Maria, wie die beiden Testamente zusammenbringen? Pong hat eine bastlerische Idee: „Was keiner so leicht wagt, hat er gewagt, nämlich den schwarzen Stoff von der Schmalseite der Bundeslade gelöst, aus dem Bauch Drähte herausgewickelt und damit zwei Bücher verdrahtet, durch die der Strom nun gegen vielfache Blockadekraft anschwimmen muss. Welche Bücher? Natürlich ein Neues und ein Altes Testament." (ebd., 94) Stromschlag über Stromschlag jagt er durch diese Konstruktion, wieder und wieder werden biblische Geschichten in neue Kraftfelder gestellt: „Judas Ischariot wird im Bollerwagen hereingezogen und von allen bestaunt." [...] „Um den Garten Gethsemane legt er so eine Schlinge und jagt den Strom durch" (ebd., 95).

All die absurden Ideen des Verrückten führen jedoch zu keinem Erfolg. So wie die Liebesmühen um Evmarie so auch all die Phantasievisionen. Übersättigt von Wahnvorstellungen breitet Pong auf der Schlussseite der Erzählung die Arme aus, kreist durch sein Zimmer, bis er „zum Rand des Daches lief und über das niedere Gitter sprang, mit schallendem Juchhe dem Mond entgegen." (ebd., 144) Der verrückte Apokalyptiker Pong setzt seinem Leben selbst ein Ende ... – so dachte man. 2013 erschien freilich eine Fortsetzung, „Pong redivivus", in der wir erfahren, dass Pong den Sprung vom Dach überlebt hat und sich nun von seinem Krankenhausbett aus neuen eigenwilligen Gedanken über Gott und die Welt hingibt – allerdings nicht in der Originalität und Frische des ersten Bandes.

Im 2003 vorgelegten Roman „Montgomery" greift Lewitscharoff – wie dann auch mit ihrem wenig originellen Kriminalroman „Killmousky" (2014) – zu einer eher konventionellen Erzählweise. Der zwischen Stuttgart und Rom oszillierende Roman schildert die letzten Lebenstage eines ungewöhnlichen Filmproduzenten. Erneut findet sich eine Fülle von religiösen Motiven, ohne dass sie ähnlich prägend würden wie in „Pong": Verweise auf den Besuch von Kirchen und Messfeiern, auf Prozessionen und liturgische Traditionen in Rom, lange Ausführungen über Pius XII. (*Lewitscharoff* 2003, 313ff.), biblische Verweise auf Kain und Abel, den Dekalog oder auf „Jesus, immerzu Jesus", der die „kindlichen Alpträume" des evangelisch erzogenen Protagonisten „beherrscht hatte" (ebd., 131). Die geschilderten Welten – das pietistische Stuttgart aus der erinnerten Kindheit und Jugend, das katholische Rom der Erzählgegenwart – sind voller religiöser Dimensionen, deshalb werden sie in die Erzählung aufgenommen. Eine zentrale stilbildende Bedeutung erhalten sie hier nicht.

Consummatus (2006) – Berichterstattung vom Jenseits

Eine mit „Pong" vergleichbare Phantasmagorie jenseits von einliniger Deutbarkeit legte Sibylle Lewitscharoff 2006 mit dem Roman „Consummatus" vor. Der Titel spielt an auf die biblisch vermittelten Schlussworte Jesu am Kreuz – auf Latein „consummatum est", „es ist vollbracht" – die mehrfach in den Roman eingebaut werden. Samstag, der 3. April 2004. Der 55-jährige Stuttgarter Gymnasiallehrer (Deutsch und Geschichte) Ralph Zimmermann (wohl eine Anspielung auf den Geburtsnamen des mehrfach eingespielten Bob Dylan, Robert Zimmermann) kehrt – wie so oft samstags – in das dortige Café Rösler ein und nimmt ein alkoholreiches vierstündiges Frühstück zu sich.

Um ihn her, bei ihm: die Schatten der ihm bekannten Toten, die fortwährend wispern, ihn umschweben, Erinnerungen und Einflüsterungen vornehmen. Lewitscharoff wagt in diesem Roman in spielerischer Variation der Orpheus-Sage die Einkehr in das Reich der Seelen der Verstorbenen, die mitten unter uns existieren. Eine bizarr gemischte Gesellschaft tritt auf: Dichterstimmen ertönen (etwa die von Benn, Rilke, Strindberg), Größen der Popszene des 20. Jahrhunderts (wie Andy Warhol, Jim Morrison, Jimi Hendrix), Jesus erscheint. Hinzu kommen die Seelen von Personen aus Zimmermanns persönlichem Umfeld, Freunde, die Mutter, vor allem aber seine Geliebte, Johanna, genannt Joey oder Jojo. Frech, raffiniert, witzig mischt die Autorin einen Erinnerungsstrom zusammen, in dem Gedanke und Phantasie, Empirie und Transzendenz in einen gewaltigen Narrentanz eintauchen.

Im Zentrum des Erinnerungsreigens beichtet Zimmermann, wie er aus Versehen seine Geliebte Joey vor Jahren überfahren hat – ein Unglück, das er nie überwinden konnte. Vor vier Jahren, so berichtet der Ich-Erzähler weiter, habe er eine Nahtoderfahrung durchlitten, die ihn nun befähigt, anders als andere die Seelen der Toten mitten unter uns wahrzunehmen. Und mehr: Ihm, dem „großen Totenohr" (*Lewitscharoff* 2006, 7), wurde die Rolle auferlegt als „Berichterstatter" vom Jenseits zu fungieren. Der Auftrag ist eindeutig: „Kehr um und sag, wie's dort zugeht. In klaren, einfachen Worten." (ebd., 70) Was aber tun, wenn man die Worte nicht findet oder wenn sie niemand hören will? Wenn man spürt: „Umso öfter ich ihn benutze, desto mehr missfällt mir der Begriff *Jenseits*" (ebd., 37).

Jedes Kapitel dieser gewagten literarischen Jenseitsphantasie wird eingeleitet durch ein so genanntes ‚Jupiterquadrat', gebildet aus vier übereinander angeordneten Reihen zu je vier nur einmal vorkommenden Zahlen von 1 bis 16, deren Quersummen in allen Kombinationen jeweils 34 ergeben. Die aktuelle Kapitelnummer wird dabei optisch durch Fettdruck hervorgehoben. Mehr als Spielerei: Ein Verweis auf eine kabbalistische Tradition, der die mystische Nichtfassbarkeit des Erzählten noch steigert. Kaum verwunderlich, dass ein Roman, der die Grenze von Leben und Tod überwindet, voll ist von religiösen Anspielungen. Da finden sich Verweise auf biblische Gestalten wie Adam, Hiob, Jakob, Josef oder Kain; immer wieder taucht Jesus auf; zahlreiche Bezüge bringen ‚Gott' ins Spiel. Diese Dimension ist in der Literaturkritik zwar bemerkt, kaum jedoch gewürdigt worden. In aller spielerischen Verrücktheit liegt mit „Consummatus" ein zugleich äußerst sprachmächtiger wie tieftheologischer Roman vor. Wie folgt charakterisiert der Erzähler sich selbst:

> Das Leiden unseres Herrn Jesus Christus nahm ich ernst, ernster als meine Eltern, die an der Oberfläche Christen waren und nur an wichtigen Feiertagen in die Kirche gingen. Jesus blickte nachts durchs Fenster in mein Zimmer, um zu prüfen, ob alles aufgeräumt war und die Schuhe nebeneinander standen, auf den Millimeter genau. Schwieriger war, dass er auch in mein Herz blickte. Und da sah es manchmal nicht schön aus. (ebd. 59)

Doch anders als in all den oben genannten Romanen evangelischer Provenienz, die mit den Zwängen der religiösen Erziehung abrechnen, wird hier die bleibende Bedeutung von Religion betont: „An jedes einzelne Wunder habe ich in Kindertagen geglaubt, und es fällt mir kein Grund ein, weshalb ich sie im Erwachsenenalter bespötteln sollte." (ebd., 155) Im Gegenteil: „Seit meinen Pubertätsjahren gehörte ich zur sogenannten Gottsucherbande, grübelte mir über Gotteserweisen und Gottesproblemen die Stirnhöhle eitrig." (ebd., 84) Und das nicht positionslos: „Zu den Pantheisten, den eifrigen Verfechtern der Ökumene, die jeden toleriert, der irgendwann irgendwas für Gott nimmt [...] zählte ich mich nie." (ebd., 85) Ein Gottsucher, der aus dem Jenseits zurückgekehrt ist, um davon zu erzählen, ohne es doch angemessen zu können – das ist er, dieser Ralph Zimmermann, „Gottes kreuz und quer rennendes Schlussgeschöpf" (ebd., 49), voll von der Erfahrung des „Zermahlenwerdens zwischen dem Mühlstein Gott und dem Mühlstein Teufel" (ebd., 64).

Als Mensch voller „Gottesbedürftigkeit", der „IHN" häufig „im Munde" führt (ebd., 87), wird er aber nicht nur zum Boten des Jenseits, sondern sogar zum Gotteskünder: „Die frohe Botschaft lautet: Es gibt Ihn." (ebd., 95) Und wie könne man sich Gott vorstellen?

> Er ist die große schwarze Null. Seine Majestät sind enthalten in jeder wohlgefassten Rechnung. Er wird spürbar in der Stille einer großen Bibliothek. Zusammenfall Seines Reiches mit dem Universum und einer Winzigkeit darüber hinaus. Durchs Leben streicht Er als Hinwelle, das Totenreich durcheilt Er als Rückwelle. Er ist nicht der klassische Repräsentant eines vollkommenen Menschen. Er ist der Verweigerer, der uns Seine Nähe vorenthält. Er ist diskret. Zwischen An- und Abwesenheit schaltet Er schneller hin und her, als wir es in Lichtgeschwindigkeit messen könnten. Er ist die maximale Eleganz. Wenn Er blinzelt, hagelt es einen Scherz, der von uns Menschen schlecht verkraftet wird. (ebd., 95)

Tatsächlich entwickelt der Erzähler so eine ganz eigene, teilweise von kabbalistischen Lehren inspirierte Gotteslehre und heilsgeschichtliche Schau, von der er durchaus weiß, dass sie „theologisch nicht korrekt" (ebd., 204) ist, aber das schert ihn wenig: „Alle werden Gott, genauer gesagt alles, was tot ist". Konsequenz:

> Gott wächst sekündlich. Einzigartiges Wesen, das sich während der Schöpfung zurückzog, in die Anonymität sank und damit allem, was lebte und starb, erlaubte, allmählich zu Ihm zu werden und an einem erneuten Gotteswachstum teilzuhaben. Dazwischen machte er sich noch bemerkbar und schickte Seinen Sohn – zu Konkurrenzzwecken, als Mittler und Mahner auf der Schädelstätte, als Richter und Erlöser im Himmel. (ebd., 204)

Und was genau bringen die Toten ein, um zu Gottes Wachsen beitragen zu können? „Drei Eigenschaften bestimmt: Einsamkeit, umfassende Wirksamkeit, verstörende Unwirksamkeit." (ebd., 205) Und er selbst, der immer stärker alkoholisierte Erzähler, umgeben von seinen Seelenschatten? „Ich bin kein Zaddik, kein heiliger Narr, der Gott herausfordert, Ihm etwas abhandelt oder wenigstens eine Antwort von Ihm erzwingt", sondern „nur eine flaue Christenseele, die alles schluckt und gegen alle Erfahrung hofft und hofft und hofft" (ebd., 96).

Gegen Ende des Romans verlässt Ralph Zimmermann das Café und schlendert durch die schneeflockenumspielte Stuttgarter Altstadt. Im Blick auf das kommende Osterfest kreisen seine Gedanken um den Gott, der die Auferstehung der Toten ermöglichen soll. „Die Selbsterschließung Gottes in *Ich bin der ich bin* ist der schönste aller Kurzmonologe, in endloser Wortfolge zieht er sich durchs Universum", selbst wenn zuzugeben sei, dass „auch die Triangel aus Vater, Sohn und Geist" (ebd., 220) ihre Reize habe. Er selbst jedoch werde durch „das *Michsehrwundern* definiert" (ebd., 221).

Die Schlussworte bleiben den Stimmen der Seelen überlassen, die – gedruckt zwischen Symbole fallender Flocken – den Lutherspruch setzen: „Glaube ist eine verwegene Zuversicht auf Gottes Gnade. Solche Zuversicht macht fröhlich, trotzig und lüstig gegen Gott und alle Creaturn" (ebd., 232). Den letzten Punkt setzt jedoch eine zuvor nur in den zwei Anfangsseiten gehörte Erzählerstimme, die berichtet, wie Ralph Zimmermann sich in einem Weinhaus mit einem Freund trifft. „Die Geschichte vom Mann, der seine Toten immer um sich hat, endet fröhlich." (ebd., 236) Wo „Pong" bei vielen Lesenden einen bitteren Nachgeschmack hinterlässt, endet „Consummatus" in wundersam-verwirrendem Optimismus.

Lewitscharoff legt hier so etwas vor wie eine „Wiedereinführung christlichen Gedankenguts in die Pop-Mythen des 20. Jahrhunderts", so *Beatrix Langner* in der Zeitschrift „Literaturen" 04/2006. Mit Leichtigkeit, Sprachwitz und surrealistischem Ernst pendelt sie zwischen Diesseits und Jenseits in eine eigene Wirklichkeitsebene, die sich aller Festlegung entzieht. Einen derart gottgetränkten, jenseitssehnsüchtigen Roman hat die deutschsprachige Literatur lange nicht gesehen. „Consummatus" ist tatsächlich, so *Martin Mosebach* in einem von höchstem Respekt bestimmten Porträt der Dichterin in der ZEIT (2007), eines der „kühnsten Bücher der neueren Literatur".

„Apostoloff", der Folgeroman, wurde 2009 mit dem Preis der Leipziger Buchmesse ausgezeichnet. Rabenschwarz und bissig erzählt Lewitscharoff hier in frei-fiktionaler Weise von einer Reise in das Heimatland des bulgarischen Vaters anlässlich einer Beerdigung. Auch in diesen Roman werden immer wieder religiöse Elemente eingespeist, seien es biblische Anspielungen, Verweise auf die Missionierung Bulgariens oder Reflexionen über die dortige orthodoxe Kirche, deren präzise beschriebenen Räume Einladungen an den Menschen seien „sich zu verwandeln" (*Lewitscharoff* 2009, 65).

Blumenberg – In der „Schweblage zwischen Heilsanteil und Schuld"

Sibylle Lewitscharoffs bis dato meistdiskutierter Roman, „Blumenberg" aus dem Jahr 2011, kreist um den Philosophen *Hans Blumenberg* (1920–1996), ohne biographische oder gar werkgeschichtliche Intentionen zu verfolgen. Vielfach ausgezeichnet – allein 2011 mit dem Kleist-Preis, dem Ricarda-Huch-Preis, dem Marieluise-Fleißer-Preis, dem Wilhelm-Raabe-Literaturpreis – nimmt er das von dem Philosophen selbst verwendete, stark biblisch besetzte Motiv eines Löwen auf, den vermeintlich nur er allein sehen kann, und der dennoch real ist – spätestens bestätigt durch die alte Nonne Käthe Mehliss, die den Löwen ebenfalls erkennt.

Was das sei, dieser für fast alle unsichtbare Löwe, darüber lässt uns der fiktionale Charakter Blumenberg nicht im Zweifel: „Der Löwe war am Ende ein so freies und unbedingtes Wesen, dass ihm das Recht, zu sein, was er ausdrückte zu sein, nicht streitig gemacht werden konnte. [...] Der große Einfädler und Knotenverwirrer hatte – wenn es IHN denn gab, ewig und unvernommen, aber im Geheimen wirksam" – in ihm „einen ganz besonderen Prachtknoten geschürzt" (*Lewitscharoff* 2011, 122f.) Blumenberg sieht in dem Löwen den Einbruch des Absoluten in unsere Erfahrungswelt, zugleich wissen er und seine Schöpferin aber auch: „Der Einbruch des Absoluten war nicht mitteilbar." (ebd., 146)

Wie eine Transformation des lateinamerikanischen ‚magischen Realismus' liest sich der Roman, der letztlich erneut den Umgang mit Tod und Sterben thematisiert. Am Ende finden sich der Professor, der Löwe und vier seiner früh verstorbenen Studierenden, deren Lebensgeschichten miterzählt werden, im „Inneren der Höhle" (ebd., 203), in einer Art Zwischenreich zwischen Leben und Tod. In „eigentümlicher Schweblage zwischen Heilsanteil und Schuld" (ebd., 213) existieren sie noch rückgebunden an ihre irdische Existenz, befinden sich aber auf dem Weg in ein Jenseits, in „eine andere Welt" (ebd., 216), die rätselhaft bleibt. Ein weiteres Mal hat Sibylle Lewitscharoff mit „Blumenberg" einen Roman vorgelegt, der die Grenzen von Diesseits und Jenseits hinter sich lässt, der spielerisch und ernst, witzig und anspielungsreich die deutsche Gegenwartsliteratur auf ein Niveau hebt, das neben ihr nur wenige erreichen. In ganz eigener Weise fügt sie so einen Mosaikstein in das zuvor geschilderte Panoramabild spezifisch evangelisch geprägter Literatur unserer Zeit hinzu.

6. FELICITAS HOPPE:
„Was bleibt ist ein Rätsel"

Springen wir ein Jahr zurück: 2012 wurde der Georg Büchner-Preis an eine Schriftstellerin verliehen, deren literarisches Verfahren zumindest in einem Punkt dem von Sibylle Lewitscharoff gleicht: *Felicitas Hoppe* (*1960). Auch in ihrem Werk wird Religion vor allem im Modus des Skurril-Phantastischen produktiv. Sie habe in ihren Romanen, Erzählungen und Essays vor allem „die Welt der Abenteurer und Hochstapler, der Entdecker und der Taugenichtse" erkundet, begründet die Jury der Deutschen Akademie für Sprache und Dichtung in Darmstadt ihre Entscheidung zur Verleihung des Preises. Durch ihren „lakonischen und lyrischen, eigensinnigen und uneitlen" Stil habe sie einen ganz eigenen Ton geprägt, „ein erzählerisches Universum erfunden". Was hier unerwähnt bleibt: Religion ist eine im gesamten Werk von Felicitas Hoppe wichtige, eigenwillig gestaltete Dimension. Dass sie – wie von der Jury benannt – „unaufdringlich metaphysische Horizonte aufscheinen" lässt, ist deshalb so richtig wie ungenau.

Ehrliche Erfindungen

Das Erzählen von phantastischen, vor Ideen überquellenden, auf verschlungenen Pfaden ferne Länder und Lektüreerlebnisse verbindenden Geschichten ist ein Grundmerkmal des literarischen Werks dieser „wilden, großen Geschichten-Finderin" *(Peter Schanz)*, von der Literaturkritik geadelt gar zu „Deutschlands fantastischster Fabuliererin" *(Elmar Krekeler).* Untrennbar verbunden ist es jedoch mit dem metafiktionalen Nachdenken über die Chancen und Grenzen dieses Erzählens. Felicitas Hoppe, die ihr literarisches Verfahren selbst als Prinzip „ehrlicher Erfindung" *(Hoppe* 2012, 25) charakterisiert, wuchs als drittes von fünf Kindern einer traditionell katholischen Familie in Hameln auf. „Nie gehadert" habe sie mit ihrer katholischen Erziehung, gibt sie im Gespräch mit der Zeitschrift „Theo" im Frühjahr 2014 an, „im Gegenteil". Diese habe ihr dabei geholfen, „eine Innenwelt" zu entwickeln, „die sie heute als kreative Ressource begreift und nutzen kann". Anschließend an das 1980 in der Heimatstadt abgelegte Abitur studierte sie Literaturwissenschaften, Rhetorik, Religionswissenschaften und Sprachen in Hildesheim, Tübingen und Eugene/Oregon. Nach Beschäftigungen an Sprachenschulen, als Lehrerin für Deutsch als Fremdsprache und gelegentlich als freischaffende Journalistin lebt sie seit 1996 als freie Schriftstellerin in Berlin. Sie erhielt bereits vor dem Büchner-Preis zahlreiche Stipendien, Einladungen zu Gastdozenturen an deutschen und amerikanischen Hochschulen und renommierte Auszeichnungen. 2008 erschien ein erster Sammelband mit literaturwissenschaftlichen Annäherungen an ihr Werk *(Neuhaus/Hellström* 2008).

Felicitas Hoppe liebt als Autorin die kleinen Formen: Erzählungen, wie in ihrem ersten, weithin bemerkten Buch „Picknick der Friseure" (1996); Essays, wie in den „Augsburger Vorlesungen" mit dem Haupttitel „Sieben Schätze" (2009); phantasievolle Prosaskizzen und -porträts wie in „Verbrecher und Versager" (2004); Kinderbücher wie „Iwein Löwenritter" (1998). Die meisten ihrer – in literaturwissenschaftlichen Untersuchungen immer wieder als Paradebeispiel postmoderner Prosa angeführten – Texte verweigern sich einer Zuordnung zu den klassischen literarischen Gattungen. Häufig tauchen Motive, Ideen, Textfragmente in gleich mehreren Publikationen in unterschiedlichsten Zusammenhängen auf. Mit „Pigafetta" (1999), „Paradiese, Übersee" (2003), „Johanna" (2006) und „Hoppe" (2012) liegen bislang vier Werke vor, die zwar als ‚Roman' bezeichnet werden, in sich die klassischen Kriterien dieser Gattung aber erneut überspringen.

Spuren katholischer Prägung

In einem beständig mitlaufenden Motivstrang ihres Schaffens setzt sich Felicitas Hoppe mit dem ererbten Katholizismus auseinander. Ihr Beitrag zu dem literarischen Reisebuch „Europaexpress" (2001), das eine Gruppe internationaler SchriftstellerInnen quer durch Europa führte, trägt nicht zufällig den Titel „Brief an den Vatikan". In dem 2004 veröffentlichten Essay „Beichtkinder. Über Bekenntniswahn und Bekenntniszwang" gibt sie ihre religiöse Beheimatung zwar erneut im literarischen Maskenspiel, gleichwohl aber deutlich an: „Um es vorwegzunehmen – ich komme aus einer katholischen Familie von Tag- und Nachtträumern" (*Hoppe* 2004, 88), heißt es dort gleich zu Beginn.

In die Reflexionen über den öffentlichen Umgang mit persönlichen Bekenntnissen im postmodernen Medienzeitalter fließen Erinnerungen an die Kindheit ein, vor allem über das Sakrament der Beichte: „Meine erste Beichte legte ich im Alter von fünf Jahren ab", erinnert sie sich. „Damals erschien mir die Möglichkeit einer persönlichen Beichte geheimnis- und verheißungsvoll, der Beichtstuhl als ein Ort, an dem alles gesagt und nichts verraten werden durfte, das aufgespannte Ohr Gottes" (ebd., 90). Der Reiz von Beichte aus heutig-reflektierter Sicht: Das Kind konnte „eine Mischung aus vagem Schuldbekenntnis und Erfindung" loswerden, ein Prozess, in dem „die Schönheit der Diskretion" sich verband mit dem „Glauben an die unendlichen Möglichkeiten der Fiktion einerseits" und der möglichen „Absolution davon andererseits". Quintessenz: „Ob Gott gnädig ist, sei dahingestellt, dass die Welt keine Gnade kennt, ist hinlänglich bekannt. Niemals wieder hat man mich dermaßen *beim Wort* genommen wie in den Beichtstühlen meiner Kindheit". (ebd., 91)

„Beim Wort genommen werden" / „Glaube an die unendlichen Möglichkeiten der Fiktion" – mit diesen Schlagworten deutet Hoppe die für sie gültige literarische Produktivkraft des Katholizismus an. Auch wenn die Aussagen über die Kindheit nicht in die Gegenwart der Erwachsenen zu verlängern sind, bleiben Prägespuren: Gefragt, ob die Religionen heute an ihr Ende gekommen seien, stellt sei klar: „Die Menschen kommen offenbar ohne das nicht aus", so in einem Radiointerview mit dem Deutschlandfunk aus dem Jahr 2006. „Wenn man versucht, darauf zu verzichten, entsteht [...] eine Leerstelle". Man könne also „nie nicht glauben". Das Problem in den aufgeklärten Gesellschaften bestünde darin, dass man „so unglaublich viel Zeit mit Befreien verbracht" habe, „dass man jetzt völlig ratlos in der Landschaft steht und nicht weiß, was zu tun ist". Es gebe aber nicht einfach einen Weg zurück in die alten Formen von Kirchlichkeit, sondern zunächst eher ein „Aufschrecken darüber, dass man etwas verloren hat". Sie selbst, die ein „Leben lang mit Religion zu tun hatte", finde es wichtig „das Alte betrachtend vielleicht neue Formen zu entwickeln" im Blick darauf, „was tatsächlich gelebte Religion ist".

Von all dem ist in ihren literarischen Werken nur indirekt die Rede. Felicitas Hoppe schreibt weder biographische Erinnerungsliteratur noch religiöse Suchprosa. Mit deutlicher Skepsis betrachtet sie „Schriftsteller, die sich damit brüsten, IHN bei Bedarf wieder in den Mund zu nehmen", wobei dieser literarische Rückgriff doch wohl eher „eine Befindlichkeit bleibt, eine Metapher, gehütetes Erbe oder Bild der Sehnsucht, eine süße oder auch schmerzhafte Erinnerung, im günstigsten Fall ein Gedicht" (*Hoppe* 2008, 21) – so ihre Einschätzung, die dem Phänomen neuer Unbefangenheit im Umgang mit der Gottesfrage freilich zu pauschal gegenüber tritt. Deutlich wird in jedem Fall: Auf diese Weise kann und will sie selbst literarisch mit Religion und Gottesrede nicht umgehen. Und doch ist das Religiöse eine der prägenden Dimensionen ihres Schreibens. Wichtig scheint ihr nicht die menschliche Annäherung an Gott zu sein, sondern eine umgekehrte Perspektive. In dem zitierten Aufsatz führt sie weiter aus: „Schließlich kommt es nicht darauf an, dass wir Gott nicht aus den Augen verlieren, sondern darauf, dass ER UNS nicht aus den Augen verliert. Das ist wohl die größte Angst von allen: Dass wir SELBST nicht mehr gesehen und gehört werden." (ebd., 22)

Literarisch-religiöse Mosaiksteine

Skurril, kafkaesk, absurd-komisch, vertrackt-verfremdet – so oder ähnlich hat man ihre Prosa von Anfang an zu kennzeichnen versucht. Hoppe selbst fügt verschmitzt hinzu, es handele sich um ein Werk, dass „keinen Unterschied zwischen hoher und trivialer Literatur" (*Hoppe* 2012, 62) kenne, und in der Tat versagen alle Kategorisierungsversuche. Nicht um eine Einführung in ihr komplexes Gesamtwerk kann es im Folgenden gehen, sondern nur um die Nachzeichnung von einzelnen Facetten unter spezifisch theologisch-literarischer Perspektive.

Mit den Geschichten „Picknick der Friseure" trat sie 1996 an die verblüffte Leseöffentlichkeit, die in diesen Miniaturskizzen gleich eine besondere erzählerische Begabung erkannte (im gleichen Jahr erhielt Hoppe den Aspekte-Literaturpreis). Vor allem in der Geschichte „Der Pilger" scheint eine katholische Lebenswelt auf, in der ein inbrünstig gläubiger Vater seine Familie religiös drangsaliert, sie „vor den Hausaltar im Erdgeschoss" (*Hoppe* 1996, 16) zu Gebetsübungen zwingt und für das Heil seiner von der Verdammnis der Weltlichkeit bedrohten Tochter eine „Pilgerreise zu einem heiligen Brunnen" (ebd., 18) unternimmt.

„Pigafetta", der drei Jahre später erscheinende erste Roman von Hoppe, nimmt Erfahrungen einer selbst erlebten einjährigen Weltumreisung auf. Der erklärungsbedürftige Titel spielt an auf *Antonio Pigafetta*, den Chronisten der ersten Weltumsegelung durch den Portugiesen *Fernando Magellan* (1519–1522). In die eigenwilligen, gedankenreichen, wie stets bei Hoppe symbolgetränkten Schilderungen der langen Fahrt werden immer wieder biblische Motive und Anspielungen aufgenommen. Verweise auf Jona, auf Sintflut und Arche, auf Gebete, Gottesdienste und Kirchenlieder, auf wiederholte Bibellektüre in Verbindung mit der Beerbung biblischer Sprachformen (etwa: „Denn siehe ich will eine Sintflut mit Wasser kommen lassen ..." – *Hoppe* 1999, 19) heben das Geschilderte in eine parabolische Dimension, die sich durch ironische Brechungen jeglicher eindeutigen Festlegung entzieht. Die ironische Sprachanknüpfung an religiöse Traditionen kann bis hin zu den Anklängen an eine Jesustransfiguration reichen: Man habe sie „erst getauft, dann aber verlassen" (ebd., 139), kann die Erzählerin beklagen.

Der Ritterroman „Paradiese, Übersee" (2003) ist in vergleichbarem Stil verfasst. Erneut geht es um eine Reise, die den Lebensweg symbolisiert, auch hier treten Versatzstücke katholischer Tradition auf: Weihnachten, die drei heiligen Könige, die berühmte „Echternacher Springprozession", bei der man stets „drei Schritte nach vorn, zwei wieder zurück" (*Hoppe* 2003, 84) macht, Pilgerfahrten, Heiligengeschichten.

„Johanna": (K)ein Heiligenroman

Noch deutlicher werden die prägenden Strukturmerkmale des Erzählens in dem Roman, der Felicitas Hoppe endgültig einem breiten Publikum bekannt gemacht hat: „Johanna" (2006). Einerseits geht es hier tatsächlich um *Johanna von Orleans* (1412–1431), die als katholische Heilige verehrt wird, andererseits aber vor allem um die Unmöglichkeit, die Geschichte einer solchen Frau heute einfach zu erzählen. Die namenlos bleibende Erzählerin bereitet sich auf ihre Doktoratsprüfung vor, hat eine Dissertation über die heilige Johanna verfasst. Sie fühlt sich dem Thema und den Ansprüchen des akademischen Verfahrens jedoch nicht gewachsen. Die Prüfung scheitert. Zum Gedenken an den Todestag der Heiligen fährt sie nach Rouen, dem zentralen Gedenkort Johannas, trifft dort sowohl auf ihren Professor als auch auf dessen Mitarbeiter „Peitsche", der ihr bei der Promotion hilfreich zur Seite gestanden hatte und mit dem sie eine heimliche, gegenseitig nicht zugestandene Liebesbeziehung verbindet, obwohl sie sich mit ihm zerstritten hat. Sie trifft aber auch auf historische Gestalten aus Johannas Vergangenheit. In unaufdringlichen Verbindungen wird ihr akademisches Scheitern mit dem Scheitern der historischen Gestalt verknüpft. Am Ende des Romans deutet sich eine Versöhnung und eine mögliche gemeinsame Zukunft mit „Peitsche" an.

Ein seltsamer Roman, der zahlreiche Erwartungen unterläuft. Hoppe erzählt eben *nicht* die Geschichte der heiligen Johanna – ohne Vorkenntnisse werden Lesende sich im Mosaik der Anspielungsbausteine nicht zurechtfinden. Sie verweigert sich dem Genre des Universitätsromans, nimmt wohl aber einzelne Aspekte der Universitätssatire auf. Sie erweist sich als gelehrt und souverän im Umgang mit ihrem Stoff, gibt ihn aber nicht weiter. Der Roman ist gesättigt von Symbolen, entfaltet aber keine symbolische Botschaft. Er nimmt postmoderne Stilmittel auf – Überblendungen, metafiktionale Betrachtungen, Crossover-Techniken – lässt sich jedoch nicht einfach in die Gattung des postmodernen Romans einordnen. Diese Erwartungsdurchbrechung betrifft auch die religiöse Dimension. Ein Roman über eine Heilige sollte eindeutige religiöse Aussagen aufnehmen? – Fehlanzeige!

Schon früh benennt die Verfasserin ihr poetologisches Prinzip: „Damen und Herren, was bleibt ist ein Rätsel." (*Hoppe* 2006, 11) Später wird das Rätsel, das Problem näher benannt: „Worauf kommt es in der Geschichte an? Nicht darauf, dass man Geschichten erzählt, sondern wie man Geschichte macht, wenn man erzählt." (ebd., 47) Mit diesen in die Handlung eingestrickten Gedanken werden wir Lesende mit angesprochen, werden unsere möglichen Erwartungen korrigiert. Wie erzählt man von historischen Vorgängen? Wie von Heiligen, bei denen sich Historie und Glaube in untrennbare Amalgame verbunden haben?

> Damit wir uns hier nicht missverstehen, Chroniken nacherzählen kann jeder, aber damit macht man keine neue Geschichte. Die Geschichte besteht ja nicht nur aus Geschichten, die man leichtfertig nachbeten darf, nur weil sie ein dankbares Publikum finden. Die Geschichte besteht aus Qual und Bemühung, aus Einsicht und Furcht, aus Versuch und Angst, aus Respekt und Eifer, aus Einwand und Schweiß, aus endlos langen schlaflosen Nächten. (ebd., 74)

Wie also erzählt man nicht nur allgemein eine solche Geschichte, sondern ausgerechnet die der Johanna von Orleans, genannt „mein Prahlhans, mein Aufschneider Gottes" (ebd., 48)? Hier die Erzählerin in unserer Zeit, dort, vor fast 600 Jahren, das junge Mädchen im Krieg! Wie kann das zusammenkommen? „Johanna brennt, und ich sitze im Hörsaal." „Johanna brennt, und ich schlafe." (ebd., 34) Letztlich bleibt es bei der kunstvollen Problematisierung. Johanna bleibt der Erzählerin rätselhaft: „Hast du wirklich geglaubt, du bist seine Tochter?" (ebd., 39), fragt sie sich. So unbedingt erscheint sie ihr, so kompromisslos, wie ein „weit geöffnetes Ohr, das jedes Wort auf die Goldwaage legt. Grausames Ohr, strenge Wirtin der Wörter" (ebd., 36). Nicht einmal Flüche ließ sie zu, dabei steht doch fest: „Nur ein glaubendes Herz versteht sich auf Fluchen, nur wer glaubt, dass Gott hört, kann ihn bündig verleugnen. Hochmut glänzt nur im Spiegel der Sünde, in der Hoffnung auf Strafe und Aufmerksamkeit." Deshalb: „Schafft die Sünde ab, und der Spaß ist vorbei. [...] Ohne Gott auch kein Gegner, die Wut geht ins Leere." (ebd., 37)

Aber ist die Geschichte der Johanna nicht eine Glaubensgeschichte? Muss in ihr nicht von Gott, von Opfer, von Sünde, von Erlösung die Rede sein? Wie steht es mit der „AUSSICHT AUF RETTUNG", die leitmotivisch als „Ahnung von Frischluft, ein Hauch von Idee, eine fröhliche Werbung" (ebd., 57) in den Roman eingespielt wird? Gewiss, „allem voran" komme es „auf den echten Glauben" an, denn ohne „Glaube ist ja kein Spiel zu gewinnen. Glaube. Na gut. Nur, an wen? Und an was?" (ebd., 64) Biblische Assoziationen verstärken die Zweifel. Sicherlich, das wären starke Themen und Aussagen: „Demut und Reue, Buße und Beichte, Vergebung und Gnade, Kniefall und Schuld". Aber: „Reine Mode." (ebd., 148) Die Erwartungen an Affirmation und Eindeutigkeit werden erneut in ihre Schranken gewiesen. Und worum geht es letztlich in all diesen Ansätzen, Zügen, Gegenzügen, Fragmenten:

> Ums Ganze. Nicht um links oder rechts, sondern um oben und unten, um Himmel und Hölle. Und um die Angst vor der Sache dazwischen, die man gemeinhin DAS LEBEN nennt. Das Fegefeuer. Das kleine Feuer dazwischen, das dafür sorgt, dass es überall immer nach Rauch riecht, zitternde Flammen, nervöse Geschwister, obwohl wir von morgens bis abends mit Waschen und Bügeln beschäftigt sind. (ebd., 97)

Weder eine historische Erzählung liegt hier vor uns, noch ein zeitgeschichlich-realistischer Roman um die Nöte einer Doktorandin im heutigen Wissenschaftsbetrieb. Felicitas Hoppe schreibt anders, verweigert den deutenden Zugriff, entwindet sich den Kategorien der Erwartung und Konvention, greift immer wieder – so selbstironisch benannt – zum „Gestus des Abbiegens, Entwischens, Verschwindens und Abbremsens" (*Hoppe* 2012, 260). Ihre Literatur wird genährt von der Lust am Spiel, der Freude an

Geschichten um ihrer selbst willen. Das wird an ihrem bis dato letzten, preisgekrönten Roman besonders deutlich.

Literarische Ausformungen ausufernder Phantasie

In „Hoppe" (2012) legt die Autorin ein fiktionales, von Ideen überquellendes Lebensmärchen vor, in dem sie sich einmal mehr als Meisterin des postmodernen Erzählens erweist: Die vorgebliche Geschichte der eigenen Kindheit und Jugend ist ein anspielungsreiches, metafiktionales Spiel der freien Phantasie, verwoben mit Versatzstücken des tatsächlich Erlebten. Erneut werden Reminiszenzen einer katholischen Lebenswelt aufgenommen, ohne Stil und Duktus freilich entscheidend zu prägen. Woher etwa stamme „Hoppes lebenslange Neigung zu Helden, Heiligen, Rittern und Königen", so die Autorin in metafiktionaler Selbstbetrachtung, verpflichtet nur der erzählerischen Phantasie, nicht etwa der biographischen Treue? Gewiss auch „ihrer so kurzen wie intensiven religiösen (katholischen) Früherziehung durch die Mutter" (ebd., 119).

Und wie folgt schildert die Erzählerin in erneut bewusst erzeugter Schwebe zwischen autobiographischer Spurensuche, erfindungsreicher Phantasie und spielerisch entfalteter Fiktion die Erinnerung an Sonntage als Kind: „Ich liebte meine Mutter, und ich liebte die Kirche, weil sie mir jene wenigen Stunden bescherte, in denen ich mit ihr allein sein durfte [...], weil ich in einen Raum entführt wurde, in dem nichts zu erfinden war, weil alles schon da war, ein Raum, der uns kurzfristig allein gehört und vom Alltag erlöst." (ebd., 284) Berücksichtigt man, wie sehr die literarische Welt der Felicitas Hoppe von der Kraft der Erfindung lebt, wird die Schilderung des Kirchenraums als Raum, „in dem nichts zu erfinden war, weil alles schon da war" zu einer außergewöhnlichen Aussage. Augenzwinkernd wird an einer anderen Stelle erklärt, warum es einen als Katholik in die große weite Welt treibt, und warum man sich dort nicht fremd fühlen muss. So zumindest legt sie es ihrem imaginären Vater und Reisebegleiter Karl in den Mund: Man sei eben „schlicht und einfach katholisch, also überall auf der Welt zu Haus" (ebd., 173).

Keine Frage: Die Deutsche Akademie für Sprache und Dichtung hat auch 2012 eine würdige Preisträgerin gefunden, die mit Religion ganz anders umgeht als einer ihrer dezidiert katholischen Vorgänger, *Martin Mosebach*, der den Preis 2007 erhielt. Ihm hält sie vor, er träume sich „in die goldenen Zeiten vor dem Zweiten Vatikanum zurück", er sei „verliebt in die katholische Kraft der Dinge, der Requisiten". Ob hier aber nicht „ein Dichter beginnt, sich der Ursachen zu erfreuen, ohne die Folgen davon zu verehren"? (*Hoppe* 2009, 150) Sie hält dem entgegen: „Nicht nur in der Theologie, sondern gerade in der Literatur bedürfen Formen ihrer Rechtfertigung, der Überprüfung und der Innovation" (ebd., 151). Auf ganz eigene Weise bereichert Hoppe so – literarisch-fiktional wie essayistisch – das in diesem Buch entfaltete Kapitel zur Gegenwartsliteratur aus katholischer Prägung. Ihr Werk changiert zwischen Absage und möglicher Annäherung, zwischen Verweigerung und Affirmation. Hoppe wählt dazu den Weg der beständigen sprachlichen Verfremdung, die letztlich den ironisch ermöglichten Respekt vor der Nichtgreifbarkeit der gewählten Themen verdeutlicht. Ihre spielerische literarische Selbstcharakterisierung passt: „Eine unverbesserlichere Romantikerin werden wir in der Postmoderne kaum finden" (*Hoppe* 2012, 295).

II. Gemessen am Prüfstein Sprache: Annäherungen an Gott in der Gegenwartslyrik

Der veränderte literarische Umgang mit Religion und Gottesfrage wurde bislang vor allem an Beispielen aus der Prosa entfaltet – bei gelegentlichen Vorausblicken auf lyrische Texte. Wenden wir uns nun intensiv jener Gattung zu, in der Religion und Gottesfrage eine eigene herausfordernde Rolle spielen: der Poesie. Im Bereich der Lyrik sind die religiösen Töne und Themen nie ganz verstummt (vgl. *Schwab* 2007; *Zwanger/Kuschel* 2011). Neben der oben exemplarisch benannten explizit christlichen Literatur haben sich – zumindest im Hintergrund – quer durch das 20. Jahrhundert hindurch religiöse Sprachspuren in der Lyrik gehalten. Zum einen finden sie sich explizit in Form von literarischen Psalmen, einer Gattung, auf die im Zusammenhang mit den Gedichten von SAID bereits verwiesen wurde. Zum anderen finden sich solche Spuren jedoch auch in einem allgemeineren Bezug, wie bei den meisten jener Texte, die *Helmut Zwanger* in einer neueren Anthologie zusammengestellt hat (vgl. *Zwanger* 2007). Doch auch hier sind Neuaufbrüche unübersehbar, untereinander verbunden durch „ihr unterschiedlich deutliches Abrücken vom [...] Religionstabu" (*Grom* 2004, 128). Im Blick auf die 1960er und 1970er Jahre überwog „in der unmittelbaren Zeitgenossenschaft des religiösen Gedichts" die „Ausrichtung auf die Kritik vorgefundener politischer und sozialer Realitäten" (*Schwab* 1983, 369). Dieser Befund stimmt für die Lyrik der Gegenwart nicht mehr.

Zwei Generationen – gekennzeichnet durch unterschiedliche biographisch-zeitgeschichtliche Prägung wie auch durch jeweils eigene poetische Ausrichtung – lassen sich dabei idealtypisch voneinander abheben. Da ist zum einen jene Generation, die vor 1940 geboren wurde, die heutige (Ur-)Großelterngeneration, literarisch zum Teil bis in das 21. Jahrhundert hinein aktiv. Für die VertreterInnen dieser Generation war Religion meistens ein entscheidender Faktor der Lebensprägung, der im letzten Lebensdrittel nach vielen Erfahrungen noch einmal neu literarisch beleuchtet wurde und wird. Der schon benannte *Kurt Marti* (*1922) zählt dazu, aber auch *Erika Burkart* (1922–2010), *Friederike Mayröcker* (*1924), *Ernst Jandl* (1925–2000), *Heinz Piontek* (1925–2003), *Paul Wühr* (*1927), *Richard Exner* (1929–2008), *Philipp Luidl* (*1930), *Johannes Kühn* (*1934), *Peter Horst Neumann* (1936–2009) oder *Reiner Malkowski* (1939–2003). Beispieltexte von diesen AutorInnen fanden sich in der Erstauflage dieses Buches und werden hier nicht wiederholend aufgenommen.

Doch auch VertreterInnen der jüngeren Lyrikergeneration nähern sich religiösen Themen und der Gottesfrage. Bei ihnen geht es jedoch nicht in erster Linie um ein *Wieder*entdecken biographisch verschütteter Spuren, sondern eher um den Versuch der Deutung ihrer Gegenwart. Während *Michael Krüger* (*1943), die schon ausführlich porträtierte *Ulla Hahn* (*1946), *Dorothea Grünzweig* (*1952), *Ferdinand Schmatz* (*1953) oder der schon genannte *Ralf Rothmann* (*1953) dabei eher einer mittleren Generation angehören, sind *Robert Schneider* (*1961), *Ludwig Steinherr* (*1962), *Lutz Seiler* (*1963), *Dirk von Petersdorff* (*1966), *Jan Wagner* (*1971) oder *Nora Bossong* (*1982) VertreterInnen dieser jüngeren Generation. Einige Beispieltexte sollen den Vielklang, die formale, thematische wie inhaltliche Breite dieser lyrischen Annäherungen an Religion, Glaube und Gottesfrage veranschaulichen. Ein genauer Blick auf das jeweilige Gesamtwerk ist dabei nicht möglich. Nach diesen exemplarischen Einblicken sollen dann zwei herausragende Zeugen und Zeugnisse detailliert vorgestellt werden.

1. Religiöse Spuren in der Lyrik: Ein Panoramablick

Religiöse Elemente prägen die Gedichte zahlreicher gegenwärtig schreibender LyrikerInnen. Einige wenige Beispiele sollen die Spannweite möglicher religiös-lyrischer Spielarten im Folgenden illustrieren:

Dorothea Grünzweig (*1952), Tochter eines schwäbischen evangelischen Pfarrers, lebt seit fast 20 Jahren in Finnland. Von dort aus entstehen deutschsprachige Gedichtbände, die mehr und mehr Aufmerksamkeit erreichen. Romantische Züge hat man in ihren Gedichten entdeckt, Sprachspuren des Pietismus und der Empfindsamkeit – tatsächlich mischen sich solche Dimensionen mit Einflüssen der neuen finnischen Lebenswelt zu einem ganz eigenen poetischen Kosmos. Religiöse Sprachelemente und biblische Anspielungen (vor allem: Kreuz, Passion, Apokalypse) sind Teil dieser lyrischen Welt. „Passion" heißt ein Gedicht aus dem Band „Vom Eisgebreit" (2000), eine Erinnerung an die Feier der Tage von Karfreitag bis Ostern, welche die Kinder so ganz anders erlebten als der Pfarrersvater: „und scham befällt uns/haben nicht des Schmerzensmanns/gedacht" (*Grünzweig* 2000, 57f). In „Glasstimmen" (2004) findet sich ein Zyklus über die Faszination der Orgelmusik, charakterisiert als ein „ungebärdiges Gestehn/von Wünschen von Verzweiflung" (*Grünzweig* 2004, 39).

Durch den Gedichtband „Die Auflösung" (2008) zieht sich ein Nachsinnen über den Tod des Vaters und die Auflösung seines Hauses, der Heimat der eigenen Kindheit. In der Ablösung von der Geschichte des Vaters und seiner Generation wird die wahre „enthüllung von kommendem" erhofft. Hier könnte der „wahre sinn des worts *apokalypse*" offenbar werden und auf einen Weg weisen, dessen Ende noch nicht sichtbar ist „zum schneehorn der eigenen stimme" (*Grünzweig* 2008, 67). Von Gott ist bei Dorothea Grünzweig direkt kaum die Rede, wohl aber von einem Leben, das von religiösem Bewusstsein und religiöser Sprache getränkt ist. Ihr Werk zählt so zu den wichtigen Spuren evangelisch geprägter Literatur der Gegenwart, gezeichnet von tiefen Erinnerungen an den Pfarrervater und das spirituelle wie soziale Leben in der Gemeinde. Aber mehr noch: Es enthält einen Grundzug von unstillbarer Sehnsucht, die nach vorn, nach oben weist, sich dabei jeglicher eindeutiger Zuschreibung aber verweigert.

Anders bei *Ludwig Steinherr* (*1962): Er lebt als promovierter Philosoph und freier Schriftsteller in München. Zusammen mit Anton G. Leitner gründete er 1992 die am Anfang dieses Buches genannte Zeitschrift „Das Gedicht". In Steinherrs Versen spiegeln sich Gegenwartserfahrungen mit Reflexionen und Wirklichkeitsdeutungen. Ohne dass Religion dabei ein dominierendes Themenfeld würde, gehört diese Erfahrungs- und Deutungsebene zum lyrischen Kosmos selbstverständlich hinzu, wird von Band zu Band immer wichtiger. Die Gedichte Steinherrs sind dabei ausgespannt zwischen dem zweifelnden Ringen um Gott, der Fraglichkeit einer religiösen Weltsicht und der zuversichtlichen Hoffnung auf Gottes Existenz.

„Über der Landschaft/einsam/ausgesetzt/das göttliche Auge –/Eine Drohung?" (*Steinherr* 2007, 51) kann es in einem Gedicht Steinherrs aus der Sammlung „Von Stirn zu Gestirn" heißen. Ein anderes Gedicht aus diesem Band spielt hingegen den Gedanken ein, „Gott" lege dem Gedichtsprecher „im Vorübergehn/die Hand auf den Scheitel/und sagt:/Nun bist du/wie ich dich wollte" (ebd., 95). „Kain" ist ein Gedicht überschrieben, das den biblischen Brudermörder – „nicht der erste und nicht der letzte" – an den Anfang einer Reihe von Menschen „fähig zu Mord Reue Verdrängung Sublimierung" (*Steinherr* 2009, 51) stellt. „Menschensohn" ist ein mehrteiliges Langgedicht aus dem neuen Band „Ganz Ohr" (2012) überschrieben, das den Lebenslauf Jesu in heutiger Verfremdung nachzeichnet. Im Titelgedicht dieses Bandes ruft der Gedichtsprecher eine gebetsartige Szene auf: „Gott – ich flüstere mein Gebet/in dein anderes Ohr [...] / in dein winziges/bebendes Heuschreckenohr/das alles zugleich hören muß" und es endet mit den Versen:

Ich knie nieder
um in dein winziges
Heuschreckenohr zu lauschen –

und mein gischtender
tosender Herzschlag

wird von deinem
unendlichen Lauschen
erhört

Eine spirituelle Wandlung wird nachgedichtet: Aus dem Sprechen wird ein Hören, aus dem Aussprechen wird ein Erlauschen dessen, was zu hören ist.

In der Lyrik des als Professor für Neue Deutsche Literatur an der Friedrich-Schiller-Universität in Jena arbeitenden *Dirk von Petersdorff*, Jahrgang 1966, mischen sich sprachexperimentelle mit klassischen Formen, er verbindet ironisch poetische Traditionen und alltägliche Sprachbruchstücke etwa aus Werbeslogans oder Fernsehsendungen. In seinen vierten Gedichtband, 2004 erschienen unter dem Titel „Die Teufel in Arezzo", nimmt er verstärkt religiöse Themen und Sprachtraditionen auf. Die erste Abteilung von Gedichten unter der Überschrift „Aus dem Leben des Franziskus" besteht tatsächlich aus lyrischen Annäherungen an den umbrischen Heiligen, dem zuletzt in *Bodo Kirchhoffs* (*1948) monumentalem Roman „Die Liebe in großen Zügen" (2012) ein imposantes literarisches Vermächtnis gewidmet wurde. Der letzte Text im Gedichtband von Petersdorff trägt den Titel „Psalm in schlafloser Nacht" und transponiert die biblische Gattung in unsere Zeit. In das Langgedicht „Kenne dich selbst" (*von Petersdorff* 2004, 17–23) schließlich wird mehrfach, in immer neuer Anordnung der Einzelsätze, folgende religiös motivierte anspielungsreiche Versgruppe aufgenommen:

> Wie etwas, das vertönt. Sie haben meine Kleider
> unter sich geteilt. Etwas will zurückkehren und
> Schritte gleiten, ausgegossen. Was betrübst du
> dich, meine Seele, und bist so unruhig in mir? Es
> kommt nirgendwoher und geht nirgendwohin.

Bei AutorInnen aus den ‚neuen Bundesländern' spielt Religion erwartungsgemäß eher eine untergeordnete Rolle. *Lutz Seilers* (*1963) Gedicht „sonntags dachte ich an gott" (*Seiler* 2000, 58) etwa, im Jahr 2000 veröffentlicht, vier Jahre später in einem gleich lautend überschriebenen Essay erläutert, entpuppt sich als ironisches Spiel mit der von außen betrachteten, eigentlich aber kaum wahrgenommenen Tradition des Religiösen. Dieser „gott" saß, so entfaltet es das Gedicht, mitten zwischen Technikschrott und Hinterhöfen, da also

> sass der liebe gott; er war
>
> unendlich klein & lachte
>   oder schlief

Aufgerufen wird die Erinnerung an Sonntage, die der jugendliche Dichter mit seinem Vater in einer Garage verbrachte, gemeinsam beschäftigt mit technischen Basteleien. Der Weg zu dieser Garage führte zufällig an einer Kirche vorbei, in die man selbst nicht ging, weil „die Garage eine Art Kirche war" (*Seiler* 2004, 143). Zwar wird hier „Gott" als Vokabel aufgerufen, eine auch nur im weitesten Sinnen religiöse Bedeutung kommt dem aber kaum zu.

In einer 2008 veröffentlichten „Collage zu Psalm 3" (*Seiler* 2008) deutet sich eine mögliche intensivere Beschäftigung mit Religion an, die aber bislang keine weiteren Spuren hinterlassen hat.

Mit der in Bremen geborenen *Nora Bossong* (*1982) kommt abschließend eine der jüngsten bereits arrivierten Lyrikerinnen zu Wort. Der mit dem Peter-Huchel-Preis ausgezeichnete Band „Sommer vor den Mauern" (2011) versammelt Gedichte, die einen weiten geistigen Bogen ausspannen. Mit „Grosse Exerzitien" ist der erste Gedichtzyklus überschrieben, der uns auf heilsgeschichtlich getränkten Boden nach Italien führt, immer wieder in Kirchenräume. Dies sei „Im Weitesten Dantegegend", heißt es gleich zu Beginn, und aus „den Steinhängen brechen / die Heiligensagen" (*Bossong* 2011, 7), etwa die des – wie schon bei Dirk von Petersdorff – mehrfach aufgerufenen Franziskus von Assisi. Ohne Pathos, beiläufig fließen die religiösen Assoziationen und Anspielungen in die leichthin gesprochenen, mit Witz und Verve entworfenen Gedichte mit ein. Naturschilderungen gleiten ganz unmerklich über zu religiösen Gedankenspielen. Das Gedicht „Sonntag" etwa enthält den Vers „Es ist Sonntag ich denke daran Gott zu beweisen" (ebd., 8). Die Papstporträts in der römischen Kirche Sankt Paul vor den Mauern werden zu Anlässen, zu den letzten zehn Päpsten Gedankenverse zu entwerfen. So etwa wird Papst Johannes XXIII., der 261. Papst klassischer Zählart verdichtet:

Zweihunderteinundsechzig Mützen

Man könnte meinen, sogar der Mond
hätte sich an jenem Abend besonders beeilt.
Letzte Lichter zerrten an ihren Ketten,
das Gras war zerdrückt vom Lagern des Zeltes,
in dem man vortags die steifen Spitzen
von zweihundertzweiundsechzig Mützen
umgeknickt hatte. In den Spuren der Wagen
rannte es vorbei, das Rundgesicht,
seine Ohren flatterten hinter ihm her.
Wir riefen ihm nach, wohin er denn wolle.
Er drehte sich um, er atmete schwer,
er habe das Läuten der Glocken versäumt.
Glocken, welche Glocken?
Sein Lächeln, der einsame Lichtkreis
einer Grimaldinummer.

Von Johannes XXIII. wird erzählt, er habe beinahe das Konklave zu seiner späteren Wahl zum Papst versäumt, weil er das Glockenläuten nicht gehört habe. Diese Episode wird hier genauso aufgenommen wie die von ihm selbst kolportierten Aussagen über sein wenig vornehmes Aussehen. Grimaldi, der berühmte italienische, gleichzeitig intelligente wie melancholische Clown, wird am Ende des Textes zur Spiegelfigur des eilig vorwärts strebenden Aufbruchspapstes, der die „steifen Spitzen" der Mützen seiner Vorgänger umgeknickt hatte. Das Gedicht entwirft eine Szene, die nicht einfaches Porträtieren anstrebt, sondern eine dichte Momentaufnahme belichtet.

Doch auch andere Szenen und Texte finden sich bei Nora Bossong, die keineswegs durchgängig, wenn auch häufig religiös aufgeladene Assoziationen dichterisch verwendet. Das Nachsinnen über den verregneten Sommer blendet über zur Sintfluterzählung der Bibel: „Am Ararat zerschellte eine Arche" (ebd., 18). Andere Zyklen führen in „Neue Alte Welten" (die USA) oder in das „Protestantenland", eine lyrische Reflexion ihrer norddeutschen Heimat. „Von hier sieht der Himmel anders aus, / mager, wie nur Protestanten ihn kennen" (ebd., 64), heißt es im Gedicht „Postkarten". Italien und Norddeutschland, Katholizismus und Protestantismus bilden Hintergründe für Verse, die Leben spiegeln.

Soweit ein kleiner skizzenhafter Überblick über den Umgang gegenwärtiger LyrikerInnen mit dem Themenspektrum von Religion und Gottesfrage, frei von jeglichem Anspruch auf Repräsentativität oder umfassende Sichtung. Sicherlich gibt es andere AutorInnen, andere Texte und andere Deutungsdimensionen zu den genannten Texten oder Textbausteinen. Auch stimmt gewiss die Beobachtung, dass im Werk zahlreicher LyrikerInnen der Gegenwart Religion und Gottesrede überhaupt keine Rolle spielen. Dennoch wird deutlich, wie breit gestreut, wie formal und intentional verschieden Anspielungen und Einspielungen von religiöser Sprache, von religiösen Bildern, religiösen Inhalten möglich sind.

In der Einleitung zu diesem Buch wurde bereits die These *Anton G. Leitners* zitiert, „Dichtung und Religion" seien aus „demselben Holz geschnitzt" (*Leitner* 2005, 5). Bei SAID und anderen wurde die enge Verwandtschaft, ja: gegenseitige Bezogenheit beider

Bereiche intensiv diskutiert. Andere Stimmen warnen vor einer Verwischung der Gattungsgrenzen. *Felicitas Hoppe* etwa, selbst keine Lyrikerin, stellt klar: „Gedichte sind keine Gebete, ein Gebet ist eine Anrufung, die sich als Gegenüber nicht auf einen Leser, sondern auf Gott bezieht." (in: Theo 2014, 39). Überprüfen wir diese spannungsreiche und umstrittene Beziehung von Gedicht und Gebet exemplarisch an zwei detailliert ausgeführten werkgeschichtlichen Tiefenbohrungen. Es handelt sich dabei um literarische Gesamtentwürfe, die besonders gut geeignet sind, den Wandel der literarischen Gottesrede zu veranschaulichen.

2. MICHAEL KRÜGER:
„es geht nicht ganz ohne Gott"

Michael Krüger (*1943) ist eine außergewöhnliche Erscheinung im Szenario der deutschsprachigen Gegenwartsliteratur. Einerseits war und ist er maßgeblich an der Steuerung des Buchmarktes hinter den Kulissen beteiligt: als langjähriger literarischer Leiter, von 1995 bis 2013 als geschäftsführender Gesellschafter des renommierten Münchner Hanser-Verlages; als Herausgeber der einflussreichen Literaturzeitschrift „Akzente"; Mitherausgeber des Literaturjahrbuchs „Tintenfisch" und des „Jahrbuchs der Lyrik". Gleichzeitig ist er selbst ein Literat von Rang als Essayist, Erzähler und vor allem als Lyriker. Zahlreiche Literaturpreise dokumentieren die öffentliche Wertschätzung seines Werkes. Zudem wurde Krüger gleich mit zwei Ehrenpromotionen ausgezeichnet: 2006 von der Fakultät für Linguistik und Literaturwissenschaft der Universität Bielefeld; 2007 von der Neuphilologischen Fakultät der Universität Tübingen. Seit 2014 ist er zudem Träger des Bundesverdienstkreuzes Erster Klasse. Er steuert und organisiert also einen Teil des Literaturbetriebs, ist aber als Autor gleichzeitig Teil desselben. In dieser Doppelung ist Michael Krüger einzigartig.

Umso bemerkenswerter, dass gerade das Werk Krügers eindeutige Belege für die Beobachtung liefert, dass sich in der Gegenwartsliteratur eine neue Unbefangenheit in der Annäherung an Religion und die Gottesfrage feststellen lässt. Es lohnt sich, diesen Spuren nachzugehen.

Vorsichtige literarische Annäherung an Religion

Ab 1976 trat Krüger mit eigenen literarischer Veröffentlichungen hervor. Zunächst war er vor allem als Lyriker bekannt, publizierte ab 1984 jedoch auch Prosa. Mit den Romanen oder Novellen „Der Mann im Turm" (1991), „Himmelfarb" (1993), „Die Cellospielerin" (2000), „Das falsche Haus" (2002) und schließlich „Die Turiner Komödie" (2005) machte er sich auch als Erzähler einen Namen.

In Michael Krügers Lyrikbänden zeigt sich seit Beginn der 1990er Jahre eine bemerkenswerte Entwicklung: War Religion zuvor kaum ein direkt benanntes Thema in seinem künstlerischen Schaffen, so rückt sie nun mehr und mehr in die erschriebenen Welten hinein mit zunehmendem Mut zu affirmativen Zügen, bei aller bleibenden ironischen Distanz und spielerischen Unbestimmtheit. Vorher herrschten Skepsis und Ablehnung vor. In Figurenrede lässt er so in Gedichten aus dem Jahr 1989 Stimmen von „hinter der Grenze" oder aus der Welt „weit hinter Prag" zu Wort kommen, die in ihre Lebenserfahrung Verse aufnehmen, in denen es heißen kann: „Die Gebete, die wir in den Himmel/rufen, kommen ungehört zurück" (*Krüger* 2011, 91).

Warum aber dann ab 1990 eine andere, offenere, differenziertere Aufnahme religiöser Themen und Motive? Ein Gedicht aus dem 1998 erschienenen Band „Wettervorhersage" gibt Auskunft. In „Hotel Wandl, Wien" findet sich das in der Hinführung in diesem Buch bereits zitierte Zeilenpaar: „Wir müssen uns nicht mehr der Religion/erwehren, sie greift uns nicht an" (*Krüger* 1998, 29). „Nicht mehr" – das benennt den Wandel direkt. Wo Schriftsteller und Intellektuelle zuvor zur Distanz gegenüber Religion und Kirche gezwungen waren, um nicht falsch vereinnahmt, missverstanden oder ideologisch verzweckt zu werden, gibt es diesen Zwang zur Absetzung seit einigen Jahren nicht mehr. Religion „greift uns nicht an"; das mag zudem darauf hindeuten, dass die kulturelle Prägegewalt der institutionalisierten Religionen und Konfessionen abgenommen hat.

Umgekehrt eröffnet sich erst jetzt jener Freiraum, der wirklich kreative Auseinandersetzung mit dem Phänomen Religion ermöglicht. „Gegen die Institution der Kirche brauchte man nicht mehr zu sein" (*Krüger* 2002, 163), lässt Krüger den Protagonisten der Novelle „Das falsche Haus" (2002) erklären. Für Michael Krüger entfaltet sich die Wirkkraft des Christentums jedoch unabhängig von den Veränderungen der Institution Kirche. In einem Radiogespräch mit *Karl-Josef Kuschel* aus dem Jahre 2005 bestätigt er, dass „das Christentum zwar vielleicht hinter einer Wolke verborgen" sei, „aber die Strahlungen, die es aussendet, finden sich natürlich in allen unseren Handlungen wieder". Entsprechend heißt es in dem Gedicht „Erziehung" (1996): „kann ich nicht glauben, / dass der zerredete Körper/der christlichen Kultur seine Seele/ausgehaucht hat" (*Krüger* 1996, 74).

Konsequenz in Krügers Werk: Fortan wird religiöses Vokabular, werden biblische und theologische Themen aufgenommen und gestaltet. „Die Schriftsteller haben schon lange gewusst, dass die Bibel eigentlich alle Geschichten enthält, die sich denken lassen." Mit diesen Worten leitete Krüger einen von ihm initiierten, oben bereits in anderem Kontext erwähnten Sammelband ein, in dem junge deutschsprachige AutorInnen im Jahr der Bibel 2003 „biblische Geschichten neu erzählen", so sinngemäß der Untertitel des Buches. Denn – so Krüger weiter – mit „welcher Leidenschaft, mit welcher Sprachgewalt, mit welcher Ehrfurcht" seien dort Geschichten erzählt, Urerzählungen, die beides zugleich sind: viel zu wenig gelesen und zu unbekannt, und dennoch die bleibenden Grundschriften der westlichen Kulturen. Es komme deshalb „darauf an, sie [...] in unsere Sprache zu übersetzen" (in: *Vilshofen* 2003, 7).

Derartige literarische Übersetzungsversuche finden sich in Michael Krügers eigenem literarischen Werk eher selten. Sein künstlerischer Umgang mit dem weiten Feld der Religion erfolgt anders. Einige Gedichte sollen das Verfahren der poetischen Gottesrede Krügers verdeutlichen. Der erste Text, so etwas wie eine programmatische Selbstbesinnung, stammt aus dem 1996 erschienenen Band „Nachts, unter Bäumen" (*Krüger* 1996, 20):

Die kleinen Verse

Die kleinen Verse, die keine Richtung kennen,
keine Tendenz, sie folgen selbstvergessen
einem Weg ins Dunkel und tauchen plötzlich
auf der Lichtung auf, verwandelt. Sie kennen
nicht den Appetit auf große Wörter, sie sagen
nicht, was Menschen tun und lassen sollen.
Und wenn von Gottes Tod die Rede ist,
vom Tod des Menschen, sind sie nicht zu hören.
Platon, Nietzsche. Alle Dichter, die mit Feuer
das Feuer bekämpfen, dass im fiebrigen Prasseln
Klang werde, höherentwickelte Form, verachten
die kleinen Verse. Sie aber leben weiter,
im Lidschlag des Auges, das sich öffnet und
schließt.

Das reimlos und freirhythmisch verfasste Gedicht bedenkt die Rolle von Literatur, die Rolle von „kleinen Versen" in unserer Zeit. Hauptzielpunkt: Kleine Verse werden hier vorgestellt als eigenständige Geisteswesen, die sich gleich mehreren Modeströmungen in Gesellschaft und Kulturbetrieb nicht anpassen, sondern „selbstvergessen" ihre eigene Wirklichkeit spiegeln. Sie verweigern sich zunächst all den „großen Wörtern", allen Versuchen, klar definierte Moral und vorgeschriebene Norm festzulegen. Sie verweigern aber auch die Zustimmung zum scheinbar selbstverständlichen Chor all jener Stimmen, die im Gefolge Nietzsches den Tod Gottes proklamieren. Schließlich finden sie sich auch nicht im Bund jener politischen Lyrik und Prosa, die versucht „Feuer mit Feuer zu bekämpfen". Nicht Moral, nicht Absage an Gott, nicht Politik – die kleinen Verse leben für sich, selbstverständlich wie der Lidschlag des Auges. In ihnen hat auch die Rede von Gott – sei es auch nur indirekt, sei es in der Offenheit für die Wahrnehmung der unscheinbaren Gegenwart, sei es auch nur in der Absage an die Rede vom Tod Gottes – einen bleibenden Platz.

Wie bei fast allen der hier vorgestellten SchriftstellerInnen: Wer bei Michael Krüger nach Bestätigungen kirchlich-dogmatisch definierter Glaubensaussagen sucht, wird nicht fündig. Seine Poesie verweigert bloße Affirmation oder unnötige Wiederholung, fängt eher kleine Beobachtungen des Alltags, Momente der

Begegnung, feinfühlige Wahrnehmungen von Natur und Menschen ein. In solche Gedanken fließen Aussagen über Religion wie selbstverständlich mit ein. „Ach, Gott sei Dank, am Ende/kann Religion nicht gelehrt werden" (*Krüger* 2010, 62), heißt es in dem Gedicht „Transatlantikflug" aus dem Gedichtband „Ins Reine" angesichts der im Flugzeug erlauschten Unterhaltung zweier Bischöfe über Erlösung. An anderer Stelle finden sich in dem Gedicht „Halt auf freier Strecke" (*Krüger* 2003, 11) aus dem Band „Kurz vor dem Gewitter" die folgenden Zeilen, eingefügt in Betrachtungen der angesichts des unplanmäßigen Halts eines Zuges wahrgenommenen Landschaft:

> Man kann sich gut vorstellen,
> dass hier noch an Gott gedacht wird,
> an den keiner mehr glauben will.
> Ein Brombeergott, ein Gott der Kletten,
> den keine Sünde reizen kann.

In der betrachteten Landschaft scheint die im Zeitgeist vorherrschende Unwilligkeit an Gott zu glauben noch nicht zu gelten. Der Glaube selbst wäre aber eher ein Schöpferglaube („Brombeergott") als der christlich-dogmatisch verfasste Glaube an den Zusammenhang von Sünde und Erlösung. Immer wieder bindet Krüger in diesem Zusammenhang die Erinnerung an seine Großeltern ein, die maßgeblich die evangelisch-christliche Welt seiner Kindheit bestimmt haben. „Auch nach der Enteignung wollte er unbedingt/an Gott glauben" (ebd., 71), heißt es so in dem Erinnerungsgedicht „Wo ich geboren wurde" über den Großvater.

Kirchbesuche – Ironische Brechungen

Dass Religion, Glaube, Gebet, die literarische Rede von Gott dabei keineswegs selbstverständlich sind, dass es Phasen der Distanz, des Zweifels – den er nicht zufällig in den Titel einer seiner Gedichtsammlungen (*Krüger* 2001) aufnahm – gab und gibt, dass diese Erfahrungen Spuren hinterlassen, ist dabei offensichtlich. Affirmation und Rückweisung, Distanz und Nähe, ironisches Spiel und ernsthafte Reflexion ergänzen und bedingen einander. Drei motivisch wie formal verwandte, über die Jahre entstandene Gedichte können dieses Verfahren nachdrücklich deutlich machen. In jedem Fall geht es um das Nachsinnen über den Besuch einer Kirche; ein Ort, der offensichtlich eine besondere Faszination ausübt. Zunächst zu dem Gedicht „Brief" (*Krüger* 1993, 9) aus dem Band „Brief nach Hause".

Brief

Gestern abend ging ich – bitte
frag nicht: warum? – in die Kirche
im Dorf, hockte mich bibbernd
zwischen die alten Leute
in eine der engen Bänke
und bewegte die Lippen, als hätte ich
mitzureden. Es war ganz leicht.
Schon nach dem ersten Gebet – wir
beteten auch für Dich – wuchs mir
die Maske des Guten übers Gesicht.
Vorne pickte der alte Pfarrer,
ohne eine Lösung zu fordern,
wie ein schwarzer Vogel lustlos
im Evangelium, schien aber nichts
zu finden, uns zu verführen.
Kein Leitfaden, kein Trost.
Nach einer Stunde war alles vorbei.
Draußen lag ein unerwartet helles Licht
über dem See, und ein Wind kam auf,
der mich die Unterseite der Blätter
sehen ließ.

Das Gedicht ist wie ein Brief an ein Du gerichtet, dem ein alltägliches Ereignis berichtet wird: der Besuch einer Kirche, das Erleben eines Gottesdienstes. Überrascht berichtet der Ich-Sprecher, wie leicht ihm die gar nicht geplante Teilnahme gefallen sei. Mit dem Mitsprechen der Gebete überzog ihn – so die ironische Brechung – „die Maske des Guten". Dass der alte, überforderte Pfarrer weder „Leitfaden" noch „Trost" bieten konnte, scheint nicht wesentlich ins Gewicht zu fallen. Bewirkt hat der Gottesdienstbesuch dennoch etwas: eine andere Wirklichkeitswahrnehmung der Natur, gekennzeichnet durch das „unerwartet helle Licht" und die durch den Windzug sichtbare „Unterseite der Blätter". Licht und Windhauch als religiöse Symbole deuten auf die Möglichkeit einer geistgewirkten Veränderung, die nicht allein auf natürliche Ursachen verweist. Die Mitteilung, dass auch für das angeredete Du gebetet wurde, verstärkt die vorsichtig angedeutete religiöse Bedeutung des geschilderten Ereignisses. Dennoch kommt das Gedicht ganz ohne ‚Botschaft', ‚Moral' oder ‚Aussage' aus.

Ein zögerlicher Umgang mit Religion, ein Sich-Zuwenden zu religiösen Ritualen fast wider besseren Wissens oder in Verwunderung über diese Wendung wird bei Krüger mehrfach benannt. Im Roman „Die Turiner Komödie" legt er dem Protagonisten die Überlegung in den Mund, dass er „nie verstanden habe, dass ich Gott etwas mitteilen soll, was er garantiert schon weiß. Lieber nichts sagen. Oder nur heimlich. Lieber stumm danken." (*Krüger* 2005, 70)

In ähnlich ernsthaft-ironischer Brechung wie in „Brief" ist ein weiteres Gedicht (*Krüger* 2003, 44) verfasst. Es stammt aus dem Band „Kurz vor dem Gewitter".

Das Kreuz

In den alten Kirchen im Süden
schlage ich manchmal das Kreuz,
um das Gespräch mit dem Heiligen
zu erleichtern. Es wirkt. Ich rede
dann lange mit den salpetrigen Engeln,
die in den feuchten Ecken leben,
in einem Gemisch aus Demut
und Orthodoxie. In Barcelona,
im Dom, verließ die heilige Milena
ihr verstaubtes Fresko, eine junge Frau,
und setzte sich zu mir
auf die kalten Marmorstufen des Altars.
Wir mussten flüstern. Um uns herum
alte Damen, die statt des Rosenkranzes
ihre Einkaufsnetze hielten. Es roch
nach Minze, Weihrauch, Apfelsinen.
Milena zeigte auf einen Wanderer
auf einem dunklen Bild, der einen Blitz
anstarrte, eine zuckende Natter am Himmel.
Das wirst du sein, sagte sie, du wirst
diesen Weg gehen müssen, aber keine Angst,
ich werde hier auf dich warten.

In diesen Versen wird eine Begegnung geschildert, ironisch distanziert und sprachlich gebrochen, aber nur so darstellbar. Der evangelischer Tradition entstammende Krüger erzählt vom Besuch einer katholischen Kirche in Barcelona. Kreuzzeichen, Geruch und Atmosphäre des Doms, das Heilige, die Heilige, die plötzlich die Gestalt einer jungen Frau annimmt, die ihm den Zukunftsweg weist – all das wird in wenigen Worten aufgerufen, um in der Schwebe zwischen Erinnerung, Begegnung und sich öffnender Vision zu verbleiben. So auch in dem Gedicht „Kleine Kirche" aus dem 2010 veröffentlichten Band „Ins Freie" (*Krüger* 2010, 98).

Kleine Kirche

Manchmal, in den kleinen Kirchen
möchte man den Bildern danken,
daß sie dageblieben sind: Lazarus,
der aus dem Salpeter wächst
wie ein helles Geschwür, und Jonas,
der nicht weiß, wo er gelandet ist,
Heilige, die ihre Träume auftragen,
und Märtyrer ohne Kopf und ohne Kragen.
Es gibt keine Erlösung, flüstern sie,
aber ein zweites Leben gibt es auch für dich.
Schwalben verteilen ein Licht,
das sonst in die Dunkelheit fiele,
und von draußen hört man den Hahn.
Mehr kannst du nicht erwarten,
wenn du hinaustrittst in die glückliche Nacht.
Ein zweites Leben?
Nur keine Frömmigkeit aus Schwäche!
rufen die Bilder dir nach.

Erneut geht es um eine Meditation in einem Kirchenraum und um den dadurch veränderten Gang hinaus in den Alltag; erneut sind es die Bilder, die den aufmerksamen Betrachter in den Bann ziehen; erneut sind es Bibelgestalten und Heiligenfiguren, an denen die Blicke und Gedanken hängen bleiben. „Keine Erlösung", diese Botschaft ist klar. Aber wie steht es um das Versprechen eines ‚zweiten Lebens', das weit über den Fingerzeig des künftigen Weges aus dem vorherigen Gedicht hinausgeht? Der Gedichtsprecher bleibt an diesem Gedanken hängen, weist ihn nicht zurück, lässt sich aber auf den Weg die Mahnung mitgeben: „Nur keine Frömmigkeit aus Schwäche!" Die Möglichkeit von Trost und Glaube wird durchaus nicht zurückgewiesen, wohl aber die Versuchung, aus bloßer Schwäche den Versprechungen der Religion zu verfallen.

Reden über Religion

Vor allem in dem 1998 erschienenen Gedichtband „Wettervorhersage" finden sich zahlreiche Verweise auf Religiöses. Hier führt Krüger eine in vorherigen Bänden begonnene Traditionslinie fort: Er verfasst lyrische „Reden", perspektivische Gegenwartsspiegelungen aus Sicht unterschiedlichster historischer Gestalten oder namenloser Zeitgenossen. Diese ausgedachten „Reden anderer", die „endlich einmal nicht gehalten wurden" (*Krüger* 2008, 104), sind kleine Einsprüche gegen das überbordende Geschwätz der Mediengesellschaft. So kommen die Verstummten, die Überhörten, die Stillen zu Wort, in Reden etwa „des Gärtners", des „Schauspielers" oder des „Traurigen". Unter diese Stimmen mischt sich ein „evangelischer Pfarrer" (*Krüger* 1998, 58):

Rede des ev. Pfarrers

(lacht:)
Ach, wissen Sie,
auch ohne ihn
haben wir viel zu tun.
Manche in der Gemeinde
haben ihn schon vergessen.
Anderen fehlt er. Sehr.
War es besser mit ihm?
Der Trost drang tiefer,
und die Scham darüber,
geboren zu sein,
ließ sich leichter
verbergen.

Das monologische Gedicht setzt eine dialogische Struktur voraus. Die knappe Szenerie des Textes lässt auf die zuvor gestellte Frage eines Dialogpartners schließen, wie etwa „Herr Pfarrer, was machen Sie eigentlich noch in der Kirche? Gott ist doch längst tot!" Oder so ähnlich. Das in der ersten Zeile angedeutete Lachen des Pfarrers entpuppt sich so als Lachen der Verlegenheit angesichts der nur erschließbaren vorausgegangenen Frage. Zunächst scheint er in seiner Entgegnung auch eher auszuweichen: Der Gemeindebetrieb läuft weiter, auch ohne „ihn", den hier programmatisch direkt unbenannten, im Kontext jedoch klar erkennbaren Gott – so scheint der Pfarrer überraschenderweise zuzugeben. Es gibt viel zu tun: die liturgische Routine, die sozialen Verpflichtungen, die Aktivitäten unterschiedlichster Gruppierungen. Tatsächlich ist Gott so für viele nicht einmal mehr als Erinnerung präsent.

Die zentrale Zeile des Gedichtes findet sich in der Mitte: Manchen fehlt „er". Dann, durch die Setzung zwischen zwei Punkte herausgehoben, das eine Wort: „Sehr". Jetzt ändert sich der Ton, wird ernst, eingeleitet durch die wohl an sich selbst gerichtete Rückfrage: „War es besser mit ihm?" Zwei Aussagen markieren den Unterschied zwischen einem ‚Leben mit Gott' und einem ‚Leben ohne ihn'. Interessant, welche gewählt sind. Zunächst: „Der Trost drang tiefer" – ohne Gott ist die Welt trostloser, ist der vormals ritualisierte Umgang mit Leid und Trauer schwieriger geworden. Dann schwerer verständlich: Die „Scham darüber, geboren zu sein, ließ sich leichter verbergen". Das Schlusswort „verbergen" liest sich leicht wie „ertragen", ist aber so noch abgründiger. Was könnte damit gemeint sein?

Liegt hier ein Reflex der lutherischen Rechtfertigungslehre vor, nach der jeder Mensch vor Gott durch seine Geburt als Sünder dasteht, ganz und gar angewiesen auf Gottes gnädiges Erbarmen? Das würde erklären, warum der Sprecher des Textes ein *evangelischer* Pfarrer ist. Oder liegt in dieser Geburtsscham ein Bewusstsein für strukturelle Sünde vor, der zufolge wir Westeuropäer – nolens volens – tief eingebunden sind in die Schuldverstrickungen unserer Gesellschaft? In jedem Fall wird deutlich, dass nach Meinung des Pfarrers ein Leben mit Gott in diesen beiden Aspekten leichter und besser war. Von Gott selbst ist hier nur noch „im Zeichen seiner Abwesenheit" (*Ziebritzki* 1999, 34) die Rede. Dennoch steht am Ende – zwischen den Zeilen und in der Figurenrede des Gedichtsprechers – die Sehnsucht im Zentrum, der nur noch als abwesend erfahrbare Gott möge entgegen aller Einsicht doch existieren und als gegenwärtig erfahrbar sein. Die ‚größere Sehnsucht': sie wird hier nur ex negativo benannt.

Schöpfungsmediationen: „Zeitgenossen, / der Gott und ich"

Zu den genannten Facetten des literarischen Umgangs mit Religion und der Gottesfrage tritt ein weiterer Fluchtpunkt der Poesie Krügers. Eines seiner zentralen Themenfelder ist die Beobachtung der Natur. Häufig geht es um Bäume, um den Himmel als Grundmetapher, um die Schilderung von Gewitter. In poetischen Annäherungen an die Schöp*fung* legt sich der Brückenschlag zum Schöp*fer* selbst nahe. Gelegentlich wird dieser Gedanke direkt thematisiert. Vom „Brombeergott" war oben bereits die Rede. Im Gedicht „Korsisches Gebet" scheut sich Krüger nicht, in Figurenrede der angesichts lebensvernichtender Dürre um Regen bittenden korsischen Bauern einen Gebetstext zu schreiben: „Herr, lass es regnen" (*Krüger* 2003, 26). Das Nachdenken über die Schöpfung wird zum halbernsten Verweis auf den Schöpfer. Dieses Verfahren findet sich immer wieder. Mit der Bemerkung „Von Gott ist nicht viel / zu sehen bei diesem Licht" (*Krüger* 2013, 105) endet das Gedicht „Bei Boston, am Meer". „Gott knurrt, bald gibt es Regen" (ebd., 106), heißt es am Schluss von „In Erwartung des Regens". Angesichts fallender Herbstblätter und der Meditation über Vergänglichkeit endet das Gedicht „Lichtung" mit dem Zweizeiler: „Alles zittert. / Und Gott auch." (ebd., 117)

Im drei Jahre zuvor veröffentlichten Gedicht „Träumerei bei Föhn" aus dem Band „Ins Reine" geht die Identifikation auf den Gedichtsprecher selbst über, finden sich hier – angesichts des Blicks hinauf in die Wolken – doch die Verse: „Für einen Moment sind wir Zeitgenossen, / der Gott und ich" (*Krüger* 2010, 48). Die Hinzufügung des Artikels „der" schafft die nötige Distanz und warnt vor aller kurzschlüssigen Identifikation. Gott wird immer wieder auch in seiner Abwesenheit beschworen. „Mit wem soll man hadern, / wenn Gott und Schicksal kneifen?" (*Krüger* 2010, 110), fragt sich der Sprecher des Gedichts „Am Fenster" angesichts eines Momentes depressiver Stimmung. Einen Gott, gegen den man rebellieren könnte, den man wie Hiob anklagen könnte, gibt es hier nicht.

Immer wieder wird der Schöpfer direkt, aber eben ironisch, im Modus poetisch-verfremdender Distanz benannt. So am Ende

eines Gedichts aus dem Band „Unter freiem Himmel", einer Reflexion über einen trüb-regnerischen Tag, der mit dem Dreizei-
ler schließt: „Irgendwo las ich, Gott sei, an seinem Reichtum ge-
messen,/ein Geizhals. Das stimmt, einen Sonnenstrahl/hätte er
spendieren können, einen einzigen." (*Krüger* 2007, 78) In Texten
zu den Bildern des Malers *Quint Buchholz* finden sich zahlreiche
Variationen über die Schöpfung. So in folgendem Gedicht (*Krüger* 2001, 22). Sechs schattenhafte Gestalten hocken in einer stilisierten Landschaft. Im Dunkel über ihnen der Mond, gerade so,
als berührte er eine das Bild teilende Stromleitung. Krügers ‚Be-
dichtung':

> Natürlich kann man sich
> den Schöpfer des Universums
> als einen Gaukler denken.
> Alles verrücktes Spiel,
> Ausdruck beginnender Müdigkeit.
> Nur manchmal, wenn wir
> am Abend, einer Gewohnheit folgend,
> uns auf der Wiese versammeln,
> um die Nacht still zu begrüßen
> sind wir vor Staunen sprachlos:
> Um uns zu foppen, zeigt er uns
> Proben seines großen Talents.

Schöpfung und Schöpfer werden so humorvoll und unaufdringlich in die lyrischen Naturschilderungen eingebaut, im Wissen,
dass solche Gedanken den Zeitgeist unserer Gesellschaft sprengen. „In anderen Teilen der Erde fragt man sich,/ob wir die Welt
geschaffen haben oder ob sie/für uns geschaffen wurde und von
wem", reflektiert der Gedichtsprecher in „Waldspaziergang" aus
dem bis dato jüngsten Band „Umstellung der Zeit", um dann lapidar festzustellen: „Hier fragt keiner." (*Krüger* 2013, 20)

Ein „gut getarnter Mystiker"?

In der Preisrede zur Verleihung des Peter-Huchel-Preises von
1986 an Michael Krüger konnte der Laudator, *Adolf Muschg*, in aller Vorsicht einen Gedanken formulieren, der sich eigentlich erst
in den folgenden Bänden des Dichters als sinnvoll erweisen wür-

de: „Es wäre vielleicht nicht ganz falsch, Michael Krüger einen gut getarnten Mystiker zu nennen." (in: *Krüger* 1988, 156) Gewiss, es gibt völlig andere Bereiche des literarischen Schaffens dieses Dichters. Im Umgang mit Natur und Schöpfung, in der Öffnung zu einer kontemplativen Wirklichkeitswahrnehmung, im behutsam-ironischen Verweis auf Gott, in der literarisch-kreativen Integration von religiösem Brauchtum und Gebet, von Kreuz und Kirche zeigt sich jedoch eine poetische Qualität, die man durchaus als ‚mystisch' bezeichnen kann.

Im Gedicht „Konfirmation" aus dem Band „Ins Freie" reflektiert der Gedichtsprecher einen von ihm besuchten Konfirmationsgottesdienst. Psalm 23 wurde dort verlesen, und der Hörer meditiert: „Der Herr ist oder sei mein Hirte? / Und ich bin oder wäre das Schaf?" Geschult an vielen anderen literarischen Fortschreibungen dieses Psalms erwartet man Rückweisung, Empörung, Verweigerung des Bildes. Ganz anders hier: „Ich bin es, mit Leib und Seele, / mir wird nicht mangeln, / auch wenn ich es ängstlich verschweige." (*Krüger* 2010, 97) Durch alle Skepsis hindurch wird eine vorsichtige Öffnung zur hoffenden Bejahung deutlich. In den Gedichten Michael Krügers wird die Möglichkeit eines Glaubens immer wieder ins Spiel gebracht, weder eindeutig affirmiert noch negiert, aber immer verbunden mit der Mahnung: „Nur keine Frömmigkeit aus Schwäche!"

Gerade ‚Gott' mag so – wie das „Wort Gnade" (ebd., 106) – eines der Worte sein, das ganz bewusst zu jenem Inventar gehört, das Michael Krüger als schützenswert erachtet, allen Zeittrends zum Trotz. „deutsche Worte fehlen/für Gott" (*Krüger* 2013, 76), lässt er einen Übersetzer persischer Gedichte in dem Gedicht „Übersetzen" ausrufen. „Es geht nicht ganz ohne Gott" – heißt es an anderem Ort in Figurenrede im Gedicht „Für Claudio Magris" – „auch wenn er sich nie wieder zeigen wird,/um für den Glanz auf den Dingen/Erbarmen zu fordern wie für Kinder." (*Krüger* 2010, 104)

„Es geht nicht ganz ohne Gott": Im Abschlussgedicht (*Krüger* 2007, 117) des Bandes „Unter freiem Himmel" gibt Krüger in erneut ironischer und gerade darin sehr ernsthafter poetischer Stilisierung Auskunft über sein Selbstverständnis als Dichter:

Post

...teilen wir Ihnen mit – hochachtungsvoll?
Nein, mit freundlichen Grüßen – dass bestimmte
Worte (siehe Rückseite) zurückgegeben werden müssen.
Ich trug sie zusammen, die Leihgaben
aus alten Büchern, milde und strenge Boten
einer Zeit, als das Universum der Stille
von ihnen besiedelt wurde. Wer weiß,
aus welcher Gegend sie kamen,
jedenfalls fanden sie uns. Und blieben.
Und wir, als würden wir uns schämen, von ihnen
erwählt worden zu sein, gebrauchen sie
mit Scham. *Demut* zum Beispiel,
in einen Umhang aus Sackleinen gekleidet,
wurde von meiner Großmutter nur sonntags
benutzt. Sie wußte genau, was sie tat.
Nein, ich gebe sie nicht zurück. Am Abend
werde ich sie unter den Disteln vergraben,
wo sie keiner vermutet. Es geht darum,
eine Botschaft zu hinterlassen, die keiner
versteht.

Gott – auch ein solches Wort, das nicht zurückgegeben wird? Vergleichbare Entwicklungen und ähnliche Versuche poetischer Umsetzung finden sich bei einem Weggefährten Michael Krügers, der gleichfalls sowohl hinter den Kulissen des Kulturbetriebs die Schwungfedern antreibt und selbst als Schriftsteller fungiert: Hans Magnus Enzensberger. Dass Krüger dem vierzehn Jahre älteren ein Gedicht widmete (vgl. *Krüger* 2003, 85), weist schon auf die Verbundenheit der beiden hin. Das Werk Enzensbergers setzt dabei eigene Schwerpunkte, auch im Blick auf Religion und die Gottesfrage.

4. Hans Magnus Enzensberger:
„Warum Gott die Menschen niemals in Ruhe lässt"

85 Jahre alt wird er im November 2014, und immer noch gilt er als „zorniger junger Mann" (in: *Wieland* 1999, 13). *Alfred Andersch* hatte ihn 1958 mit diesem Zeit überdauernden Etikett versehen und freudig auf dem aus seiner Sicht bis dahin so biederen Feld der deutschen Nachkriegsliteratur begrüßt. Bei aller Fragwürdig-

keit derartig griffiger Charakterisierungen: Ein ‚angry (young) man' ist er geblieben, bis heute eine zentrale Figur der deutschen Kulturszene, rätselhaft dem Zeitgeist immer ein wenig voraus. Ein scharfer und unversöhnlicher Gesellschaftskritiker in den späten 1950er Jahren; in den 1960ern ein führender Kopf der Neuen Linken, bevor diese sich gesellschaftlich etablierte; in den 1970ern ein Vordenker der Alternativbewegungen – wenn es einen Schriftsteller in der Bundesrepublik Deutschland gibt, der ein seismographisches Gespür für aufbrechende gesellschaftliche Veränderungen hat, dann ihn, *Hans Magnus Enzensberger* (*1929). „Ich bin ganz gern asynchron" (in: *Grimm* 1984, 121), verriet er in einem Interview schon aus dem Jahre 1979.

Asynchron zum Zeitgeist, auch in Sachen Religion

Asynchron; dem Mainstream seiner Zeit voraus; Nonkonformität als Markenzeichen; Verkörperung des deutschen Vorzeigeintellektuellen schlechthin; *homme de lettres*; *poeta doctus* – sicherlich werden auch solche an ihn gehefteten Etikette dem Menschen Hans Magnus Enzensberger immer nur zum Teil gerecht. Lyriker, Dramatiker und Hörspielautor, politischer Schriftsteller, aber auch Kinderbuchautor, Herausgeber des legendären „Kursbuch" und Verleger der „Anderen Bibliothek", Übersetzer, Romancier ... – er lässt sich nicht in leicht fassbare Schablonen pressen, der vielfach ausgezeichnete Georg Büchner-Preisträger des Jahres 1963. Viele Aspekte von Biographie und Werk dieser schillernden Persönlichkeit wurden erforscht. Nur eines blieb bislang seltsam unbeleuchtet: die religiöse Dimension. Anlass genug, Enzensbergers Werk unter dieser Perspektive näher vozustellen, durchgeführt in dem Bewusstsein, im Lichte dieses Scheinwerfers zentrale andere Elemente in den Schatten tauchen zu müssen!

Enzensberger wächst in einem katholisch-kleinbürgerlichen Elternhaus auf, das den Nationalsozialisten weitgehend kritisch gegenübersteht. Zwar wird diese Welt des Katholizismus später für ihn den Prototyp konservativ-bürgerlicher Provinzialiät verkörpern, welche Tiefenspuren sie aber vor allem in der Vermittlung der strenggläubigen und frommen Mutter langfristig hinterlässt, ist noch nicht genauer untersucht worden. Fest steht, dass sich der zornige junge Mann in der Nachkriegszeit abwenden wird von der Welt der ererbten Religion, auch wenn er seine literaturwissenschaftliche Dissertation in Erlangen 1955 ausgerechnet dem spätromantischen katholischen Rekonvertit *Clemens Brentano* widmen sollte. Institutionalisierte Religion steht für ihn fortan für eine überkommene Phase, ihre Angebote haben mit den Fragen der Gegenwart nichts mehr zu tun. Beerbbar ist sie – wie bei den zwei großen Vorbildern *Heine* und *Brecht* – vor allem als Sprachfundus, als Quelle für kreative Anstöße auf der Suche nach unverbrauchter, provokativer, zu neuen Sinnkonstellationen transformierbarer Sprache. So ziehen sich biblische Motive (vor allem: Sintflut und Apokalypse) und kirchlich-traditionelle Sprachspuren (etwa: Hymnus, Litanei) quer durch Enzensbergers Werk.

Spannend zu beobachten ist vor allem, dass es klar auszumachende Phasen intensiver *inhaltlicher* Beschäftigung mit den Fragen von Religion und Philosophie im Werk Enzensbergers gibt. Vor allem das ‚Spätwerk‘, die Lyrik der letzten 20 Jahre ist zentral von diesem Zug geprägt. Ihm soll unser Hauptaugenmerk gelten. Es gab freilich bereits eine kurze Phase in Enzensbergers Frühwerk, welche die spätere Hinwendung vorwegnimmt und bis hin in die Form- und Sprachwahl einen Bogen über 40 Jahre schlägt. *Kurt Oppens* hatte bereits 1963 von einem „pessimistischen Deismus" im Werk Enzensbergers geschrieben. Als „Fremdbrödler der Schöpfung" knüpfe er an der „via negationis als einen Weg zu Gott" an. Tatsächlich: Vor allem in Enzensbergers zweitem Gedichtband „Landessprache" von 1960 findet sich – so Enzensbergers Biograph *Jörg Lau* viel später, im Jahre 1999 – ein „nicht unbeträchtlicher Bodensatz von Theologie" (*Lau* 1999, 113). Einer Theologie, die von der Annahme der zuvor als sicher vorausgesetzten Existenz Gottes Abschied genommen hat. Die Sehnsucht nach Erlösung, nach Affirmation ist geblieben, der Blick geht suchend hinauf in den Himmel, wendet sich aber ohne Antwort auf die Erde zurück. „Die Schöpfung nimmt nicht mehr/von uns Notiz" (*Enzensberger* 1960, 24), heißt es resignierend in dem Gedicht „Ich, der Präsident und die Biber". So bleibt eine „Ode an Niemand", in welcher die religiösen Sprachformen beerbt und weitergeführt werden, gerichtet jedoch eben an „Niemand". Noch einmal wird zwar ein Schöpfungslob angestimmt, doch es trägt den ironischen Titel „Ehre sei der Sellerie": „Gepriesen sei die friedliche Milch,/Ruhm dem Uhu, er weiß wie er heißt/und fürchtet sich nicht" (ebd., 62) ...

Derartige Reflexionen rücken in den folgenden Jahrzehnten aber in den Hintergrund. Erst mit dem Gedichtband „Kiosk" (1995) erhalten sie neue Bedeutung, die fortan ständig zunimmt. Die Anknüpfungen und Verbindungen über die Jahre hinweg lassen sich im Blick auf eine zentrale Bildwelt kenntlich machen, die zunächst näher betrachtet werden soll: die Rede vom Himmel. Wie schon bei *Michael Krüger* kommt ihr bei Enzensberger grundlegende Bedeutung in der sprachlichen Annäherung an Transzendenz zu. Hier wird eindrücklich deutlich, dass es – so Enzensberger einmal selbst – in seinem Werk mitunter „eine Kontinuität" gibt, „von der ich gar nichts ahnte" (in: *Grimm* 1984, 118f.).

Sehnsuchts-Chiffre „Himmel"

Der breit belegte Einsatz von Himmelsmetaphorik im Werk von Enzensberger beginnt erneut im Band „Landessprache". Vor allem in dem langen Gedichtzyklus „Gewimmer und Firmament" (*Enzensberger* 1960, 89–99) wird dabei mit Himmelsbildern gespielt. Der Gedichtsprecher stellt sich vor als jemand, der sich „unter dem Himmel hindurchzwängt" auf der Suche danach, „etwas zu loben mit starker Stimme auf Erden". Als solcher beschreibt er zunächst das Elend der Welt als tausendfaches „Gewimmer". Dann jedoch wendet sich sein Blick nach oben. Das Gedicht erhält seine Spannung aus dieser Konfrontation von „oben" und „unten".

Euch zulieb,
die wir sein werden, wende ich meinen Blick
und betrachte was uns nicht betrachtet,
geschweige denn wimmert:
das Firmament.

Das keinen Namen hat, das sich nicht Firmament nennt,
das Firmament, den zahllosen Himmel,
aus dem die Zahlen entspringen, ihn,

> kein Ding, keine Seele, ihn
> [...]
> den Himmel,
> der am Himmel ist und sonst nichts,
> den ich betrachte,
> der mich nicht betrachtet,
> den ich betrachte,
> [...]
> ich lobe den Himmel.

Der Himmel ist leer geräumt: da ist niemand, den wir sehen oder der uns sieht; dieser Himmel ist nur er selbst „und sonst nichts". Doch überraschender Gegenzug: Trotzdem und gerade so kann man ihn loben, nicht im Sinne zynischer Absage, sondern ehrfürchtigen Staunens vor einem Firmament, das so ist, wie es ist.

Knapp vierzig Jahre später nimmt Enzensberger die von ihm als Dreißigjährigem gelegten Spuren wieder auf, ändert ihre Sinngebung jedoch um entscheidende Nuancen. Das lässt sich vor allem in den beiden Gedichtbänden nachweisen, die einerseits als „Meditationen" verfasst sind, andererseits dazu erneut bewusst das weite Feld der Himmelsmetaphorik schon in den Titel aufnehmen: „Leichter als Luft" (1999) und „Die Geschichte der Wolken" (2003). Wenige Passagen aus dem diesem letzten Band den Titel gebenden Zyklus (*Enzensberger* 2003, 133–135) sollen die Art dieser meditativ-lyrischen Besinnung verdeutlichen. Wofür stehen sie, die Wolken?

> So wie sie auftauchen, über Nacht
> Oder aus heiterem Himmel,
> kann man kaum behaupten, dass sie geboren werden.
> [...]
> Gegen Stress, Kummer, Eifersucht, Depression
> Empfiehlt sich die Betrachtung der Wolken.
> [...]
> Ja, es empfiehlt sich, bei Müdigkeit, Wut und Verzweiflung, die Augen
> gen Himmel zu wenden.
> [...]
> Eine Spezies,
> vergänglich, doch älter als unsereiner.
> Nur dass sie uns überleben wird
> um ein paar Millionen Jahre
> hin oder her, steht fest.

Der meditierende Blick zu den Wolken wird zum Nachdenken über Vergänglichkeit, gleichzeitig aber auch zur Relativierung des Alltags. Es „empfiehlt sich, die Augen gen Himmel zu wenden" – das ist zunächst als tröstlicher, heilender und demütiger Blick auf die Wolken ganz materialistisch-irdisch zu verstehen. In der Metaphorik schwingt jedoch eine Anspielung auf die alte religiöse Dimension der Himmelsrede mit, ohne eindeutig oder aufgelöst zu werden. Die Rede vom Himmel findet ihren Ort auch hier nicht im Kontext eines personalen Gottesglaubens, wohl aber neu im Kontext eines sehnsuchtsvollen Nachdenkens über die Möglichkeit von Transzendenz oder zumindest einer Ewigkeitsdimension.

An den Grenzen des Lebens

In der Himmelsmetaphorik Enzensbergers spiegelt sich das Bewusstsein der Begrenztheit und Endlichkeit unseres Lebens und zwar dreifach gestaffelt: zunächst im Blick auf das eigene individuelle Leben, dann auf die Existenz der Menschheit, schließlich auf den gesamten Kosmos. Diese Motivreihe zieht sich durch sein Gesamtwerk. So erklärt sich die intensive Beerbung einer spezifischen biblisch-literarischen Tradition, die genau dafür Zeit überdauernde Sprach- und Bildwelten bereitstellt, die Beerbung der Apokalypse.

1978 hatte Enzensberger die apokalyptische „Komödie" „Der Untergang der Titanic" als Kritik an den Fortschrittsutopien der westlichen wie kommunistischen Gesellschaften veröffentlicht. In engem Zusammenhang damit entstand der Aufsatz „Zwei Randbemerkungen zum Weltuntergang". „Die Apokalypse gehört zu unserem ideologischen Handgepäck", schreibt er dort. „Sie ist ein Aphrodisiakum." (*Enzensberger* 1985, 225) Die Rede vom Weltuntergang birgt gerade für den Schriftsteller stimulierende Momente. Sie weckt sprachliche Kreativität. Das wird erneut deutlich im Gedichtband „Kiosk". Dort findet sich ein Text unter der Überschrift „Vom Leben nach dem Tode" (*Enzensberger* 1995, 128).

Vom Leben nach dem Tode

Nachher, wenn die Turbinen stillstehen,
die Leuchtschrift erloschen ist,
wenn der erste Riß im Beton erscheint
und sich langsam, langsam verzweigt –
ein haarfeines Muster, unleserlich -;
wenn geflügelte Wesen herbeischwirren
und winzige Kapseln bringen,
Samen, Sporen, von weit her,
wenn Steinbrech die Gewerke sprengt,
Ameisen über geborstene Kabel klettern
und die verlassenen Schaltstellen
von riesigen Bäumen beschirmt sind,
wuchert das Leben wieder:
Ein eigentümliches Schauspiel,
doch weit und breit ist kein Piranesi da,
dieses Angkor Wat zu bevölkern
mit Hirten und Kavalieren.

Der Titel des Gedichtes weist zunächst in die Irre, erwartet man
doch so etwas wie eine religiöse Aussage über „ein Leben nach dem
Tod" im Blick auf das Schicksal einzelner Menschen. Tatsächlich
entwirft Enzensberger eine eigenwillige, aber durchaus denkbare
apokalyptische Szenerie, in der allein die Menschen ausgestorben
sind. Das Leben der Natur, der „geflügelten Wesen", Ameisen, Blu-
men und Bäume, geht jedoch weiter seinen Gang und überwuchert
allmählich die menschgesetzten Spuren. Diese hier soeben noch
im Prozess des Verfalls sichtbaren Spuren verweisen auf ein hoch-
technisiertes urbanes Industrieszenario („Turbinen", „Leuchtschrift", „Beton", „Kabel", „Schaltstellen"), das – so darf man ver-
muten – gerade als solches das menschliche Leben zerstört hat.
Ursache, Verlauf und Grund der Katastrophe werden dabei nicht
erwähnt, sind für das entscheidende Aussageziel unwesentlich.

Das aus menschlicher Sicht Einmalige dieses Szenarios wird
in den Schlussversen deutlich. Zwar ist das Beschriebene ein
„Schauspiel", doch nicht mehr für menschliche Augen. Der erwähnte italienische Kupferstecher *Giovanni Battista Piranesi*
(1720–1778) war berühmt für seine an der Antike orientierten
und von menschlichen Figuren strotzenden Architektur-Phanta-
sien. Das gleichfalls aufgerufene „Angkor Wat" war das im 12.

Jahrhundert errichtete Meisterwerk der klassischen kambod-
schanischen Khmer-Architektur in der Hauptstadt Angkor, das
1431 völlig zerstört wurde. Warum aber hebt Enzensberger diese
beiden Begriffe in Erinnerung? Unsere Zivilisation wird genauso vergehen wie dieser Tempel, den heute kaum noch jemand
kennt. Aber darin liegt eben der Unterschied: Wo sich heute immerhin noch wenige an den Tempel erinnern – und sei es durch
spätere Nachahmer, Ausschmücker und Phantasten wie Piranesi
– da wird sich an den Menschen nach *dieser* Apokalypse niemand
mehr erinnern, weil eben kein Mensch mehr überleben wird. Enzensbergers Gedicht setzt hier also den Gedanken als Vision um,
die Apokalypse könne allein menschliches Leben zerstören, die
Natur als solche könne jedoch problemfrei weiterexistieren. Sein
„Leben nach dem Tode" beschreibt das ‚Leben der Natur nach
dem Tode der Menschheit'.

Im gleichen Band treffen wir auf ein weiteres Gedicht, das nun
tatsächlich das individuelle Sterben in den Blick nimmt. Direkt im
Anschluss an „Vom Leben nach dem Tode" bildet das Gedicht „Die
Grablegung" (ebd., 129) den Abschluss von „Kiosk":

Die Grablegung

Eine sterbliche Hülle,
so heißt es,
aber was war drin?
Die Psyche,
sagen die Psychologen,
die Seele,
die Seelsorger,
die Persönlichkeit,
sagen die Personalchefs.

Dazu noch die Anima,
die Imago, der Dämon,
die Identität, das Ich,
das Es und das Überich.
Der Schmetterling,
der sich aus diesem Gedrängel
erheben soll,
gehört einer Art an,
von der wir nichts wissen.

Enzensberger lässt hier in kurzen Gedankenblitzen mehrere denkbare Antworten auf die Frage danach Revue passieren, was denn den Kern eines Menschen ausmache. Gibt es etwas, das mehr ist als der sterbliche materielle Rest? Doch keine Erklärung reicht aus. Im – in der Mystik weit verbreiteten – Bild des Schmetterlings wird die Ungreifbarkeit dessen, was sich als Lebenskern bezeichnen lässt, deutlich. Er entuppt sich aus der Larve, erhebt sich, schwebt fort. Ohne etwas über dieses Grundgeheimnis des Lebens wissen zu können, ohne dogmatisch festgelegte Glaubensaussagen zu bemühen, wird hier die Möglichkeit einer wie immer gearteten Existenz nach dem Tod offen gelassen.

Im Gedichtband „Rebus" aus dem Jahr 2009 herrscht diesbezüglich größere Skepsis. Kohelet, dem Prediger Salomos, ist das Gedicht „Salomonisch" gewidmet, das sich erneut vornimmt, „Psyche, Ego, Identität – / ziemlich fremde Wörter" nachzusinnen, freilich: „Je mehr du herumbohrst / in diesem Sumpf / desto sinnloser. Wie schon gesagt / Prediger 1,2, / alles ganz eitel" (*Enzensberger* 2009, 18). Das Gedicht endet denn auch mit dem Loblied des – sehr wohl biblischen – Kohelet: „Gebenedeit / sei die Nichtigkeit". (ebd., 19) Und wie zur Bestätigung formuliert das Folgegedicht ein Credo auf den Glaubensgrundlagen der Postmoderne, zusammengefasst in den resignativ wie hoffnungsvoll zu lesenden Gedanken: „Alles ist gleich gültig" (ebd., 20). Wenn aber alles gleich gültig ist, gibt es eines nicht: Hoffnung. Auch das benennt Enzensberger im Blick auf klassische Jenseitsvorstellungen deutlich: „Kein Purgatorium / also keine Hoffnung. Zu spät." (ebd., 27) – so endet das Gedicht „Es sei nie zu spät, heißt es". Was also bleibt? Im Gedicht „R.I.P." (ebd., 101) malt sich der Sprecher seine eigene Beerdigung aus, mit Pfarrer und Trauergästen. Er selbst aber wäre dann

so unvorstellbar verblichen, verwaist
wie die leeren Figuren im Kinderbuch,
das wir zu Ostern bekamen, damals,
bevor wir lesen konnten; ein Umriss bloß,
der darauf hofft – schön wär's! –
daß jemand an einem öden Nachmittag,
wenn es draußen regnet,
ihn ausmalen könnte
mit den Buntstiften der Erinnerung

Hans Magnus Enzensberger

Schöpfungsfrömmigkeit

Gegenzüge: Von der 1960 von Enzensberger benannten, dem biblischen Sprachduktus entlehnten Sehnsucht, „etwas zu loben", war oben schon die Rede. Doch mehr als Lob ist der Dank. Niemand mehr da, dem man noch Oden widmen kann! Nur „Sellerie" und „Uhu" als Adressat von Ehrbezeugung? Doch wer oder was nimmt Dank entgegen, Dank für ein im Rückblick betrachtet eben doch auch verdanktes Leben? Diesen Fragen wendet sich ein weiteres Schlüsselgedicht (ebd., 124) aus der Sammlung „Kiosk" zu, in der sich viele zuvor angeführten Bilder verbinden und Gedanken verdichten.

Empfänger unbekannt
Retour à l'expéditeur

Vielen Dank für die Wolken.
Vielen Dank für das Wohltemperierte Klavier
und, warum nicht, für die warmen Winterstiefel.
Vielen Dank für mein sonderbares Gehirn
und für allerhand andre verborgne Organe,
für die Luft, und natürlich für den Bordeaux.
Herzlichen Dank dafür, dass mir das Feuerzeug nicht ausgeht,
und die Begierde, und das Bedauern, das inständige Bedauern.
Vielen Dank für die vier Jahreszeiten,
für die Zahl e und für das Koffein,
und natürlich für die Erdbeeren auf dem Teller,
gemalt von Chardin, sowie für den Schlaf,
für den Schlaf ganz besonders,
und, damit ich es nicht vergesse,
für den Anfang und das Ende
und die paar Minuten dazwischen
inständigen Dank,
meinetwegen für die Wühlmäuse draußen im Garten auch.

Ist das ein „Dankgebet von gedämpfter Hymnik" (*Ziebritzki* 1997, 64)? Das Zeugnis einer zynisch-ironischen Zurückweisung des christlichen Dankgebets? Ein Sich-Lustig-Machen über naive Gläubige, die in der längst durchschauten und überholten Illusion verharren, zu einem Gott zu beten? Derartige Lesarten des Gedichts werden weder dem Text noch seinem Verfasser gerecht. Tatsächlich handelt es sich hier um ein ironisches literarisches

Spiel mit der Tradition des – fast schon kindlich strukturierten – Dankgebets, doch handelt es sich um eine Ironie, die das Gesagte einerseits hinterfragt, andererseits aber bestehen lässt. Von dieser Doppelbödigkeit lebt der Text. Indem Enzensberger sein lyrisches Ich einerseits all das aufzählen lässt, was sein einfaches Alltagsleben lebenswert macht – Musik, Wein, Kaffee, Tabak, Kunst, den Körper, das Leben, den Schlaf; andererseits aber auch das anführt, was eher zufällig zu diesem Alltag gehört – Wolken, Luft, die Wühlmäuse – schließt er sich scheinbar der klassischen Gebetstradition des Schöpfungs- und darin des Schöpferlobs an. Über den quasi mündlichen Duktus durch die Einfügung von Sprachfüllseln wie „warum nicht", „und natürlich", „damit ich es nicht vergesse", „meinetwegen" wird der Eindruck von Spontaneität und Authentizität erweckt. Gerade dieser Sprachduktus knüpft direkt an „Ehre sei der Sellerie" von 1960 an. Auch dort heißt es beispielsweise: „der Dotter, das Brom, warum nicht, / und meinetwegen der Blitz, ja".

Diese Anknüpfung an spontan formulierte Sprechsprache erfolgt jedoch hier wie dort mit genau kalkulierter poetischer Strategie. Tatsächlich ist das Gedicht ganz bewusst durchkomponiert, orientiert an der Steigerung vom „vielen Dank" über den „herzlichen Dank" zum abschließenden „inständigen Dank". Die doppelbödige Überschrift sowie einzelne Textverweise im Gedicht sorgen dafür, dass die Tradition des Gebets gleichzeitig bestätigt wie zurückgewiesen wird. Zwei Begriffe werden aus dem wie zufälligen Duktus der aufgerufenen Topoi durch unterstreichende Wiederholung herausgehoben: das „Bedauern" sowie der „Schlaf". Die nicht näher erläuterte Kategorie des „inständigen Bedauerns" sprengt die betrachteten Gegenstände der Dingwelt oder der sinnlichen Wahrnehmung. Und der Schlaf – traditionell ein Motiv, das immer auch die Assoziation von ‚Tod' aufrufen kann – macht die Wahrnehmung der aufgezählten Topoi gerade unmöglich. Die Zeit zwischen „Anfang und Ende" – erneut ein Verweis auf christliche Sprachtradition – ist also keineswegs nur von leichthin sinnlich genossener Lebensfreude geprägt, sondern von Reflexion auf ihre Bedingungen und Grenzen. Der Dank für Bedauern und Schlaf nimmt dem Gedicht den scheinbar leichten oder gar oberflächlichen Ton und scheint zunächst die bewusst aufgegriffene Tradition des christlichen Gebets zu bestätigen.

Zurückgewiesen oder zumindest in Frage gestellt wird diese Tradition jedoch durch den zweiteiligen Titel des Gedichts. Der Empfänger – im klassischen Dankgebet Gott – ist unbekannt. Genau zu beachten: Unbekannt steht hier, nicht etwa: nicht existent. Es heißt nicht mehr „Ode an Niemand", wie noch 1960. Das Gedicht von 1995 ist viel offener: „Empfänger *unbekannt"*. Das Gefühl der Notwendigkeit des Danks für eben auch gelingendes Leben verbindet sich mit der Unsicherheit, wer als Adressat eines solchen Danks gedacht werden könne. Gott? Ein Generationskollege von Enzensberger, *Martin Walser* (*1927), hat einmal dieselbe Problematik benannt, als er in seinen „Notizen betreffend G." schrieb: „Der Gottesnotwendigkeitsbeweis: wem soll ich, wenn ich will, danken? Entsteht G. also aus unanbringbarer Verehrung?" (*Walser* 1995, 182) Enzensberger steht offensichtlich vor dem gleichen Dilemma, löst es aber auf seine Weise: Er greift die Sprachfloskeln des Postwesens auf. Denn was passiert mit Briefsendungen, deren Empfänger unbekannt ist? Sie werden zurückgeschickt an den Absender, genau das unterstreicht der auf Französisch angefügte Untertitel. Warum auf Französisch? Ist das eine Anspielung auf die im Gedichttext geschilderten Bedingungen eines ‚Lebens wie Gott in Frankreich', auf das mit dem Wein aus Bordeaux und dem Bild des französischen Stilllebenmalers *Jean-Baptist Siméon Chardin* (1699–1779) zusätzlich angespielt wird?

Entscheidend: Das Gesprochene wird durch die Überschrift vom vermeintlichen Dialog zum Monolog, *bleibt aber auch so sagbar.* Der aus dem Religiösen entlehnte Gestus der Dankbarkeit kann ausgesprochen werden aus der Annahme, es gäbe den Empfänger, selbst wenn diese Annahme durch die Rückweisung nicht bestätigt wird. Der Kontakt ist auf diesem Weg nicht herstellbar, das scheint gewiss. Enzensbergers Biograph *Jörg Lau* erkennt gerade im Blick auf dieses Gedicht ein „zögerndes Geöffnetsein" für „letzte Dinge und letzte Fragen". Enzensberger sei zwar „ungläubig geblieben", aber „fromm ist er gleichwohl geworden, weltfromm, schöpfungsfromm" (*Lau* 1999, 363f.). Eine Spiritualität der *Schöpfungsfrömmigkeit,* die nichts mit der personalen Gottesvorstellung der abrahamischen Religionen gemein haben muss? Darauf weist auch die – zunächst rätselhafte – „Zahl e" hin, die ja in den Kanon der Dankanlässe aufgenommen wird. Diese, die eulersche Zahl mit dem Wert 2,718..., ist die Basis der natürlichen Logarithmen und der Exponentialfunktion. Verschiedenartigste Abläufe in der Natur führen immer wieder auf gerade diese Zahl zurück. In Forschungen Mitte der 1990er Jahre hat man herausgefunden, dass bei nur geringsten Abweichungen von diesem Zahlenwert die Grundabläufe des Lebens unmöglich wären. Schöpfungsfrömmigkeit angesichts der Rätsel der Natur, die vor uns da war und uns überleben wird?

Es legt sich nahe, Ausführungen von Enzensberger aus dem Jahre 2001, die einem Nachruf auf den Freund und Wegbegleiter *Karl Markus Michel* entnommen sind, auch implizit als eine Selbstaussage zu deuten, wenn er schreibt: „Nur ein Aufklärer kann vielleicht ermessen, wie unwiderstehlich die Religion im Zeitalter ihrer Säkularisierung geblieben ist, und nur ein Ungläubiger weiß zu würdigen, wie tief das Bedürfnis, zu glauben, in der Moderne wurzelt." (*Enzensberger* 2001, 10) Unwiderstehlichkeit der Religion; Bedürfnis zu glauben, gerade auch für „Aufklärer und Ungläubige" – sind das mögliche Deuteschlüssel für das Gedicht? Da es nicht darum gehen darf, Enzensberger intentionswidrig zu vereinnahmen, belassen wir es mit Andeutungen von Möglichkeiten und Fragezeichen. Die Kritik jedenfalls hat diese neue und gleichzeitig alte Dimension im Werk Enzensbergers weitgehend übersehen. Und wo diese Wendung zu „einer Art gottlosen Theologie" *(Ulrich Greiner)* bemerkt wurde, da rief sie Verwirrung hervor: „Ja, darf er das denn?" fragte *Joachim Kaiser*.

Wider das Religionstabu

Dass sich Enzensberger selbst zumindest den Fragen der Religion, ja sogar der Theologie neu zuwendet, wird offensichtlich. In keinem Fall handelt es sich dabei jedoch um eine einfache Rückkehr zu christlichen Vorstellungen. Gefragt, an was er glaube, antwortet Enzensberger dem Interviewer 2005 zunächst mit Abwehr, dann so: „Leichtgläubigkeit ist nicht meine starke Seite. Aber ich bin auch kein Konstruktivist, der glaubt, wir stellten uns die Welt nur vor, die Außenwelt sei uns unzugänglich." Habe er denn wenigstens das Bedürfnis zu glauben, wird er weiter gefragt. Enzensberger wiegelt erneut ab: „Das fehlt mir. Aber wir alle leben in einem Medium des Minimalvertrauens." (in: *Enzensberger* 2007, 22) Bei aller Skepsis – weder eine Absage an Glauben, noch eine einfach einpassbare Bestätigung!

Was es in den Spätwerken Enzensberger sicherlich gibt, sind neue strukturelle Parallelen, die auch die direkten Anknüpfungen und Anspielungen an theologische Sprache in ironischer Brechung nicht scheut. „Wissenschaftliche Theologie" (*Enzensberger* 1999, 118f.) heißt ein Gedicht aus dem Band „Leichter als Luft", in dem die Nichtigkeit unserer Existenz geschildert wird: Wir, vor Gott nur eine „Probe", „schließlich nicht die einzigen", womöglich „hätten wir ihn interessiert", doch leider: „Er hat uns verschlafen." „Kleine Theodizee" (*Enzensberger* 2003, 61) wird ein gleicherart ironisches Gedicht aus dem Gedichtband „Die Geschichte der Wolken" genannt, in der Gott sich „beleidigt" von den Menschen abwendet angesichts unseres Gebarens auf Erden. Aber es bleibt ein Modus des Staunens, des Sich-Wunderns, des Letzte-Fragen-Offenhaltens. „Unwahrscheinlich", ein Gedicht aus dem Band „Rebus" von 2009, zählt mehrere Ereignisse auf, mit denen selbst mit größter menschlicher Phantasie nicht zu rechnen gewesen wäre, und die gleichwohl eintrafen. Schlussüberlegung: „Da fragt man sich, ob wir jemals begreifen werden, / wer oder was mit uns würfelt." (*Enzensberger* 2009, 40)

Das Gedicht „Evolution, von außen gesehen" aus dem bis dato letzten Gedichtband „Blauwärts" (*Enzensberger* 2013, 120) spielt noch einmal in ironischer Brechung den Gedanken aus, man könne von außen, quasi aus ‚göttlicher Perspektive' die Erde betrachten:

Evolution, von außen gesehen

Nicht einmal ICH weiß,
was dabei herauskommt.
Ich kann mich weiß Gott nicht
um euch kümmern.
Macht, was ihr wollt!
Das ist ja gerade der Witz

bei diesem Experiment.
Eure Denker haben neuerdings
sogar ein paar neue Tricks
dafür gefunden: Stochastik,
Selbstorganisation,
Autokatalyse. Nicht schlecht
für den Anfang! Weiter so!
Alles nur, meine Lieben,
eine Frage der Perspektive.

Dem göttlichen Sprecher werden die zentralen Botschaften in den Mund gelegt: Gewiss, die Welt sei (s)eine Schöpfung, aber als „Experiment", dessen Ende offen bleibt. Der Mensch sei sich selbst überlassen, aufgefordert die Welt nach besten Kräften zu gestalten. Sich um uns „kümmern" kann und will dieser Gott – „weiß Gott" – nicht. Uns selbst sind wir überlassen, aber immerhin: ganz hoffnungslos ist der Versuch unserer Selbstorganisation nicht.

Ironie, Spiel, Perspektivenwechsel, Nichtfestlegbarkeit: Enzensbergers Umgang mit Bibel, Religion, mit traditionell kirchlichen Sprachformen und der Annäherung an die Fragen nach Transzendenz und Gott kann zum Schlüssel werden, um den Umgang mit diesen Dimensionen in der deutschsprachigen Gegenwartsliteratur überhaupt zu erfassen. Er kann aber auch – wie es in dem Gedicht „Tagesordnung" (*Enzensberger* 1999, 86f.) heißt – helfen zu „rätseln", „warum Gott die Menschen niemals/in Ruhe lässt, umgekehrt auch nicht."

Literarische Gottesrede heute:
Bilanz und Ausblick

Religion und Gottesfrage in der deutschsprachigen Literatur der Gegenwart: Der vorgelegte Panoramablick kann nicht mehr sein als eine Momentaufnahme, eine Zwischenbilanz, ein perspektivischer Scheinwerfer hinein in eine literarische Landschaft, deren Vielfalt, Lebendigkeit und Dynamik sich einer statischen und strukturierten Erfassung entzieht. Die notwendige Verengung des Blicks blendet andere Bereiche aus – Gegenzüge im Werk der vorgestellten AutorInnen; nicht berücksichtigte SchriftstellerInnen und ihren Beitrag zum Thema; benachbarte Strömungen wie das Wiederaufleben mythischer Literatur; eine nicht eindeutig religiös bestimmbare Spiritualität und Öffnung hin zu einer Lebenskunst in der Literatur; das Feld von Ethik und Ästhetik; Entwicklungen in der Kinder- und Jugendliteratur; die weiten Bereiche von Literatur, in denen Religion und Gottesfrage überhaupt keine Rolle spielen, etc. Alle Versuche von bündelnden Bilanzierungen und allgemeinen Deutungen stehen so unter dem Vorbehalt der damit angedeuteten Grenzen.

1. Neue Nähe von Religion und Literatur

Eines lässt sich jedoch sicherlich feststellen: Es gibt in der deutschsprachigen Gegenwartsliteratur eine überraschend vielfältige, überraschend breite, überraschend bunt schillernde neue Offenheit für Religion und die Gottesfrage. Auch wenn es Gegnern dieser Entwicklung nicht gefallen mag: Die Rede von einem bloß „herbeigeredeten religiösen Revival in der deutschsprachigen Gegenwartsliteratur" (*Löffler* 2012, 198) geht an dem tatsächlichen Befund vorbei. Der unbestreitbare, wenn auch unterschiedlich bewertbare *religious turn* zeichnet sich durch viele Binnenströmungen aus, das genau macht ihn so spannend und herausfordernd. Und dabei handelt es sich *nicht* um ein Massenphänomen. Ganz falsch wäre der Eindruck, Religion sei *das* Thema der Gegenwartsliteratur. *Das* eine Thema gibt es im Rahmen der postmodernen

Vielfalt sowieso nicht, die Vielfalt ist ja geradezu zum Signum der Zeit geworden. Aber eben *in* dieser Vielfalt hat Religion wieder ihren Platz, konkreter: einen Platz, der unter anderen Vorzeichen steht als noch vor 20 oder 30 Jahren. Religiöse Spuren in der Gegenwartsliteratur? Der Münchner Jesuit *Bernhard Grom* hat den Befund schon vor zehn Jahren treffend charakterisiert: „Kein Chor, aber auch nicht bloß Einzelstimmen" (*Grom* 2004, 128) sind dies. Die breit gestreuten literarischen Werke sind auf ihre spezifische Art und Weise Zeugnisse der religionsproduktiven Kräfte der Postmoderne.

Ob in Lyrik, Prosa oder – hier nicht näher entfaltet – Drama: Religion ist neu und anders ein Thema. Insofern bewahrheitet sich die Behauptung aus der unlängst veröffentlichten Schrift der EKD über „Protestantismus und Dichtung": „Religion und Dichtung bleiben sich im nachmetaphysischen Zeitalter nah." (*Bahr* 2008, 8) Gleichzeitig lassen sich unterschiedlich formulierte Literatursichtungen und Deutungen zurückweisen, die zu einem eher skeptischen Befund neigen. Der Einwand, dass die Suche nach literarischen Zugängen „zur religiösen Frage" zu einem Ergebnis führe, das „insgesamt bescheiden" (*Motté* 2004, 14) ausfalle, lässt sich so nur als Fixierung auf zu enge Suchmuster deuten. Zwar gibt es sicherlich im Blick auf einzelne SchriftstellerInnen den möglichen Befund, dass „‚Gott' kein Thema" ist, „weder als an- noch als abwesender" (*Schwens-Harrant* 1997, 248), eine Verallgemeinerung einer solchen Beobachtung führt aber in die Irre. Und auch die grundlegende Aussage, „dass Gott sich hartnäckig im kulturellen Gedächtnis hält" (*Berwald/Thuswaldner* 2007, 5), ist noch viel zu defensiv und konservativ formuliert. Wenn selbst im Kriminalroman der Schweizer Kultautor *Wolf Haas* (*1960) seinen knurrigen Privatdetektiv Brenner im Titel auf den „lieben Gott" treffen lässt, zeigt das nicht mehr, aber auch nicht weniger als die breite literarische Verfügbarkeit des Wortes ‚Gott'.

Das Phänomen des gegenwärtigen Interesses für religiöse Fragen lässt sich weder in den Kategorien des ‚nicht mehr' noch des ‚wieder' oder des ‚immer noch' fassen. Es geht um *neue* literarische Annäherungen in verändertem Kontext. Nur unter dieser Prämisse wendet sich etwa ein Themenheft der Deutschen Akademie für

Sprache und Dichtung „Valerio" dem Thema „Schreiben/Glauben" zu. Der Herausgeber *Joachim Kalka* spricht im Vorwort von „dem aktuellen, ja geradezu modischen Thema ‚Literatur und Religion'" (*Kalka* 2008, 5). Und die Schriftstellerin *Felicitas Hoppe* erkennt und benennt in ihrem Beitrag, wenn auch mit mahnendem Unterton: Dass „Gott trotzdem ziemlich ‚in' ist, lässt sich allerdings nicht übersehen. Auch nicht in der Literatur." (*Hoppe* 2008, 21)

Hoppe bringt zwei neue Betrachtungsperspektiven ein: Zunächst die implizite Vermutung, es könne sich bei dieser auch literarisch spürbaren ‚Wiederkehr der Religion' (bei aller Skepsis gegen die Stimmigkeit der Charakterisierung ‚wieder') um so etwas wie eine Modeerscheinung, einen Trend, eine Welle handeln – möglicherweise schnelllebig und letztlich unergiebig. Eine solche Vermutung mag zutreffen oder nicht, das wird sich zeigen. Grundsätzlich sagt ein Phänomen aber über die Zeit und Gesellschaft, in der es erscheint, Entscheidendes aus. „In-Sein" ist ein Indikator für aktuelle Relevanz. Der Blick auf die Annäherungen an Religion und Gottesfrage in der Gegenwartsliteratur ist also ein zentraler Teil von soziologischer, ästhetischer oder theologischer Wahrnehmung: Ja, es gibt sie, die ‚Renaissance des Religiösen' in der Gegenwartsgesellschaft – der Blick in die Literatur bestätigt diese These nachdrücklich. Über Art und Weise, über Qualität, Reichweite und Nachhaltigkeit dieses Phänomens ist damit freilich noch nichts ausgesagt.

Der zweite in den Ausführungen von Felicitas Hoppe mitschwingende Verdacht wiegt schwerer: Verbirgt sich in der Charakterisierung des ‚In-Seins' der literarischen Beachtung Gottes nicht die Annahme, es könne sich letztlich nur um künstlerisch fragwürdige, in ihrem literarischen Wert bestenfalls zweitrangige Werke handeln? Die Frage nach der literarischen Qualität der hier vorgestellten Werke lässt sich jedoch sicherlich kaum allgemein beantworten. Wie lässt sich Gegenwartsliteratur überhaupt ästhetisch qualifizieren? Ausführungen im Sinne einer grundsätzlichen Abwertung à la Benn, dass religiös orientierte Literatur immer einem „schlechten Stilprinzip" folge, müssten benannt, ihrerseits begründet und im Blick auf die einzelnen vorgelegten Werke falsifiziert werden. Das dürfte kaum gelingen: In jedem

Fall umfasst der vorgestellte Panoramablick herausragende, die Gegenwartsliteratur entscheidend (mit-)prägende AutorInnen sowohl der älteren, mittleren als auch der jüngeren Generation.

Eine weitere Beobachtung ist hingegen unstrittig. Das formale wie inhaltliche Spektrum des Umgangs mit Religion und Gottesfrage bei den genannten SchriftstellerInnen ist weit gespannt. Angesichts dieser Breite verbietet sich der Versuch, einen alles erfassenden Deutungsrahmen zu entwerfen. „Neue Unbefangenheit", ein von mir selbst 2002 in die Diskussion eingebrachter Topos, ist – wie ursprünglich angezielt – als Schlagwort für einen Teil der literarischen Zugänge hilfreich, für andere völlig ungeeignet, man denke nur an *Stadler, Delius, Hürlimann, SAID* ...

Jeder Versuch, ein bestimmtes Thema, eine umfassende Kategorie, ein explizites Stilmittel zu verabsolutieren, verstößt so gegen den Befund. Unbestreitbar gibt es weiterhin Beispiele für die Absage an Religion, für die Fortsetzung von Religionskritik im literarischen Gewand. Aber das Erstaunliche an den Entwürfen der Gegenwart liegt gerade darin, dass dieses eher ein – wichtiges – Nebenmotiv ist, gerade nicht dominiert. Die gestalterischen Möglichkeiten sind immens: von einer Banalisierung von Religion zu einer erinnerungsfixierten Rückbesinnung, von einem Abarbeiten an psychotischen religiösen Schädigungen bis zur spirituellen Suche, von konfessioneller Identitätsfindung zu fremdreligiöser Öffnung, von ironisierender Distanzierung bis zu motivischer Inspiration, von mythisch-kontemplativer Annäherung bis zu ästhetisch verfremdetem Bekenntnis.

Wenn es eine *neue* Erkenntnis aus dem dargelegten Befund gibt, dann nicht, dass sich die literarische Gotteskritik oder Gottesverabschiedung weiter fortschreibt. Das ist nur wenig überraschend, zieht eine alte und wichtige Traditionslinie weiter aus in die Gegenwart und sicherlich auch in die Zukunft. Das Verblüffende, gegen Paradigmen der 1960er bis 1980er Jahre Verstoßende und darin Herausfordernde der literarischen Entwürfe liegt vor allem darin, sich jenseits der Kritik an Versuche der – innerlich breit ausdifferenzierten – *Affirmation* von religiöser Sprachsuche und Gottesrede zu wagen. Das kann ganz unterschiedliche Formen annehmen: die biblische Mythologie bei Patrick Roth, die fiktional-autobiographische Gestaltung wie bei Hahn, Ortheil oder Rothmann, die experimentelle Sprachsetzung wie bei Lewitscharoff und Hoppe, die Orientierungsversuche innerhalb der ,dritten Generation' deutsch-jüdischer SchriftstellerInnen nach der Shoah, die ersten Spurensetzungen einer deutsch-muslimischen Literatur, die lyrischen Aufbrüche wie bei Enzensberger und Krüger. „Ich gönne mir das Wort GOTT" – dieser von Andreas Maier entlehnte Satz steht repräsentativ für einen Teil der hier vorgestellten literarischen Entwürfe, wobei die Konsequenzen dieses Sich-das-Wort-Gott-Gönnens ästhetisch und inhaltlich völlig unterschiedlich ausfallen.

2. Einwände, Herausforderungen, Rückfragen

Aber: ,Darf man das'? Wird mit diesen neuen Ansätzen des Umgangs mit Religion und Gottesrede nicht ein geisteswissenschaftlich und theologisch epochaler Erkenntnisgewinn des 20. Jahrhunderts aufs Spiel gesetzt? Werden hier nicht die Krise der Gottesrede, die tiefe Erschütterung der sprachlich verfassten Gottesgewissheit, die mühsam errungene Theodizee-Empfindlichkeit, Auschwitz und Shoah, Weltkriegserfahrung, Hiroshima und Tschernobyl, kritische Theorie und kritische Theologie des 20. Jahrhunderts kühn übersprungen?

Hatte nicht *Günter Eich* (1907–1970) in seiner Mahnrede anlässlich der Verleihung des Georg Büchner-Preises 1959 den Grenzpfeiler gesetzt: „Von Gott kann man nicht sprechen, wenn man nicht weiß, was Sprache ist"; als „von aller Wahrheit entleertes Wort" bleibe es allzu oft nur noch „als Dekoration brauchbar", da es „die Fassade gefällig" (*Eich* 1991, 623) mache. Diese Ausführungen waren damals ein Warnschild, dass viele davon abhalten sollte, literarisch überhaupt noch von Gott zu reden.

Hatte nicht *Albrecht Goes* – einer der sensibelsten und schonungslosesten Aufarbeiter der deutschen Schuldgeschichte – mit besten Gründen angemahnt, „unbefangene Rede ist nach allem, was durch uns geschehen ist, nicht möglich" (vgl. *Zwanger* 2008)? Werden hier nicht auf dem Altar der Postmoderne all die mühsam erkämpften Errungenschaften der Moderne in Philosophie,

Kultur und Theologie leichthin geopfert? Handelt es sich nicht um kühne Versuche, unkritisch von der Vormoderne in die Postmoderne zu springen, ohne sich den Prinzipien der Aufklärung, der kritischen Vernunft, des denkerischen Fortschritts zu stellen? Derartige Warn- und Mahnstimmen benennen berechtigte Fragen. Und natürlich mag es das geben – naive, historisch wie ideengeschichtlich unsensible Zugriffe auf Religion. Zum einen gehören solche Zugänge jedoch schlicht zur Autonomie der Literatur. Wer wollte mit welchem Recht und welcher Autorität bestimmte Kriterien und Bedingungen in Sachen Religion und Gottesrede von SchriftstellerInnen einfordern? Ein zweites ist wichtiger: In einem Aufsatz unter dem programmatischen Thema „Gottesaufbrüche" erkennt Christoph Gellner: „Die neuen spirituellen Sprechversuche der Gegenwart setzen den Abbruch der überkommenen Gebetstradition voraus" (*Gellner* 2008, 228). ‚Neue Unbefangenheit' ist also nicht gleichzusetzen mit naiver Uninformiertheit. *Religious turn* heißt nicht Ausblendung von Zeit- und Geistesgeschichte, im Gegenteil: Die neuen Versuche der Gottesrede und des Umgangs mit Religion versuchen einen Schritt weiter zu gehen. Die Paradigmen von Theologie und Literatur bleiben ja nicht bei Rilke und Mann, bei Böll oder Brecht, bei Sachs und Celan stehen. Gerade darin liegt der Reiz der Betrachtung von aktueller Gegenwartsliteratur: Sie fordert dazu heraus, offen und neugierig zu bleiben – auch in Sachen religiöser Spiegelungen.

Genau an diesem Punkt nähern wir uns einem der wichtigsten Impulse aus dem literarischen Befund für eine theologische Gottesrede auf der Höhe der Zeit: Es geht darum, eine *nachkritische affirmative Gottesrede* zu entwerfen, welche die denkerischen Errungenschaften der Moderne nicht ignoriert oder überspringt, sondern aufnimmt und weiterführt. Diese Gottesrede – zugleich in Aufnahme und jenseits der Gotteskritik, zugleich in Aufnahme und jenseits der Theodizeezentrierung – muss die postmodernen Tendenzen zur Individualisierung und Pluralisierung, die zunehmende Eigenverantwortlichkeit und dynamische Identitätsentfaltung ernstnehmen, ohne sich in Beliebigkeit und Gleich-Gültigkeit zu erschöpfen. Die literarischen Entwürfe deuten die neuen

Chancen von Religion in unserer Zeit an – es gilt, sie dialogisch und profiliert aufzunehmen und auszugestalten. Eine reizvolle, in ihrer Ambivalenz und Missverstehbarkeit gefährliche Aufgabe, die hier nur als Perspektive benannt werden kann.

Für eine solche Aufgabe wichtig: Ein weiteres Missverständnis hinsichtlich einer möglichen Ausdeutung des Befundes ist auszuräumen. Die Neu- oder Wiederentdeckung von Religion, auch des Christentums im Raum der Literatur findet weitgehend unabhängig von der Institution Kirche statt, wirkt auch nicht erkennbar auf sie zurück. Andreas Maier, der sich ja das „Wort Gott" wieder gönnt, gibt in seinen Frankfurter Poetikvorlesungen offen zu: „Der liebe Gott will, dass ich in der Gemeinschaft der Gläubigen sei, und das bin ich ja auch, aber nicht in der Gemeinschaft der Gesellschaft, und deshalb gehe ich nur sehr selten in einen Gottesdienst" (*Maier* 2006, 32). Hier geht es weder um eine Re-Christianisierung noch um eine konservativ-reaktionäre Wende. Die in diesem Buch dokumentierten neuen Zugänge zu Religion und Gottesfrage lassen sich weder politisch noch kirchlich vereinnahmen oder verzwecken. Vielmehr zeigt sich in diesen Werken indirekt, wie sehr gerade die Kirchen ihren Platz als kulturbestimmende Macht eingebüßt haben. Einen Vereinnahmungsversuch von Seiten der Kirchen haben die genannten AutorInnen nicht mehr zu befürchten, weil den Kirchen im Kulturbetrieb bestenfalls noch eine leise Randstimme zukommt. Das mag man bedauern oder begrüßen, je nach eigener Grundüberzeugung – fest steht: Erst so, erst jetzt wird der unbefangene literarische Zugang zu Religion und darin auch zu kirchlicher Tradition möglich.

So wenig dieser neue Umgang mit Religion und Gottesfrage unmittelbare Auswirkungen auf das religiöse Leben, auf Theologie, auf Kirchengemeinden oder den Religionsunterricht im deutschsprachigen Raum nach sich zieht, so sehr lassen sich doch Spuren von dialogischem Interesse aufzeigen. Viele der genannten AutorInnen weisen religiöse, eben auch kirchliche Prägungen auf, sind zum Teil auch in je eigener Weise praktizierende Gläubige. Einige haben fest in Religion und Theologie verankerte Freunde, Verwandte oder Partner, stammen gegebenenfalls selbst aus einer Pfarrersfamilie. *Andreas Maier*, verheiratet mit einer katho-

lischen Theologieprofessorin, spricht so von einem „nahe stehen-
den, von uns geschätzten Theologen" (*Maier/Büchner* 2006, 48);
Arnold Stadler studierte Theologie; *Gabriele Wohmann* und *Friedrich Christian Delius* stammen aus einem evangelischen Pfarrhaus, *Eva Zeller* war mit einem Pfarrer verheiratet; *Kurt Marti* ist
selbst Pfarrer. Bei den einzelnen SchriftstellerInnen haben wir
zumindest exemplarisch auf derartige Beziehungen verwiesen.

Darüber hinaus sind die SchriftstellerInnen – ganz unabhängig
von ihrer Religionszugehörigkeit, Konfession oder Weltanschauung – gern gesehene GesprächspartnerInnen, ReferentInnen oder
GastvorleserInnen in kirchlichen Akademien oder Fortbildungen
auf allen Ebenen. Mit ihren Texten wird auf unterschiedliche
Weise gearbeitet: in Gemeinden, im Religionsunterricht und an
theologischen Fakultäten. Und mehr noch: Einige der aufgeführten SchriftstellerInnen werden mit explizit kirchlichen Preisen
ausgezeichnet: man denke nur an *Thomas Hürlimann* (Literaturpreis der Stiftung Bibel und Kultur 1992), *Patrick Roth* (Literaturpreis der Stiftung Bibel und Literatur 1997), *Ralf Rothmann* (Evangelischer Literaturpreis 2003), *Arnold Stadler* (Literaturpreis der
Stiftung Bibel und Kultur 2003; theologisches Ehrendoktorat
2006), *Richard Exner* (Ehrenpreis der Stiftung Bibel und Kultur
2004) oder *Christian Lehnert* (Förderpreis der Stiftung Bibel und
Kultur 2004). Auch wenn die neuen Versuche literarischer Gottesrede also außerhalb des kirchlichen Bezugsrahmens entstehen,
so befinden sich die institutionell verfassten Religionen und die
autonomen SchriftstellerInnen doch in vielfachen inneren Bezü-
gen, Begegnungen, Dialogen.

Doch noch einmal anders zurückgefragt im Blick auf den von
Andreas Maier entlehnten Titel dieses Buchs: Ist der Ausspruch
„Ich gönne mir das Wort Gott" überhaupt in sich sinnvoll? Kann
man sich als SchriftstellerIn überhaupt ein Wort „gönnen", geschweige denn *dieses* Wort?

– Hat nicht „der Gottesbegriff immer etwas mit Nichtwissen zu
  tun", wie der österreichische Schriftsteller *Robert Schneider* zu
  Bedenken gibt: „Das Wort ‚Gott' ist für mich keine Referenz",
  denn: „‚Gott' sagen heißt zwangsläufig: schweigen zu müssen,
  es nicht wissen, innehalten" (*Schneider* 2008, 61f.).

- Ähnlich der Erzähler *Hartmut Lange*. Ein explizites Nachdenken über Religion findet sich in seinen Novellen eher am Rande. Im Essay aber kann er 2002 über den Gottesbegriff schreiben: „Er entzieht sich der wissenschaftlichen Logik, aber nicht der Logik existentieller Bedürftigkeit. Also bleibt Gott, obwohl unbeweisbar, anwesend." (*Lange* 2002, 73)

- Oder der vor allem über den Welterfolg „Der Vorleser" bekannte, oben kurz erwähnte Schriftsteller *Bernhard Schlink*: In seine 2005 erscheinenden Essays „Vergewisserungen" nimmt er neben Ausführungen über Politik, Recht und Schreiben auch Beiträge über „Glauben" auf. In den hier abgedruckten biblischen Besinnungen liest man sehr offene religiöse Aussagen. „Ich weiß nicht, ob es Gott gibt oder ob er eine Erfindung des Menschen ist" (*Schlink* 2005, 325), kann es dort heißen. Gleichzeitig betont Schlink jedoch, dass der Glaube in Ritualen „nahe und vertraut" bleibt und seine „Präsenz und Evidenz" behält, „unabhängig von allen philosophischen und historischen Glaubenseinwänden" (ebd., 353).

Martin Walser, der im Sinne Günther Eichs genau weiß, was Sprache ist und deshalb auch über Gott spricht, hat auf eine grundlegende Besonderheit der Grammatik aufmerksam gemacht: In einem Gespräch mit *Karl-Josef Kuschel* weist er darauf hin, dass Gott in seinen Augen ein Mangel-Wort sei, als solcher ein Sehnsuchts-Begriff: „Wenn wir Gott hätten, hätten wir kein Wort dafür. Nur für den Mangel braucht man die Wörter." (in: *Kuschel* 1985, 146) Dieser Mangel ist ein Grundmerkmal des Menschen. Fast 20 Jahre nach dem Interview führt Walser den Gedanken weiter aus: „Gott ist eben nach *Ich* unser wichtigstes Wort", so in einem Vortrag über „Vokabular und Sprache" an der Universität Heidelberg im Januar 2003, gerade deshalb habe sich „seinetwegen auch so viel Vokabular gebildet", gerade deshalb besetze es „in der Verwaltung des Nichts [...] die glorioseste Frequenz" (*Walser* 2004, 67).

Der Ausspruch „Ich gönne mir das Wort Gott" lässt sich so vielleicht in dem Sinne deuten: Ich gönne mir die durch alle Krisen, durch alle Katastrophen, durch alles Chaos hindurch unzerstörbare Sehnsucht der Suche nach einem letzten Grund. Ich rede von

Etwas, weil das Gegenteil sich dem Erzählen entzieht. Gleichzeitig halte ich es für potentiell sinnvoll und möglich, von diesem Etwas auszugehen. Diese Offenheit, diese Suche nach anderer Wirklichkeit, dieses Wecken und Pflegen einer veränderten Wahrnehmung lässt sich nicht unterdrücken und verbieten. Das aus guten Gründen für eine Zeit aus dem Verkehr gezogene Wort Gott (*Heinrich Böll*) erweist sich als widerständiger, langlebiger, produktiver als erwartet. Es ist vieles zugleich: Mangelwort, Sehnsuchts-Chiffre, Suchbegriff, Hoffnungsmetapher, Orientierungsmarke. Aber noch ein letzter Perspektivenwechsel:

3. Wenn Gott *uns* sieht...

So wichtig unsere Versuche sein mögen, Gott zu verstehen und sich ihm sprachlich anzunähern, so sehr bleibt eine grundlegende Gegenperspektive zu beachten: Was wenn es viel wichtiger wäre, dass *Gott uns* nicht aus den Augen verliert? Dass wir ihm nicht so gleichgültig werden, wie das Hans Magnus Enzensberger ironisch formuliert hat. Dieser Gedanke findet sich in einer überraschenden Fülle von Texten, die hier nur als kurzes Mosaik eingespielt werden können. „Man möchte gesehen werden, / aber man wird nicht gesehen" (*Krüger* 2013, 94) kann Micheal Krüger in einem Gedicht aus dem Jahr 2013 noch grundsätzlich klagen. Andere AutorInnen gestalten den Gedanken konkreter aus:

Felicitas Hoppe, bereits ausführlich vorgestellt, bestimmt die Aufgabe religiösen Denkens und Suchens wie folgt: „Schließlich kommt es nicht darauf an, dass wir Gott nicht aus den Augen verlieren, sondern darauf, dass ER UNS nicht aus den Augen verliert. Das ist wohl die größte Angst von allen: Dass wir SELBST nicht mehr gesehen und gehört werden" (*Hoppe* 2008, 22f.) – so in einem Essay aus dem Jahr 2008. Erlösung, das wäre dieser Überlegung zufolge die Befreiung von der Angst nicht gesehen und nicht gehört, von der Furcht davor, von nichts und niemandem wahrgenommen zu werden.

In diesen Gedanken findet sich eine erstaunliche Parallele zu Aussagen des Österreichers *Peter Handke* (*1942). In einem 2006 veröffentlichten Gespräch mit *Peter Hamm* sprach Handke – ganz

Theatermensch – zunächst davon, dass das „Zuschauen" etwas ist, „das wir alle brauchen" (*Handke* 2006, 33f.). Dann, überraschend, die religiöse Wendung des Gesprächs. Was wir eigentlich brauchen, ist, „dass uns jemand zuschaut auf eine umfassende Weise, wie man sich eigentlich von Gott vorstellt" [sic!]. Und weiter die Überlegung, „dass Gott eigentlich durch das Zuschauen" wirkt, dass „das seine einzige Macht ist". Aber was für eine! „Wenn wir uns gewärtig machten, dass Gott uns umfassend zuschaut, wären wir alle total besänftigt." Noch einmal anders gesagt: „Diese Wendung zu Gott ist, dass man sich innerlich angeschaut sieht."

Schon im Jahre 1994 hatte *Botho Strauß* (*1944) einen ähnlichen Gedanken notiert. Er schreibt in seinem Buch „Wohnen, Dämmern, Lügen" vom „Menschenleben als etwas, das danach strebt, erkannt zu werden. Es vollzieht sich in der Gewissheit eines anderen Auges, das überblickt und Gestalt erkennt, wo der Dahinlebende sich nur der wirren, sporadischen Spuren und Teile gewiss ist." Dann zentral: „Das Vertrauen in ein umfassendes Gesehenwerden gründet in der Einheit Gottes". Fast die gleiche Grundaussage wie bei Hoppe und Handke also: „Ohne diese Gewissheit, Erkannte zu sein, hielten wir uns keine Sekunde aufrecht". (*Strauß* 1994, 195)

Der Schweizer Dichterpfarrer *Kurt Marti* (*1921), auch er als Altmeister religiöser Gegenwartslyrik bereits genauer porträtiert, hat diese Hoffnung, diese „Gewissheit, Erkannte zu sein", in einem seiner jüngsten Texte verdichtet. In den 2007 erschienenen, gegen den Strich aller Religionskritik gebürsteten trotzigen Gottesrühmungen unter dem Titel „Du" findet sich eine Passage (*Marti* 2008, 9), die das Wahrgenommen-Werden preist und in ihm eine letzte Geborgenheit findet: „DU/den kein menschenauge/zu erblicken vermag/der uns aber/von zuinnerst/von dorther sieht/wo wir sterbliche uns selber/unsichtbar/und unbekannt sind".

Und ein letztes Beispiel aus der aktuellen Literatur: „Gott braucht dich nicht"! – Unter diesem provokativen Titel veröffentlicht der Rowohlt-Verlag 2012 die breit beachtete Geschichte einer „Bekehrung", so der Untertitel. Die Autorin *Esther Maria Magnis* (*1980) schildert darin ihren Weg von einer normalen, bürgerlichchristlich geprägten Kindheit, in der feststand: „Ich mochte Gott" (*Magnis* 2012, 18), hin zu einem ebenfalls vielfach bezeugtem Abschied in der Pubertät: „So mit dreizehn, vierzehn" begann sie sich „leise von Gott zu trennen". In ihr machte sich das Gefühl breit, „dass wir nicht viel miteinander zu tun hatten" (ebd., 24). Als der Vater trotz ihres intensiven Gebets um seine Heilung stirbt, steht für die Siebzehnjährige fest: „ich schämte mich. Für ihn" (ebd., 88), Gott. Erst in Begleitung ihres sterbenden jüngeren Bruders findet sie Jahre später wieder zu Gott zurück, aber ganz anders als zuvor, voller Widersprüche, die sich nicht auflösen: „Gott ist schrecklich. Gott brüllt. Gott schweigt. Gott scheint abwesend. Und Gott liebt in einer Radikalität, vor der man sich fürchten kann." (ebd., 224) Worauf begründete sich ihre Wiederzuwendung zu Gott? Auf einer Erinnerung aus der Kindheit. Ihre Oma hatte ihr, so erinnert sie sich, immer wieder das so tröstliche Gutenachtlied „Weißt du wie viel Sternlein stehen" vorgesungen, „vernuschelt" (ebd., 176), kaum verständlich. „Kennt auch dich und hat dich lieb", heißt es darin über Gott. Als Kind habe sie den Wortlaut nicht verstanden, nur die Grundstimmung gespürt. Jetzt auf einmal durchfährt es sie: Gott? „Er kennt mich"! „Sein Name: Kendauchdich." (ebd., 177) Dieser Kindheitsbegriff, „sehr groß", „sehr ernst, aber auch lieb", „majestätisch wie die Alpen, aber viel freundlicher" (ebd.) wird zum Inbegriff einer neuen Gottesbeziehung, die sie fortan in allem Zweifeln und Ringen nicht ablegt.

Die Sehnsucht danach, dass Gott uns sieht, uns wahrnimmt und darin annimmt, uns kennt und gelten lässt, wie wir sind – sie bildet eine literarisch entfaltete Gegenfolie zu all den schriftstellerischen Versuchen, sich Gott selbst anzunähern und ihn ‚sich zu gönnen.' Diesen Gott umkreisen dichterisch zwei Autoren, die ans Ende der Untersuchung gestellt werden sollen.

4. Neue Versuche mystischer Poesie: CHRISTIAN LEHNERT / ANDREAS KNAPP

Beide sind Pfarrer – der eine evangelisch, der andere katholisch; beide mit allen Wassern akademischer Theologie gewaschen; beide sprachsensibel, sprachbewusst, sprachmächtig. Mit ihnen kehren wir an den Anfang des Buches zurück. Denn ja, es gibt sie, eine Art neue christliche Literatur, anders, neu, als eine kleine Teilströmung des *religious turn*! Nicht als Quintessenz, nicht als repräsentative Traditionen, nicht als Krönung oder Bündelung eines breitgefächerten Befundes sollen sie am Ende dieses Buches stehen, sondern als Hinweis, wie auch die mystische Dichtung aus christlicher Perspektive – etwa als Ergänzung zur muslimisch inspirierten Dichtung eines SAID – neue Richtungen einschlägt.

Die Silbe Gott leer zu halten um den Preis des Verstehens

Christian Lehnert (*1969) lebte und arbeitete seiner eigenen Benennung zufolge lange Zeit in einer „Doppelexistenz" als „Schriftsteller" und als evangelischer „Pfarrer" (in *Bahr* 2008, 125) in der Nähe von Dresden. Nach vier Jahren als Studienleiter an der Evangelischen Akademie Sachsen-Anhalt in Wittenberg wurde er 2012 zum Geschäftsführer des liturgiewissenschaftlichen Instituts an der Theologischen Fakultät der Universität Leipzig ernannt, wo er seitdem arbeitet. Seine mehrfach preisgekrönten Gedichtbände – zuletzt ausgezeichnet mit dem Hölty-Preis für Lyrik der Stadt Hannover 2012 – sind geprägt von lyrischen Beerbungen und Umdeutungen von Religion.

Lehnert gehörte als Jugendlicher zu der Randgruppe der zentral vom evangelischen Christentum geprägten DDR-Bürger, obwohl er – zwar getauft – in einem religionsfernen Klima aufwuchs. Über die Sprache sei er als Jugendlicher zum Glauben gekommen, über den Sog der Bibel, über die Faszination einer ganz anderen Art, die Wirklichkeit zu deuten, so erzählt er im Gespräch. Den Plan wie die Eltern Medizin zu studieren und Arzt zu werden, gibt er auf, wendet sich stattdessen der Theologie zu. Einen Teil seines Theologiestudiums verbrachte er in Jerusalem. Die Auseinandersetzung mit dem Judentum bestimmt von dort aus genauso eine Grunddimension seiner Gedichtbände wie das melancholisch-verzweifelte, ringende Suchen nach einem oft nur als abwesend erfahrenen Gott. In „Der gefesselte Sänger" (1997), „Der Augen Anfang" (2000), „Ich werde sehen, schweigen und hören" (2004), „Auf Moränen" (2008) und „Aufkommender Atem"

(2011) zeigen sich immer wieder lyrische Anspielungen wie die auf eine alptraumartig aufgerufene „Nacht eines Gottes, der nie war" (*Lehnert* 2004, 10).

Der 2004 publizierte Gedichtband nimmt – neben einem fünfteiligen Karfreitagszyklus „passio" (ebd., 53–62) und drei Gedichten zu „Abraham" (ebd., 64–66) – eine Reihe von kontrafaktorischen Neuverdichtungen zu den Melodien klassischer evangelischer Kirchenlieder auf, die nun allerdings ganz anders klingen. Aus „Du bist gegenwärtig" wird bei Lehnert „Gott ist hier und nirgends", wird „Luft, die alles füllet, / Leere ohne Namen" (ebd., 48). Aus „Ein feste Burg ist unser Gott" wird „In dieser Kirche ohne Gott" (ebd., 50). Lehnert ringt um die Möglichkeit von glaubwürdigen Choraltexten für unsere Zeit, „ohne Kompromisse, ohne Verbiegungen, ohne mich vereinnahmen zu lassen, voller Skepsis gegenüber der Sprache und voller Vertrauen in sie" (in *Bahr* 2008, 127). Im Gedichtband „Auf Moränen" tauchen erneut solche Texte unter dem Titel „Nur einen Augenblick noch" auf, aber auch 24 Vigilien, die sich mit Person und Theologie des Paulus beschäftigen.

Auffällig: Lehnert verweigert sich in seinen frühen Bänden einem einfachen Gebrauch des Wortes ‚Gott'. Gerade als Theologe kann er es sich nicht einfach ‚gönnen', im Gegenteil: Er kreist um dieses Wort, vermeidet es, verbietet sich den schnellen Zugriff. „Ich sammle Wörter auf wie die Reste von Hausmüll", heißt es in dem Gedicht „Das Tal" (*Lehnert* 2008, 107). Und unter solchen Wörtern befindet sich auch die Vokabel „Gott", wie folgt etwa in ein Gedicht hinein genommen: „Hocke ich allein mit der Silbe/ ‚Gott', zu nichts zu verwenden,/sie nur leer zu halten um den Preis/des Verstehens." (ebd.) Gott, ein Wort ohne Bedeutung, zu nichts zu gebrauchen, aber zu schützen! Wie bei keinem seiner Generationsgenossen finden sich bei Lehnert so Texte des suchenden Ringens, der Verweigerung von Zugriff und Affirmation. „Redebrocken von Gott" aus „Sprachnot" (*Kaiser* 2008, 87) hat *Gerhard Kaiser* diese Gedichte genannt, Transformationen von christlicher Lyrik unter dem Vorzeichen negativer Theologie.

Ein ganz eigener Ton bestimmt jene Gedichte, die Lehnert angesichts der Geburt und der ersten Lebensmonate seiner Tochter geschrieben hat. Der folgende ohne Titel abgedruckte Text stammt aus einem Zyklus mit dem Titel „Angesicht zu Angesicht", gewidmet „Estella, in ihrem ersten halben Jahr" (*Lehnert* 2008, 114):

> Selig, die etwas anfängt und nie zu Ende bringt,
> die das Rad nicht kennt und keine Schrift,
>
> die nichts vom aufrechten Gang weiß und mit vier
> freien Händen nach dem Mond greift. Selig
>
> die Wissende, die das Wasser vom Festland
> nicht unterscheidet, die nichts erinnert als die Dauer
>
> eines ruhigen Pulses, die Unaufhörlichkeit von Tag
> und Nacht, die sie in meinen Augen sieht und
>
> leichtsinnig glaubt. Selig, die ein Brummen beruhigt
> in der Dunkelheit über dem hallenden Schmerz
>
> im Leib. Selig, die von der Stimme in der sie
> wochenlang schwamm, das Heimweh der Laute lernte.

Eine erstaunliche dichterische Variation auf die Seligpreisungen der Bergpredigt (Mt 5,3–12)! Angesichts des neuen menschlichen Lebewesens an seiner Seite wählt der Dichter dieses rhythmisch fließenden Textes einen ruhig pulsierenden Ton ehrfürchtigen Staunens. Wo Jesus die Marginalisierten, Verzweifelten und Trauernden ‚selig preist', verschiebt Lehnert die Perspektive. Auch hier gilt sie jemandem, der anders ist als die Norm – aber dieses Anders-Sein wird gerade zum Anlass der Preisungen. Denn es handelt sich um ein Kleinstkind, gerade erst geboren. Und dessen Anders-Sein ist „selig" – nicht auf Leistung und Erfolg bezogen („nichts zu Ende bringt"); ohne Wissen um Bildungsgut und kulturelle Konventionen („Rad", „Schrift", „aufrechter Gang"). Stattdessen ist es unmittelbar in seinem buchstäblichen ‚Be-greifen', misst Zeit nach natürlichem, vom Vaterblick vorgegebenen Rhythmus; lässt sich von sanfter Stimme beruhigen; erinnert sich unbewusst an den im Mutterleib gehörten Klangpuls von Ruhe und Heimat.

So ist dieses Gedicht eine neue und deshalb den Blick verschiebende poetische Seligpreisung, die danach zurückfragt, was ‚selig' eigentlich bedeutet, wie man diese Kernvokabel neutestamentlicher Botschaft auch außerhalb der üblichen theologischen Sprachspiele aussagen kann. Selig – was hieß es damals, wie kann man es heute verstehen? Nicht als ‚glücklich‘, nicht als ‚im Jenseits kompensatorisch belohnt‘, nicht als ‚bevorzugt‘ – Negativabgrenzungen sind leicht. Wie aber lauten heute verständliche Übersetzungen? Von Lehnerts Text aus wird deutlich, dass ‚selig‘ auch im neutestamentlichen Sinne eine andere Seinsform als die normale, konventionell vertraute, in unserem Alltag übliche beschreibt. Und diese verfügt – wie in den biblischen Originalen – über einen eigenen Wert, eine eigene Schönheit, die sich gerade nicht funktional oder final auflösen lässt. ‚Selig‘ ist ein unbedingt geltender *Zuspruch* von Würde und Segen, der keiner Begründung oder Vorbedingung bedarf. Und dieser Zuspruch wird gerade jenen zuteil, die ihn besonders benötigen, weil sie nichts haben, durch das sie sich nach den Maßstäben von Erfolg und irdischem Glück auszeichnen könnten. Darin liegt die von Jesus verkündete Umkehrung der Verhältnisse: Man kann und muss sich den *Zu*spruch nicht durch Erfüllung von *An*sprüchen verdienen!

Wie ein geistliches Tagebuch liest sich der bis dato letzte Gedichtband Lehnerts, „Aufkommender Atem". Ein Zyklus unter dem Gesamttitel „Trost" findet sich hier, einige Naturgedichte, vor allem aber mit Datum quer über das Jahr 2009 versehene Texte, in denen sehr genau Beobachtetes, Erlebtes und Gedachtes verdichtet wird. Dabei greift er überraschend auf alte Formen von Reim und Strophik zurück. So etwa (*Lehnert* 2011, 63) bleibt der 07. September 2009 in Erinnerung:

> Woran soll ich mich halten in der Fülle
> aus Möglichem und des Geschehenen?
> Was ich auch immer glaube, ist die Hülle
> um etwas Unhaltbares – nie gesehen
>
> und doch schon als Erinnerung erkannt?
> Wie Feuer Seide frißt, wie eine Hand
> ins Leere greift im Schlaf, ist stets ein Rest,
> der sich nicht mitteilt – im Gebet, ein Fest?

Das hier beschworene Nicht-greifbare, Unhaltbare, die Realität Übersteigende bestimmt den Hallraum seiner Verse, die nun immer wieder Gott auch direkt benennen können. Eine ganz eigene

Form mystischer Poesie entsteht so, nicht für katechetische Zwecke, sondern als Spiegelung einer gläubigen Existenz, die sich dieser Lebensform immer wieder neu selbst bestätigen muss. Gott wird zwar benennbar, aber nur im Modus von Ortlosigkeit und Unbestimmbarkeit. Er entzieht sich der Begreifbarkeit: „Es ist Gottes Tun, das ich nicht fasse/und das mich birgt, das um mein Leben ringt" (ebd., 23), kann es in einem dieser Gedichte heißen. „Gott sei in mir? Ein reines, leeres Feld,/das nichts behält?" (ebd., 69) in einem anderen, das letztlich im Gestus des Fragens verbleibt. Ein weiterer Text aus diesem Band verdeutlicht die unaufgebbare Notwendigkeit der Vokabel ‚Gott‘ in diesem Prozess. „Sprechend spüre ich, daß mein Kopf ein Kokon ist./Er birgt eine Larve, die ihre Gestalt sucht:/Ihretwegen gibt es die Präposition Gott." (ebd., 88) Gott, kein Nomen aus der Alltagsgrammatik; aber auch kein Tätigkeitswort, wie es einst Kurt Marti forderte! Eine Präposition – ein nicht flektierbares Verhältniswort, das nur im Zusammenhang mit Nomen bedeutungstragend werden kann, etwa kausale oder modale Beziehungen stiftet. Ein kühner Gedanke: Nur dank der Präposition ‚Gott‘ kann aus der im Kopf geborgenen Larve eine Gestalt werden, ein Schmetterling. Lehnert versucht nicht mehr oder nicht weniger als eine „Resakralisierung der Poesie", so der Literaturkritiker Michael Braun in einer Besprechung des neuen Bandes in der NZZ. Lehnerts mystische, christentumsgesättigte Texte bleiben rätselhaft, verweisend, mehrdeutig. Das ist ganz anders bei dem zweiten hier vorgestellten Autor.

Weiter als der Horizont

Der Lebenslauf von *Andreas Knapp* (*1958) ist ungewöhnlich: Alles lief auf eine glänzende katholische Karriere hinaus: Theologiestudium in Freiburg und Rom, Priesterweihe, Promotion, Tätigkeiten als Studentenpfarrer, als Regens des Freiburger Priesterseminars. Doch dann der Bruch, der bei genauem Hinsehen keiner war, sondern sich untergründig angedeutet hatte. Knapp wendete sich ab von dem vorgespurten Weg in die kirchliche Hierarchie und schloss sich den „kleinen Brüdern vom Evangelium" an, einer nur wenig verbreiteten geistlichen Gemeinschaft, die sich dem spirituellen Erbe *Charles de Foucaulds* (1858–1916) verpflichtet weiß. Mehrere Jahre lang verbrachte er als Armer unter Armen in Frankreich und Bolivien. Seit einiger Zeit lebt er nun in Leipzig, geht dem Brotberuf eines Fabrikarbeiters nach, zugleich ein Priester und Poet, ein Pfarrer und Schriftsteller, ein Arbeiter mit Hand, Stift und Seele.

Auch wenn Andreas Knapp einen historischen Roman schrieb, dazu mehrere geistliche Prosatexte – bedeutsam in künstlerischer Hinsicht ist er vor allem als Dichter. Seine Texte zählen zu den am weitesten verbreiteten und sprachlich eindrucksvollsten Beispielen von spiritueller Poesie in unserer Zeit. Im Würzburger Echterverlag sind seit mehr als zehn Jahren mehrere Gedichtbände erschienen, inzwischen zum größten Teil in immer wieder neuen Auflagen: „Weiter als der Horizont. Gedichte über alles hinaus" (2002), „Brennender als Feuer. Geistliche Gedichte" (2004), „Tiefer als das Meer. Gedichte zum Glauben" (2005); „Gedichte auf Leben und Tod" (2008), „Höher als der Himmel. Göttliche Gedichte" (2010) sowie ganz aktuell „Heller als das Licht. Biblische Gedichte" (2014).

Anders als bei Lehnert: Knapps Gedichte sind unmittelbare geistliche Lyrik, immer wieder zentral bezogen auf die Bibel oder das Kirchenjahr, auf Heilige wie Franz von Assisi oder auf religiöses Brauchtum. Die Bände bestehen aus Meditationen oder geistlichen Reflexionen, Gedankenpoesie oder lyrischen Gebeten. All das setzt einen religiösen Kosmos voraus und zielt in eine religiös gedeutete Welt hinein. Die Rezeption dieser Bände erfolgt so vor allem im binnenkirchlichen, noch präziser: im katholischen Milieu. Dort freilich erfreuen sich die Texte des Priesterpoeten großer Beliebtheit. Kein anderer deutschsprachiger Autor der Gegenwart wird im Bereich der spirituellen Poesie so viel gelesen wie Andreas Knapp.

Und das völlig zu Recht. Knapp weiß, was Sprache heute kann und darf. Er fällt nicht zurück in inhaltliche oder formale Vorgaben der klassischen christlichen Literatur der 1950er Jahre, die damals ihre Stimmigkeit und Passgenauigkeit hatten, heute aber fragwürdig, anbiedernd und klischeehaft wirken müssten. Keine Rückkehr zu einer kirchlichen Bestätigungsdichtung, keine Rückkehr zu weitgehend verbrauchten lyrischen Stilmitteln wie Reim, Strophik, stereotypen Bildworten. Knapp ist beides: ein Sprach- und ein Gottsucher, der gleichzeitig sucht und bereits gefunden hat – sowohl eine Sprache, denn seine Gedichte sind in einem nun schon klar erkennbaren ‚Knapp-Ton' gehalten, als auch den Glauben, denn seine Texte verbleiben nicht in Zweifel und Unbestimmtheit, wagen Affirmation und Bestätigung.

Melanie Wolfers erkennt: diese Gedichte sind „ausgespannt zwischen Leben und Tod, Einsamkeit und Passion, Gewissheit und Verheißung" (in *Knapp* 2002, 69) – in diesen Spannungsbögen entfalten sie ihre Kraft. Sie zeigen aber gerade, dass auch ein in Sprache und Glauben Versierter immer ein Suchender und Sich-Weiter-Entwickelnder bleibt. Das zeichnet Knapps Lyrik innerhalb der Landschaft gegenwärtiger spiritueller Poesie aus. Karge Sprachbilder trifft man hier, die gerade so überzeugen und strahlen. Vorsichtig angetippte Gedankenverse lassen sich entdecken, die Assoziationen aufrufen und sich in den Lesenden selbst entfalten müssen. Hoffnungstexte findet man, die ihre Botschaft nicht oktroyieren sondern freisetzen. Vier Bespiele aus unterschiedlichen Schaffensphasen:

Ein Teil der Gedichte des ersten Bands „Weiter als der Horizont" (2002) meditiert die Grunderzählungen des Buches Genesis. Der folgende Text (ebd., 18) wendet sich dem Urvater der drei monotheistischen Religionen zu:

Abraham

stammvater
aus ur-zeiten

utopisches wetterleuchten im blut
sehnsuchtskompass gottweh

zähle die glühenden sandkörner
am nachthimmel

steck einen stern auf deinen wanderstecken
deine kindheit liegt dir erst noch voraus

nur im verlassen alles vertrauten
findest du heim

Die durchgängige Kleinschreibung unterstreicht den poetischen Charakter dieses Textes. Im Gefolge der jüdischen Lyrikerin *Nelly Sachs*, im christlichen Bereich vielleicht am ehesten in der Erbspur des Benediktiners *Drutmar Cremer* wird Abraham in diesen wenigen Doppelzeilen charakterisiert als ein Urmodell religiöser Existenz. Religion heißt Aufbruch, einem inneren Kompass folgen, eine Heimat dort finden, wohin man erst unterwegs ist, getrieben von einem – schönes Wort! – „gottweh". Abraham, der aufbricht aus dem Lande „Ur", wird gerade darin zu einem Stammvater. Der Blick des Gedichtes fällt auf den Moment des Aufbruchs: Getrieben von der inneren göttlichen Stimme, begabt mit einer utopischen Vision, im Blick auf die Sterne des Himmels macht sich Abraham auf den Weg ins Ungewisse. Geschickt bündelt Knapp zentrale Bildelemente, die den Abraham-Erzählkranz (Gen 12–25) motivisch strukturieren. Das eigentliche Leben, die „Kindheit" liegt erst noch vor dem bereits Erwachsenen, erst in der neuen Heimat, dem ‚gelobten Land' wird das erträumt-geschaute Leben beginnen. Lesende können hier dem biblischen Abraham anders, neu, poetisch verdichtet begegnen, sie können aber auch sich selbst in diesem Urmodell religiöser Existenz entdecken.

Im Gedichtband „Tiefer als das Meer" (2005) meditiert Knapp Wort für Wort, Begriff für Begriff das große Glaubensbekenntnis, das ‚Credo'. Von „ich" über „glauben" spannt sich der Bogen bis zu „die Auferstehung der Toten" und „amen". Wie folgt lautet der Text zu „Ich glaube an *Gott*" (*Knapp* 2005, 10).

Gott

Unwort der Jahrtausende
blutbesudelt und missbraucht
und darum endlich zu löschen
aus dem Vokabular der Menschheit

Redeverbot von Gott
Getilgt werde sein Name
die Erinnerung an ihn vergehe
wie auf Erden so im Himmel

wenn unsere Sprache aber
dann ganz gottlos ist

in welchem Wort
wird unser Heimweh wohnen
wem schreien wir noch
den Weltschmerz entgegen
und wen loben wir
für das Licht

Vor uns liegt formal wie inhaltlich ein anderer Texttyp, weniger poetisch verknappt, auf eine durchgängige Kleinschreibung verzichtend, strukturiert in vier vierzeilige Versgruppen. In einer satirischen Transformation des „Vater Unser" beschreibt die zweite Versgruppe den Prozess des Verschwindens nicht nur des Wortes ‚Gott', sondern auch der Dimension, für die es steht. Die beiden letzten Versgruppen gehen aber über die von Benn, Böll oder Eich formulierte Forderung eines bewussten Verzichts auf dieses Wort hinaus. Was, wenn deren Forderung, das unendlich missbrauchte Wort ‚Gott für eine Weile aus dem Verkehr' zu ziehen, wirklich in unserer Gegenwart dazu geführt hätte, dass das Wort und seine Bedeutung „getilgt" wurden? Die Vision kehrt sich um: eine gottlose Sprache, eine gottlose Welt – wohin wendet sich dort ein Heimweh, das nicht einfach innerweltlich befriedigt werden kann? Mit Enzensberger, Walser und vielen anderen Dichtern fragt Knapp: Wohin richten sich dort Klage und Lob? Das Gedicht beschwört so implizit die Notwendigkeit, nach aller Religionskritik, nach aller Institutionskritik, nach aller Gotteskritik Wort und Dimension Gottes neu und anders lebendig werden zu lassen. Knapp, der katholische Pfarrer, ‚gönnt sich das Wort Gott', weil Leben und Sprache sonst verdorren.

Aus dem gleichen Gedichtband stammt der folgende Text (ebd., 19), der den Blick darauf wendet, dass dieses Wort Gott christlichem Verständnis zufolge im Blick auf Jesus noch einmal eine grundlegend neue Dimension gewinnt:

Jesus Christus

nicht neunundneunzig namen
die den unaussprechlichen
doch nicht benennen
in diesem namen aber
Du selbst bist es

nicht tausend götterbilder
die den unsichtbaren
doch nicht zeigen
in diesem menschen aber
Dein gesicht

nicht in alltagsfernen tempeln
die der unfassbare
doch nicht bewohnt
in diesem leib und leben aber
ist Dein geheimnis wie daheim

nicht formeln und begriffe
die dem unbegreiflichen sich
doch nicht nähern
mit diesen händen aber
berührst Du Deine welt

nicht viele fromme reden
die den unsagbaren
doch nicht verkünden
in dem mann aus galiläa aber
bist Du mit einem wort gesagt

Fünf Versgruppen à fünf Zeilen, ungereimt, zur Andeutung lyrischer Spachlogik hier erneut in Kleinschreibung gehalten, die nur im direkten Verweis auf Gottes Du im Sinne der Heraushebung zur Großschreibung greifen. Gott bleibt in aller Möglichkeit der Annäherung der Andere, uns eher unähnlich als ähnlich, von Versgruppe zu Versgruppe ausbuchstabiert: „unaussprechlich", „unsichtbar", „unfassbar", „unbegreiflich", „unsagbar". Alle Versuche ihn zu fassen, kommen nicht an ihr Ziel: sei es in den 99 schönen Namen Gottes, einer vor allem im Islam beheimateten ästhetisch-spirituellen Tradition, der wir im Zusammenhang mit SAIDs Psalmen bereits begegnet sind; sei es in Bildern, Tempeln, Formeln und Begriffen oder frommen Reden. Doch diese *via negativa*, diese Annäherung an Gott durch die Aufzählung all der vielen Unähnlichkeiten zwischen Gott und Mensch, wird an einem signifikanten Punkt durchbrochen. Nur an einem Punkt wird seine Gestalt, sein Wesen, sein Du im Sinne einer *via positiva* deutlich: in Jesus. In „diesem Namen" lässt sich Gott benennen; in „diesem Menschen" zeigt sich sein Gesicht; in „diesem Leib und Leben" lüftet sich Gottes Geheimnis; mit „diesen Händen" berührt er die Welt; im „Mann aus Galiläa" ist Gottes Wort konkret fassbar. In Knapps Text findet sich so auf ganz eigene Weise poetisch verdichtet, was das Wort aus dem Johannesevangelium heißt: „Wer mich sieht, sieht den, der mich gesandt hat" (Joh 12,45).

In dem 2010 erschienenen Gedichtband „Höher als der Himmel" – Untertitel „Göttliche Gedichte" – findet sich neben anderen Textzyklen eine fünfzehnteilige Meditation über die Stationen des Kreuzwegs. Wie folgt lautet der Text (*Knapp* 2010, 75) zur letzten Station:

und kein Ende

noch einmal
wird er angeklagt
und in abwesenheit
für schuldig befunden
wegen störung der grabesruhe
nichtbeachtung der friedhofsordnung
was tot ist
hat zu schweigen
wie ein grab
er aber ist
vom tode ungehalten
anarchist des lebens
ein unruhestifter
über alle tode hinaus

Dieses Gedicht schaut auf Jesus aus heutiger Zeit. Nicht das (Wieder-)Erscheinen des Lebenden steht dabei im Zentrum, sondern die Frage nach dem Weiterwirken des Gestorbenen. Ein weiteres Mal wird Jesus heute verurteilt, wenn auch in Abwesenheit – dieses Mal aber nicht aufgrund seiner Botschaft und seines Auftretens, sondern deshalb, weil er sich nicht an die Regeln hält, die gemeinhin für Verstorbene gelten: „was tot ist/hat zu schweigen". „Störung der Grabesruhe" moniert nun die Anklageschrift, „Missachtung der Friedhofsordnung". Das Besondere an Jesus Christus liegt aber genau darin, diese menschlichen Ordnungen zu sprengen. Jesus ist ein Gräuel für alle Ordnungsfanatiker: ein „Anarchist des Lebens", ein nie zu bändigender „Unruhestifter". Der Kreuzweg Jesu führt letztlich nicht zu Resignation und Anpassung, sondern zur Aufsprengung aller Erwartungen und Grenzen.

Ein letzter Blick zurück: Christian Lehnert und Andreas Knapp verdeutlichen auf ihre Art exemplarisch, wie sehr sich der literarische Umgang mit Religion in der deutschsprachigen Gegenwartsliteratur verändert hat. „Ich gönne mir das Wort Gott?" Auf ganz unterschiedlichen Ebenen, in vielfältigen Tonlagen, in einer breiten Palette von literarischen und religiösen Zugängen schreiben sich SchriftstellerInnen unserer Zeit an Konfession, religiös geprägte Lebenswelten und der Annäherung an Gott heran. Im Gegensatz zum ‚neuen Atheismus' markiert dieser *religious turn* Variationen einer neuen Offenheit, deren Bedeutung religionssoziologisch, ästhetisch, theologisch und religionspädagogisch erst in Ansätzen erfasst und reflektiert wurde. Die Wahrnehmung des Phänomens, seine Deutung und seine systematische Reflexion bleiben spannende Aufgaben!

Literaturverzeichnis

Angegeben werden ausschließlich direkt im Text zitierte Werke.

I. Primärliteratur

Altenweger, Elisabeth: Sintemalen. Roman (Berlin 2006)

Altmann, Andreas: Das Scheißleben meines Vaters, das Scheißleben meiner Mutter und meine eigene Scheißjugend (München 2011)

Benn, Gottfried: Lebensweg eines Intellektualisten [1]1934, in: *ders.*: Sämtliche Werke, hrsg. von *Gerhard Schuster*, Bd. IV: Prosa 2 (Stuttgart 1989), S. 154–197

Blatter, Silvio: Zwölf Sekunden Stille. Roman (Frankfurt 2004)

Böll, Heinrich: Briefe aus dem Krieg 1939–1945, hrsg. von *J. Schubert* (Köln 2001)

ders.: Werke. Kölner Ausgabe (Köln 2002ff), zitiert W/Bandzahl

Bossong, Nora: Sommer vor den Mauern. Gedichte (München 2011)

Delius, Friedrich Christian: Der Sonntag, an dem ich Weltmeister wurde. Erzählung [1]1994 (Reinbek 2004)

ders.: Amerikahaus und der Tanz um die Frauen. Erzählung (Reinbek 1997)

ders.: Bildnis der Mutter als junge Frau. Erzählung (Berlin 2006)

ders.: Die linke Hand des Papstes (Berlin 2013)

ders.: Die Jerusalemer Krawatte, in: Text + Kritik, Heft 198: Friedrich Christian Delius (München 2013), S. 3–11

Draesner, Ulrike: Vorliebe. Roman (München 2010)

Düffel, John von: Houwelandt. Roman (Köln 2004)

Eich, Günter: Vermischte Schriften. Gesammelte Werke Bd. IV, hrsg. von *Axel Vieregg* (Frankfurt 1991)

Enzensberger, Hans Magnus: Landessprache. Gedichte [1]1960 (Frankfurt 1999)

ders.: Politische Brosamen (Frankfurt 1985)

ders.: Kiosk. Neue Gedichte (Frankfurt 1995)

ders.: Leichter als Luft. Moralische Gedichte (Frankfurt 1999)

ders.: Der Agnostiker als Theologe. Eine Erinnerung, in: Kursbuch 146 (Dezember 2001): „Vorbilder", hrsg. von *Ingrid Karsunke/Tilman Spengler*, S. 8–10

ders.: Die Geschichte der Wolken. 99 Meditationen (Frankfurt 2003)

ders.: Zu große Fragen. Interviews und Gespräche 2005–1970 (Frankfurt 2007)

ders.: Rebus. Gedichte (Frankfurt 2009)

ders.: Blauwärts. Ein Ausflug zu dritt, zus. mit *Jan Peter Tripp/Justine Landat* (Berlin 2013)

Feldenkirchen, Markus: Keine Experimente. Roman (Zürich/Berlin 2013)

Frischmuth, Barbara: Die Schrift des Freundes. Roman [1]1998 (Salzburg/Wien 2006) *dies.*: Das Heimliche und das Unheimliche. Drei Reden (Berlin 1999)

dies.: Vergiss Ägypten. Ein Reiseroman (Berlin 2008)

dies.: Vom Fremdeln zum Eigentümeln. Essays, Reden und Aufsätze über das Erscheinungsbild des Orients (Graz/Wien 2008)

Glavinic, Thomas: Unterwegs im Namen des Herrn (München 2011)

Göring, Michael: Der Seiltänzer. Roman (Hamburg 2011)

Gorelik, Lena: Meine weißen Nächte. Roman ¹2004 (München 2006)

dies.: Hochzeit in Jerusalem. Roman ¹2007 (München 2008)

dies.: Lieber Mischa (München 2011)

dies.: „Sie können aber gut Deutsch!" Warum ich nicht mehr dankbar sein will, dass ich hier leben darf, und Toleranz nicht weiterhilft (München 2012)

dies.: Die Listensammlerin. Roman (München 2013)

Grünzweig, Dorothea: Vom Eisgebreit. Gedichte (Göttingen 2000)

dies.: Glasstimmen lasinäänet (Göttingen 2004)

dies.: Die Auflösung. Gedichte (Göttingen 2008)

dies.: Kaamos Kosmos. Gedichte (Göttingen 2014)

Haas, Wolf: Der Brenner und der liebe Gott. Roman (Hamburg 2009)

Hahn, Ulla: Das verborgene Wort. Roman (Stuttgart/München 2001)

dies.: Unscharfe Bilder. Roman (München 2003)

dies.: Aufbruch. Roman (München 2009)

dies.: Gesammelte Gedichte (München 2013)

dies.: Spiel der Zeit. Roman (München 2014)

Handke, Peter/Peter Hamm: Es leben die Illusionen. Gespräche in Chaville und anderswo (Göttingen 2006)

Harig, Ludwig: Reise mit Yoshimi. Japanische Reportagen (Lüneburg 2000)

Hein, Christoph: In seiner frühen Kindheit ein Garten. Roman (Frankfurt 2005)

Hermann, Matthias: 72 Buchstaben. Gedichte (Frankfurt 1989)

ders.: Der gebeugte Klang. Gedichte (Tübingen 2002)

ders.: Ahasver-Gedichte (Berlin 2013)

Hoben, Josef: Lossprechung. Ein Roman (Tübingen 1998)

Honigmann, Barbara: Roman von einem Kinde. Sechs Erzählungen (Darmstadt/Neuwied 1986)

dies.: Eine Liebe aus Nichts. Roman (Berlin 1991)

dies.: Soharas Reise. Roman (Berlin 1996)

dies.: Am Sonntag spielt der Rabbi Fußball. Kleine Prosa (Heidelberg 1998)

dies.: Damals, dann und danach (München/Wien 1999)

dies.: Alles, alles Liebe! (München/Wien 2000)

dies.: Ein Kapitel aus meinem Leben (München 2004)

dies.: Das Gesicht wiederfinden. Über Schreiben, Schriftsteller und Judentum (München/Wien 2006)

dies.: Das überirdische Licht. Rückkehr nach New York (München 2008)

dies.: Bilder von A. (München 2011)

Hoppe, Felicitas: Picknick der Friseure. Geschichten (Reinbek 1996)

dies.: Pigafetta. Roman (Reinbek 1999)

dies.: Paradiese, Übersee. Roman (Hamburg 2003)

dies.: Beichtkinder, in: *Florian Höllerer/Tim Schleier* (Hrsg.): Betrifft... (Frankfurt 2004), S. 88–95

dies.: Johanna. Roman (Frankfurt 2006)

dies.: Man muss eben ein Sohn Gottes sein – Erinnerung an J. D. Salinger, in: *Joachim Kalka* (Hrsg.): Schreiben/Glauben. Miszellen zu Literatur und Religion, Valerio 7/2008 (Göttingen 2008), S. 19–23

dies.: Sieben Schätze. Augsburger Vorlesungen (Frankfurt 2009)

dies.: Hoppe (Frankfurt 2012)

Hürlimann, Thomas: Die Tessinerin. Geschichten ¹1981 (Frankfurt 1984)

ders.: Das Holztheater. Geschichten und Gedanken am Rand (Zürich 1997)

ders.: Der große Kater. Roman (Zürich 1998)

ders.: Fräulein Stark. Novelle (Zürich 2001)

ders.: Vierzig Rosen. Roman (Zürich 2006)

ders.: Der Sprung in den Papierkorb. Geschichten, Gedanken und Notizen am Rand (Zürich 2008)

ders.: Wir vom Club der Atheisten, in: Die ZEIT, 31.03.2010

ders.: Berliner Madonna, in IKaZ Communio 42 (2013), S. 100–110

Huizing, Klaas: Das Buch Ruth. Roman (München 2000)

Ingendaay, Paul: Warum du mich verlassen hast. Roman (München 2006)

ders.: Die romantischen Jahre. Roman (München/Zürich 2011)

Jandl, Ernst: lechts und rinks. gedichte statements peppermints ¹1995 (München 1997)

Kaschnitz, Marie Luise: Gesammelte Werke, Bd. 5: Die Gedichte (Frankfurt 1985)

Kehlmann, Daniel: F. Roman (Reinbek 2013)

Kirchhoff, Bodo: Die Liebe in großen Zügen. Roman (Frankfurt 2012)

Knapp, Andreas: Weiter als der Horizont. Gedichte über alles hinaus (Würzburg 2002)

ders.: Brennender als Feuer. Geistliche Gedichte (Würzburg 2004)

ders.: Tiefer als das Meer. Gedichte zum Glauben (Würzburg 2005)

ders.: Gedichte auf Leben und Tod (2008)

ders.: Höher als der Himmel. Göttliche Gedichte (2010)

ders.: Heller als das Licht. Biblische Gedichte (Würzburg 2014)

Köhlmeier, Michael: Der Menschensohn. Die Geschichte vom Leiden Jesu (München/Zürich 2001)

ders.: Geschichten von der Bibel. Von der Erschaffung der Welt bis Moses (München/Zürich 2003)

ders.: Abendland. Roman (München 2007)

ders.: Die Abenteuer des Joel Spazierer. Roman (München 2013)

Krüger, Michael: Die Dronte. Gedichte ¹1985 (Frankfurt 1988)

ders.: Brief nach Hause. Gedichte (Salzburg/Wien 1993)

ders.: Nachts, unter Bäumen. Gedichte (Salzburg/Wien 1996)

ders.: Wettervorhersage. Gedichte (Salzburg/Wien 1998)

ders.: Aus dem Leben eines Erfolgsschriftstellers. Geschichten (Frankfurt 2000)

ders.: Archive des Zweifels. Gedichte aus drei Jahrzehnten, hrsg. von *Kurt Drawert* (Frankfurt 2001) *ders./Quint Buchholz*: Keiner weiß es besser als der Mond (München/Wien 2001)

ders.: Das falsche Haus. Novelle (Frankfurt 2002)

ders.: Vorreden, Zwischenworte, Nachrufe. Ein (lückenhaftes) ABC (München/Wien 2003)

ders.: Kurz vor dem Gewitter. Gedichte (Frankfurt 2003)

ders.: Die Turiner Komödie. Bericht eines Nachlassverwalters (Frankfurt 2005)

ders.: Unter freiem Himmel. Gedichte (Frankfurt 2007)

ders.: Reden und Einwürfe. Gedichte (Frankfurt/Leipzig 2008)

ders.: Ins Reine. Gedichte (Berlin 2010)

ders.: Umstellung der Zeit. Gedichte (Berlin 2013)

Lange, Hartmut: Irrtum der Erkenntnis. Meine Realitätserfahrung als Schriftsteller (Zürich 2002)

Lehnert, Christian: Ich werde sehen, schweigen und hören. Gedichte (Frankfurt 2004)

ders.: Auf Moränen. Gedichte (Frankfurt 2008)

ders.: Choräle dichten? – Ein Arbeitsjournal, in: *Petra Bahr* u. a. (Hrsg.): Protestantismus und Dichtung (Gütersloh 2008), S. 123–131

ders.: Aufkommender Atem. Gedichte (Berlin 2011)

ders.: Korinthische Brocken. Ein Essay über Paulus (Berlin 2013)

Lewitscharoff, Sibylle: Pong [1]1998 (Berlin 2000)

dies.: Montgomery. Roman [1]2003 (München 2005)

dies.: Consummatus. Roman (München 2006)

dies.: Apostoloff. Roman (Frankfurt 2009)

dies.: Der mörderische Kern des Erzählens (Merzig 2010)

dies.: Blumenberg. Roman (Berlin 2011)

dies.: Vom Guten, Wahren, und Schönen. Frankfurter und Zürcher Poetikvorlesungen (Berlin 2012)

dies./Friedrich Meckseper: Pong redivivus (Berlin 2013)

dies.: Killmousky. Roman (Berlin 2014)

Magnis, Esther Maria: Gott braucht dich nicht. Eine Bekehrung (Reinbek 2012)

Maier, Andreas: Ich gönne mir das Wort Gott. Gespräch, in: Die ZEITLITERATUR, März 2005

ders.: Ich. Frankfurter Poetikvorlesungen (Frankfurt 2006)

ders.: Sanssouci. Roman (Frankfurt 2009)

ders.: Das Haus. Roman (Frankfurt 2011)

ders.: Flaschenpost Evangelium, in: *Erich Garhammer* (Hrsg.): Literatur im Fluss. Brücken zwischen Poesie und Religion (Regensburg 2014), S. 95–100

ders./Christine Büchner: Bullau. Versuch über Natur (Frankfurt 2006)

Marti, Kurt: gott gerneklein. Gedichte (Stuttgart 1995)

ders.: kleine zeitrevue. Erzählgedichte (Zürich 1999)

ders.: Du. Eine Rühmung (Stuttgart 2007)

ders.: Du. Rühmungen (Stuttgart 2008)

Meckel, Christoph: Suchbild. Meine Mutter (München/Wien 2002)

Meineke, Thomas: Jungfrau. Roman (Frankfurt 2008)

Mercier, Pascal: Nachtzug nach Lissabon. Roman (München/Wien 2004)

Primärliteratur

Merkel, Inge: Sie kam zu König Salomo. Roman (Salzburg 2001)

Mohl, Niels: Stadtlandritter. Roman (Reinbek 2013)

Morsbach, Petra: Gottesdiener. Roman (Frankfurt 2004)

dies.: Warum Fräulein Paula freundlich war. Über die Wahrheit des Erzählens (München/Zürich 2006)

Mosebach, Martin: Schöne Literatur. Essays (München/Wien 2006)

ders.: Häresie der Formlosigkeit. Die römische Liturgie und ihr Feind (München 2007)

Muschg, Adolf: Liebe, Literatur & Leidenschaft. Adolf Muschg im Gespräch mit Meinhard Schmid-Degenhard (Zürich 1995)

ders.: Das gefangene Lächeln. Eine Erzählung (Frankfurt 2002)

ders.: Eikan, du bist spät. Roman (Frankfurt 2005)

Nadolny, Sten: Weitlings Sommerfrische. Roman (München/Zürich 2012)

Ortheil, Hanns-Josef: Blauer Weg (München/Zürich 1996)

ders.: Lo und Lu. Roman eines Vaters (München 2001)

ders.: Die weißen Inseln der Zeit. Orte. Bilder. Lektüren (München 2004)

ders.: Die geheimen Stunden der Nacht. Roman (München 2005)

ders.: Die Erfindung des Lebens. Roman (München 2009)

ders.: Die Moselreise. Roman eines Kindes (München 2010)

ders.: Liebesnähe. Roman (München 2011)

ders.: Die Schönheit des Glaubens, in: *Erich Garhammer*: Zweifel im Dienst der Hoffnung. Poesie und Theologie (Würzburg 2011), S. 285–288

ders.: Das Kind, das nicht fragte. Roman (München 2012)

ders.: „Durchdringen der Welt von innen her. Gespräch", in: Herder Korrespondenz 68 (2014), S. 286–290

Orths, Markus: Corpus. Roman (Frankfurt 2002)

Orzessek, Arno: Schattauers Tochter. Roman (Berlin 2005)

ders.: Drei Schritte von der Herrlichkeit. Roman (Göttingen 2008)

Ostermaier, Albert: Schwarze Sonne scheine. Roman (Berlin 2011)

Peters, Christoph: Heinrich Grewents Arbeit und Liebe. Eine Erzählung [1]1996 (München 2004)

ders.: Stadt, Land, Fluss. Roman (Frankfurt 1999)

ders.: Kommen und gehen, manchmal bleiben. Roman [1]2001 (Frankfurt 2003)

ders.: Das Tuch aus Nacht. Roman (München 2003)

ders.: Ein Zimmer im Haus des Krieges. Roman (München 2006)

ders.: Teppiche. Verkehrsmittel für den inneren Orient, in: *ders./Kiran Nagarkar*: Die Traumbilder des Schreibens. Tübinger Poetik-Dozentur 2008 (Künzelsau 2009), S. 111–137

ders.: Mitsukos Restaurant. Roman (München 2009)

ders.: Sven Hofestedt sucht Geld für Erleuchtung. Geschichten (München 2010)

ders./Götz Wrage: Japan beginnt an der Ostsee. Die Keramik des Jan Kollwitz (Neumünster 2010)

ders.: Geleitwort, in: *Hilal Sezgin* (Hrsg.): Deutschland erfindet sich neu. Manifest der Vielen (Berlin 2011), S. 7–10

ders.: Wir in Kahlenbeck. Roman (München 2012)

ders.: Herr Yamashiro bevorzugt Kartoffeln. Roman (München 2014)
Peters, Veronika: Was in zwei Koffer passt. Klosterjahre (München 2007)
Petersdorff, Dirk von: Die Teufel in Arezzo. Gedichte (Frankfurt 2004)
Roth, Patrick: Riverside. Christusnovelle (Frankfurt 1991)
ders.: Johnny Shines oder Die Wiedererweckung der Toten. Seelenrede (Frankfurt 1993)
ders.: Corpus Christi (Frankfurt 1996)
ders.: Magdalena am Grab (Frankfurt/Leipzig 2003)
ders.: Zur Stadt am Meer. Heidelberger Poetikvorlesungen (Frankfurt 2006)
ders.: Lichternacht. Weihnachtsgeschichte (Frankfurt 2006)
ders.: Sunrise. Das Buch Joseph (Göttingen 2012)
Rothmann, Ralf: Der Windfisch. Erzählung ¹1988 (Frankfurt 1994)
ders.: Wäldernacht. Roman ¹1994 (Frankfurt 1996)
ders.: Gebet in Ruinen (Frankfurt 2000)
ders.: Milch und Kohle. Roman (Frankfurt 2000)
ders.: Junges Licht. Roman (Frankfurt 2004)
ders.: Vollkommene Stille. Rede zur Verleihung des Max Frisch-Preises 2006 (Frankfurt 2006)
ders.: Feuer brennt nicht. Roman (Frankfurt 2009)
ders.: Shakespeares Hühner. Erzählungen (Berlin 2012)
ders.: Sterne tief unten (Berlin 2013)
SAID: Ich und der Schah/Die Beichte des Ayatollah (Hamburg 1987)
ders.: Wo ich sterbe ist meine Fremde. Exil und Liebe. Gedichte und ein Gespräch mit Gino Chiellino (München 1987)
ders.: Der lange Arm der Mullahs. Notizen aus meinem Exil (München 1995)
ders.: Landschaften einer fernen Mutter (München 2001)
ders.: In Deutschland leben. Ein Gespräch mit Wieland Freund (München 2004)
ders.: Ich und der Islam (München 2005)
ders.: Psalmen (München 2007)
ders.: Der Engel und die Taube. Erzählungen (München 2008)
ders.: Nachwort, in: *Georg Maria Roers*: Bildrauschen. Gedichte (München 2008), S. 100–106
ders.: „Ich fordere mehr von Gott". Gespräch mit Claudia Mende, in: Publik-Forum 13.6.2008, S. 70–72
ders./Ascher Reich: Das Haus, das uns bewohnt. Ein israelisch-iranisches Poetengespräch (Tübingen 2009)
ders.: Das Niemandsland ist unseres. West-östliche Betrachtungen (München 2010)
ders.: Ruf zurück die Vögel. Neue Gedichte (München 2010)
ders.: Poesie und Religion, in: Literatur und Kritik 441, März 2010, 21–26
Schlink, Bernhard: Vergewisserungen. Über Politik, Recht, Schreiben und Glauben (Zürich 2005)
ders.: Das Wochenende. Roman (Zürich 2008)
Schneider, Robert: „Ich bin meine Bücher". Interview, in: Publik-Forum 15/2008, 60–62

Primärliteratur

Schreiber, Claudia: Ihr ständiger Begleiter. Roman (München/Zürich 2007)

Schulze, Ingo: Adam und Evelyn. Roman (Berlin 2008)

Seiler, Lutz: pech & blende. Gedichte (Frankfurt 2000)

ders.: Sonntags dachte ich an Gott. Aufsätze (Frankfurt 2004)

ders.: Collage zu Psalm 3, in: *Petra Bahr* u.a. (Hrsg.): Protestantismus und Dichtung (Gütersloh 2008), S. 71–73

Stadler, Arnold: Das Buch der Psalmen und die deutschsprachige Lyrik des 20. Jahrhunderts. Zu den Psalmen im Werk Bertolt Brechts und Paul Celans (Köln 1989)

ders.: Mein Hund, meine Sau, mein Leben. Roman ¹1994 (Frankfurt 1996)

ders.: Ein hinreißender Schrotthändler. Roman (Köln 1999)

ders.: „Die Menschen lügen. Alle" und andere Psalmen, hrsg. und übersetzt von Arnold Stadler (Frankfurt 1999)

ders.: Erbarmen mit dem Seziermesser. Über Literatur, Menschen und Orte (Köln 2000)

ders.: Tohuwabohu. Heiliges und Profanes, gelesen und wiedergelesen nach dem 11. September 2001 und darüber hinaus (Köln 2002)

ders.: Sehnsucht. Versuch über das erste Mal. Roman (Köln 2002)

ders.: Tabus gibt es keine mehr, außer Gott, in: Literaturen, Heft 11/2002, S. 24–27

ders.: Komm, gehen wir. Roman (Köln 2007)

ders.: Salvatore (Frankfurt 2008)

ders.: Einmal auf der Welt. Und dann so. Roman (Frankfurt 2009)

ders.: New York machen wir das nächste Mal. Geschichten aus dem Zweistromland (Frankfurt 2011)

ders.: „Aufleben soll euer Herz für immer". Kleine Reise nach Nikaia und zum Buch „Jesus von Nazareth" von Benedikt XVI. Marginalien eines einfachen Lesers, in: *Jan-Heiner Tück* (Hrsg.): Passion aus Liebe. Das Jesus-Buch des Papstes in der Diskussion (Ostfildern 2011), S. 262–279

ders.: Auf dem Weg nach Winterreute. Ein Ausflug in die Welt des Malers Jakob Bräckle (Salzburg/Wien 2012)

ders.: Postludium. Denn der Unglaube ist auch nur ein Glaube. Marginalien aus der Grenzgegend von Schriftstellerei und Theologie in Anbetracht von Martin Walsers 85. Geburtstag, in: *Michael Felder* (Hrsg.): Mein Jenseits. Gespräche über Martin Walsers „Mein Jenseits" (Berlin 2012), S. 227–236

Stamm, Peter: Kinder Gottes, in: *ders.*: Wir fliegen. Erzählungen (Frankfurt 2008), S. 139–162

Stein, Benjamin: Das Alphabet des Juda Liva. Roman (Zürich 1995); überarbeitete Neuausgabe: Das Alphabet des Rabbi Löw. Roman (Berlin 2014)

ders.: Die Leinwand. Roman (München 2010)

ders.: Der Autor als Seelenstripper. www.turmsegler.net. 03. Juni 2010

ders.: Familiengeschichte. www.turmsegler.net. 14. Juni 2010

ders.: Replay. Roman (München 2012)

Steinherr, Ludwig: Die Hand im Feuer. Gedichte (Norderstedt 2005)

ders.: Von Stirn zu Gestirn. Gedichte (Norderstedt 2007)

ders.: Kometenjagd. Gedichte (München 2009)

ders.: Ganz Ohr. Gedichte (München 2012)
Strauß, Botho: Wohnen, Dämmern, Lügen (München 1994)
Timm, Uwe: Vogelweide. Roman (Köln 2013)
Walser, Martin: Wer ist ein Schriftsteller? Aufsätze und Reden (Frankfurt 1979)
ders.: Heilige Brocken. Aufsätze, Prosa, Gedichte (Weingarten 1986)
ders.: Aus den Notizen betreffend G. ¹1992, in: *ders.*: Zauber und Gegenzauber. Aufsätze und Gedichte, hrsg. von *Hansgeorg Schmidt-Bergmann* (Eggingen 1995), S. 180–185
ders.: Vokabular und Sprache, in: *ders.*: Die Verwaltung des Nichts. Aufsätze (Reinbek 2004), S. 67–89
ders.: Der Augenblick der Liebe. Roman (Reinbek 2004)
ders.: Mein Jenseits. Novelle (Berlin 2010)
ders.: Muttersohn. Roman (Berlin 2011)
ders.: Über Rechtfertigung (Berlin 2012)
ders.: Das dreizehnte Kapitel (Berlin 2012)
Weber, Anne: Im Anfang war. Roman (Frankfurt 2000)
Wellershoff, Dieter: Blick auf einen fernen Berg ¹1991 (Frankfurt 1993)
ders.: Der Himmel ist kein Ort. Roman (Köln 2009)
Winkler, Josef: Das wilde Kärnten. Roman Trilogie (Frankfurt 2008)
Wohmann, Gabriele: Erzählen Sie mir was vom Jenseits. Gedichte, Erzählungen und Gedanken (Mainz 1994)
Zeh, Juli: Spieltrieb. Roman (Frankfurt 2004)
dies.: Alles auf dem Rasen. Kein Roman (Frankfurt 2006)
dies.: Schilf. Roman (Frankfurt 2007)
dies.: Corpus Delicti. Ein Prozess (Frankfurt 2009)
Zeller, Eva: Ein Stein aus Davids Hirtentasche. Gedichte (Freiburg/Basel/Wien 1992)
dies.: Das unverschämte Glück. Neue Gedichte (Stuttgart 2006)
dies.: Was mich betrifft. Gedichte und Balladen (München 2011)
dies.: Hallelujah in Moll. Gedichte (Oberhausen 2013)

II. Sekundärliteratur

Bachl, Gottfried/Helmut Schink (Hrsg.): Gott in der Literatur (Linz 1976)
Baden, Hans Jürgen: Der verschwiegene Gott. Literatur und Glaube (München 1963)
Bahr, Petra u. a. (Hrsg.): Protestantismus und Dichtung (Gütersloh 2008)
Barner, Wilfried (Hrsg.): Geschichte der deutschen Literatur von 1945 bis zur Gegenwart (München ²2006)
Beil, Claudia: Sprache als Heimat. Jüdische Tradition und Exilerfahrung in der Lyrik von Nelly Sachs und Rose Ausländer (München 1991)
Berwald, Olaf/Gregor Thuswaldner (Hrsg.): Der untote Gott. Religion und Ästhetik in der deutschen und österreichischen Literatur des 20. Jahrhunderts (Weimar/Wien 2007)

Bodenheimer, Alfred/Georg Pfleiderer/Bettina von Jagow (Hrsg.): Literatur im Religionswandel der Moderne. Studien zur christlichen und jüdischen Literaturgeschichte (Zürich 2009)

Bodenheimer, Alfred/Jan-Heiner Tück (Hrsg.): Klagen, Bitten, Loben. Formen religiöser Rede in der Gegenwartsliteratur (Ostfildern 2014)

Bongartz, Christiane: Die Zeiten deuten. Betende Menschen, schweigende Engel und ein „überströmender" Gott in den Schriften deutsch-jüdischer Dichterinnen des 20. Jahrhunderts (Münster 2004)

Braun, Michael u.a. (Hrsg.): „Hinauf und Zurück/in die herzhelle Zukunft". Deutsch-jüdische Literatur im 20. Jahrhundert (Bonn 2000)

ders.: Verfremdung und Transfiguration. Lesarten der Bibel bei Patrick Roth und Thomas Hürlimann, in: *Volker Kapp/Dorothea Scholl* (Hrsg.): Bibeldichtung (Berlin 2006), S. 451–470

Chylewska-Tölle, Aleksandra (Hrsg.): „Nun aber bleiben Glaube, Hoffnung, Liebe." Die christliche Botschaft in der deutschsprachigen Literatur nach dem Zweiten Weltkrieg (Nordhausen 2011)

Claussen, Johann Hinrich: „Profane Offenbarungen" – Anmerkungen eines Lyrik lesenden Theologen, in: *Petra Bahr* u.a. (Hrsg.): Protestantismus und Dichtung (Gütersloh 2008), S. 11–30

Dermutz, Klaus: Gott auf der Bühne. Das zeitgenössische Theater und die Transzendenz, in: Herder Korrespondenz 59 (2005), S. 529–534

Egyptien, Jürgen: Einführung in die deutschsprachige Literatur seit 1945 (Darmstadt 2006)

Felder, Michael (Hrsg.): Mein Jenseits. Gespräche über Martin Walsers „Mein Jenseits" (Berlin 2012)

Frühwald, Wolfgang: Das Gedächtnis der Frömmigkeit. Religion und Literatur in Deutschland (Frankfurt/Leipzig 2008)

Fuchs, Ottmar: Im Raum der Poesie. Theologie auf den Wegen der Literatur (Ostfildern 2011)

Garhammer, Erich/Udo Zelinka (Hrsg.): „Brennender Dornbusch und pfingstliche Zungen". Biblische Spuren in der modernen Literatur (Paderborn 2003)

ders.: Zweifel im Dienst der Hoffnung. Poesie und Theologie (Würzburg 2011)

ders. (Hrsg.): Literatur im Fluss. Brücken zwischen Poesie und Religion (Regensburg 2014)

Garske, Volker: Christus als Ärgernis. Jesus von Nazareth in den Romanen Heinrich Bölls (Mainz 1998)

Gellner, Christoph: Schriftsteller lesen die Bibel. Die Heilige Schrift in der Literatur des 20. Jahrhunderts (Darmstadt 2004)

ders.: Weltreligionen im Spiegel zeitgenössischer Literatur. Barbara Frischmuth, Adolf Muschg und die interkulturelle Herausforderung der Theologie (Karlsruhe 2005), Herrenalber Forum 44

ders.: Zeitgenössische Literatur – Echolot für Religion? Erkundungen in der deutschsprachigen Gegenwartsliteratur, in: *Michael Durst/Hans J. Münk* (Hrsg.): Religion und Gesellschaft. Theologische Berichte 30 (Freiburg/Schweiz 2007), S. 197–240 *ders.*: Auf- und Ab- und Übergänge. Thomas Hürlimanns neuestes „Welttheater" und die Bedeutung der Religion in seinem Oeuvre, in: Orientierung 71 (2007), S. 146–149

ders.: „Soll-Wörter wie Gott drücken einen Mangel aus". Religion und Schriftstellerei bei Martin Walser, in: *Jan Badewien/Hansgeorg Schmidt-Bergmann* (Hrsg.): Martin Walser. Lebens- und Romanwelten (Karlsruhe 2008), S. 123–149

ders.: Westöstlicher Brückenschlag. Literatur, Religion und Lebenskunst bei Adolf Muschg (Zürich 2010)

ders.: „... nach oben offen". Literatur und Spiritualität – zeitgenössische Profile (Ostfildern 2013)

ders./Georg Langenhorst: Blickwinkel öffnen. Interreligiöses Lernen mit literarischen Texten (Ostfildern 2013)

Gillmayr-Bucher, Susanne: Die Psalmen im Spiegel der Lyrik Thomas Bernhards (Stuttgart 2002)

Gilman, Sander L./Hartmut Steinecke (Hrsg.): Deutsch-jüdische Literatur der neunziger Jahre. Die Generation nach der Shoah (Berlin 2002)

Gojny, Tanja: Biblische Spuren im Werk Erich Frieds. Zum intertextuellen Wechselspiel von Bibel und Literatur (Mainz 2004)

Grimm, Reinhold (Hrsg.): Hans Magnus Enzensberger (Frankfurt 1984)

Grözinger, Albrecht/Andreas Mauz/Adrian Portmann (Hrsg.): Religion und Gegenwartsliteratur. Spielarten einer Liaison (Würzburg 2009)

Grom, Bernhard: „ ...den sie früher Gott genannt hätten". Spirituelle Sprechversuche der deutschsprachigen Gegenwartslyrik, in: Stimmen der Zeit 222 (2004), S. 127–137; 196–206

Habbel, Marie-Luise: „Diese Wüste hat sich einer vorbehalten". Biblisch-christliche Motive, Figuren und Sprachstrukturen im literarischen Werk Ingeborg Bachmanns (Altenberge 1992)

Heil, Stefan: Vergegenwärtigung durch klingende Symbolik. Zur Epik Arnold Stadlers und deren religio- und theopoetischen Relevanz, in: Orientierung 62 (1999), S. 256–261

Helm, Melanie: Spes contra spem – Ansätze zu einem Kirchenbild der Zukunft bei Heinrich Böll (Münster 2005)

Henneke-Weischer, Andrea: Poetisches Judentum. Die Bibel im Werk Else Lasker-Schülers (Mainz 2003)

Hepler, Rainer: Eines Tages durchstoßen wir die äußerste Grenze. Die Gottesfrage im Prosawerk von Thomas Bernhard (München 1997)

Heuser, Andrea: Vom Anderen zum Gegenüber. ‚Jüdischkeit' in der deutschen Gegenwartsliteratur (Köln 2011)

Hömberg, Walter/Thomas Pittrof (Hrsg.): Katholische Publizistik im 20. Jahrhundert. Positionen, Probleme, Profile (Freiburg/Berlin/Wien 2014)

Hoff, Gregor Maria: Religionskritik heute (Kevelaer 2004)

Hoffmann, Daniel (Hrsg.): Handbuch zur deutsch-jüdischen Literatur des 20. Jahrhunderts (Paderborn u. a. 2002)

Hurth, Elisabeth: Mann Gottes. Das Priesterbild in Literatur und Medien (Mainz 2003)

Sekundärliteratur

Imbach, Josef: Sehnsucht nach dem verlorenen Gott (Graz/Wien/Köln 1992)

Joist, Alexander: Auf der Suche nach dem Sinn des Todes. Todesdeutungen in der Lyrik der Gegenwart (Mainz 2004)

Jürgenbehring, Heinrich: Liebe, Religion und Institution. Ethische und religiöse Themen bei Heinrich Böll (Mainz 1994)

Kaiser, Gerhard: Christus im Spiegel der Dichtung. Exemplarische Interpretationen vom Barock bis zur Gegenwart (Freiburg/Basel/Wien 1997)

ders.: Resurrection. Die Christus-Trilogie von Patrick Roth. Der Mörder wird der Erlöser sein (Tübingen/Basel 2008)

ders.: Christliche Gedichte? Zur Lyrik Christian Lehnerts, in: Geist und Leben 81 (2008), S. 87–98

Kalka, Joachim (Hrsg.): Schreiben/Glauben. Miszellen zu Literatur und Religion, Valerio 7/2008 (Göttingen 2008)

Kartenbeck, Caroline: Erfindung des Lebens. Autofiktionales Erzählen bei Hanns-Josef Ortheil (Heidelberg 2012)

Kaznelson, Siegmund (Hrsg.): Jüdisches Schicksal in deutschen Gedichten. Eine abschließende Anthologie (Berlin 1959)

Kiefer, Reinhard: Text ohne Wörter. Die negative Theologie im lyrischen Werk Ernst Meisters (Aachen 1992)

Kiesel, Helmut: Glaube und Literatur. Beobachtungen zu ihrem gegenwärtigen Verhältnis, in: IKaZ Communio 41 (2012), S. 289–309

Kilcher, Andreas B. (Hrsg.): Metzler Lexikon der deutsch-jüdischen Literatur. Jüdische Autorinnen und Autoren deutscher Sprache von der Aufklärung bis zur Gegenwart (Stuttgart/Weimar 2000)

Kłańska, Maria/Jadwiga Kita-Huber/Paweł Zarychta (Hrsg.): Der Heiligen Schrift auf der Spur. Beiträge zur biblischen Intertextualität in der Literatur (Dresden/Wrocław 2009)

Koelle, Lydia: Paul Celans pneumatisches Judentum. Gott-Rede und menschliche Existenz nach der Shoah (Mainz 1997)

Kolvenbach, Helga: Hoffnung gegen alle Hoffnung. Der Zweifler Friedrich Dürrrenmatt – eine theologische Annäherung (St. Ottilien 2009)

Kopp-Marx, Michaela: Das Heilig-Hohe und das Erdig-Irdische. Versuch über das Schreiben Patrick Roths, in: *Wolfgang W. Müller* (Hrsg.): Suche nach dem Unbedingten. Spirituelle Spuren in der Kunst (Zürich 2008), S. 137–165

dies. (Hrsg.): Der lebendige Mythos. Das Schreiben von Patrick Roth (Würzburg 2010)

dies: Seelen-Dialoge. Ein Commentary Track zu Patrick Roths Christus-Trilogie (Würzburg 2013)

dies./Georg Langenhorst (Hrsg.): Die Wiederentdeckung der Bibel bei Patrick Roth. Von der „Christus-Trilogie" bis „Sunrise. Das Buch Joseph" (Göttingen 2014)

Kranz-Löber, Ruth: „In der Tiefe des Hohlwegs". Die Shoah in der Lyrik von Nelly Sachs (Würzburg 2001)

Kühlmann, Wilhelm/Roman Luckscheiter (Hrsg.): Moderne und Antimoderne. Der *Renouveau catholique* und die deutsche Literatur (Freiburg/Berlin/Wien 2008)

Kurz, Paul Konrad: Komm ins Offene. Essays zur zeitgenössischen Literatur (Frankfurt 1993)

ders.: Gott in der modernen Literatur [1]1996 (Münster [2]2003)

ders.: Die Auferstehung als Psychodrama. Patrick Roths Erzählung „Corpus Christi", in: StdZ 214 (1996), S. 497–500

ders. (Hrsg.): Höre Gott! Psalmen des Jahrhunderts (Zürich/Düsseldorf 1997)

Kuschel, Karl-Josef: Jesus in der deutschsprachigen Gegenwartsliteratur [1]1978 (München/Zürich 1987)

ders.: Gottesbilder – Menschenbilder. Blicke durch die Literatur unserer Zeit (Zürich/Köln 1985)

ders.: Weil wir uns auf dieser Erde nicht ganz zu Hause fühlen. 12 Schriftsteller über Religion und Literatur (München/Zürich 1985)

ders.: „Ich glaube nicht, dass ich Atheist bin". Neue Gespräche über Religion und Literatur (München/Zürich 1992)

ders.: Im Spiegel der Dichter. Mensch, Gott und Jesus in der Literatur des 20. Jahrhunderts (Düsseldorf 1997)

ders.: Gott liebt es, sich zu verstecken. Literarische Skizzen von Lessing bis Muschg (Ostfildern 2007)

Lätzel, Martin: Was Dichter glauben. Gespräche über Gott und Literatur (Kiel 2011)

Langenhorst, Annegret: „... die Gottes Gnade fanden zu guter Letzt". Eine theologische Lektüre des Romans „Houwelandt" von John von Düffel, in: *Margit Eckholt/Sabine Pemsel-Maier* (Hrsg.): Räume der Gnade. Interkulturelle Perspektiven auf die christliche Erlösungsbotschaft (Ostfildern 2006), S. 162–172

Lau, Jörg: Hans Magnus Enzensberger. Ein öffentliches Leben [1]1999 (Frankfurt 2001)

Leber, Gita: „Die Spiegelung Gottes". Walter Kempowski theologisch gelesen (Berlin 2011)

Leitner, Anton G. (Hrsg.): „Himmel und Hölle". Das Gedicht. Zeitschrift für Lyrik, Essay und Kritik 9 (2001)

ders./Siegfried Völlger (Hrsg.): Zum Teufel, wo geht's in den Himmel? Poetische Wege (München 2005)

Lezzi, Eva: Auf der Suche nach dem verlorenen Gott. Religiöse Fragen in der deutsch-jüdischen Lyrik des 20. Jahhunderts, in: *Alfred Bodenheimer/Georg Pfleiderer/Bettina von Jagow* (Hrsg.): Literatur im Religionswandel der Moderne. Studien zur christlichen und jüdischen Literaturgeschichte (Zürich 2009), S. 12–34

Litz, Julia: Das Evangelium Jesu Christi als Maxime – religiöse und kirchliche Motive im Frühstwerk Heinrich Bölls (Berlin 2011)

Löffler, Sigrid: „Mit einem Haifischbiss". Die Schriftstellerin Sibylle Lewitscharoff in ihren Romanen, StdZ 230 (2012), S. 197–204

Loretan-Saladin, Franziska: Dass die Sprache stimmt. Eine homiletische Rezeption der dichtungstheoretischen Reflexionen von Hilde Domin (Freiburg/CH 2008)

Mattenklott Gundel: Zauberkreide. Kinderliteratur seit 1945 (Stuttgart 1989) *dies.*: G. Ott, ein neuer Protagonist in der Kinder- und Jugendliteratur, in: Deutschunterricht 51 (1998), S. 294–303

Mauch, Christoph: Poesie – Theologie – Politik. Studien zu Kurt Marti (Tübingen 1992)

Mautner, Josef P.: Nichts Endgültiges. Literatur und Religion in der Spätmoderne (Würzburg 2008)

Mauz, Andreas (Hrsg.): Peter Bichsel. Über Gott und die Welt. Texte zur Religion (Frankfurt 2009)

Meier, Thomas Markus: Dürrenmatt und der Zufall (Ostfildern 2012)

Motté, Magda: Auf der Suche nach dem verlorenen Gott. Religion in der Literatur der Gegenwart (Mainz 1996)

dies.: Die Rede von Gott in der modernen Literatur, in: *Thomas Schreijäck* (Hrsg.): Spuren zum Geheimnis. Theologie und moderne Literatur im Gespräch (Ostfildern 2000), S. 13–52

dies.: Verborgene Religiosität. Ist gegenwärtige Literatur für Glaubensfragen (noch) sensibel?, in: Theologisch-Praktische Quartalschrift 152 (2004), S. 3–15

Neuhaus, Stephan/Martin Hellström (Hrsg.): Felicitas Hoppe im Kontext der deutschsprachigen Gegenwartsliteratur (Innsbruck 2008)

Nolden, Thomas: Junge jüdische Literatur. Konzentrisches Schreiben in der Gegenwart (Würzburg 1995)

Nottbohm, Waltraud: Religiöse Bildwelten. Eine interpretationsphilosophische Untersuchung zur Lyrik Ulla Hahns (Berlin 2010)

Peters, Bergit: LiebesArten. Im theologischen Gespräch mit Ingeborg Bachmann (Ostfildern 2009)

Pittrof, Thomas: „Kontexte der Gottesfrage" in germanistischer Perspektive, in: Literaturwissenschaftliches Jahrbuch 43 (2002) S. 391–400

ders.: Literarischer Katholizismus als Forschungsaufgabe: Umrisse eines Forschungsprogramms, in: Literaturwissenschaftliches Jahrbuch 48 (2007) S. 373–394

ders. /Walter Schmitz (Hrsg.): Freie Anerkennung übergeschichtlicher Bindungen. Katholische Geschichtswahrnehmung im deutschsprachigen Raum des 20. Jahrhunderts (Freiburg/Berlin/Wien 2010)

Polat-Menke, Selma: Islam und Mystik bei Barbara Frischmuth. Werkanalyse und interreligiöses Lernen (Ostfildern 2013)

Reinacher, Pia (Hrsg.): „Als wäre er ein anderer gewesen". Zum Werk von Arnold Stadler (Frankfurt 2009)

Renaissance des Katholischen in der Gegenwartsliteratur? Heft 1/2013 IKaZ Communio 42 (2013), S. 1–112

Richter, Anja M.: Das Studium der Stille. Deutschsprachige Gegenwartsliteratur im Spannungsfeld von Gnostizismus, Philosophie und Mystik. Heinrich Böll, Botho Strauß, Peter Handke, Ralf Rothmann (Frankfurt 2010)

Rohls, Jan/Gunther Wenz (Hrsg.): Protestantismus und deutsche Literatur (Göttingen 2004)

Scheidgen, Ilka: Gabriele Wohmann. Ich muss neugierig bleiben. Die Biografie (Lahr 2012)

Literaturverzeichnis

Schmitt, Pascal: Sehnsuchtsort – Sehnsuchtswort. Heimat als theologisch anschlussfähiger Begriff bei Arnold Stadler (Ostfildern 2014)

Schöne, Albrecht: Säkularisation als sprachbildende Kraft. Studien zur Dichtung deutscher Pfarrersöhne [1]1958 (Göttingen [2]1968)

Schoeps, Julius (Hrsg.): Neues Lexikon des Judentums. Neuausgabe (Gütersloh 2000)

Schwab, Hans-Rüdiger (Hrsg.): Geistliche Gedichte. Deutsche religiöse Lyrik von den Anfängen bis zur Gegenwart (Frankfurt 1983)

ders. (Hrsg.): Gott im Gedicht. Ein Streifzug durch die deutschsprachige Lyrik (Kevelaer 2007)

ders. (Hrsg.): „... darüber ein himmelweiter Abgrund". Zum Werk von Thomas Hürlimann (Frankfurt 2010)

Schweizer, Erika: Geistliche Geschwisterschaft. Nelly Sachs und Simone Weil – ein theologischer Diskurs (Mainz 2005)

Schwens-Harrant, Brigitte: Erlebte Welt – Erschriebene Welten. Theologie im Gespräch mit österreichischer erzählender Literatur der Gegenwart (Innsbruck/Wien 1997)

dies./Jörg Seip: Der geplünderte Tempel. Ein Dialog (Wien 2012)

Sölle, Dorothee: Das Eis der Seele spalten. Theologie und Literatur in sprachloser Zeit (Mainz 1996)

Sorg, Reto/Bodo Stefan Würffel (Hrsg.): Gott und Götze in der Literatur der Moderne (München 1999)

Stock, Alex: Warten, ein wenig. Zu Gedichten und Geschichten von Johannes Bobrowski (Würzburg 1991)

Stolz, Wolfgang: Der Begriff der Schuld im Werk von Heinrich Böll (Frankfurt u. a. 2009)

Tück, Jan-Heiner: Gelobt seist du Niemand. Paul Celans Dichtung – eine theologische Provokation (Frankfurt 2000)

ders.: Hintergrundgeräusche. Liebe, Tod und Trauer in der Gegenwartsliteratur (Ostfildern 2010)

ders.: Vom Glück und der Schwierigkeit, Diener der Freude zu sein. Priesterszenen in der Gegenwartsliteratur: Arnold Stadler – Felicitas Hoppe – Peter Handke, in: IKaZ Communio 41 (2012), S. 310–326

ders. (Hrsg.): Was fehlt, wenn Gott fehlt? Martin Walser über Rechtfertigung – theologische Erwiderungen (Freiburg 2013)

ders./Andreas Bieringer (Hrsg.): „Verwandeln allein durch Erzählen". Peter Handke im Spannungsfeld von Theologie und Literaturwissenschaft (Freiburg 2014)

Vellguth, Klaus (Hrsg.): „Gott sei Dank bin ich Atheist". Gott als Thema in der Literatur des 20. Jahrhunderts (Lahr 2001)

Vilshofen, Friedrich (Hrsg.): Und Gott sprach... Biblische Geschichten neu erzählt (München 2003)

Wieland, Rainer (Hrsg.): Der Zorn altert, die Ironie ist unsterblich. Über Hans Magnus Enzensberger (Frankfurt 1999)

Winkels, Hubert (Hrsg.): Ralf Rothmann trifft Wilhelm Raabe. Der Wilhelm Raabe-Literaturpreis und die Folgen (Göttingen 2005) *ders.:* Gute Zeichen. Deutsche Literatur 1995–2005 (Köln 2005)

Winkler, Vera-Sabine: Leise Bekenntnisse. Die Bedeutung der Poesie für die Sprache der Liturgie am Beispiel von Hilde Domin (Ostfildern 2009)

Zaborowski, Holger: Junges Licht, altes Dunkel oder: Von der Erfahrung und Entdeckung der Freiheit. Zu Ralf Rothmanns „Junges Licht", in: IKaZ Communio 35 (2006), S. 518–524

Ziebritzki, Henning: Vielen Dank für mein sonderbares Gehirn. Anmerkungen zur religiösen Thematik in Hans Magnus Enzensbergers Gedichtband „Kiosk", in: Neue Rundschau 4 (1997), S. 53–66

ders.: Spuren eines Verschwindens, in: Deutsches Allgemeines Sonntagsblatt 2.04.1999, S. 34

ders.: Experimente mit dem Echolot. Zum Verhältnis von moderner Lyrik und Religion, in: *Anton. G. Leitner* (Hrsg.): „Himmel und Hölle". Das Gedicht. Zeitschrift für Lyrik, Essay und Kritik 9 (2001), S. 89–100

Zwanger, Helmut (Hrsg.): Gott im Gedicht. Eine Anthologie von 1945 bis heute (Tübingen 2007)

ders.: Albrecht Goes. Freund Martin Bubers und des Judentums. Eine Hommage (Tübingen 2008)

ders./Karl-Josef Kuschel (Hrsg.): Gottesgedichte. Ein Lesebuch zur deutschen Lyrik nach 1945 (Tübingen 2011)

III. Eigene Vorarbeiten

Vorarbeiten zu diesem Buch sind über Jahre entstanden. Im Folgenden werden relevante Publikationen genannt, die in dieses Buch einmünden:

Jesus ging nach Hollywood: Die Wiederentdeckung Jesu in Literatur und Film der Gegenwart (Düsseldorf 1998)

(Hrsg.): 30 Jahre Nobelpreis Heinrich Böll. Zur literarisch-theologischen Wirkkraft Heinrich Bölls (Münster 2002)

Neue Unbefangenheit. Religion und die Gottesfrage bei SchriftstellerInnen der Gegenwart, in: *Herder Korrespondenz* 56 (2002), S. 227–232

Gedichte zur Gottesfrage. Texte – Interpretationen – Methoden. Ein Werkbuch für Schule und Gemeinde (München 2003)

Theologie und Literatur. Ein Handbuch (Darmstadt 2005)

(Hrsg.): Patrick Roth – Erzähler zwischen Bibel und Hollywood (Münster 2005)

„Warum Gott die Menschen niemals in Ruhe lässt". Religiöse Spuren im Werk von Hans Magnus Enzensberger, in: *Orientierung* 69 (2005), S. 230–234

„Ich gönne mir das Wort Gott". Renaissance des Religiösen in der Gegenwartsliteratur?, in: *Herder Korrespondenz Spezial*: Renaissance der Religion. Mode oder Megathema? (Oktober 2006), S. 55–60

„…Das Lenkrad ungleicher Erinnerung". Matthias Hermann. Ein jüdischer Lyriker im Deutschland unserer Zeit, in: *Orientierung* 79 (2006), S. 139–141

„Veruntreut", „versiegelt", „geteilt". Die Rede vom Himmel in der Literatur unserer Zeit, in: *Biblisches Jahrbuch* 20: Der Himmel (Neukirchen-Vluyn 2006), S. 413–432

Literaturverzeichnis

(Hrsg.): Christliche Literatur für unsere Zeit. 50 Leseempfehlungen (München 2007)

„Niemand wie Er!" Jesus in der Literatur des 21. Jahrhunderts, in: Jesus von Nazareth. Annäherungen im 21. Jahrhundert *(Herder Korrespondenz Spezial)*, S. 49–53

„...mehr als nur neue, aufgeschreckte Religiosität...". Religion und Konfession im literarischen Werk Ralf Rothmanns, in: *Orientierung* 71 (2007), S. 196–200

Ein „gut getarnter Mystiker". Religion und Gottesrede bei Michael Krüger, in: *Stimmen der Zeit* 226 (2008), S. 831–842; leicht überarbeitet auch in: *Carmine Chiellino* (Hrsg.): Michael Krüger. Eine Einführung (Dresden 2012), S. 43–58

Neues von der Gottsucherbande. Surreale Spiegelungen von Religion im Werk von Sibylle Lewitscharoff und Felicitas Hoppe, in: *Stimmen der Zeit* 227 (2009), S. 482–494

„...schön, geheimnisvoll, voller Zauber und Kraft..." (Ulla Hahn). Beerbung und Gestaltung religiöser Sprache in der Gegenwartsliteratur, in: *Uwe Gerber/Rudolf Hoberg* (Hrsg.): Sprache und Religion (Darmstadt 2009), S. 237–257

Vom „Phantomschmerz der amputierten Antennen". Theodizee-Verweigerung bei Thomas Hürlimann, in: *Pastoralblatt* 3/2009, S. 87–93; auch in: *Hans-Rüdiger Schwab* (Hrsg.): „...darüber ein himmelweiter Abgrund". Zum Werk von Thomas Hürlimann (Frankfurt 2010), S. 259–270

Heinrich Bölls „Ansichten eines Clowns" (1963), in: *Günter Butzer/Hubert Zapf* (Hrsg.): Große Werke der Literatur, Bd. XI (Tübingen 2010), S. 201–217

Gestatten. Gott! Religion in der Kinder- und Jugendliteratur der Gegenwart (München 2011)

Literarische Texte im Religionsunterricht. Ein Handbuch für die Praxis (Freiburg/ Basel/Wien 2011)

Zwischen „Weihnukkivester" und „Orthodoxie". Zur deutsch-jüdischen Diaspora-Literatur der Gegenwart, in: *Stimmen der Zeit* 229 (2011), S. 51–63

„Christliche Literatur"? Perspektiven für ein zukunftsfähiges Konzept, in: *Aleksandra Chylewska-Tölle* (Hrsg.): „Nun aber bleiben Glaube, Hoffnung, Liebe." Die christliche Botschaft in der deutschsprachigen Literatur nach dem Zweiten Weltkrieg (Nordhausen 2011), S. 25–44

„Am Ende ist man religiöser, als man ahnt". Religion und Konfession im Werk Ralf Rothmanns, in: *Jürgen Egyptien* (Hrsg.): Literatur in der Moderne. Jahrbuch der Walter-Hasenclever-Gesellschaft Bd. 7 (2010/11) (Göttingen 2011), S. 27–52

„...mein Leben lang mit Religion zu tun". Felicitas Hoppe erhält den Georg-Büchner-Preis, in: *Herder Korrespondenz* 66 (2012), S. 506–510

„Ich gönne mir das Wort GOTT". SchriftstellerInnen des 21. Jahrhunderts vor der Gottesfrage, in: *Gregor Maria Hoff/Ulrich Winkler* (Hrsg.): Poesie der Theologie. Versuchsanordnungen zwischen Literatur und Theologie: Bachl-Lectures 2007–2011 (Innsbruck/Wien 2012), S. 73–92

Zwischen Katholizismus, Islam und Buddhismus. Christoph Peters' literarische Welt, in: *Stimmen der Zeit* 231 (2013), S. 44–54

Religion und Literatur in Deutschland nach 1945: Katholische Perspektiven, in: *Natalia Bakshi/Dirk Kemper/Iris Bäcker* (Hrsg.): Religiöse Thematiken in den deutschsprachigen Literaturen der Nachkriegszeit (1945–1955) (München 2013), S. 11–32

SAID und der Islam: „renitente Gebete" als Fortschreibung muslimischer Mystik, in: *Cibedo-Beiträge* 1 (2013), S. 4–11

„Abscheu vor Gottes Wort" (Pascal Mercier). Atheismus und religiöse Indifferenz in autobiografischer Literatur, in: *Theo-Web*. Zeitschrift für Religionspädagogik 12 (2013), H. 1, S. 120–135

„An ein dünnes Vielleicht geklammert". Sibylle Lewitscharoff erhält den Georg-Büchner-Preis, in: *Herder Korrespondenz* 67 (2013), S. 418–423

„Die erzählte Geschichte ist, was am Ende zählt". Postmoderne Spiegelungen jüdischen Lebens im literarischen Werk Benjamin Steins, in: *Communicatio Socialis* 46 (2013), S. 164–182

Theologie und Literatur: Aktuelle Tendenzen, in: *Theologische Revue* 109 (2013), Sp. 355–372

Eine literarische „Reise in das Innere des Judentums". Interreligiöses Lernen mit Texten von Barbara Honigmann, in: *Trierer Theologische Zeitschrift* 122 (2013), S. 337–354

Ein „ungeheurer Stoff für Schriftsteller" (Stefan Heym)! Bibel und zeitgenössische Literatur, in: *Ludwig Rendle* (Hrsg.): Zur bildenden Kraft der Bibel. Argumente – Zugänge – Rezeptionen. 8. Arbeitsforum für Religionspädagogik (München 2013), S. 78–96

zus. mit *Christoph Gellner*: Blickwinkel öffnen. Interreligiöses Lernen mit literarischen Texten (Ostfildern 2013)

Lena Gorelik: „... nicht besonders religiös". Deutsch-jüdische Literatur der ‚dritten' Generation, in: *Freiburger Rundbriefe*. Neue Folge 21 (2014), S. 42–54

zus. mit *Michaela Kopp-Marx* (Hrsg.): Die Wiederentdeckung der Bibel bei Patrick Roth. Von der „Christus-Trilogie" bis „SUNRISE. Das Buch Joseph" (Göttingen 2014)

Register

DANKESWORT

Die erste, weit rezipierte Auflage dieses Buches wurde im Frühjahr 2009 veröffentlicht. Als die Idee einer zweiten Auflage aufkam, war schnell klar, dass man diese überarbeiten müsste: so viele neue Autorinnen und Autoren, Texte, Strömungen und Forschungen waren in den fünf Jahren zum Thema aufgetaucht. Das Buch war nicht mehr auf dem aktuellen Stand. Im Laufe der Erarbeitungen entstand eine völlig eigenständige Version, die nur noch etwa die Hälfte der Texte aus der Erstversion übernahm. Der Rest wurde neu verfasst, erweitert, umgeschrieben.

Ständige Aktualisierungen und Differenzierungen finden sich auf den zwei von mir betreuten, zur Mitarbeit offenen Websites:
- www.theologie-und-literatur.de
- www.religion-im-kinderbuch.de

Der Versuch, die unmittelbare Gegenwartsliteratur im Blick auf den Umgang mit Religion im Allgemeinen und der Gottesfrage im Speziellen darzustellen, erfordert nicht nur die ständige Berücksichtigung von Tagesaktualität, sondern auch Mut zur vorläufigen Bilanz und Synthese. Viele Einwände gegen ein solches Unternehmen sind möglich: im Blick auf die Methode, im Zugang von theologischer Warte aus, hinsichtlich der Reichweite und Zuverlässigkeit der Erfassung, in Bezug auf die Deutungen und Wertungen.

Dankeswort

Ich hätte mich auch an diese neue Version des Buches – dessen Manuskript im Juni 2014 abgeschlossen wurde – nicht herangewagt, wenn ich nicht zahlreiche Ermunterungen und Unterstützungen erfahren hätte. Für diese Wegbegleitungen bin ich dankbar. So danke ich zunächst den vielen *ZuhörerInnen* von Vorträgen und *TeilnehmerInnen* an Seminaren oder Fortbildungen. Ihre Rückmeldungen, Anfragen, Deutungen, Tipps und Hinweise haben maßgeblich zum über Jahre entstandenen, über viele Vorstufen gewachsenen Duktus dieses Buches beigetragen. Mein Dank für die konkrete Fertigstellung des Buches gilt vor allem: meiner Sekretärin *Christine Dempf* für alle Unterstützung im Blick auf die Textgestalt, meinen wissenschaftlichen MitarbeiterInnen Dr. *Susanne Glietsch, Christina Renczes und Michael Winklmann* für kritisch-konstruktives Gegenlesen des Manuskriptes und vor allem meiner Frau Dr. *Annegret Langenhorst* für Lesefunde, Mitdenken, Mitlesen und Diskutieren im gesamten Prozess des Schreibens.

Wendelstein/Augsburg, Juni 2014   *Georg Langenhorst*